Paul Larreya, Claude Rivière & Valerie Roques-Frampton

Guide alphabétique de l'anglais

Grammaire, vocabulaire, prononciation

PEARSON
Longman

Publié par Pearson Education France
47 bis, rue des Vinaigriers
75010 Paris
Tel : 01 72 74 90 00

ISBN : 978-2-7440-7215-4

Composition : edito.biz

Comment utiliser ce livre

Classement alphabétique

Le classement alphabétique des fiches vous permettra de trouver rapidement ce que vous cherchez. Vous pourrez partir d'un **mot anglais**, par exemple ***Can*** ou ***Like***. Vous pourrez également partir d'une question de **grammaire** (comme **Prétérit**) ou de **vocabulaire** (comme **Suffixes**) ou de **prononciation** (comme **Accentuation**). Vous pourrez enfin partir d'un **mot français** (par exemple **Permettre**) dont vous voulez connaître les équivalents anglais. Dans plusieurs cas, les fiches sont regroupées par grandes questions, telles que « noms » ou « mots à problèmes ». Les regroupements concernent en particulier le domaine de la grammaire. Ce dernier est traité de façon complète sur l'ensemble de l'ouvrage, qui peut ainsi être utilisé comme un **livre de grammaire**.

Index

L'index qui se trouve à la fin du livre complète le classement alphabétique des fiches. Il vous permettra de faire une recherche précise et complète des points sur lesquels vous vous posez des questions, par exemple le verbe anglais *go*, ou les équivalents du mot français « Madame ». Dans le cas des **expressions**, cherchez leur premier mot ; pour *as soon as*, par exemple, il faut chercher à *as*.

Glossaire

L'emploi de termes techniques a été réduit au strict minimum mais vous rencontrerez dans l'ouvrage quelques termes, tels que « préposition » ou « auxiliaire », dont il n'était pas possible d'éviter l'usage. Vous trouverez, dans les dernières pages du livre, un glossaire des termes de ce type.

Exercices

Les exercices (signalés par un filet bleu) vous permettront de vérifier si vous avez bien assimilé les points concernés. Dans ceux qui sont consacrés à des points de grammaire, le vocabulaire ne constitue évidemment pas l'objectif principal, mais, comme ces exercices ont été conçus de façon à être aussi peu artificiels que possible, il est normal qu'ils mettent en jeu un vocabulaire varié. Il vous est donc conseillé de vous concentrer sur les problèmes grammaticaux posés par ces exercices, sans vous laisser arrêter par d'éventuelles difficultés de vocabulaire : vous résoudrez ces difficultés en lisant les corrigés.

Utilisation de l'alphabet phonétique

Si l'alphabet phonétique vous est entièrement étranger, cet ouvrage vous donnera l'occasion de vous familiariser avec lui de façon progressive. Consultez les indications et les tableaux des fiches **249-251** (**Sons de l'anglais**), mais ne cherchez pas à apprendre tous les symboles en une seule fois.

Anglais britannique et anglais américain

La fiche **21** (**Anglais britannique et anglais américain**) indique les différences principales entre ces deux variétés d'anglais. Par ailleurs, les différences grammaticales sont signalées au cas par cas tout au long de l'ouvrage. Les différences de prononciation sont également indiquées – sauf lorsque la transposition de l'anglais britannique à l'anglais américain est facile à faire, auquel cas une seule transcription est donnée, celle de l'anglais britannique.

Niveaux de langue

En anglais, tout comme en français, il existe différents **niveaux de langue** (ou **registres**, ou **styles**), qui sont signalés dans l'ouvrage pour les mots et les formes grammaticales n'appartenant pas au niveau « neutre ». Exemples : lorsqu'il est utilisé dans le sens de « très », l'adverbe *most* appartient à un style **recherché** (ou **soutenu**, ou **« formel »**), tandis que *like* utilisé dans le sens de *as if* (« comme si ») appartient au registre **familier**. Sont également signalées les formes « non standard » (c'est-à-dire considérées comme incorrectes), du type *I got a sister,* « J'ai une sœur », dont la forme correcte est : *I have / I've got a sister.*

Conventions typographiques

Les mots anglais (et donc les exemples en anglais) sont en ***italiques*** (***grasses*** ou *maigres*).

Les points particulièrement importants et les risques d'erreur sont présentés dans des encadrés sur fond bleu.

Les paragraphes en caractères plus petits traitent de points qui vous intéresseront si vous souhaitez « aller plus loin ».

Principales abréviations utilisées

GB : anglais britannique
US : anglais américain
***to* + V** : infinitif avec *to*
V-*ing* : verbe avec terminaison *-ing*

1. About, about to

1 About = « au sujet de », « à propos de », « sur » :

About *your application, I still don't know.* À propos de votre candidature, je ne sais toujours pas.
*He lied **about** his age.* Il a menti sur son âge.
*He wants to know **all about** your journey.* Il veut tout savoir sur votre voyage.

Certains verbes et certaines expressions, dont les équivalents français sont suivis de ***« à »*** ou **« de »**, se construisent avec ***about*** :

*What did you **talk about**?* De quoi avez-vous parlé ?
*Did he **tell you about** his new job?* Il t'a parlé de son nouveau travail ?
*What are you **thinking about**?* À quoi penses-tu ?
*I'm **sorry about** that extra cost.* Je suis désolé pour ce supplément de prix.

Les expressions ***what about ...?*** et ***how about ...?*** sont utilisées pour amener la conversation sur quelqu'un ou sur quelque chose, ou pour suggérer une action :

What about Sue*? Have you heard from her?* Et Sue ? Tu as de ses nouvelles ?
*I'll have the Peking duck. **How about you**?* Je vais prendre le canard laqué. Et toi ?
What about going *for a walk?* Et si on allait faire une promenade ?

2 About = « environ », « à peu près » :

*She's **about** forty.* Elle a dans les quarante ans.
*It's **about** two miles away.* C'est à trois kilomètres environ. (Attention à l'ordre des mots en anglais : ***about*** doit précéder le mot sur lequel il porte.)

3 About = « de tous les côtés » (anglais britannique) :

*There were books lying **about** all over the floor.* Il y avait des livres qui jonchaient le sol. (US : *lying **around***)

4 About to = « sur le point de » :

*I was just **about to** leave when the doorbell rang.* J'étais sur le point de sortir quand quelqu'un a sonné.

Dans la langue familière, on utilise *be about to* à la forme négative pour exprimer une intention ferme de ne pas faire quelque chose : ***I'm not about to*** *follow his advice.* (Il n'est pas question que je suive ses conseils.)

Traduisez en anglais.

1. Elle est sur le point d'accoucher. 2. Ce que j'aime chez Fonsi, c'est son sens de l'humour. 3. Je te raconterai tout demain. 4. Et si on ouvrait une bouteille de champagne ? 5. Qu'est-ce qui te tracasse ? (utilisez le verbe *worry*) 6. Nous étions sur le point d'appeler un taxi quand vous êtes arrivés. 7. Mes parents sont à la retraite. Et les vôtres ?

2. Abréviations

La plupart des abréviations formées de lettres sont épelées, la dernière lettre portant l'accent principal :

MP /ˌem ˈpiː/, FBI /ˌef biː ˈaɪ/

Certaines abréviations sont prononcées comme des mots : *AIDS* /eɪdz/, *NATO* /ˈneɪtəʊ/. La prononciation de ces abréviations (appelées acronymes) est indiquée dans la liste ci-après.

Quelques abréviations n'existent que sous une forme écrite : elles se prononcent comme les mots qu'elles représentent. Exemple : *Ltd*, qui se prononce *limited*.

AA *Alcoholics Anonymous*
AA *Automobile Association*
ABC *American Broadcasting Company*
AC *alternating current*
ACT *American College Test*
AD, A.D. *Anno Domini, after the birth of Christ*
AI *artificial intelligence*
AIDS /ˈeɪdz/ *Acquired Immune Deficiency Syndrome*
aka /ˈækə/ (ou épelé ˌeɪkəɪ ˈəɪ) *also known as*
a.m., am (du latin *ante meridiem*) *before midday*
asap /ˈeɪsæp/ (ou épelé ˌeɪ es eɪ ˈpiː) *as soon as possible*
ATM *Automated Teller Machine* (= DAB)
AWOL /ˈeɪwɒl/ *absent without leave*
B and B *bed and breakfast*
BA, B.A. *Bachelor of Arts* (= [titulaire d'une] licence)
BBC *British Broadcasting Corporation*
BBQ *barbecue*
BC, B.C. *before Christ*
BSc *Bachelor of Science* (= [titulaire d'une] licence)
BSE (=ESB) *bovine spongiform encephalopathy*
btw *by the way* (= à propos)
b/w *black and white*
CBE *Commander (of the Order) of the British Empire*
CBS *Columbia Broadcasting System*
cc *carbon copy; cubic centimetre*
C. of E. *Church of England*
CEO *chief executive officer* (= P-DG)
CIA *Central Intelligence Agency*
Co *company; county*
c/o *care of*
COD *cash on delivery*
contd *continued*
Corp. *corporation*
DA *District Attorney* /əˈtɜː(r)ni/
DC *direct current* (courant continu)
Dept *department*
DI *detective inspector*
DIY *do-it-yourself* (= bricolage)
D.O.B. *date of birth*

doz. *dozen*
DPhil *Doctor of Philosophy*
dpi *dots per inch*
ECG *electrocardiogram*
e.g. (du latin *exempli gratia*) *for example*
et al. (du latin *et alii*) *and others*
EU *European Union*
FAQ *frequently asked questions*
FBI *Federal Bureau of Investigation*
FDA *Food and Drug Administration*
GCSE General *Certificate of Secondary Education* (= baccalauréat)
Gdns *gardens* (lu ainsi)
GHQ *general headquarters*
GMT *Greenwich Mean Time*
govt *government*
GP *general practitioner* (= généraliste)
HIV *human immunodeficiency virus*
HM *Her / His Majesty*
Hons *honours* (utilisé après le nom d'un diplôme)
h.p., HP *horsepower; hire purchase* (= crédit)
HQ *headquarters*
ICU *intensive care unit*
ID *identification*
i.e. (du latin *id est*) *that is*
IMF *International Monetary Fund*
Inc. *incorporated*
IOU *I owe you* (= reconnaissance de dette)
IPA *International Phonetic Alphabet*
IQ *intelligence quotient*
IRS *Internal Revenue Service*
ITV *Independent Television*
IV *intravenous*
LCD *liquid crystal display*
lol *laughing out loud* (= gros rire)
Ltd *limited* (lu ainsi)
MA, M.A. *Master of Arts*
MBA *Master of Business Administration*
MC *master of ceremonies*
MD *Doctor of Medicine*
Met / met/ *Metropolitan Opera; Metropolitan Police*
MO *medical officer*
MP *Member of Parliament*
mpg *miles per gallon* (mesure de consommation de carburant)
mph *miles per hour*
Mr, Mister (lu, mais jamais écrit ~~*Mister*~~)
Mrs /ˈmɪsɪz/
Ms /mɪz/ (terme neutre pour *Mrs / Miss*)
Ms *manuscript* (lu ainsi)
Mt *mount* (lu ainsi)
n/a *not applicable* (= sans objet)
NATO /ˈneɪtəʊ/ *North Atlantic Treaty Organization*
NBA *National Basketball Association*
NBC *American Broadcasting Company*

NCO *non-commissioned officer* (= sous-officier)
NGO *non-governmental organization*
nimby *not in my backyard* (= pas de ça chez moi)
OAP *old age pensioner*
OJ *orange juice*
OTT *over the top* (= dépasse les bornes)
PA *personal assistant*
PAYE (épelé) *pay as you earn* (= prélèvement à la source)
PC **police constable** (= policier) ; *politically correct*
PhD *Doctor of Philosophy*
PM *Prime Minister*
p.m., pm (du latin *post meridiem*) *after midday*
PO *post office*
pop. *population*
POW (épelé) *prisoner of war*
PR *public relations*
PT *physical training*
PTA *parent-teacher association*
PTO *please turn over* (= TSVP)
QC / KC (GB) *Queen's / King's Counsel* (≅ bâtonnier, avocat chevronné)
QED (du latin *quod erat demonstrandum*) (= CQFD)
RIP (épelé) *rest in peace*
RC *Roman Catholic*
Rd *road* (lu ainsi)
RN *Royal Navy; registered nurse*
RSPCA *Royal Society for the Prevention of Cruelty to Animals*
Rt Hon *Right Honourable* (lu ainsi) (devant le nom d'un député)
SMS *short message service*
snafu *situation sormal – all fucked-up* (= situation normale, tout est foutu)
Sq *square* (lu ainsi)
Sr, Snr *senior* (lu ainsi)
St *street* (lu ainsi)
SUV *sport utility vehicle* (= 4 x 4)
TB *tuberculosis*
TGIF *thank God it's Friday* (= Dieu merci, c'est vendredi)
TM *trademark*
TUC (GB, épelé) *Trades Union Council* (confédération des syndicats britanniques)
UFO (épelé ou prononcé /ˈjuːfəʊ/) *unidentified flying object*
UN *United Nations*
v, v., vs *versus* (lu ainsi) (= contre)
VAT /væt/ (ou épelé) *value added tax (TVA)*
VIP *very important person*
VP *vice president*
WASP GB /wɒsp/, US /wɑːsp/ *White Anglo-Saxon Protestant*
WLTM *would like to meet*
WPC *woman police constable*
WTO *World Trade Organization*
YMCA *Young Men's Christian Association*
YWCA *Young Women's Christian Association*

▶ aussi 281 Unités de mesure.

3. Accentuation (1) : le rythme de l'anglais parlé

Dans la prononciation d'une langue, deux types d'éléments interviennent : d'une part les **unités sonores** (voyelles et consonnes ▶ **249-251**), et d'autre part ce qu'on peut appeler la musique de la phrase, c'est-à-dire son **intonation** (variations dans la hauteur de la voix ▶ **130**) et son **rythme**.

Le rythme joue un rôle absolument essentiel pour une bonne maîtrise de l'anglais oral – à la fois pour bien comprendre et pour bien s'exprimer. Le rythme de l'anglais parlé fonctionne sur un principe radicalement différent de celui du rythme français. En anglais, le rythme se caractérise par la succession à peu près régulière de syllabes accentuées, qui peuvent être séparées ou non par des syllabes non accentuées, et qui en quelque sorte battent la mesure. Ainsi, dans

> *<u>Jer</u>emy is <u>much</u> <u>old</u>er than his <u>wife</u>.* Jeremy est beaucoup plus âgé que sa femme.

les quatre syllabes accentuées (soulignées) sont séparées par des intervalles de temps qui ont sensiblement la même longueur, même s'il y a entre ces syllabes accentuées un nombre inégal de syllabes inaccentuées. En français, le rythme est très différent, d'abord parce que l'accent principal d'un mot est en règle générale porté par la dernière syllabe, ensuite (et surtout) parce que les syllabes ont toutes à peu près la même longueur dans le temps, qu'elles soient accentuées ou non. On dit que l'anglais est une langue **à rythme accentuel**, tandis que le français est une langue **à rythme syllabique**.

Pour les francophones apprenant l'anglais, le défaut à éviter est donc de donner le même poids à toutes les syllabes. En effet, la succession de syllabes accentuées et de syllabes inaccentuées est un élément essentiel de la prononciation de l'anglais : ne pas la respecter peut rendre totalement incompréhensible un énoncé parlé.

Le rythme est conditionné d'une part par l'accent de mot (▶ **4**) et d'autre part par l'**accent de phrase** (▶ **5**).

4. Accentuation (2) : l'accent de mot

Dans un **mot de plusieurs syllabes**, il y a obligatoirement une syllabe qui porte un accent bien marqué (appelé **accent de mot**, ou **accent tonique**), tandis que les autres syllabes sont inaccentuées, et paraissent faibles par comparaison. Très fréquemment, les voyelles des syllabes non accentuées se réduisent à /ə/ ou à /ɪ/ :

> *ba**na**na* /bəˈnɑːnə/, ***man**age* /ˈmænɪdʒ/.

Note concernant les transcriptions en signes phonétiques (▶ **249-251**) : la place de la syllabe accentuée est indiquée par un accent « haut », qui précède cette syllabe (exemples ci-dessus).

Dans les mots les plus longs, il peut également y avoir un ou plusieurs **accents secondaires**, qui jouent eux aussi un rôle dans le rythme, et qui sont transcrits par un accent « bas ». Exemple : *organizàtion* /ˌɔːgənaɪˈzeɪʃən/ (accent secondaire sur la 1re syllabe, accent principal sur la 4e).

En résumé : pour bien prononcer un mot, il est important (a) de bien marquer la syllabe accentuée, (b) de réduire les voyelles des syllabes inaccentuées, et bien sûr (c) de ne pas se tromper de syllabe accentuée.

Il existe des règles qui indiquent la place de la syllabe accentuée dans certains types de mots (▶ **261-265** pour les mots à suffixes), mais le plus souvent il faut tout simplement apprendre par la pratique à placer convenablement les accents de mot. Et, lorsqu'on apprend un mot de plus de deux syllabes à partir de sa forme écrite, il est prudent d'apprendre en même temps la place de sa syllabe accentuée. (Les dictionnaires et les bons ouvrages d'apprentissage du vocabulaire donnent cette indication.)

5. Accentuation (3) : accents de phrase

1 Dans une phrase parlée, **certains mots sont accentués**, et d'autres ne le sont pas. (Une précision : quand un mot de plusieurs syllabes est accentué, ce qui est accentué est en fait sa **syllabe porteuse de l'accent de mot** – ▶ 4.) Exemples (les syllabes accentuées figurent en gras) :

*I'd **like** to **know where** your **broth**er has **put** the re**mote**.*
Je voudrais savoir où ton frère a mis la télécommande.
*You should have **told** me.* Tu aurais dû me le dire.

Règle générale : la plupart des **mots grammaticaux** (auxiliaires, articles, prépositions, etc.) **d'une seule syllabe** sont **inaccentués** (sauf si on choisit de les accentuer ▶ paragraphe **2** ci-après), et très souvent ils sont l'objet d'une **réduction** (▶ **6**).

Pour la compréhension de l'anglais parlé, le phénomène de réduction a tendance à désorienter les francophones, qui attachent une grande importance aux mots grammaticaux, et s'attendent à ce qu'ils soient accentués. Et, en ce qui concerne la production d'énoncés parlés, certains francophones ont tendance à utiliser systématiquement des formes pleines, ce qui rend leurs énoncés très artificiels, voire difficilement compréhensibles.

2 Dans une phrase parlée, **tous les mots accentués n'ont pas le même relief**

Imaginons la phrase :

***Bet**ty's re**ceived** a **post**card from Pe**ru**.* Betty a reçu une carte postale du Pérou.

Si elle est dite de façon « neutre », c'est le dernier mot non grammatical (*Peru*) qui sera le plus accentué, avec une chute de la voix sur sa syllabe tonique. Mais on peut choisir d'accentuer particulièrement un autre mot, par exemple *Betty* :

***BET**ty's re**ceived** a **post**card from Pe**ru**.*

Dans ce cas, la phrase voudra dire : « C'est Betty qui a reçu une carte postale du Pérou. »

On peut accentuer de cette façon les mots grammaticaux habituellement inaccentués :

***Betty HAS** received a **post**card from Pe**ru**.*

Cette forme servira par exemple à contredire quelqu'un qui vient de dire : *I don't think Betty will receive a postcard from Peru* (Je ne pense pas que Betty va recevoir une carte postale du Pérou). Ce procédé est beaucoup plus couramment utilisé en anglais qu'en français (**▶ 126 Insistance et formes emphatiques**).

Dans les phrases suivantes, repérez les mots normalement porteurs d'un accent de phrase (noms, adjectifs, verbes lexicaux, ainsi que *what* et *going*), et, lorsque ces mots ont plus d'une syllabe, repérez la syllabe accentuée.

1. *Ask your doctor for a sick note.* 2. *What colour have you bought?* 3. *I'm going to the library.* 4. *The suitcase you're carrying is very heavy.* 5. *We were wondering if you knew his e-mail address.* 6. *She tries to avoid travelling in the tube in the rush hours.*

6. Accentuation (4) : les formes réduites (ou formes faibles)

Les mots grammaticaux suivants ont une **forme pleine** (ou **forte**) et une ou plusieurs **formes réduites** (ou **faibles**).

Les **formes pleines** sont utilisées dans les cas de contraste ou d'emphase (**▶ 126**), mais aussi en fin de phrase :

*I think you **can**.* (/kæn/, et non /kən/) Je pense que tu peux.
*What's he looking **at**?* Qu'est-ce qu'il regarde ? (/æt/, et non /ət/ – mais accent principal sur *looking*)

En dehors de ces cas (relativement peu fréquents), on utilise les formes réduites.

Forme écrite	Forme pleine	Forme réduite
be	bi:	bi
am, 'm	æm	(ə)m
is, 's	ɪz	z / s
are, 're	ɑ:(r)	ə(r)
was	GB wɒz, US wɑ:z	wəz
were	wɜ:(r)	wə(r)
been	bi:n	bɪn
have, 've	hæv	(h)əv, v **
has, 's	hæz	(h)əz, z / s **
had, 'd	hæd	(h)əd, d **
do, d'	du:	dʊ, d(ə)
does	dʌz	d(ə)z
can	kæn	k(ə)n

Forme écrite	Forme pleine	Forme réduite
could	kʊd	kəd
must	mʌst	məs(t)
shall	ʃæl	ʃ(ə)l
should	ʃʊd	ʃ(ə)d
will	wɪl	wəl, (ə)l
would	wʊd	wəd, (ə)d
me	mi:	mi
you	jʊ:	jʊ, jə
your	jɔ:(r)	jə(r)
he	hi:	(h)i **
him	hɪm	ɪm **
his	hɪz	(h)ɪz **
she	ʃi:	ʃi
her	hɜ:(r)	(h)ə(r) **
we	wi:	wi
us	ʌs	əs
them	ðem	ð(ə)m
their	ðeə(r)	ðə(r)
who	hʊ:	hʊ
there	ðeə(r)	ðə(r)
a / an	eɪ / æn *	ə / ən
the	ði: *	ðə /ði
some	sʌm	s(ə)m
any	'eni	əni
and	ænd	ən(d), n
as	æz	əz
because	GB bɪ'kɒz, US bɪ'kɑ:z	bɪ'kəz
but	bʌt	bət
or	ɔ:(r)	(US) ər
than	ðæn	ðən
at	æt	ət
for	fɔ:(r)	fə(r)
from	GB frɒm, US frɑ:m	frəm
of	GB ɒv, US ɑ:v	əv
to	tʊ:	tʊ / tə

* Emploi très rare.
** En début de phrase, le /h/ n'est jamais omis.

7. Accentuation (5) : mots de deux syllabes

1 **Dans la plupart des cas, un même mot est toujours accentué de la même façon,** quelle que soit sa fonction grammaticale. Ainsi le mot *surface* est toujours accentué sur la première syllabe, qu'il soit nom (*a surface*) ou verbe (*to surface*, « faire surface »). De même, *address* est toujours accentué sur la seconde syllabe, qu'il soit nom (*an address*) ou verbe (*to address*). De même :

comfort, to comfort; a comment, to comment; an offer, to offer ; a profit, to profit; a promise, to promise; a rescue (un sauvetage), *to rescue* (sauver).
an account, to account; an advance, to advance; an attack, to attack; neglect, to neglect; regret, to regret; respect, to respect.

2 Cependant, un certain nombre de **mots de deux syllabes** ressemblant à des mots français (plus précisément : d'origine française ou latine) s'accentuent sur la **première syllabe** quand ils sont utilisés comme **noms**, et sur la seconde syllabe quand ils sont utilisés comme **verbes**. Parmi les plus courants, il faut noter :

an ally /'ælaɪ/, *to ally* /ə'laɪ/ (allier)
a conflict, to conflict (entrer en conflit)
a contrast, to contrast (contraster)
a desert /'dezət/, *to desert* /dɪ'zɜ:t/ (abandonner)
an insult, to insult
an object, to object (objecter)
(a) protest, to protest
a present, to present (offrir)
a rebel, to rebel (se rebeller)
refuse /'refju:s/ (ordures), *to refuse* /rɪ'fju:z/ (refuser)
a suspect, to suspect (soupçonner)
a transfer (transfert), *to transfer* (transférer)
transport, to transport

Il existe également quelques paires « adjectif / verbe » contrastées de la même façon : *absent, to absent oneself* (s'absenter) ; *frequent, to frequent* (fréquenter) ; *perfect, to perfect* (perfectionner).

8. Accepter

1 Accepter quelque chose

Ils n'ont pas accepté le cadeau. *They didn't **accept** the present.*

2 Accepter de faire quelque chose

Ils ont accepté de nous attendre. *They **agreed** to wait for us.*
J'accepte / Je suis d'accord. *I **agree**.*

Accept n'est jamais suivi d'un autre verbe.

9. Adjectifs (1) : position

Les adjectifs sont **invariables** : pas de pluriel, pas de féminin.

a tall man, a tall woman, several tall women un homme grand, une femme grande, plusieurs femmes grandes

1 Les adjectifs qui ne sont pas accompagnés d'un complément se placent pratiquement toujours **avant le nom** qu'ils qualifient (▶ § 3) :

a difficult decision une décision difficile
the most difficult decision (of her career) la décision la plus difficile (de sa carrière)

Même dans certains cas où l'adjectif est accompagné d'un complément, il peut précéder le nom, et le complément suit alors le nom :
a hard lecture to follow un cours difficile à suivre
a pleasant person to talk to une personne avec laquelle il est agréable de parler
Quelques adjectifs de ce type : *hard, easy, impossible, amusing, interesting, funny, strange.*

2 **N'importe quel nom**, y compris un nom propre, peut se placer devant une autre nom et prendre valeur d'adjectif :

a New York accent un accent new-yorkais
leather shoes des chaussures en cuir
the evening news le journal du soir
a car dealer une concession automobile
spring weather un temps printanier

De ce fait, il existe peu d'adjectifs correspondant aux noms de lieu ou de matière. Les noms de matière se placent aussi après le verbe BE :
These shoes are leather. Ces chaussures sont en cuir.

3 Cas où les adjectifs se placent **après le nom ou le pronom**

- Adjectif avec un complément :

Troops loyal to the president are still fighting. Les troupes restées loyales au Président combattent encore.
a student good at maths un étudiant bon en maths
a house bigger than ours une maison plus grande que la nôtre

- Quelques adjectifs – notamment *concerned* (concerné) et *involved* (impliqué) :

the people concerned les gens concernés
the money involved l'argent que cela implique

- Adjectifs employés avec les pronoms des séries *something, somebody* (▶ **248**) :

nothing new rien de nouveau
That's something completely different. C'est quelque chose de complètement différent.

- Adjectifs qui suivent *that* utilisé comme intensif :

I've never read a book that long. Je n'ai jamais lu un livre aussi long.

N'étendez pas cette possibilité à *so* ou *such* : *so long a book / such a long book.*

4 Adjectifs qui ne peuvent pas se placer devant le nom :

• La plupart des adjectifs en ***a-*** : *afraid* (qui a peur), *alive* (vivant), *alone* (seul), *asleep* (endormi), *ashamed* (honteux), *awake* (réveillé).

Ces adjectifs ne peuvent se placer qu'après le verbe BE ou des verbes du type *seem* (sembler), etc.

The children were already asleep.

Pour avoir l'équivalent de « les enfants endormis », on emploie soit une proposition relative :

The children who were asleep

soit l'adjectif *sleeping* :

The sleeping children.

Autres adjectifs de remplacement : *afraid* → *frightened*; *alive* → *living*; *alone* → *lonely* (solitaire).

• Certains adjectifs indiquant l'état de santé ou l'humeur

ill (surtout GB) malade ; *cross* de mauvaise humeur
well en bonne santé ; *glad* heureux
unwell mal fichu

L'adjectif *sick* (malade, US), par contre, peut se placer avant un nom : *a sick man*.

5 Certains adjectifs **changent de sens** selon la position qu'ils occupent :

the late president feu le Président / l'ancien Président (avant le nom)
The president is late. Le Président est en retard. (après le verbe BE)
the people concerned les gens que cela concerne
The doctors are deeply concerned. Les médecins sont très inquiets.

6 En anglais, on ne peut pas placer un adjectif seul (suivi d'une virgule) en tête de phrase, ni (encadré de virgules) immédiatement après un nom :

Fatigués, les enfants se sont assis dans l'herbe.
Les enfants, fatigués, se sont assis dans l'herbe.

On peut rendre ceci par une relative :

The children, who were tired, sat on the grass.

Si l'adjectif est modifié par un adverbe ou par un complément, il n'y a plus de problème :

Rather tired, the children sat on the grass.
The children, tired of waiting, sat on the grass.

A. Traduisez en anglais.

1. Les femmes indiennes portent des saris très colorés. 2. C'est une phrase impossible à traduire. 3. Ce sont les questions les plus difficiles. 4. C'était une ville agréable à visiter ? 5. Il y a une bouteille presque pleine dans le placard. 6. Les bus londoniens sont rouges.

B. Rassemblez les deux propositions (placez éventuellement des virgules).

1. *People often live a quiet life. They are simple in their habits.* 2. *David is going straight to bed. He is tired after his work.* 3. *Some MP's voted against. They were suspicious of the Government's social policy.* 4. *My boss has just congratulated me. He is enthusiastic about my idea.*

10. Adjectifs (2) : ordre

1 Lorsqu'un nom est qualifié par plusieurs adjectifs, l'ordre de ces adjectifs avant le nom est déterminé par leur sens.

On peut distinguer trois grandes catégories d'adjectifs, d'après le degré d'objectivité ou de subjectivité du jugement exprimé.

(a) Caractéristique objective :

a medical school, a nuclear physicist, spring flowers → une école de médecine, un physicien nucléaire, des fleurs printanières

(b) Choix par la personne qui parle d'une caractéristique particulière, par exemple forme, couleur, nationalité, âge, trait de caractère, ou aussi comportement :

a talkative man / a powerful engine / an old house / an angry driver, a sad story
un homme bavard / un moteur puissant / une vieille maison / un conducteur en colère / une histoire triste

(c) Appréciation qui est d'abord valable pour la personne qui parle – y compris jugements de dimension non chiffrés. Quelques adjectifs courants de ce type :

possible, useful, beautiful, good, comfortable
possible, utile, beau, bon, confortable
small, heavy, thin petit, lourd, mince
a comfortable seat / a beautiful snake / good porridge / long hair
un siège confortable / un beau serpent / du bon porridge / des cheveux longs

Appréciation subjective ←——→ Caractéristique objective				
Déterminants	**c**	**b**	**a**	**Nom**
	Appréciation personnelle	**Choix d'une caractéristique : forme, couleur, nationalité, âge, trait de caractère, comportement**	**Caractéristique inhérente et stable**	
a	*fine*	*white*	*cotton*	*shirt*
an	*important*	*French*	*wine*	*merchant*
a	*thick*	*black*	*dividing*	*line*
a	*cheerful*	*old*	*London*	*pub*
a	*small*	*round*		*table*
a	*tall*	*angry*		*man*
	long	*straight*		*hair*
a		*Scottish*	*medical*	*school*

Les adjectifs se rangent dans l'ordre **a**, **b**, **c** à partir du nom (c'est-à-dire en remontant vers la gauche à partir du nom). Le principe général auquel cet ordre obéit est le suivant : les adjectifs exprimant les caractéristiques les plus subjectives (avis personnel de la personne qui parle) sont les plus éloignés du nom.

2 Quand deux adjectifs sont tout à fait sur le même plan, on les coordonne à l'aide de *and* :

a steel and glass building (catégorie **a**) un bâtiment de verre et d'acier
a blue and green tie (catégorie **b**) une cravate bleue et verte

On utilise aussi une virgule (une pause à l'oral) pour des adjectifs qui se complètent parce qu'ils désignent des caractéristiques de type voisin :

a long, exhausting journey un long voyage épuisant
a tall, short-haired woman une grand femme aux cheveux courts

▶ aussi 169-170 Nombres.

Construisez un groupe nominal à l'aide des adjectifs proposés. Veillez à les mettre dans le bon ordre.

1. *That restaurant (cosy, new, Italian)*. 2. *His aunt (aging, old-fashioned)*. 3. *A firm (electrical, dynamic, long-established)*. 4. *Several pizzas (tomato, deep-frozen, cheap)*. 5. *Those kittens (little poor black)!*

11. Adjectifs (3) : comment ils deviennent des noms

1 Les adjectifs anglais ne peuvent pas se transformer en noms à volonté. Quand la transformation est impossible, l'adjectif doit être rattaché à un nom :

Tu as vu le gros ? *Did you see the fat man?*
La pauvre, elle a raté son examen *The poor girl has failed her exam.*

On peut aussi les rattacher au pronom *one*, si le nom est dénombrable :

La chemise verte n'est pas mal, mais je préfère la jaune *The green shirt is not bad, but I prefer the yellow one.*

2 La forme *the* + adjectif (invariable) désigne un groupe de personnes

L'adjectif a une **forme de singulier**, tandis que le **verbe** est **accordé au pluriel** :

The poor *often envy* ***the rich****, but the rich sometimes envy the poor.* Les pauvres envient les riches, mais parfois les riches envient les pauvres.

In this town, ***the unemployed*** *can now get free meals every day.* Dans notre commune, les chômeurs peuvent avoir des repas gratuits tous les jours.

Adjectifs employés classiquement de cette manière :

rich, poor, disabled, sick, injured, wounded, dead, old, young, blind, deaf, etc.
riche, pauvre, handicapé, malade, blessé (par accident), blessé (par violence), mort, vieux, jeune, aveugle, sourd, etc.

Cet emploi est plus facile avec des catégories de personnes constituées par tradition, donc on ne dira pas normalement ~~*the tall*~~.

Les adjectifs de nationalité en *-ch* ou *-sh* relèvent du même cas : *the English / Welsh / Irish / French / Dutch.*

3 Il est impossible d'utiliser un nombre avec ces adjectifs, ou de les mettre au singulier, sans leur fournir le **support d'un nom** :

un(e) pauvre	[~~*a poor*~~] *a poor man / woman*
un(e) Anglais(e)	[~~*an English*~~] *an Englishman / an Englishwoman*
plusieurs Anglais	[~~*several English*~~] *several Englishmen / several English people*
deux sourds	[~~*two deaf*~~] *two deaf people*

▶ 176 Noms de nationalités et de langues.

Certains adjectifs correspondent à un nom qui a une forme différente : *foolish / a fool* (idiot / un idiot) ; *optimistic / an optimist*; *synonymous / a synonym*; *hypocritical / a hypocrite* ; *logical* (logique) / *logic* (la logique). Exemples : *That man is a* ***hypocrite*** */ That was a* ***hypocritical*** *speech.* Cet homme est un hypocrite / C'était un discours hypocrite.

4 Adjectifs qui se transforment en noms :

• **Adjectifs en *-ed***

La forme *the* + adjectif en *-ed* peut désigner une personne unique. Ces mots peuvent aussi être des pluriels, en gardant la même forme.

the deceased / the accused le défunt / l'accusé

The accused is / are well-known. L'accusé(e) / Les accusé(e)s est / sont bien connu(es).

Quelques adjectifs ont une terminaison en *-ed* qui est prononcée /ɪd/ (ou /əd/) dans des cas où la prononciation serait /t/ ou /d/ s'il s'agissait d'un participe passé. Opposez, par exemple, *She is very learned* /ˈlɜːnɪd/ (Elle est très instruite) et *She has learned* /lɜːnd/ *several languages* (Elle a appris plusieurs langues).
Principaux adjectifs de ce type :
aged /ˈeɪdʒɪd/ d'un âge avancé
crooked /ˈkrʊkɪd/ tordu, déformé
dogged /ˈdɒgɪd/ tenace, obstiné
learned /ˈlɜːnɪd/ savant
naked /ˈneɪkɪd/ nu
ragged /ˈrægɪd/ en loques / en lambeaux
wicked /ˈwɪkɪd/ malfaisant, méchant
wretched /ˈretʃɪd/ très malheureux

• **Adjectifs qui sont franchement passés à un emploi nominal** ; ils acceptent tous les déterminants, et le pluriel en *-s* :

Not all ***Blacks*** *like African music – why should they?* (emploi dénombrable) Pourquoi faudrait-il que tous les Noirs aiment la musique africaine ?

She doesn't like to wear too much ***black*** *– she likes a touch of colour.* (emploi indénombrable) Elle n'aime pas porter trop de noir, elle aime un brin de couleur.

Newborns *are blind.* Les nouveau-nés sont aveugles.

The newlyweds *left in their new car.* Les jeunes mariés sont partis dans leur voiture neuve.

Les adjectifs qui indiquent l'âge peuvent être employés de cette manière :

She was holding ***a four-year-old*** *in her arms.* Elle tenait dans ses bras un enfant de quatre ans.

All ***the four-year-olds*** *were given a present.* Tous les enfants de quatre ans ont reçu un cadeau.

A. Pouvez-vous transformer l'adjectif en nom? Éventuellement le mettre au pluriel?

1. *(daily) is a newspaper that is printed from Monday to Saturday.* 2. *He was evicted from his flat and has become just one more of (homeless).* 3. *(Japanese) constructed more cars than (American).* 4. *Behaviour problems are frequent among (over-gifted).* 5. *No alcohol will be sold to (under-eighteen).*

B. Traduisez en anglais.

1. Il est allé dans une école spécialisée pour les sourds. 2. Il a rencontré une jeune anglaise et en est tombé amoureux. 3. N'achète pas le violet : c'est d'un moche! 4. Plusieurs des accusés n'avaient pas d'avocat. 5. Elle a vingt-huit enfants de six ans dans sa classe.

12. Adjectifs (4) : composés

Principaux procédés de formation d'adjectifs composés :

- **Nom / adverbe + V-*ing***

  a record-breaking *race* (une course qui a battu les records), ***a sweet-smelling flower*** (une fleur qui sent bon), ***a labour-saving device*** (un engin qui facilite le travail)

- **Nom / adverbe + participe passé**

  home-made cookies (des gâteaux maison), ***a suntanned face*** (un visage hâlé), ***a far-fetched explanation*** (une explication tirée par les cheveux)

- **Adjectif + nom + -*ed* (faux participe)**

  an open-minded attitude (une attitude ouverte), ***a low-necked dress*** (une robe décolletée)

- **Nom + adjectif**

  seasick (qui a le mal de mer), ***duty-free*** (hors taxes)

- **Adjectifs composés de mesure (dimensions et âge)**

– placés avant le nom :

It is ***a five-foot (-high)*** *wall.* C'est un mur de cinq pieds (de haut).

a ***six-year-old*** *child* un enfant de six ans

Remarquez l'unité de mesure au **singulier** et le trait d'union.

– placés après le verbe BE :

The wall is ***five feet high***. Le mur fait cinq pieds.

She is ***six years old***. Elle a six ans.

Dans ce cas, l'unité de mesure est au **pluriel, et il n'y a pas de trait d'union**.

Évitez de fabriquer vous-même des adjectifs composés, ne les employez que si vous les connaissez déjà.

▶ 17 Âge et autres dimensions.

Traduisez en français.

1. *a two-pound packet of sugar* 2. *a widely-read book* 3. *a university-trained teacher* 4. *a five-mile walk* 5. *those dish-washer-proof plates* 6. *a hot-tempered Irishman* 7. *early-flowering plants* 8. *long-life milk.*

13. Adjectifs (5) : constructions adjectif + verbe (*I'm ready to go / opposed to going*)

1 Les adjectifs du type *ready* admettent à leur suite la construction *to* + V (infinitif avec *to*). Exemples :

I'm ***ready / determined / glad to help*** *them.* Je suis prêt à / décidé à / heureux de les aider.

Quelques **adjectifs du type *ready*** (suivis de ***to*** **+ V)** :

anxious to (très désireux de)	*disposed to* (disposé à)	*hesitant to* (qui hésite à)	*liable to* (susceptible de / qui risque de)
apt to (ayant tendance à)	*eager to* (très désireux de)	*impatient to* (impatient de)	*reluctant to* (réticent à)
curious to (curieux de)	*fit to* (propre à)	*keen to* ([surtout GB] très désireux de)	*willing to* (disposé à)

2 Les adjectifs du type *opposed* (assez peu nombreux) admettent à leur suite la construction *to* + V-*ing*, que l'on trouve également à la suite de verbes comme *object* (▶ 125). Exemples :

I'm ***opposed to / resigned to helping*** *them.* Je m'oppose à ce qu'on les aide / Je suis résigné à les aider.

Autres **adjectifs du type *opposed*** : *accustomed to* (accoutumé à), *close to* (près de, sur le point de), *used to* (habitué à ▶ **283**).

Traduisez en anglais.

1. Le patron risque de refuser. 2. Nous sommes résignés à vivre en banlieue. 3. Je suis tout à fait disposé à vous conduire à l'aéroport. 4. Tu n'es pas impatient de les voir? 5. Ils étaient curieux de savoir les raisons pour lesquelles j'avais un trou (*gap*) de cinq ans dans mon CV.

14. Adverbes : forme

Les adverbes ont des formes très variées, mais il existe un procédé régulier de formation d'adverbes : ajouter **le suffixe -*ly*** à un adjectif. Exemples :

safe → *safely, fortunate* → *fortunately, incredible* → *incredibly, dry* → *drily*

La terminaison -***ly*** ne permet pas de dire à coup sûr qu'on a affaire à un adverbe, car certains adjectifs sont aussi en -*ly* :

friendly (amical), *masterly* (magistral), *lovely* (joli), *costly* (coûteux), *lonely* (solitaire), *deadly* (mortel) :

And that lovely girl gave him a friendly look. Et cette adorable jeune femme lui lança un regard amical.

Ces adjectifs ne permettent pas la formation d'un adverbe en *-ly* (l'adverbe ~~*friendlily*~~ n'existe pas). Faute d'adverbe, il faut recourir à une périphrase :
They acted ***in a friendly way***. Ils se sont conduits amicalement.

Quelques mots en *-ly*, qui indiquent la fréquence (*daily, weekly, monthly*), peuvent être soit adjectifs, soit adverbes :

a daily paper / The paper is published daily. un (journal) quotidien / Le journal est publié quotidiennement.

Par ailleurs, certains mots qui ne sont pas en *-ly* peuvent être soit adjectifs, soit adverbes :

a fast car / You're driving too fast. une voiture rapide / Tu conduis trop vite.
a high mountain / The plane flew very high une haute montagne / L'avion volait très haut.
a late breakfast / He got up late un petit déjeuner tardif / Il s'est levé tard.

Dans la langue familière, un certain nombre d'adjectifs sont utilisés comme adverbes :
It's real good (= *really good*).
There's precious little time (= *very little time*).

15. Adverbes : position

Règle générale : évitez de placer un adverbe entre le verbe et son complément. Ne vous laissez pas influencer par le français :

He speaks Chinese very well. Il parle très bien le chinois.

Par ailleurs, faites attention aux cas suivants. (En particulier, comparez les phrases anglaises des exemples et leurs équivalents français.)

1 Adverbes qui se placent en début de phrase : *maybe* et *perhaps*.

Maybe *he'll take the train.* Il prendra peut-être le train.
Perhaps *they thought the price would go down.* Ils pensaient peut-être que le prix allait baisser.

2 **Adverbes qui se placent en fin de phrase.** Il s'agit d'adverbes exprimant la **qualité**, le **degré**, le **temps** ou la **fréquence précise** :

He speaks German ***very well*** / ***badly*** / ***perfectly***. Il parle très bien / mal / parfaitement l'allemand. (qualité)
He doesn't speak German ***at all***. Il ne parle pas du tout allemand. (degré)
She liked it ***a lot*** / ***very much*** / ***a little*** / ***less***. *Elle a aimé beaucoup / un peu / moins.* (degré)
Nobody uses typewriters for their mail ***any longer*** / ***any more***. Personne n'utilise **plus** de machines à écrire pour le courrier. (temps)
She gets dozens of letters ***daily***. Elle reçoit **tous les jours** des dizaines de lettres. (fréquence précise, à opposer à la fréquence approximative – ▶ ci-après)

3 Adverbes qui se placent près du verbe ou de l'auxiliaire : adverbes **de fréquence approximative** (*sometimes, rarely, often, always, never*, etc.), ainsi que *probably* et *certainly*. La place exacte de ces adverbes est la suivante :

- **Avant** un verbe employé seul (sans auxiliaire), et **avant** un auxiliaire employé seul (sans verbe à sa suite) :

  *I **rarely / occasionally / never phone** her.* Je lui téléphone rarement / occasionnellement / Je ne lui téléphone jamais.
  *You **certainly / probably remember** his name.* Vous vous rappelez certainement / sans doute son nom.
  *He wants me to phone her, but I **never will / can**.* Il veut que je lui téléphone, mais je ne lui téléphonerai jamais / mais je ne peux jamais.

- **Après** le premier auxiliaire dans une suite auxiliaire(s) + verbe, et **après** BE :

  *I **have never told** them.* Je ne le leur ai jamais dit.
  ***Does** Ted **ever phone** her?* Est-ce qu'il arrive à Ted de lui téléphoner ?
  *You **should never have told** her.* Vous n'auriez jamais dû le lui dire.
  *He **is often / always** tired.* Il est souvent / toujours fatigué.
  *You**'ve certainly met** her.* Vous l'avez certainement rencontrée.

> Placez l'adverbe dans la phrase.
>
> 1. *He buys his shoes in the sales. (often)* 2. *I don't watch television. (very much)* 3. *It's a long drive. We could stay somewhere overnight. (though)* 4. *We've seen him wearing a tie. (rarely)* 5. *Why do you have to work late? (sometimes)* 6. *I'll look for a larger flat. (maybe)* 7. *I'd like you to look at these statistics. (carefully)*

16. *Again* et *back*

Ces adverbes permettent d'exprimer deux sens différents du préfixe « -re ».

1 Répétition : *again*

*Try **again**.* Réessaye / Essaye encore.
*They visited us **again** last year.* Ils sont revenus nous voir l'an dernier.

2 Retour en arrière : *back*

*I'm tired, let's go **back** home.* Je suis fatigué(e), rentrons à la maison.
*I want my money **back**.* J'exige un remboursement.

Un cas particulier, au téléphone :
***Call me back** when you get the address.* Rappelle-moi quand tu auras l'adresse. (= appeler en retour)
*Sorry, I have to go now, I'll **call you back** tonight.* Désolé(e), il faut que je te laisse, je te rappelle ce soir. (= appeler de nouveau)

> Traduisez en anglais.
>
> 1. Il revient de New York la semaine prochaine. 2. Je repars en Italie dès que possible. 3. C'est promis ! Je ne le referai plus. 4. Je voudrais revoir Paris avant de mourir. 5. Bonjour Emma ! Peux-tu me rappeler ce soir ? 6. Rends-le-moi quand tu l'auras lu.

17. Âge et autres dimensions

1 Après le verbe *BE*

The room is ***five metres long*** *and three metres wide.* La pièce a cinq mètres de long et trois mètres de large.

The room is five metres by three. La pièce fait cinq mètres sur trois.

She is twenty-five (years old). Elle a vingt-cinq ans.

L'unité de mesure (*metre, year*) est ici au pluriel (▶ ci-après). Le type de dimension (*long, wide, old*) est mentionné à la fin.

Pour l'âge, on peut mentionner ou non l'unité de mesure (*years*) et la dimension (*old*), mais il ne faut pas s'arrêter au milieu (comme on le fait en français) : on ne dit pas ~~She is twenty-five years~~.

Pour poser une question sur l'âge ou toute autre dimension, on emploie *how* + adjectif :

How old *is she?* Quel âge a-t-elle ?

How long *is this room?* Cette pièce fait combien de long ? / Quelle est la longueur de cette pièce ?

▶ 127-128 Interrogation.

2 Devant un nom

a five-metre-long room une pièce de cinq mètres de long

a twenty-five-year-old student un(e) étudiant(e) de vingt-cinq ans

nombre + unité + adjectif de dimension

L'unité de mesure est au singulier. Cette fois, il faut mentionner la dimension, y compris pour l'âge (*old*). Remarquez le trait d'union.

3 Autres mentions de l'âge

at twenty-five à vingt-cinq ans

She is in her twenties. Elle a entre vingt et trente ans.

She is in her teens / She is a teen-ager. C'est une ado(lescente).

Il y a un cas où les adjectifs se transforment facilement en noms :

a six-year-old un(e) enfant de six ans

All six-year-olds go to school nowadays. Tous les enfants de six ans vont à l'école de nos jours.

▶ 11 Adjectifs (3) : Comment ils deviennent des noms.

Traduisez en anglais.

1. Charlotte aura quatorze ans en février. 2. « Cette plinthe (*skirting board*) mesure cinq mètres de long. – Et quelle est sa largeur ? » 3. À quel âge prennent-ils la retraite en Allemagne ? 4. Tu avais quel âge quand tu as passé (*present*) ta thèse ? 5. La plupart sont des jeunes de vingt-cinq ans. 6. Il doit avoir au moins la soixantaine. 7. Le lac a six mètres de profondeur.

18. Ago

Ago place un événement dans le passé, en mesurant l'écart qui le sépare du présent (= français « il y a ») :

*Emma met Brian **two years ago**.* Emma a rencontré Brian il y a deux ans.
*She called **ten minutes ago**.* Elle a téléphoné il y a dix minutes.

Ago se place **après la mention de durée**. Il impose le **prétérit** (on n'emploie jamais le present perfect).

▶ 113 Il y a, il y a… que (durée ou repérage dans le temps).

19. Aller + infinitif (« je vais manger », etc.)

1 Lorsque « aller » garde son sens concret de mouvement, l'équivalent habituel est le verbe *go*, dans trois types de constructions :

• Construction ***go (and)* + verbe** (*go and get / ask / tell / visit /* etc.). L'omission de *and* est habituelle en anglais américain quand *go* est à l'impératif ou à l'infinitif (avec ou sans *to*). Par contre, elle est relativement rare en anglais britannique. Exemples :

Vous pourriez **aller** me **chercher** de quoi boire ? *Could you **go (and) get** me something to drink?*
Tu **iras** le lui **demander** ? *Will you **go (and) ask** him?*
Je suis **allé** le leur **dire**. *I **went and told** them.*

• Construction ***go* + *to* + verbe** :

Il n'est pas là, il est **allé s'acheter** un sandwich. *He isn't in – he's **gone (out) to buy** himself a sandwich.*

Ici, on met l'accent sur le **but** de l'action, alors que dans le cas précédent on met l'accent sur son **résultat**.

• Constructions ***go* + nom d'activité (*V-ing*)** ou ***go for a …*** :

Ils sont allés randonner en montagne. *They**'ve gone hiking** in the mountains.*
Je vais me promener. ***I'm going out for a walk.***

▶ aussi 91 Faire / Aller faire du / de la… + nom d'activité.

2 Expression d'un futur prévisible. Il ne faut pas traduire systématiquement par *be going to*. Si l'événement futur est lié à une condition (même implicite), c'est l'emploi de WILL qui s'impose. Opposez :

Ne lui dis pas que c'est trop tard. Elle va être déçue. *Don't tell her it's too late. She**'ll** be disappointed.* (= si tu lui dis que c'est trop tard, elle sera déçue)
Madrid a battu Milan. Sonia va être déçue. *Madrid has beaten Milan. Sonia**'s going to** be disappointed.* (Ici, la réalisation de l'événement prévu n'est pas soumise à une condition : elle découle de causes existantes, et se produira de toute façon.)

3 Expression d'une intention ou d'une décision. Comparez :

« Regarde, ton parapluie est cassé. – Je sais. Je vais en acheter un autre. » *'Look, your umbrella's broken.' 'I know. **I'm going to** buy another one.'*
« Regarde, ton parapluie est cassé. – Mais oui ! Eh bien je vais en acheter un autre. » *'Look, your umbrella's broken.' 'So it is! Well, **I'll** buy another one.'*

Be going to exprime une **intention déjà existante** (c'est-à-dire une décision déjà prise), tandis que, dans ce contexte, ***will*** exprime une **décision déclenchée par la situation**, et prise au moment où l'on parle.

4 Expression d'un comportement caractéristique :

Tu vois, par exemple il va dépenser une fortune pour s'acheter du matériel vidéo. *You see, for instance he**'ll** spend a fortune on video equipment.*

En anglais, on peut dans ce cas utiliser *will* (▶ **297**), mais non *be going to*.

5 Valeur dite émotive (équivalents anglais divers) :

N'allez pas croire ces bêtises ! *Don't **go believing** that nonsense!*
Allez savoir ce qu'ils manigancent ! ***There's no knowing** what they're up to!*
Pourquoi t'es allé dire ça ! *Why did you **go and say** that!*
Pourquoi j'irais m'embêter à passer cet examen ? *Why **should / would I go** to the trouble of taking that exam?*

Traduisez en anglais.

1. C'est Kevin que vous voulez voir ? Il est allé faire du vélo. 2. Va savoir ce qu'ils voulaient dire ! 3. Le plombier est allé voir un client. 4. C'est exactement ce que j'allais te demander. 5. Si nous ne nous dépêchons pas, nous allons rater l'avion.

20. Alphabet

a	/eɪ/	*n*	/en/
b	/biː/	*o*	GB/əʊ/ US/oʊ/
c	/siː/	*p*	/piː/
d	/diː/	*q*	/kjuː/
e	/iː/	*r*	/ɑː(r)/
f	/ef/	*s*	/es/
g	/dʒiː/	*t*	/tiː/
h	/eɪtʃ/	*u*	/juː/
i	/aɪ/	*v*	/viː/
j	/dʒeɪ/	*w*	/ˈdʌbəljuː/
k	/keɪ/	*x*	/eks/
l	/el/	*y*	/waɪ/
m	/em/	*z*	/zed/ (GB) /ziː/ (US)

Il est utile de savoir prononcer le nom des lettres pour dire les abréviations, très fréquemment utilisées dans la vie de tous les jours (▶ **2 Abréviations**).

"How do you spell 'committee'?" – Comment écrivez-vous / ça s'écrit, *committee*?

"With two c's, two m's and two e's". Avec deux *c*, deux *m* et deux *e*;

> Entraînez-vous à lire des abréviations (▶ 2 Abréviations).
>
> 1. *PTO*; 2. *the EU*; 3. *BT*; 4. *Washington DC*; 5. *ETA*; 6. *the TUC*; 7. *BA*; 8. *MD*; 9. *an ENT specialist*; 10. *the UK*; 11. *ID*; 12. *an MP*; 13. *ie*; 14. *DJ*.

21. Anglais britannique et anglais américain

Parmi les variétés d'anglais qui existent dans le monde, les deux variétés les plus prestigieuses sont **l'anglais britannique et l'anglais américain dits « standard »** (c'est-à-dire considérés comme de bonne qualité, et pouvant être donnés comme modèles).

Les différences entre l'anglais britannique et l'anglais américain portent sur la prononciation, le vocabulaire et la grammaire.

1 Prononciation

- Différences dans le système des sons : ▶ **249-251 Sons de l'anglais**.

- Différences dans la prononciation de certains mots :

– Après *d*, *n* et *t*, le /juː/ de l'anglais britannique a généralement pour équivalent /uː/ en anglais américain. Exemple : *new* GB /njuː/, US /nuː/.

– Dans un certain nombre de mots (*ask*, *pass*, *plant*, *bath*, etc.), le *a* est majoritairement prononcé /ɑː/ en anglais britannique et systématiquement prononcé /æ/ en anglais américain. Exemple : *ask* GB /ɑːsk/, US /æsk/.

– Mots en *-ary* et *-ory* : en anglais britannique, ces suffixes sont réduits, alors qu'en anglais américain ils sont généralement prononcés /-eri/ et /-ɔːri/. Par ailleurs, l'accentuation du mot peut être différente. Exemple : *laboratory* GB /lə'bɒrətri/, US /'læbrətɔːri/.

– Le suffixe *-ile*, prononcé /-aɪl/ en anglais britannique, est réduit en anglais américain. Exemple : *missile* GB /'mɪsaɪl/, US /'misl/.

– Un certain nombre de mots se prononcent différemment dans les deux variétés sans qu'aucune règle ne permette de le prévoir. Exemples : *tomato* GB /tə'mɑːtəʊ/, US /tə'meɪtoʊ/; *leisure* GB /'leʒə/, US (généralement) /'liːʒər/; *clerk* GB /klɑːk/, US /klɜːrk/.

2 Vocabulaire

- **Différences orthographiques :**

– Aux terminaisons *-our* et *-re* de l'anglais britannique correspondent *-or* et *-er* en anglais américain :

GB *colour, labour, favour, odour* ⟷ US *color, labor, favor, odor*
GB *centre, fibre, litre, theatre* ⟷ US *center, fiber, liter, theater*

– Redoublement en anglais britannique, et non-redoublement en anglais américain, du ***l* final** devant certains suffixes : GB *travelled*, US *traveled*; GB *councillor*, US *councilor*.

– Différences non prévisibles : GB *kerb* (bordure de trottoir), US *curb*; GB *tyre* (pneu), US *tire*; GB *cheque*, US *check*.

• **Mots différents :**

Voici une liste de quelques-uns des mots courants qui diffèrent en anglais britannique et en anglais américain :

Anglais GB	**Anglais US**	**Français**
American football	*football*	football américain
autumn	*fall*	automne
barman	*bartender*	barman
bill	*check*	note (restaurant)
biscuit /ˈbɪskɪt/	*cookie* /ˈkʊki/	petit gâteau ; biscuit
bonnet /ˈbɒnɪt/	*hood* /hʊd/	capot de voiture
boot /bu:t/	*trunk*	coffre de voiture
car park	*parking lot*	parking
caretaker	*janitor*	gardien d'immeuble
chemist's /ˈkemɪsts/	*drugstore* (mais aussi *pharmacy)*	pharmacie (entre autres)
cheque	*check*	chèque
chest of drawers /drɔ:z/	*bureau* /ˈbjʊroʊ/	commode
chips	*French fries* /fraɪz/	frites
class, form	*grade*	classe (niveau)
cooker /ˈkʊkə/	*stove* /stoʊv/	cuisinière
corn, wheat	*wheat*	blé
crisps	*chips*	chips
cul-de-sac /ˈkʌldəˌsæk/	*dead end*	impasse
cupboard /ˈkʌbəd/	*closet* /ˈklɑ:zət/	placard
dinner-jacket	*tuxedo* /tʌkˈsi:doʊ/, *tux*	smoking
drawing pin	*thumbtack* /ˈθʌmtæk/	punaise
dressing-gown /ˈdresɪŋgaʊn/	*bathrobe* /ˈbæθroʊb/	robe de chambre, peignoir
dummy	*pacifier*	sucette (pour bébé)
dust-bin	*garbage* /ˈgɑ:rbɪdʒ/ *can*	poubelle
estate agent	*realtor* /ˈri:əltər/	agent immobilier
film (nom)	*movie*	film
first / second / etc. floor	*second / third / etc. floor*	premier étage (etc.)
flat	*apartment*	appartement

Anglais GB	Anglais US	Français
football, soccer /ˈsɒkə/	*soccer* /ˈsɑːkər/	football
garden	*yard*	jardin (autour d'une maison)
ground floor	*first floor*	rez-de-chaussée
handbag	*purse*	sac à main
holiday(s)	*vacation*	vacances
joint	*roast*	rôti
let (verbe)	*lease* /liːs/, *rent*	louer (= donner en location)
letter-box	*mailbox*	boîte à lettres
lift	*elevator*	ascenseur
lodger	*roomer*	locataire (de meublé)
lorry	*truck*	camion
luggage /ˈlʌgɪdʒ/	*baggage* /ˈbægɪdʒ/	bagages
maize	*corn*	maïs
mark	*grade*	note (scolaire)
mobile (phone)	*cellphone*	téléphone portable
motorway	*freeway*	autoroute
nappy	*diaper* /ˈdaɪpər/	couche (de bébé)
newsagent	*newsdealer*	marchand de journaux
note	*bill*	billet (de banque)
number plate	*license plate*	plaque d'immatriculation
pavement	*sidewalk*	trottoir
petrol	*gas(oline)* /ˈgæsəliːn/	essence
phone box	*call-box*	cabine téléphonique
pictures (the ~)	*cinema (the ~), movies (the ~)*	cinéma (le ~)
post (n. et v.)	*mail (n. et v.)*	courrier / poster
postcode	*zip code*	code postal
postman /ˈpəʊs(t)mən/	*mailman* /ˈmeilmæn/	facteur
pram	*baby carriage*	landau
*pushchair, (baby) buggy**	*stroller*	poussette
queue /kjuː/	*line*	file d'attente
railway	*railroad*	chemin de fer
return ticket	*round trip ticket*	billet aller-retour
rise	*raise*	augmentation (de salaire)
roundabout	*rotary, traffic circle*	rond-point
rubber	*eraser* /ɪˈreɪsər/	gomme
rubbish, litter	*trash, garbage* /ˈgɑːrbɪdʒ/	ordures, déchets
shop	*store*	magasin, boutique
shop-assistant	*(sales) clerk*	vendeur

Anglais GB	Anglais US	Français
single ticket	*one-way ticket*	aller simple
sofa /'səʊfə/	*couch* /kaʊtʃ/	canapé
sweet, dessert /dɪ'zɜ:t/, *pudding*	*dessert*	dessert
sweet / sweets	*candy / candies*	bonbon(s)
tap	*faucet* /fɑ:sɪt/	robinet
tights	*pantyhose*	collant
timetable	*schedule* /'skedʒu:l/	horaire, plan
tin	*can*	boîte de conserve
toilet /'tɔɪlɪt/ *gents / ladies*	*restroom / washroom / ladies' room / men's room*	toilettes (publiques)
toilet / lavatory /'lævətri/, *loo*	*lavatory* /'lævətɔ:ri/	toilettes (privées)
town centre	*downtown*	centre ville
trousers	*pants* /pænts/	pantalon
tube, underground	*subway*	métro
tyre	*tire*	pneu
underpass /'ʌndərpæs/	*subway*	passage souterrain
vest	*undershirt*	maillot de corps
wallet /'wɒlɪt/	*billfold*	portefeuille
windscreen	*windshield*	pare-brise
wing	*fender*	aile (de voiture)
(prononcé) zed	*(prononcé) zee*	z (lettre)

* *Baby Buggy*®, marque de poussette pliante.

3 Grammaire

Les différences sont peu nombreuses, et tendent à s'estomper. Elles sont signalées, au cas par cas, dans l'ouvrage. On peut mentionner, à titre d'exemples, les trois points suivants :

– Le modal *shall* (présent de SHALL) et le modal *must* exprimant une obligation sont peu utilisés en anglais US en dehors du style soutenu.

– Le participe passé du verbe *get* est *gotten* en anglais US.

– En anglais US, le *and* de la construction *come / go and* est généralement omis : on dit *Go tell him!* et non *Go and tell him!* (Va le lui dire !).

22. Answer

Au sens de « répondre » (à une question ou à quelqu'un), ***answer*** est suivi d'un **complément direct** :

Only the best students ***answered the question****.* Seuls les meilleurs étudiants ont répondu à la question.

Answer the phone*, will you?* Réponds au téléphone, s'il te plaît.

He never ***answered my letter****.* Il n'a jamais répondu à ma lettre.

He stopped and thought before he ***answered his opponent****.* Il a pris le temps de réfléchir avant de répondre à son adversaire.

23. Après

1 « Après » (employé seul) = *after that, afterwards, later, (and) then*

À midi, je déjeune, et après j'irai voir mon frère. *At twelve, I'll have lunch, and* ***after that*** *I'll visit my brother.*

À midi, j'ai déjeuné, et après je suis allé voir mon frère. *At twelve, I had lunch, (and)* ***then*** *I visited my brother.*

Il a bu trois bières, et il l'a regretté après. *He drank three beers, and he was sorry* ***afterwards****.*

Deux jours après, il lui a retéléphoné. ***Two days later****, he phoned her again.*

La formule *twenty* (etc.) *years after* est archaïque : on utilise *later.*

Tous ces termes sont incompatibles avec le present perfect.

2 « Après avoir » + verbe au participe passé

Il y a deux possibilités : (a) ***after*** **+ *V-ing*** (style plutôt recherché) ou (b) ***after*** **+ nom ou pronom + verbe** (au prétérit dans un contexte passé).

Après avoir écrit son rapport, il a décidé de faire une pause. ***After writing*** *his report /* ***After he wrote his report*** *he decided to take a break.*

En anglais, on n'emploie jamais l'infinitif dans ce cas.

Il n'est pas fréquent d'employer la construction ***having*** **+ participe passé** : *After* ***having written*** *his report...*

3 « Et après ? » (remarque insolente)

Oui, je suis rentré à 2 heures du matin. Et après ? *I came home at two, so what?*

> Complétez ces phrases en ajoutant *after, after that, afterwards, later* ou *(and) then*, et en utilisant les termes fournis.
>
> 1. *I parked my car in a back street; I forgot where I had left it.* 2. *[park my car in a back street.] I went for a walk.* 3. *I parked my car in a back street; [two hours] it had disappeared.*

24. Arriver

1 Sens de « arriver dans un lieu / à un endroit »

- ***Arrive at / in a place*** (▶ **118** ***In, at, on***)

  *He **arrived** at the hotel / in London yesterday.* Il est arrivé hier à l'hôtel / à Londres. (Attention : pas ~~to~~.)

Au present perfect ou past perfect, l'**auxiliaire** est toujours ***have*** :

  Le train est arrivé. *The train **has arrived**.*

- ***Get to a place*** (plus familier)

  Quand ils sont arrivés à la gare, le train était parti. *When they **got to** the station, the train had left.*
  Il est arrivé chez lui un peu tard hier soir. *He **got home** a bit late last night.*

- ***Come***

  Ta mère, elle arrive quand ? *When **is** your mother **coming**?*
  D'accord, j'arrive ! *OK, **I'm coming**!*

Équivalents anglais de « être arrivé »

Il est arrivé il y a deux jours. *He arrived / got here two days ago.*

Il est arrivé depuis deux jours. *He has been here for two days.*

On est presque arrivés. *We are almost there.*

▶ **113** Il y a ; **69** Depuis, depuis que.

2 Sens de « réussir »

Le cheval est arrivé à sauter par-dessus la clôture. *The horse **managed** to jump over the fence.*
Vous n'y arriverez jamais. *You'll never **make it**.*
Et à la fin, ils y sont arrivés. *And in the end, they **made it**.*

3 Sens de « se produire » (événement ponctuel)

Il est arrivé quelque chose ? *Has something **happened**?*
Qu'est-ce qu'il lui arrive ? ***What's the matter** with him / her?*

4 Sens de « se produire parfois »

Il lui arrive d'oublier son parapluie dans le train. *He sometimes leaves his umbrella on the train.*
Est-ce qu'il t'arrive de rêver en noir et blanc ? *Do you ever dream in black and white?*
Il lui arrive d'être étourdi. *He / She can be absent-minded.*

> Complétez à l'aide d'un équivalent du français « arriver ».
>
> 1. *It's only half past! So we … to the top of the Eiffel Tower in twenty minutes!* 2. *We've got plenty of time. Our visitors … until eight o'clock.* 3. *You're late! I … a quarter of an hour ago.* 4. *How long … in France? (you)* 5. *Hey! You look worried. What …?*

25. Articles (1) *a* / *the* / Ø : général ou particulier

1 Général ou particulier

Quand on emploie un nom, on peut se placer au niveau général :

Horror films *bore me.* Les films d'horreur m'ennuient.
The cat *is a carnivorous animal.* Le chat est un animal carnivore.
A cat *always falls on its legs.* Un chat tombe toujours sur ses pattes.
Hot milk *is disgusting.* Le lait chaud, c'est dégoûtant.

C'est l'emploi **générique** des noms. Dénombrables et indénombrables n'ont pas les mêmes formes de générique : ils n'emploient pas les mêmes déterminants. De plus, le système est différent de celui du français. (**Note** : Ø = absence d'article, se lit « zéro ».)

Les formes de générique :

DÉNOMBRABLE	INDÉNOMBRABLE
the cat le chat	
a cat un chat	
Ø *cats* les chats	Ø *milk* le lait
mais PAS ~~the cats~~	mais PAS ~~the milk~~

Ajouter un adjectif ne change pas le caractère générique d'un nom :
Horses are trained for racing. Les chevaux sont entraînés pour la course.
Irish horses are trained for racing. Les chevaux irlandais sont entraînés pour la course.
Par contre, ajouter un groupe prépositionnel ***of*** **+ GN** oblige à employer l'article défini :
The horses of Connemara are trained for racing.

Si au contraire, on est au niveau **particulier**, on a un nouveau choix entre **indéfini** et **défini :**

Article
- générique → article ø *I like* ***ø*** *oranges.* J'aime les oranges.
- **particulier**
  - **indéfini** *I want* ***an*** *orange.* Je veux une orange.
  - **défini** *I want* ***the*** *orange.* Je veux l'orange.

L'indéfini permet de présenter quelque chose qui est nouveau pour l'interlocuteur :

We saw ***an excellent horror film*** *last night.* On a vu un très bon film d'horreur hier soir.
At the party, he only drank ***milk****.* À la soirée, il n'a bu que du lait.
Give me ***some hot milk****, please.* Donne-moi du lait chaud, s'il te plaît.

Dénombrables et indénombrables n'ont pas les mêmes formes indéfinies.

Les formes indéfinies :

DÉNOMBRABLE		INDÉNOMBRABLE
singulier	pluriel	singulier
a *cat* un chat	***Ø*** *cats* des chats	***Ø*** *milk* du lait
	some *cats* des chats	***some*** *milk* du lait

Pour la différence entre *some* et Ø ▶ 246 *Some* et *any* (1).

L'article défini, qui est employé aussi bien pour les dénombrables que pour les indénombrables, est utilisé si on parle de quelque chose qui est déjà connu de l'interlocuteur :

Pass me the milk, please. [c'est celui qui est sur la table, ou dans le frigo]
I bought the paper at the station. [le journal habituel, à la gare que l'on fréquente]

Les formes définies :
l'article *the* pour **tous** les noms
(dénombrables et indénombrables).

Certains noms sont presque toujours employés avec l'article *the* parce qu'ils représentent des objets ou personnes uniques (censés être connus) : *the Pope, the sun, the earth, the West* (et autres points cardinaux), etc.

2 Forme et prononciation des articles :

Devant consonne (prononcée)	Devant voyelle (prononcée)
a cat /ə/	*an animal* /ən/
a horse /ə/	*an hour* /ən/ *
a union /ə'juːnjən/	
the cat /ðə/	*the animal* /ði/
the horse /ðə'hɔːs/	*the hour* /ði'aʊə/

* Les quatre mots suivants commencent par un *h* non prononcé : ***heir*** /eə(r)/ (héritier), ***honest, hono(u)r*** et ***hour***, et il en est de même de leurs dérivés (*honestly*, etc.).

Traduisez en anglais.

1. Les bébés pleurent souvent la nuit. 2. Tu veux du thé ou du café ? 3. Les roses de notre jardin fleurissent très tôt. 4. La santé n'est qu'un des problèmes dans ce pays-là. 5. Je fais collection de timbres. 6. Il n'aime pas beaucoup la musique pop. 7. Les cigarettes sont sur la table, lance-les-moi. 8. La cuisine traditionnelle disparaît progressivement en faveur de la restauration rapide.

26. Articles (2) : détails d'emploi de l'article Ø

1 L'article Ø est régulièrement employé comme :

- **générique** (= pour parler en général) avec les noms dénombrables au **pluriel** (mais pas au singulier) :

  Horror films *bore me.* [dénombrable] Les films d'horreur m'ennuient.

- **générique** avec les noms indénombrables (au singulier) :

  Hot milk *is disgusting.* [indénombrable] Le lait chaud, c'est dégoûtant.

- **indéfini** avec les noms dénombrables au pluriel (mais pas au singulier) :

  We watched ***horror films*** *all night.* On a regardé des films d'horreur toute la soirée.

- **indéfini** avec les noms indénombrables :

  We drank ***cold milk*** *with* ***orange juice.*** On a bu du lait froid avec du jus d'orange.

  Cet emploi indéfini de Ø indique toujours un certain contraste. Par exemple, on oppose *cold milk with orange juice* à une autre boisson. Si on ne veut marquer aucun contraste, on emploie *some* :
  Could you give me some cold milk, please? Donne-moi du lait froid, s'il te plaît.

2 On emploie aussi l'article Ø dans quelques cas où le nom dénombrable désigne non pas un objet, mais l'utilisation qu'on en fait :

travel by train / bus / plane / boat voyager en train / bus / avion / bateau
go to hospital / school / university / church / prison
aller à l'hôpital / l'école / l'église (la messe) / en prison (mais en anglais US *hospital* et *university* sont utilisés avec *the*)
stay in bed rester couché
on television à la télé (MAIS : *on the telly, on the radio, on the phone*)
by car / train / plane en voiture / train / avion

3 On emploie également l'article Ø lorsqu'on se réfère à quelque chose, à quelqu'un, ou à un groupe, qui est unique.

- Jour / période en relation avec le moment où on parle :

  last Monday lundi dernier (comparez à *the last Monday of April*)
  on Monday lundi (prochain ou dernier ; comparez à :
  She works on Mondays. Elle travaille le lundi).
  next time la prochaine fois (comparez à *the next time*, « la fois suivante »).

- Personnes familières pour la personne qui parle :

  Mummy, Daddy, Teacher, Nurse (infirmière)
  Teacher said to read the first page. La maîtresse a dit de lire la première page.

- Personnes à qui on s'adresse :

  Girls, raise your heads and sing. Levez la tête, les filles, et chantez.

• Objets, lieux, etc. portant un numéro :

chapter three (le chapitre trois), *room 203* (la chambre 203), *number 12* (le numéro 12)

• Noms propres formés de titre + nom :

President Roosevelt (le Président Roosevelt), *Doctor Freud* (le Docteur Freud)

4 Un cas particulier :

Pour parler de l'homme (= être humain) en général, on emploie **Ø + *man*** (les autres dénombrables ne peuvent pas s'employer ainsi – ▶ **25 Articles (1)**) :

***Man** is a hairless biped.* L'homme est un bipède sans poils.

Complétez, si nécessaire, à l'aide de l'article *the*.

1. *Which is … best day of … week for you? Is it … Saturday?* 2. *… Professor Jameson was taken into … hospital yesterday.* 3. *Now, … children, wash your hands before … lunch.* 4. *When did … man first set foot on … Moon?* 5. *Do you watch … soaps on … television?* 6. *… house is on … corner. It's … number 23.*

27. Articles (3) : détails d'emploi de *a* / *an*

On emploie **l'article *a* / *an*** dans les cas suivants (contrastez avec le français).

• Association d'une caractéristique (profession, etc.) à un nom :

*She's **a doctor**.* Elle est médecin. (nom attribut)

*Emmy Charleston, **a remarkable pianist**, was here.* Emmy Charleston, pianiste remarquable, était là. (apposition)

*As **a student**, you get a discount.* En tant qu'étudiant, vous avez une réduction. (après *as*)

MAIS s'il s'agit d'une fonction unique, on a l'article Ø :

He became Prime Minister at thirty-eight. Il est devenu Premier Ministre à trente-huit ans.

• Pour indiquer un rapport prix / poids / distance / temps, etc. Il y a alors simple juxtaposition :

*sixty miles **an** hour* cent kilomètres à l'heure
*fifty pence **a** kilo* cinquante pence le kilo
*twice **a** week* deux fois par semaine.

On dit aussi (style technique) *sixty miles **per** hour*, etc.

• L'article *a* / *an* est aussi utilisé pour former un groupe unique à partir de plusieurs unités :

a difficult few minutes quelques minutes délicates
another two weeks encore deux semaines
A further six countries are ready for membership. Six autres pays sont prêts à adhérer.

Quand on ne connaît pas la personne qui est mentionnée, on peut employer *a* / *an* devant un nom propre :
There is a Mr Jones to see you. Un certain M. Jones veut vous voir.

Dénombrables et **indénombrables** conservent chacun leur caractère (emploi de ***a / an*** ou de **Ø**) dans les cas suivants :

- **Exclamations :**

*What **a** fabulous **car**!* (dénombrable, article *a*) Quelle voiture (formidable) !

*What fabulous **music**!* (indénombrable, article zéro) Quelle musique (formidable) !

- **Après *such* :**

*I'd never buy such **a** (ridiculous) **car**.* (dénombrable, article *a*) Je n'achèterais jamais une telle voiture / une voiture aussi ridicule.

*I've never heard such (fabulous) **music**.* (indénombrable, article zéro) Je n'ai jamais entendu une musique comme ça / aussi formidable.

- **Après *without* :**

*without a **hat**.* (dénombrable) sans chapeau.

*without **music**.* (indénombrable) sans musique.

Traduisez en anglais.

1. Quelle bêtise de sortir sans manteau ! 2. Il ne faut pas que nous dépassions les 110 à l'heure. 3. Je ne prêterai jamais une telle somme. 4. Quel idiot ! 5. Ma meilleure amie est devenue juge ; elle prend des décisions sur les affaires familiales (*family affairs*).

28. As

1 *As* et *like*

- **Devant un nom**, ***as*** et ***like*** sont de sens très différents.

– ***Like*** indique une ressemblance, une comparaison.

*Now, try to behave **like a lady**.* Bon, essaie de te conduire comme quelqu'un de bien élevé.

– ***As*** marque une assimilation complète (= en tant que).

*She was brought up **as a lady**.* On l'a élevée en jeune fille de bonne famille.

Opposez à : *She was brought up **like a lady**.* On l'a élevée comme une jeune fille de bonne famille.

*He's made a lot of money **as a writer**.* Il a gagné beaucoup d'argent comme écrivain.

- **Devant une proposition entière** ou **devant préposition + nom**

As et ***like*** sont alors synonymes (= comme). On emploie *as* dans un style soigné, *like* en langue courante.

*His name is spelt with an f, **as in 'Francis'**.* Son nom s'écrit avec un f, comme « Francis ».

*She always behaves **as a lady should**.* Elle se conduit toujours comme doit le faire une personne bien élevée.

*We're going to Cornwall, **like we did last summer**.* On va en Cornouailles, comme on a fait l'été dernier.

2 *As if / as though*

Pour exprimer une comparaison imaginaire (« comme si »), ***as if / as though*** sont suivis soit d'un **prétérit** qui indique **l'irréel** (style soigné), soit d'un **présent** qui, dans cette construction, et de façon exceptionnelle, a lui aussi un sens d'irréel (style familier).

*The press treats members of the royal family **as if they were** criminals.* La presse traite les membres de la famille royale comme (s'ils étaient) des criminels.

*He acts **as though he is** really enjoying himself.* Il se conduit comme s'il s'amusait vraiment.

3 Comparatif d'égalité *as ... as ...*

*His reflexes are **as** good **as** his opponent's.* Ses réflexes sont aussi bons que ceux de son adversaire.

▶ 60 Comparatif et superlatif (1), 30 Aussi, 58 Comme.

4 *As* : sens temporel (= « en même temps »)

***As** I was walking down the stairs, I realized I'd left my keys on the dresser.* En descendant l'escalier, je me suis aperçu(e) que j'avais oublié mes clés sur la commode.

5 *As* : sens de cause

As he was there early, we got down to work at once. Comme il est arrivé tôt, on s'est mis tout de suite au travail.

6 *As* : sens de concession / opposition (après un adjectif)

*Stupid **as** he is, I'm sure he'll understand what's best for him.* Il a beau être bête, je suis sûr qu'il comprendra où est son intérêt.

Ceci est très différent du français « stupide comme il l'est ».

Identifiez le sens de *as* dans ces énoncés et traduisez-les en français.

1. *As she came out of the tube station, she slipped and hurt her ankle.* 2. *I'm not as good a cook as my sister.* 3. *They welcomed me as if I was a member of the royal family.* 4. *Well-prepared as it was, his speech was more than a little boring.* 5. *As they refuse to promote me, it's high time I looked for a position in another company.* 6. *Let's hire a car as we did last summer!*

29. Ask

Ne confondez pas les diverses constructions et leurs combinaisons :

The journalist asked <u>a question</u>. [complément direct : information demandée] Le journaliste a posé une question.

The journalist asked <u>the general</u>. [complément direct : la personne interrogée] Le journaliste a demandé au général.

The journalist asked for a map. [complément introduit par *for* : objet demandé] Le journaliste a demandé une carte.
The journalist asked the general an embarrassing question. [deux compléments directs : personne interrogée + information demandée] Le journaliste a posé au général une question embarrassante.
The journalist asked the general for a map. [complément direct + complément introduit par *for* : personne interrogée + objet demandé] Le journaliste a demandé une carte au général.

30. Aussi

1 « Aussi » traduit par *also, too, as well*

Il faut faire attention à la **place de ces mots** :

• ***Also*** peut se placer avant le verbe, ou après BE (mais jamais entre le verbe et le complément, comme en français) :

Elle aime Mozart, mais elle aime aussi la musique country. *She likes Mozart, but she **also** likes country music.*
Aux États-Unis le Président est aussi le chef du gouvernement. *In the US the president is **also** the chief executive.*

• ***Too*** et ***as well*** se placent à la fin de la phrase :

Elle aime Mozart, mais elle aime aussi la musique country. *She likes Mozart, but she likes country music **too** / **as well**.*

• ***Too*** peut suivre le sujet :

Moi aussi, j'aime la musique country. *I **too** like country music.*

2 « Aussi » dans le comparatif d'égalité : *as … as …*

Ce restaurant est **aussi** cher **que** le Ritz. *This restaurant is **as** expensive **as** the Ritz Hotel.*
La nourriture de ce restaurant n'est pas **aussi** bonne **que** jadis. *The food in this restaurant is **not as** good **as** it used to be.*

Dans le cas de comparaison implicite, il existe plusieurs solutions :

• ***Just as* + adjectif**

Je suis sûr que ma voiture est aussi rapide [que la sienne]. *I'm sure my car is **just as** fast.*

• ***So* / *that* + adjectif**

Je ne pensais pas que ça serait aussi difficile [que ça]. *I never thought it would be **so** / **that** difficult.*

• ***Such* + adjectif + nom**

Je ne pensais pas que ça serait un travail aussi difficile [que ça]. *I never thought it would be **such** hard work.*

3 « Aussi » signifiant « par conséquent » se traduit par *so*

C'est trop cher, aussi, personne n'y va. *It's too expensive,* ***so*** *nobody goes there.*

Pour « moi / lui / etc. aussi » ▶ 268 Tags et reprises.

> Insérez *too, as well* ou *also*, en faisant attention à leur place.
>
> 1. *There was broccoli, spinach and carrots.* 2. *The book I've just read is imaginative but rather sad.* 3. *They confiscated our knives and belts.* 4. *Will you take the duvets* (couettes) *to the cleaners and go to the bank?*

31. Autre

1 « Autre » peut signifier « différent » ou « en plus », et peut accompagner n'importe quel nom.

On peut utiliser ***other*** et ***another*** pour signifier « en plus », à condition que cela s'applique à un nom **dénombrable** :

Won't you have ***another*** *glass of milk?* Vous prendrez bien un autre verre de lait?

Are there ***any other*** *questions?* Y a-t-il d'autres questions?

Dans certains cas, on peut utiliser ***(one) more*** :

Just ***one more*** *glass before I leave.* [dénombrable] Un autre verre / Encore un verre avant mon départ.

Avec de **l'indénombrable**, on ne peut employer que ***more*** :
Won't you have ***some more custard****?* [indénombrable] Vous prendrez bien un peu plus de crème (anglaise)?

2 « Quelqu'un / quelque chose / rien d'autre » → *someone / something / nothing, etc., else*

Il y a **quelque chose d'autre** qui me tracasse. ***Something else*** *bothers me.* (▶ 248)

Demande à **quelqu'un d'autre**. *Ask* ***someone else****.*

32. Avant

1 Quand avant est employé comme préposition (c'est-à-dire suivi d'un nom ou d'un pronom : « avant la fin du match »), son équivalent anglais est simplement *before* :

before *the end of the match*

2 Par contre, il est rare que « avant » employé seul (comme adverbe) se traduise par l'adverbe *before* employé seul :

Ils veulent changer de voiture, mais avant, il faut qu'ils obtiennent un prêt. *They want to change their car, but* ***before that*** *they'll have to get a loan.*

J'ai levé la main avant. *I raised my hand **first / before you did**.*

On trouve cependant l'adverbe ***before*** avec le past perfect :
Personne ne l'avait jamais vu avant. *Nobody had seen him **before.***

Quand « avant » a le sens de « jadis », « à une époque révolue », employez ***used to***, sans adverbe :

Avant, elle était secrétaire, maintenant elle dirige la société. *She **used to** be a secretary, but now she runs the company.* (▶ 282)

3 Avant de… / Avant que…

Avant de partir, il a vérifié le niveau d'huile. ***Before he left** / **Before leaving**, he checked the oil.*

En anglais, on n'emploie jamais l'infinitif dans ce cas. Par ailleurs, on préfère souvent une construction avec un verbe plutôt qu'une construction avec un nom :

Téléphone-lui avant le départ du train. *Call him **before the train leaves**.*

4 **Avec la négation**, et particulièrement avec un verbe au futur, la préposition « **avant** » + durée se traduit par ***for*** + durée.

La recherche ne démarrera pas avant deux mois. *Research will not begin **for two months.***

De même, « avant » + point dans le temps = ***until / before*** + point dans le temps :

La première émission n'aura pas lieu avant le 29 octobre. *The first show will not be broadcast **until / before 29 October.***

> Traduisez en français.
>
> 1. *I used to like living in the country but now I prefer town life.* 2. *They often watch TV in the evenings but before that they listened to the news on the radio.* 3. *You must wash your hands before sitting down to your meal.* 4. *They double-checked the luggage before the plane took off.* 5. *The effects of the decision will not be felt for about four years.*

33. Avoir

Le verbe français **« avoir »** se combine souvent avec un nom pour former une **expression** (« avoir faim », « avoir mal », etc.), dans laquelle le nom est en général employé sans article. Il a alors des équivalents anglais divers.

1 *Be*

J'ai faim / soif / peur / honte. *I'm hungry / thirsty / scared / ashamed.*
Tu as raison / tort. *You are right / wrong.*
Elle a trente ans. *She is thirty.*
Ils ont le même âge. *They are the same age.*

2 Autres équivalents

J'ai besoin de plus de temps. *I **need** more time.*
Elle a confiance en moi. *She **trusts** me.*
J'ai mal au genou. *My knee **hurts**.*

J'ai mal à la tête / à la gorge. *I* ***have a headache / a sore throat***.
Je n'ai pas envie d'aller au restaurant. *I* ***don't feel like*** *going to a restaurant.*
Elle a l'air fatiguée. *She* ***looks*** *tired.*
Il a l'air de gagner beaucoup d'argent. *He* ***seems*** *to be making a lot of money.*
Il a beau être bête, moi, je l'aime bien. *He* ***may*** *be stupid but I like him.*

Traduisez en anglais.

1. Charlotte aura bientôt 14 ans. 2. J'espère que n'avez pas trop faim ? 3. Je te demande pardon ! J'ai eu tort. 4. Il a beau être marié, il me plaît néanmoins. 5. Tu avais vraiment l'air épuisé. 6. Vous pouvez avoir confiance en moi. 7. « Où as-tu mal ? – J'ai mal aux dents. » 8. Je n'avais pas besoin d'un rétroprojecteur. [*overhead projector*]

34. BE (1) : conjugaison

1 *Be* fonctionne toujours comme un **auxiliaire** : il forme sa négation et son interrogation directement (sans *do / does / did*) :

Ken is English → Ken ***is not*** *English /* ***Is Ken*** *English?*

Pour l'impératif négatif ou emphatique, cependant, BE suit la règle générale des verbes, et utilise DO :

Don't *be silly!* Ne sois pas / Ne soyez pas stupide !
Do *be careful!* Surtout, sois / soyez prudent !

2 Formes de BE

• **Base verbale** : *be* (forme utilisée pour l'infinitif, l'impératif et le subjonctif)

• **Présent**

– **Formes positives** non contractées :
I ***am*** *..., he / she / it* ***is*** *...*
we / you / they ***are*** *...*

– **Formes positives** contractées :
*I'****m*** *..., he / she / it'****s*** *...*
*we / you / they'****re*** *...* (/wɪə/, /jɔː/ ou /jʊə/, /ðeə/)

– **Formes négatives** contractées :
*I'****m not*** *..., he / she / it* ***isn't*** *...,*
ou (plus rarement) *he / she / it'****s not*** *...*
we / you / they ***aren't*** *...* (forme orale : GB /ɑːnt/, US /ɑːrnt/),
ou (plus rarement)
*we / you / they'****re*** *not ...*

– La forme **interro-négative** courante de la 1re personne du singulier est ***aren't I*** (GB /ˈɑːntaɪ/, US /ˈɑːrntaɪ/) :

Aren't I *honest?* Est-ce que je ne suis pas honnête ?

Aux autres personnes, on utilise la **forme contractée négative** suivie du sujet :

Isn't *Jane honest?* Est-ce que Jane n'est pas honnête ?

Dans un style recherché, on peut dire *Am I not honest? / Is Jane not honest?* (forme interrogative suivie de *not*). Mais **attention** : la contraction est obligatoire si *not* précède le sujet (pas ~~*Is not Jane honest?*~~, mais ***Isn't Jane*** *honest?*).

Dans certaines variétés d'anglais non standard, on utilise ***ain't*** /eɪnt/, forme contractée de *am / is / are not* et aussi de *have / has not*.

• **Prétérit**

– **Formes positives** :

I / he / she / it ***was*** ... (GB /wɒz/ US /wɑ:z/, forme réduite /wəz/)
we / you / they ***were*** ... /wɜ:(r)/, /wə(r)/

– **Formes négatives** contractées :

I / he / she / it ***wasn't*** ... GB /ˈwɒznt/ US /wɑ:znt/
we / you / they ***weren't*** ... (GB /wɜ:nt/, US /wɜ:rnt/)

Contrairement à tous les autres auxiliaires ou verbes, BE possède un **subjonctif prétérit** (▶ **253 Subjonctif**), dont la forme est ***were*** à toutes les personnes.

– **Forme en -*ing*** et **participe passé** : ***being*** /bi:ɪŋ / et ***been*** /bi:n/, /bɪn/

Traduisez en anglais.

1. Elle est très jolie. 2. Elle est très jolie, ta robe! 3. « Ils étaient américains? – Non, ils étaient canadiens. » 4. Vous n'êtes pas fatigués? 5. Soyez à l'heure! 6. Vous n'étiez pas à la réunion? 7. Est-ce que je ne suis pas un citoyen comme les autres? 8. Ne soyez pas si têtus!

35. BE (2) : emplois

Dans de nombreux cas, les emplois de BE sont semblables à ceux de « être » en français :

He's ready. Il est prêt / *She's in the garden.* Elle est dans le jardin.

Il faut cependant faire attention aux cas dans lesquels il n'y a pas de parallélisme entre les deux langues.

1 Pour un certain nombre d'expressions, on a **« avoir » + nom** en français et ***be*** **+ adjectif** en anglais :

Il a faim / soif.	*He is hungry / thirsty.*
Elle a sommeil	*She is sleepy.*
Il a froid / chaud.	*He is cold / hot.*
Elle a peur.	*She is scared.*
Il a raison / tort	*He is right / wrong.*
Elle a de la chance.	*She is lucky.*
Tu devrais avoir honte!	*You should be ashamed!*
Quel âge a-t-il?	*How old is he?*
Il a 20 ans.	*He is 20.*
Le mur a deux mètres de haut.	*The wall is two metres high.*
Il y a trois kilomètres jusqu'au village.	*It is two miles to the village.*

2 En français, on dit « Bernard est électricien » ou « Christine est professeur » – sans article devant le nom de métier. En anglais, le **nom de métier** est obligatoirement précédé de l'article ***a / an*** :

*Bernard **is an** electrician, Christine **is a** teacher.*

3 En français, l'auxiliaire des **temps composés**, comme le passé composé ou le plus-que-parfait, est soit « être » (Il **est** sorti), soit « avoir » (Il **a** disparu), selon le verbe. En anglais, l'auxiliaire des formes verbales composées telles que le present perfect ou le past perfect est **toujours *have*** (**jamais** *BE*) :

*He **has** gone out / He **has** disappeared.*

▶ également 17 Âge et autres dimensions ; 163 Naître ; 160 Mourir ; 194 Passif.

Traduisez en anglais.

1. Quel âge a ta fille ? 2. Quel âge peut-il avoir ? 3. Mon père était ingénieur mécanicien. 4. Il est déjà parti. 5. Tu as raison : elle doit être chez le patron.

36. *BE* + *-ING*, ou forme progressive (1) : généralités

1 Forme

La forme ***BE* + *-ING*** (ou forme progressive) associe l'auxiliaire ***BE***, qui est l'élément conjugué (*I **am** working / I **was** working* / etc.), et la marque invariable **-*ing***, qui est portée par le verbe (*work → work**ing***).

Modifications orthographiques entraînées par l'ajout de la terminaison *-ing* :
- Un **-*ie*** final devient ***y*** devant *-ing* : ***lie** → **lying***.
- Un **-*e*** final, s'il est précédé d'une **consonne,** est supprimé devant *-ing* : *love → **loving*** (mais *agree → agr**eeing***).
- Si la base verbale se termine par une **seule consonne** (autre que *w*) précédée d'une **seule voyelle**, et **si la dernière syllabe** est **accentuée**, la consonne est **redoublée** : *prefer → preferring* (mais *offer → offering*). Il y a quelques exceptions et particularités : *travel* → GB *trave**ll**ing* et US *traveling*.

BE* + *-ING peut être ajouté à toutes les formes verbales. Exemples :

Forme sans *BE* + *-ING*	**Forme avec *BE* + *-ING***
He works (présent simple)	*He **is** work**ing*** (présent en *BE* + *-ING*)
He worked (prétérit simple)	*He **was** work**ing*** (prétérit en *BE* + *-ING*)
He has worked (present perfect)	*He has **been** work**ing*** (present perfect en *BE* + *-ING*)
He may work (forme modale simple)	*He may **be** work**ing*** (forme modale en *BE* + *-ING*)
He seems to have worked (infinitif passé [précédé de *to*])	*He seems to have **been** work**ing*** (infinitif passé en *BE* + *-ING* [précédé de *to*])

Formes interrogative et négative : *Is Alan working? / Alan isn't working.*

2 Sens et emplois

La question principale est celle de l'opposition entre les formes verbales sans BE + -ING et les formes verbales avec BE + -ING. Le français n'a pas cette opposition. Selon le contexte, la phrase « Il travaille » peut signifier « Il a un travail / un emploi » ou « Il est en train de travailler ». Il y aura en anglais deux équivalents : *He* ***works*** et *He* ***is working***.

▶ détails aux rubriques suivantes.

37. BE + -ING, ou forme progressive (2) : contraste avec la forme simple

1 Action vue en cours de déroulement

Si une action est placée à un **moment particulier du temps** (présent ou passé) et si elle est **vue dans le cours de son déroulement**, on emploie la forme **BE + -ING**.

*We can't go out, it****'s raining****.* Nous ne pouvons pas sortir, il pleut.
It ***was raining*** *when they went out.* Il pleuvait quand ils sont sortis.

À l'inverse, quand il n'y a pas de rattachement à un moment précis, de sorte qu'on a un sens de **caractéristique, d'habitude ou de répétition,** on emploie la **forme simple** :

It ***rains*** *a lot in Sumatra.* Il pleut beaucoup à Sumatra.
I once had a dog that ***ate*** *a lot of vegetables.* J'ai eu un chien qui mangeait beaucoup de légumes.

La présence d'indications de fréquence (*every, often, never, sometimes*), de sorte que l'événement est répété, entraîne aussi l'emploi de la **forme simple** :

When they were first married, they ***ate*** *fish and chips* ***every Saturday night****.* Au début de leur mariage, ils mangeaient du *fish and chips* tous les samedis soir.

Pour indiquer une habitude constante, présente ou passée, il suffit donc d'employer la forme simple, en l'accompagnant éventuellement d'un adverbe (*usually, always*) :

Maggie ***(usually) drinks*** *a mug of hot cocoa before she goes to bed.* Maggie **a l'habitude de boire** une tasse de chocolat chaud avant de se coucher. (▶ aussi **104 Habitude**.)

L'emploi de BE + -ING peut impliquer le caractère **provisoire** d'une action, ou d'une série d'actions :
My mother ***was staying*** *with us that week.* Cette semaine-là, ma mère était chez nous.
*I****'m walking*** *to work these days – my car has broken down.* Je vais au travail à pied, ces jours-ci. Ma voiture est en panne. (expression d'une **habitude provisoire**)

Les **verbes d'attitude** (***sit, stand, lie***, etc.), qui ont comme équivalents français « être assis / debout / couché », etc., sont souvent utilisés avec BE + -ING, lorsque l'attitude est vue « en cours » :

When I entered the room, he ***was sitting / lying*** *on the carpet.* Quand je suis entré dans la pièce, il était assis / couché sur la moquette.

2 La forme simple pour le récit

Lorsqu'une action est située précisément dans le temps et vue dans son ensemble, on emploie la **forme simple**.C'est le cas, dans un **récit**, lorsqu'il y a une succession d'événements.

Andrew Blackhorn ***walked*** *into the pub,* ***ordered*** *a pint of beer and* ***took*** *it to a table.* Andrew Blackhorn est entré dans le pub, a commandé une pinte de bière et l'a emportée à une table.

Ceci correspond à un passé composé (ou à un passé simple) français. La durée de l'action ne joue aucun rôle :

Queen Victoria died in 1901. La reine Victoria est morte (mourut) en 1901.
Queen Victoria reigned from 1837 to 1901. La reine Victoria a régné (régna) de 1837 à 1901.

Le récit au présent d'événements passés existe en anglais comme en français, mais il appartient à un style de langue orale familière qu'il vaut mieux éviter si l'on n'est pas sûr de savoir bien l'utiliser.
Un cas particulier de récit est celui des reportages ou des démonstrations, qui sont des récits au présent :
Now, I ***pour*** *the eggs into the bowl, and I* ***stir*** *vigorously.* Maintenant, je **verse** les œufs dans le bol et je **bats** vigoureusement.

▶ 221 Présent simple (2).

3 Cohabitation des deux formes

Quand la forme BE + -ING et la forme simple cohabitent, elles jouent deux rôles différents. La forme **BE + -ING** est utilisée pour une action qui constitue la **toile de fond**, tandis que la **forme simple** indique la succession des actions du **récit proprement dit** :

As I ***was returning*** *to the hotel last week, my cab driver* ***lost*** *his way and* ***picked*** *up a woman on the road; she* ***offered*** *to help,* ***threw*** *her bicycle in the trunk and* ***climbed*** *in next to me.* La semaine dernière, alors que je rentrais à l'hôtel, mon chauffeur de taxi s'est perdu et a pris à bord une femme qui était sur la route. Elle a proposé son aide, a lancé son vélo dans le coffre et est montée près de moi.

Plusieurs actions à la forme BE + -ING ne sont pas en succession dans le temps, elles constituent une description et ne font pas avancer l'action :

The sun ***was shining****, the car* ***was moving*** *smoothly along the road, the radio* ***was playing*** *soft music. Everyone* ***was feeling*** *happy.* Le soleil brillait, la voiture roulait tranquillement, la radio jouait de la musique douce. Tout le monde se sentait bien.

En présence d'un auxiliaire de modalité, ou de verbes comme *seem*, il est important de préserver la différence entre forme simple et forme BE + -ING :

'What's that noise?' 'It must ***be raining****.'* « Qu'est-ce que c'est que ce bruit? – Il doit pleuvoir. » [en ce moment]

It must ***rain*** *a lot in that country.* Il doit pleuvoir beaucoup dans ce pays. [caractéristique constante]

▶ aussi 195 Passif (2).

A. Construisez des phrases au présent à la forme simple ou en BE + -ING à l'aide des verbes donnés entre crochets.

1. *Only 28% of the population [GO] to church regularly.* 2. *Be quiet! I [TRY] to concentrate.* 3. *Children [WATCH] too much television; consequently they [NOT GET] enough exercise.* 4. *Why you [NOT GO] to the match today? You must [FEEL] ill.*

B. Construisez des phrases au prétérit à la forme simple ou en BE + -ING à l'aide des verbes donnés entre crochets.

1. I [WALK] into the hotel lobby, [CALL] the lift and [WAIT]: nothing [HAPPEN]. 2. She [TURN ON] the radio; they [PLAY] one of Haydn's symphonies. 3. When we [REACH] 2,000 m above sea level, a heavy mist [COME DOWN] and the mountain tops [DISAPPEAR].

38. BE + -ING, ou forme progressive (3) : impossibilités d'emploi

Un certain nombre de verbes acceptent difficilement la forme BE + -ING. Il s'agit de verbes comme *see* (voir), *belong* (appartenir), *resemble* (ressembler à) ou *believe* (croire), qui sont appelés des **verbes d'état** : ils n'expriment ni une action ni un changement d'état. Dans l'exemple suivant, l'emploi de BE + -ING est absolument impossible :

I ***think*** *she* ***knows*** *the truth.* Je crois qu'elle sait la vérité.

Liste de quelques verbes d'état :

have (sens de possession et sens voisins), *belong* (appartenir à),
contain (contenir), *own* (posséder), *lack* (manquer de)
resemble / look like (ressembler à), *look* + adjectif (paraître), *mean* (signifier), *seem* (sembler)
see, hear, understand (comprendre)
believe (croire), *expect* (s'attendre à), *know* (savoir), *suppose, remember* (se rappeler), *think* (penser), *want* (vouloir)
like / love (aimer), *hate* (détester)

Quelques exemples :

I ***have*** *the passports and the tickets.* J'ai les passeports et les billets.
She ***looks*** *tired.* Elle a l'air fatigué.
I'm not sure I ***understand*** *what you* ***want***. Je ne suis pas sûr de comprendre ce que vous voulez.
I ***like*** *that hat you're wearing today.* J'aime bien le chapeau que tu portes aujourd'hui.

Un certain nombre de ces verbes peuvent avoir plusieurs sens, et, quand ils expriment une action, ils peuvent sans problème être utilisés avec BE + -ING :
*They****'re having*** *lunch at the moment.* Ils déjeunent en ce moment.
I'm seeing *the doctor tomorrow.* Je vois le médecin demain.

Sur HAVE ▶ 110.

Les adjectifs représentent aussi des états et, précédés de BE, ils n'acceptent pas habituellement la forme BE + -ING (cependant ▶ **39 BE + -ING (4)**).

Traduisez en anglais.

1. Je pense que vous vous souvenez du professeur Jenkins. 2. Nous avons un tout petit jardin. 3. Est-ce que vous comprenez ce que je veux dire ? 4. À qui appartient ce livre ? 5. Elle a dit qu'elle n'aimait pas le brocoli mais qu'elle aimait beaucoup toutes sortes de fruits.

39. BE + -ING ou forme progressive (4) : autres emplois

1 Intention, projet

*I can't see him today, I'**m having** lunch with my aunt.* Je ne peux pas le voir aujourd'hui, je déjeune avec ma tante (= il est prévu que je déjeune).
*I couldn't see him on Tuesday because I **was having** lunch with my aunt.* Je ne pouvais pas le voir mardi parce que je devais déjeuner avec ma tante.

L'intention peut être celle de la personne qui parle : *Nobody **is leaving** this room until I say so.* (Personne ne quittera cette pièce sans ma permission.)

À l'opposé, la forme simple s'emploie pour une action programmée indépendamment des participants :

*Our plane **leaves** very early.* Notre avion part très tôt.
*We had to hurry, because our plane **left** very early.* Il a fallu se dépêcher parce que notre avion partait très tôt.

2 Action répétée, emploi avec *always, constantly, forever* (= toujours, sans arrêt)

*You'**re always leaving** your umbrella on the bus.* Tu n'arrêtes pas d'oublier ton parapluie dans le bus.
*He **is always finding** ingenious solutions.* Il trouve sans arrêt des solutions ingénieuses.

Cet emploi, avec la part d'exagération qu'il comporte, exprime un point de vue subjectif (irritation, admiration, etc.) : on attribue une intention (bonne ou mauvaise) à la personne dont il est question.

3 Emploi avec BE + adjectif

La construction **BE + adjectif** peut être utilisée pour exprimer un état **permanent** (non lié à l'instant) : *He is stupid* (Il est bête), *She is very kind* (Elle est très gentille).

Si on ajoute BE + -ING, on a un sens tout à fait différent. Comparez :

*You'**re** stupid.* Tu es stupide. (= pas intelligent)
*You'**re being** stupid.* C'est stupide, ce que tu fais.

Dans le second cas, on désigne non pas un état permanent mais un **comportement** (obligatoirement momentané), et, ici encore, on attribue au sujet l'intention d'agir ainsi. Le jugement sur ce comportement n'est pas obligatoirement défavorable. Ainsi, *He was being very kind* (Il faisait preuve de beaucoup de gentillesse) exprime une appréciation qui peut être favorable (le sujet a fait un effort) aussi bien que défavorable (le sujet est vu comme hypocrite).

4 Désignation d'un type de comportement

BE + -ING est utilisé pour en quelque sorte pointer du doigt un certain type d'action ou de comportement :

> *If you vote for him you'**re voting** in favour of ultra-conservatism.* Si vous votez pour lui, vous votez en faveur de l'ultraconservatisme.

> Traduisez en anglais.
>
> 1. Je ne mets plus jamais les pieds [*set foot*] chez lui ! 2. Elle fait preuve de beaucoup de courage. 3. Tu oublies toujours de fermer la porte du garage. 4. Le DRH (*personnel manager*) ne pouvait pas me recevoir : il avait une réunion avec les syndicats (*trade unions*) dix minutes plus tard.

40. BE + TO (am / is / are to ... et was / were to ...)

Cette expression n'existe qu'au **présent** et au **prétérit**. En particulier, elle n'a pas d'infinitif : la forme ~~(to) be to~~ n'existe pas. La plupart des emplois appartiennent à un style recherché.

1 Projet ou action programmée (verbe « devoir » en français)

*The President **is to** visit Poland next week.* Le Président doit se rendre en Pologne la semaine prochaine.

*They **are to** go to Greece for their summer holiday.* Ils doivent aller en Grèce pour leurs vacances d'été.

Il n'y a pas ici d'idée d'obligation, même si l'équivalent français habituel est « devoir ». (Sur « devoir » ▶ **72**.)

Le **prétérit** (***was / were to ...***) peut être utilisé pour une action projetée ou programmée à un moment du passé :

*They told me they **were to** go to Greece for their summer holiday.* Ils m'ont dit qu'ils devaient aller en Grèce pour leurs vacances d'été.

Si on ajoute ***have* + participe passé** à ce prétérit, on indique implicitement que l'action prévue n'a pas été accomplie :

*They **were to have gone** to Greece.* Ils devaient aller en Grèce [mais ils n'y sont pas allés].

2 Obligation (notamment dans des règlements)

*All staff **are to** wear uniforms.* Tous les membres du personnel doivent porter un uniforme.

*The books **are not to** be taken out of the library.* Les livres ne doivent pas être sortis de la bibliothèque.

*He says you **are to** wait for him downstairs.* Il dit que vous devez l'attendre au rez-de-chaussée.

*What **am I to** do?* Qu'est-ce qu'il faut que je fasse ?

3 Emploi dans des subordonnées de condition

*If we **are to** succeed, we must stick together.* Si nous voulons réussir, nous devons nous serrer les coudes.

*If he **were to** be judged by his actions alone, the conclusion would be different.* Si on devait le juger seulement d'après ses actes, la conclusion serait différente. (Sur le subjonctif *were* ▶ **253**.)

4 Prévision « après coup » (idée de destin, exprimée par was / were to ...)

*He fell ill on his sixtieth birthday. He **was to** die two days later.* Il tomba malade le jour de son soixantième anniversaire. Il devait mourir deux jours plus tard.

Il s'agit d'une « fausse prévision », réalisée après coup. Notez que, dans l'équivalent français, le verbe « devoir » n'exprime pas l'obligation.

5 Possibilité (emploi dans des constructions passives)

*This type of temple **is to be seen** in India.* On peut voir ce type de temple en Inde.

*The cat **was** nowhere **to be found**.* On ne trouvait / trouva le chat nulle part.

Traduisez en anglais.

1. Tous les chèques doivent être contresignés (*endorsed*). 2. Il est prévu que nous lancions ce produit sur le marché (*to launch*) en novembre. 3. Ils ont dit que nous devions recycler tous nos vieux papiers. 4. Si vous devez / voulez gagner le tournoi (*tournament*), il vous faut vous entraîner six heures par jour. 5. Et que devons-nous (en) conclure ?

41. *Be going to*

1 Forme. La seule partie variable est BE, qui peut être au présent, au prétérit, construit avec *have* + participe passé, etc. :

*He **is / was** going to give up smoking.* Il va / allait arrêter de fumer.

*He **has been** going to give up smoking for years.* Ça fait des années qu'il va arrêter de fumer.

Dans la langue courante, la partie invariable *going to* est souvent réduite, sous une forme orale qui diffère selon la variété d'anglais, et qu'on écrit *gonna* : *He's gonna give up smoking.*

2 Emplois : événement prévisible ou projet

*It's not **going to** be easy.* Ça ne va pas être facile. (prévision)

*They**'re going to** buy a new TV.* Ils vont acheter une nouvelle télé. (projet)

BE GOING TO a très souvent pour équivalent français l'expression « **aller + infinitif** », mais l'inverse n'est pas vrai : « aller + infinitif » se traduit parfois non pas par BE GOING TO mais par WILL (▶ **19**).

A. Construisez des phrases à l'aide des éléments donnés, en utilisant *be going to*.

B. Traduisez en français.

1. *You / bridge this afternoon? (PLAY)* 2. *They said the war / long. (not / LAST)* 3. *We / there, but the brakes were giving us trouble. (DRIVE)*

42. Beaucoup

1 Beaucoup de (+ nom) : *a lot of, many, much.*

• ***A lot of*** (à préférer dans les **phrases affirmatives**) :

Il a mangé beaucoup de cerises / d'épinards. *He ate **a lot of** cherries / spinach.*

• ***Many*** (+ pluriel) / ***much*** (+ singulier indénombrable) dans les **phrases interrogatives ou négatives** :

Est-ce qu'il a mangé beaucoup de cerises / d'épinards ? *Did he eat **many cherries / much spinach?***

Il n'a pas mangé beaucoup de cerises / d'épinards. *He didn't eat **many cherries / much** spinach.*

Beaucoup suivi de **plus de...** ou **moins de...** se traduit selon le cas par ***much*** ou par ***far*** (▶ aussi **161** et **93**) :
Il y a beaucoup plus de monde. *There are **many more / far more** people.*
Il y a beaucoup moins de monde. *There are **far fewer** people.*
Il y a beaucoup plus / moins de bruit. *There's **much more / less** noise.*
Beaucoup trop se traduit par ***far too many*** ou ***far too much*** : *far too many people, far too much noise.*

2 Beaucoup portant sur un verbe : *a lot* (possible dans tous les types de phrases) ou *much* (uniquement possible dans les phrases interrogatives et négatives). Exemples :

Il fume beaucoup. *He **smokes a lot**.* (Pas ~~*He smokes much.*~~)
La situation n'a pas beaucoup changé. *The situation **hasn't changed much**.*
Est-ce qu'il a beaucoup parlé de ça ? *Did he **talk much** about that?*

Avec certains verbes, comme *like* ou *doubt*, on emploie couramment ***very much***, possible dans les phrases affirmatives : *I **very much** doubt that he'll tell us* (Je doute beaucoup qu'il nous le dise).

3 Il y a d'autres équivalents de « beaucoup » qui en général insistent davantage sur l'idée de quantité ou appartiennent à un style un peu plus recherché.

• ***A great deal (of)*** et ***a good deal (of)*** ne s'emploient qu'avec un nom indénombrable singulier, ou comme adverbes :

*This requires **a great deal of attention**.* Ceci demande beaucoup d'attention.
*He knows **a good deal more** than he says.* Il en sait beaucoup plus qu'il ne le dit.

• ***Plenty of*** peut équivaloir à « beaucoup de », mais seulement lorsqu'on veut dire « largement assez » :

*We've got **plenty of time** left.* Il nous reste beaucoup de temps / largement le temps.

Pour plus de details sur ***much***, ***many*** et ***a lot*** ▶ 161.

Traduisez en anglais.

1. Il parle beaucoup, mais il n'agit pas beaucoup. 2. Nous avons beaucoup d'amis qui ont beaucoup d'argent. 3. Ils ont besoin de beaucoup plus de temps. 4. Tout le monde a beaucoup aimé le film. 5. Ils ont invité beaucoup plus de gens que la dernière fois. 6. Est-ce qu'ils vendent beaucoup de fruits ?

43. Been, gone

Been et ***gone*** peuvent être utilisés dans des constructions qui se ressemblent (après ***HAVE*** ou ***BE***), et qui ont un sens voisin, mais qu'il ne faut pas confondre.

1 Have been / have gone

*Freddy **has gone** to Florida.* Freddy est parti en Floride. (= il n'est pas là)
*Freddy **has been** to Florida.* Freddy est allé en Floride / a visité la Floride. (= il connaît)

2 Have gone / be gone

*Freddy **has gone** to Florida.* Freddy est parti en Floride. (= il n'est pas là, il est en Floride)
*Freddy **is gone**.* Freddy est parti / est absent.
*All the important documents **are gone**.* Tous les documents importants ont disparu.

Dans les deux derniers exemples, *gone* est un adjectif (= *be away, be out, not be here*).

44. Bien

« Bien » a des emplois très nombreux, et des équivalents anglais encore plus nombreux. Ce qui suit ne vous donne donc que les lignes essentielles.

1 « Bien » comme adjectif (qualifiant un nom)

• Signifiant « de bonne qualité » :

Le livre est trop long, mais le film est bien. *The book is too long, but the film is fine.*
Comme acteur, il est bien. *He's a good actor.*

• Signifiant « en bonne santé » :

Tu te sens bien ? *Do you feel all right?*

Depuis que je bois du jus de carotte, je me sens bien. *Since I started drinking carrot juice, I've been feeling fine.*
« Comment vas-tu ? – Bien, merci. » *'How are you?' 'Fine, thanks.'*

- Signifiant « à l'aise » :

  On est bien ici. *It's nice / pleasant here.*
  Tu es bien dans ce fauteuil ? *Are you comfortable in that chair?*

- Qualité morale :

  C'est quelqu'un de bien. *He / She is a really nice person.*

- Signifiant « être bien avec quelqu'un » (en bonnes relations) :

  Il est bien avec le chef de service. *He gets on well with the section head.*

2 « Bien » comme adverbe (qualifiant un verbe ou un adjectif)

- Pour indiquer une action accomplie de façon satisfaisante :

  Vous avez bien dormi ? *Did you sleep well?*
  Elle parle bien anglais. *She speaks English well / She speaks good English.*
  Cette voiture marche bien. *This car runs nicely.*

- Signifiant « bien aimer » :

  J'ai bien aimé le livre. *I liked / enjoyed the book.*

- Signifiant « faire ce qui convient » :

  Il faudra qu'il se tienne bien. *He'll have to behave.*
  Tu as bien fait. *You did well / You did the right thing.*

- Pour intensifier, devant un adjectif :

  C'est bien pratique. *It's very handy.*
  C'est bien intéressant. *It's awfully interesting.*

- Pour intensifier, devant un comparatif :

  Leur maison est bien plus grande. *Their house is much larger.*
  C'est bien plus intéressant l'été. *It's much / far more interesting in the summer.*

- Pour indiquer l'excès :

  C'est bien cher ! *It's far / much too expensive!*

- Pour confirmer quelque chose qui a déjà été dit :

  C'était bien une erreur. *It WAS a mistake.* (L'auxiliaire est repris et accentué.)
  Je te l'avais bien dit. *I DID tell you.* (Comme il n'y a pas d'auxiliaire déjà mentionné, on emploie *do* accentué.)

  On peut aussi employer des adverbes comme *really* ou *certainly* : *It really was a mistake.*

45. Both /bəʊθ/

1 *Both* = les deux

• *Both* est employé pour un groupe de deux objets ou personnes :

He broke ***both*** *legs skiing.* Il s'est cassé les deux jambes en skiant.

Both ne doit pas être utilisé systématiquement comme équivalent de « les deux ». Il insiste sur l'opposition par rapport à « un seul », et par conséquent on ne peut pas l'utiliser quand il y a entre les deux termes un **rapport de réciprocité**, c'est-à-dire dans les cas où le sens « pas seulement un/une, les deux » serait absurde :

The two *men met in Alaska.* Les deux hommes se sont rencontrés en Alaska.

• ***Both*** peut être suivi directement d'un nom (*both* ***legs***) ou d'un nom précédé d'un déterminant (possessif, démonstratif, etc.) :

Both her parents *are musicians.* Ses deux parents sont musiciens.
I like ***both these songs***. J'aime ces deux chansons.

L'emploi de ***of*** est possible devant le déterminant : *both of her parents, both of these songs.*

Devant un pronom, l'emploi de *of* est obligatoire : *both of us / both of you / both of them / both of these.*

• ***Both*** peut être employé seul, avec une valeur de pronom :

Last year I saw two movies in which she was acting, and I liked ***both***. L'an dernier j'ai vu deux films dans lesquels elle joue, et je les ai aimés tous les deux.

2 *Both* = à la fois

Both sert alors à relier deux termes (noms, adjectifs, verbes), insistant sur la liaison qu'établit *and* :

He broke ***both*** *an arm* ***and*** *a leg.* Il s'est cassé à la fois une jambe et un bras.
She is ***both*** *tall* ***and*** *graceful.* Elle est en même temps grande et gracieuse.
People ***both*** *loved* ***and*** *respected the minister.* Les gens à la fois aimaient et respectaient le ministre.

En français, on peut employer *et... et...* pour insister sur le sens de « à la fois ». En anglais, il n'est pas possible d'utiliser *and ... and ...* de cette façon : il faut employer *both ... and ...* :

Ils mangent toujours et du foie gras et du caviar à Noël. *They always eat* ***both*** *foie gras* ***and*** *caviar at Christmas.*

Traduisez en anglais.

1. Je prends à la fois du lait et du sucre dans mon thé. 2. Il a deux sœurs qui sont toutes les deux à la fac. 3. Les deux points de vue sont acceptables en ce qui me concerne. 4. Je veux que vous vous excusiez tous les deux. 5. La pièce (de théâtre) m'a fasciné et troublé à la fois.

46. C'est...

1 C'est + nom ou pronom (« C'est lui » / « C'est le père de Ben »)

• On **nomme** la personne qui accomplit / a accompli / accomplira telle ou telle action :

« Qui (est-ce qui) vous a dit ça? – (C'est) Clive. » *'Who told you that?' '**Clive** / **<u>Clive</u> did**.'* (Dans *Clive did*, accent principal sur *Clive*.)

« Qui est-ce qui va faire la vaisselle? – Moi / C'est moi. » *'Who's going to do the dishes?' '**Me / <u>I</u> am**.'* (Dans *I am*, accent principal sur *I*.)

• On **identifie** quelqu'un ou quelque chose :

« Qui c'est, lui? – C'est le père de Ben. » *'**Who's** that man?' '**It's** Ben's father.'*

« Tu le reconnais sur la photo? – Oui, c'est lui. » *'Do you recognize him in the photo?' 'Yes, **that's him**.'* (Le pronom *him* porte l'accent principal.)

« Qu'est-ce que c'est, ce paquet? – C'est un cadeau de ta mère. » *'What's that parcel?' '**It's** a gift from your mother.'*

L'exemple qui précède montre l'utilisation de **c'est** dans les **emplois répétitifs du pronom** (**▶ 97 Gallicismes**), courants en français familier : **Qu'est-ce que <u>c'est</u>, <u>ce paquet</u>?** Notez qu'en anglais ce type de répétition n'existe pas, et le démonstratif n'apparaît qu'une fois : *What's that parcel?*

• On **attribue une caractéristique** à quelque chose ou à quelqu'un :

Je vote pour Ted. C'est le meilleur candidat. *I'll vote for Ted. **He's** the best candidate.*

C'est elle la patronne. ***She's** the boss.*

C'est une vraie surprise. ***That's** / **It's** a real surprise.*

« Mieux vaut tard que jamais. – C'est vrai. » *'Better late than never.' '**That's** true.'*

2 C'est... qui / que... (« C'est Rose qui n'aime pas le céleri »)

L'équivalent anglais est souvent une construction dans laquelle on se contente de mettre en relief un mot ou un groupe de mots, dans la langue orale par une accentuation particulière, et dans la langue écrite par un soulignement, des majuscules, etc. (**▶ 126**) :

***ROSE** doesn't like celery.* C'est Rose qui n'aime pas le céleri.

On peut également utiliser la construction ***It is** / **It was*** / etc. ***... who ...** / **that ...*** :

***It's Rose who** doesn't like celery.*

Le pronom relatif utilisé est **who** quand on désigne une personne, et **that** (ou *which*, également possible) quand on désigne un « non-humain » :

C'est le céleri qu'elle n'aime pas, Rose. *It's celery **that** Rose doesn't like.*

L'anglais impose une concordance des temps avec le verbe de la proposition introduite par *who / that* : si ce verbe est au prétérit, la construction doit commencer par ***it was*** (et non *it is*) :

C'est Ron qui a acheté la fleur. *It **was** Ron who **bought** the flower.*

L'équivalent du français « C'est **moi** / **lui** / etc. qui... » est habituellement *It's* ***me** **who** / **that** ...*, *It's* ***him** **who** / **that** ...*, etc. Toutefois, certains considèrent que cette forme est incorrecte, et qu'il faut dire *It's **I** / **he*** / etc. ***who ...***
Donc, « C'est moi qui suis responsable de ceci » a pour équivalent soit *It's me that / who is responsible for this* (forme courante) soit *It's I who am responsible for this* (forme recherchée, voire affectée). Il existe cependant une forme qui évite le problème du choix entre les deux registres, et qui est très utilisée : ***I'm the one (who is)** responsible for this.* On peut recommander l'emploi de cette forme.

3 C'est surprenant que... / c'est difficile de... / etc.

C'est surprenant qu'il ne soit pas venu. ***It's** surprising he didn't come.*
C'est difficile de dire non. ***It's** difficult to say no.*
C'est gentil à vous de me prévenir. ***It's** nice of you to let me know.*

▶ 134 ***It's ...*** (***It's surprising that ...*** etc.).

Traduisez en anglais.

1. C'était évident qu'ils n'accepteraient pas. 2. C'est l'actrice la mieux payée de nos jours. 3. « Qui t'a offert ce livre ? – C'est mes cousins. » 4. C'est qui que tu as a vu hier ? 5. C'est mon partenaire qui a établi (*draw up*) le contrat. 6. C'est facile pour vous de parler espagnol, non ? 7. Rester tout seul à la maison ? C'est le pire qui puisse m'arriver !

47. Can / could (1) : généralités

Can et ***could*** sont la forme **présent** et la forme **prétérit** du modal CAN. Sur les caractéristiques générales des modaux (pas de -*s* à la 3e personne du singulier du présent, etc.) **▶152**.

	Formes écrites	Formes orales
Présent	*can*	/kæn/, /kən/
Présent + négation	*cannot* (en un seul mot)	GB /'kænɒt/, US /'kænɑ:t/, /kə'nɑ:t/
	can't	GB /kɑ:nt/, US /kænt/
Prétérit	*could*	/kʊd/, /kəd/
Prétérit + négation	*could not*	
	couldn't	/kʊd(ə)nt/

48. *Can / could* (2) : aptitude / possibilité physique

1 Le sens d'aptitude / possibilité physique de CAN correspond généralement à « pouvoir », mais parfois aussi à « savoir » :

*He **can** /kən/ lift 2 pounds.* Il peut lever / est capable de lever 1 kilo.
*She **can** /kən/ swim.* Elle sait nager.
*She does all she **can** /kæn/ to help us.* Elle fait tout ce qu'elle peut pour nous aider.
***Can** /kən/ ou /kæn/ you hear me?* Vous m'entendez ?

CAN est souvent employé avec des verbes de perception comme *see*, *hear* ou *smell*, ou avec des verbes d'activité mentale comme *remember* ou *imagine*, mais son emploi avec ces verbes n'est pas systématique : quand on dit, par exemple, *I **can see** the top of the mountain* (« Je vois le sommet de la montagne ») ou *I **can imagine** John's reaction* (« J'imagine la réaction de John »), on implique que le fait de voir, d'entendre, d'imaginer, de se rappeler, etc. ne va pas forcément de soi. Mais on dira par exemple : *I'd like to print what **I see** on the screen at the moment* (« J'aimerais imprimer ce que je vois en ce moment sur l'écran »).

2 Le prétérit (*could*) peut être utilisé pour exprimer un irréel :

*If only I **could** phone him!* Si seulement je pouvais lui téléphoner !

Il peut également être utilisé pour un **passé de discours indirect** :

*He said he **could** help us.* Il a dit qu'il pouvait nous aider.

Pour le **passé de narration**, par contre, il y a des restrictions d'emploi : on ne peut pas utiliser *could* pour une action précise effectivement réalisée (en français : « j'ai pu... / il a pu... »). On emploie alors ***was/were able to***, ou ***managed to*** (= « j'ai réussi à... ») :

*He **was able to** start the car / He **managed to** start the car.* Il a pu faire démarrer / Il a réussi à faire démarrer la voiture.

On peut cependant utiliser *could* dans un contexte négatif (action non réalisée dans le passé), ou lorsqu'on ne fait pas référence à une action particulière (notamment pour exprimer une aptitude) :

*I **couldn't** start the car.* Je n'ai pas pu faire démarrer la voiture.
*She **could** swim at the age of four.* À quatre ans, elle savait nager.
*In those years, you **could** cross the Atlantic only by boat.* À l'époque, on ne pouvait traverser l'Atlantique qu'en bateau.

3 L'expression ***be able to*** est également utilisée pour exprimer une aptitude ou une possibilité physique dans les cas où on a besoin d'une forme que le modal CAN ne possède pas – par exemple pour l'expression d'un futur (avec *will*), ou s'il faut employer un present perfect (*have* + participe passé) :

*I think he**'ll be able to** help her.* Je crois qu'il pourra l'aider.
*So far I **haven't been able to** answer that question.* Jusqu'à maintenant je n'ai pas pu répondre à cette question.

4 La forme ***could have* + participe passé** est utilisée pour exprimer une possibilité non réalisée dans le passé :

*They **could have** /kʊdəv/ **helped** her.* Ils auraient pu l'aider.

Complétez en utilisant *can / could, be able to* ou *manage to.*

1. ... *you* ... *without glasses? (READ)* 2. *When I first met her, she* ... *a word of Arabic. (SPEAK / not)* 3. *I'm afraid I* ... *it before Thursday. (DO / not)* 4. *When we were first married* (au début de notre mariage) *we* ... *to buy a flat. (AFFORD / not)* 5. *You* ... *at least* ... *yesterday. (APOLOGISE)* 6. *Finally, I* ... *their telephone number last week. (GET)*

49. *Can / could* (3) : autres emplois

1 Permission (= être autorisé à)

You ***can*** *park in this street.* Tu peux / On peut se garer dans cette rue.
Can *I /* ***Could*** *I borrow your cellphone?* Je peux / pourrais t'emprunter ton portable ?
You ***can't*** *smoke in this room.* On ne peut pas fumer dans cette pièce.

Pour l'expression du **passé**, les restrictions à l'emploi de *could* sont les mêmes que pour le sens de possibilité physique. Pour une action particulière effectivement réalisée, on emploie ***was / were allowed to*** : « Il a pu utiliser l'ordinateur portable du patron » → *He* ***was allowed to*** *use the boss's laptop.* Pour le futur : « Demain soir, les enfants pourront veiller jusqu'à minuit » → *Tomorrow night, the children* ***will be allowed to*** *stay up until midnight.*

Traduisez en anglais.

1. Je peux utiliser ton ordinateur ? 2. Demandons-leur si nous pouvons nous asseoir à leur table. 3. Elle a demandé si elle pouvait amener son mari. 4. Vous ne pouvez pas vous baigner s'il y a le drapeau rouge. 5. J'ai commencé seulement le mois dernier, alors je ne pourrai pas prendre de vacances cet été.

▶ 150 différence avec *may*

2 Suggestion / demande / reproche

I don't know if she likes hip hop, but you ***can*** */ you* ***could*** *ask her sister.* Je ne sais pas si elle aime le hip-hop, mais tu peux / pourrais demander à sa sœur.
Can *you /* ***Could*** *you open the window?* Tu peux / pourrais ouvrir la fenêtre ?
You ***could have told*** *me!* Tu aurais pu me le dire ! (***have*** **+ participe passé** est ajouté à *could* pour exprimer un **reproche concernant un fait passé**.)

3 Caractéristique occasionnelle

She ***can*** /kən/ *be very kind.* Elle peut être / Elle est quelquefois très aimable.
Appearances ***can*** /kən/ *be deceptive.* Les apparences sont parfois trompeuses.

On utilise *could* pour exprimer le passé : *Desmond* ***could*** *be very sarcastic* (« Desmond pouvait être très sarcastique »).

4 Possibilité logique (= « il se peut que... »)

Cet emploi n'est possible qu'à la forme négative ou interrogative, ou avec *could* :

He ***can't*** *be that stupid.* Il ne peut pas être bête à ce point.
Can *they be right?* Est-ce qu'il est possible qu'ils aient raison ?
He ***could*** *be ill.* Il se pourrait qu'il soit malade.

Attention aux phrases affirmatives. L'équivalent de « Il se peut qu'il soit malade » doit être formé avec ***may*** (▶ **150**), et non *can* : *He* ***may*** *be ill.*

Pour exprimer la possibilité logique d'un fait **passé**, on utilise ***have*** **+ participe passé** :

He ***can't have been*** *that stupid.* Il ne pouvait pas être bête à ce point.

Traduisez en anglais.

1. Est-ce qu'il est possible qu'il soit anglais ? 2. Tu ne peux pas manquer d'argent à ce point là, si ? 3. Tu peux me passer le sel, s'il te plaît ? 4. Il est quelquefois très paresseux. 5. Est-ce qu'il est possible que quelqu'un se soit trompé ? 6. « Où sont mes gants ? – Il est possible que tu les aies laissés au restaurant hier soir. »

50. Ce qui, ce que, ce dont

1 Ce qui / ce que = *what*

On emploie ***what*** quand il n'y a pas de reprise de quelque chose qui vient d'être mentionné.

- Questions indirectes :

Je me demande ce qui se prépare. *I wonder* ***what****'s cooking.*
Plusieurs personnes ont demandé ce que signifiait ce mot. *Several people asked* ***what*** *that word meant.*

- Quand *ce qui / ce que* équivaut à « la/les chose(s) qui/que » :

J'aime beaucoup ce que vous faites. *I like* ***what*** *you do a lot.*
Raconte-moi ce qui se passe. *Tell me* ***what****'s going on.*
Ce qui m'étonne, c'est qu'il ait réussi si facilement. ***What*** *surprises me is that he succeeded so easily.* (Notez qu'il n'y a pas en anglais une répétition semblable à celle du français « ce..., c'est... » ▶ aussi **97 Gallicismes**.)

2 Ce qui / ce que = *which*

On emploie ***which*** quand on reprend une phrase ou une partie de phrase **déjà mentionnée**.

Le public a beaucoup aimé le film, ce qui a surpris les critiques. *The public liked the film a lot,* ***which*** *surprised the critics.*
Elle le traite comme un adulte, ce qu'il n'est pas. *She treats him as if he were an adult,* ***which*** *he isn't.*

Comparez :

Ce qui est ridicule, c'est qu'il a encore changé de voiture. ***What's*** *ridiculous is that he has changed cars again.*

Il a encore changé de voiture, ce qui est ridicule. *He has changed cars again,* ***which*** *is ridiculous.*

3 Ce dont

Il faut également choisir entre ***what*** et ***which***, et le choix se fait de la même façon que pour **ce qui / ce que**. Par ailleurs se pose la question des équivalences de **dont** (**▶ 75 Dont**). Cette question ne présente pas de difficultés si l'on fait attention à la **construction** du **verbe** ou de l'**adjectif anglais** auquel ***what*** ou ***which*** sont liés :

Ce dont il nous a parlé ne vous regarde pas. ***What*** *he* ***talked*** *to us* ***about*** *is no business of yours.*

Notez ici l'emploi et la place de la préposition ***about***, commandée par le verbe *talk* (*to talk about something*, « parler / discuter de quelque chose »).

Il m'a dit que je devrais faire un peu plus d'exercice, ce dont je suis tout à fait conscient. *He told me I should be getting more exercise,* ***which*** *I am quite* ***aware of.***

Notez d'une part l'emploi de ***which***, et d'autre part l'emploi de la préposition ***of***, commandée par l'adjectif ***aware*** (*to be aware of something*, « être conscient de quelque chose »).

Elle a fermé la porte à clé, ce dont je me souviens très bien. *She locked the door,* ***which*** *I* ***remember*** *quite well.*

Ici, il n'y a pas de préposition : le verbe ***remember*** (contrairement à « se souvenir de ») se construit sans préposition (*to remember something*).

4 Tout ce qui / que

N'employez **surtout pas *what*, ni *which***.

Si « tout ce qui/que » a un sens restrictif (= ça, et pas plus), l'équivalent est ***all (that)*** :

C'est tout ce qu'ils ont dit. *That's all (that) they said.*

Dans les autres cas, l'équivalent est ***everything (that)*** :

J'admire tout ce qu'elle fait. *I admire* ***everything*** *she does.*

5 Exclamations

Ce que ce film est ennuyeux ! ***How*** *boring this film is! /* ***What*** *a boring film!*

On a *how* devant l'adjectif *boring*, mais *what* devant le groupe nominal *a boring film*.

▶ 87 Exclamation (1) : How ...! et What ...!

Traduisez en anglais.

1. J'aime beaucoup ce qu'il peint. 2. Ce qui est inquiétant, c'est le réchauffement planétaire. 3. Elle ne veut plus se faire à manger, ce qui m'inquiète. 4. Nous nous sommes demandé ce que tu devenais. 5. Tout ce que je veux, c'est passer ma retraite à la campagne avec ma femme. 6. Ce que tu es paresseux ! Aller en taxi quand tu peux facilement y aller à pied !

51. Celui de / celle de / ceux de / celles de

1 S'il s'agit d'une relation à une personne (« celui de quelqu'un »), l'équivalent est différent au singulier et au pluriel.

• **Singulier** : « celui de / celle de » a pour équivalent un génitif ('s ou ') :

Cette voiture est beaucoup plus rapide que celle de mon voisin. *This car is much faster than* ***my neighbour's****.*

Le pronom *one* ne s'emploie pas après le génitif.

Dans un style soutenu, on trouve aussi ***that of*** (pour les objets) :
C'est une idée plus intéressante que celle du Premier ministre. *It is a more interesting idea than* ***that of*** *the Prime Minister.*

• **Pluriel** : « ceux de / celles de » a pour équivalent un **génitif** (**'s** ou '), ou bien ***those of*** :

Ses idées sont moins originales que celles de sa femme. *His ideas are not as original as* ***his wife's*** */ as* ***those of*** *his wife.*

2 Dans les autres cas, on emploie *that of / that in* ou bien *the one in* :

L'écriture correspond à celle des autres lettres. *The handwriting matches* ***that of*** *the other letters.*
Si tu as besoin d'une lampe, prends celle de la chambre. *If you need a light, take* ***the one in*** *the bedroom.*

Complétez à l'aide d'un équivalent de « celui de / celle de / ceux de / celles de ».

1. *When you need a computer, you can ask to borrow … in my office.* 2. *Put the yoghurts in the fridge behind … I bought on Wednesday.* 3. *All these plates are dirty. Shall I use … in the kitchen?* 4. *Dan's tennis shoes are in his sports bag. So where are … (John)?* 5. *East European cars are not as technically advanced as … (Japan).*

52. Celui dont / celle dont / ceux dont / celles dont

Décomposons le problème :

a. « celui / celle » → *the one*, « ceux / celles » → *the ones* ou bien *those* (▶ **53 Celui qui / celle qui / ceux qui / celles qui**).

b. « dont » : « dont » correspond toujours à « de » + nom », mais le « de » n'a pas toujours la même origine (▶ **75 Dont**).

• **Complément de nom** : l'équivalent est ***whose***. (Notez que *whose* est exclu dans tous les autres cas.)

Ce chanteur est celui dont les chansons passent souvent à la radio. *That singer is the one whose songs are often played on the radio.*

• Complément de **verbe** ou d'**adjectif** : tout dépend de la construction du verbe ou de l'adjectif **anglais**.

Vos problèmes sont ceux dont tout le monde se plaint. *Your problems are those everybody* ***complains about****. [****complain about*** *something]*
C'est lui, c'est celui dont je me méfie. *That's him, that's the one I don't* ***trust****.* *[****trust*** *somebody]*
C'est lui, son frère ? Celui dont elle est si fière ? *Is that her brother? The one she's so* ***proud of****? [****proud of*** *something]*

Traduisez en anglais.

1. Tu as vu son dernier film ? Celui dont tout le monde parle ? 2. La maison est très moderne. C'est celle dont nous avons toujours rêvé. 3. Est-ce que les meilleurs employés sont ceux dont le patron ne se plaint jamais ? 4. C'est une femme dont la vie a été très riche. 5. C'est un auteur dont tout le monde a lu les livres.

53. Celui qui / celle qui / ceux qui / celles qui

• **Singulier** : « celui qui / celle qui » a pour équivalent ***the one that / who / Ø***.

Il ne fait aucun doute que cette tempête est bien celle qui a causé le plus de dégâts. *There is no doubt that this storm is* ***the one that*** *has caused the most damage.*

Les noms **indénombrables** ne peuvent pas s'utiliser de cette façon. La solution simple est de répéter le nom :

Le temps que nous avons eu à Édimbourg était nettement plus froid que celui que nous avons à Londres. *The weather we had in Edinburgh was decidedly colder than* ***the weather*** *we have in London.*

• **Pluriel** : « ceux qui / celles qui » a pour équivalent ***the ones that / who / relatif Ø***, ou bien ***those that / who / relatif Ø***.

Ses disques ne sont pas disponibles, même ceux qu'il a faits récemment. *His discs are unavailable, even* ***the ones*** *he made recently.*
Ceux qui ont survécu aux épreuves étaient vraiment en forme. ***Those that / who*** *survived the tests were very fit indeed.*

Complétez en utilisant *the one who / the one (that) / the ones / those who / that.*

1. *He's … has just received the Nobel Prize, isn't he?* 2. *… play away from home* [sport : jouer à l'extérieur] *are often at a disadvantage.* 3. *Take an umbrella, … is in the hall for example.* 4. *These new armchairs are not half as good as … we had before.*

54. Certain, sure, likely, bound (be certain / sure / likely / bound to ...)

1 Certain /ˈsɜːtən/ et sure /ʃɔː/, /ʃʊə/

Ces adjectifs sont synonymes, mais *sure* est plus courant que *certain*. Ils entrent dans plusieurs constructions, dont certaines, parallèles à celles du français, ne posent pas de problèmes :

*Maggie is **certain / sure** that nobody saw her.* Maggie est certaine / sûre que personne ne l'a vue.

Il y a cependant deux constructions qu'il importe de bien distinguer :

• ***X is certain / sure of* V-ing** exprime la certitude de ***X*** (c'est-à-dire de la personne représentée par le **sujet grammatical**) :

***Maggie is certain / sure of winning** the match.* Elle est certaine / sûre de gagner le match. (Il s'agit de la certidude de Maggie.)

• ***X is certain / sure to* + base verbale** exprime la certitude de la **personne qui parle** :

***Maggie is certain / sure to win** the match.* C'est certain / C'est sûr que Maggie va gagner le match.(= Je suis certain qu'elle va gagner : il ne s'agit plus de la certitude de Maggie.)

Le sujet grammatical peut donc être un « inanimé » :

***The book is sure to** be a great success.* Il est certain que le livre aura beaucoup de succès.

On peut avoir la construction *there's sure to be* : *There's sure to be a power struggle* (Il ne manquera pas d'y avoir une lutte pour le pouvoir).

• ***Be sure to*** peut par ailleurs être utilisé à l'impératif pour exprimer un conseil :

***Be sure to read** the fine print in the contract.* Prenez bien soin de lire ce qui est écrit en petits caractères dans le contrat.

Dans la langue courante, ***be sure and*** peut remplacer *be sure to* : *Be sure and visit her website* (« Ne manquez pas de visiter son site web »).

2 Likely et bound

• ***Likely*** est un adjectif qui signifie « vraisemblable », et qui s'applique d'abord à un événement :

***Their victory** is likely.* Leur victoire est vraisemblable.
*It's likely that **they will win**.* Il est vraisemblable qu'ils gagneront.

Par extension, l'expression *be likely* peut être utilisée dans une construction semblable à celle de *be certain / sure to*, et avoir pour sujet une personne ou une chose :

*They **are likely to win**.* Il est vraisemblable qu'ils gagneront / Ils ont de grandes chances de gagner.
*The price of oil **is likely to rise**.* Il est probable que le prix du pétrole va augmenter.

Notez aussi la construction avec *there is* : *There's likely to be a conflict* (Il est vraisemblable qu'il y aura un conflit).

• L'adjectif ***bound*** est le participe passé du verbe *bind* (lier). Il peut, dans un style recherché, exprimer une obligation (*I **felt bound to** tell him the truth*, « Je me suis senti obligé de lui dire la vérité »), mais en général il est utilisé dans l'expression ***be bound to***, pour exprimer la forte probabilité d'un événement futur, et cette expression peut avoir comme sujet aussi bien une personne qu'un « inanimé » :

*They**'re bound to** be scared.* C'est sûr qu'ils auront peur.
*The opposition **is bound** to ask embarrassing questions.* Forcément, l'opposition va poser des questions embarrassantes.
*There**'s bound to** be some trouble.* Il y aura forcément des ennuis.

Avec le prétérit (***was / were bound to***), on exprime le caractère inévitable d'un événement qui s'est produit dans le passé :

*He **was bound to** like that music.* Cette musique ne pouvait pas ne pas lui plaire.

Traduisez en français.

1. *He's bound to arrive late again.* 2. *All the employees are certain to get a Christmas bonus.* 3. *He's not likely to be elected.* 4. *There are bound to be lay-offs if the firm relocates to the Far East.* 5. *The CEO wasn't certain that the Board would go along with him.*

55. Chez

1 « Chez » + nom → *at / to* N's (nom au génitif ▶ 103)

Il faut bien distinguer le lieu ou l'on est (*at*) et le lieu où l'on va (*to*) :

Elle passait souvent les grandes vacances chez sa grand-mère. *She often spent the summer **at her grandmother's.***
À la fin de l'année scolaire, elle partait chez sa grand-mère. *At the end of the school year, she went **to her grandmother's**.*

On peut aussi préciser : *her grandmother's house / place.*

Cette construction s'utilise aussi pour les activités professionnelles :

Prends un os pour le chien chez le boucher. *Get a bone for the dog at the butcher's.*
Vous allez chez le dentiste tous les combien ? *How often do you go to the dentist's?*

2 « Chez » + pronom (moi, elle, etc.)

Ici aussi, il faut distinguer le lieu ou l'on est et le lieu où l'on va.

• Si une seule personne est impliquée, on emploie ***(at) home*** :

Elle est restée chez elle hier soir. *She stayed **at home*** (GB) / *stayed **home*** (US) *last night.*
Elle est rentrée chez elle hier soir. *She went **home** last night.* (On n'emploie pas de *to* devant *home*.)

- Si plusieurs personnes sont impliquées, on emploie *place* / *house* / etc. :

  Et si on allait chez moi / toi ? *How about going to* ***my / your place / house****?*
  Chez eux, il fait un peu froid. *It's a bit cold at* ***their place****.*

3 Autres emplois

Ce linguiste a passé quinze ans chez les Indiens d'Amazonie. *That linguist spent fifteen years* ***with / among*** *the Amazonian Indians.*
Chez Dickens, les personnages sont souvent des caricatures. *Dickens's characters are often caricatures / In Dickens's novels, the characters ...*
Cette maladie est rare chez l'homme. *That disease is rare* ***in*** *man / human beings.*
C'est une habitude chez lui. *It's a habit with him.*

> Traduisez en anglais.
>
> 1. Emma couche chez Philippe ce soir. 2. Nous irons dîner chez les Dawson demain. 3. Tu rentres chez toi ? 4. Je suis resté toute la journée chez moi hier. 5. Il est allé chez le pharmacien. 6. Ce que j'aime chez Albert, c'est son sens de l'humour. 7. Tu devrais aller chez le médecin. 8. On trouve ce même esprit combatif chez les Irlandais. 9. As-tu reconnu les thèmes récurrents chez Picasso ? 10. Fais comme chez toi !

56. Combien

La traduction est différente selon que le nom qui suit est dénombrable ou indénombrable :

- **Dénombrable (pluriel) →** ***how many***

  Tu as mangé combien d'huîtres ? *How many oysters did you eat?*

- **Indénombrable (singulier) →** ***how much***

  Tu as dépensé combien d'argent ? *How much money did you spend?*

▶ 171 Noms (1).

> Complétez par *how many* ou *how much*.
>
> 1. ... *candidates will be standing for the presidential election?* 2. ... *sugar do you take in your tea?* 3. ... *research on bioethics did they do?* 4. ... *people work in this firm?* 5. ... *money did you spend at the supermarket?*

57. Combien de temps, combien de fois, tous les combien

1 « Combien de temps » pose la question sur la mesure d'une durée, qui est entièrement séparée de « maintenant ». L'équivalent anglais est *how long*, et le present perfect n'est jamais employé :

Tu as couru combien de temps ? ***How long*** *did you run?*
Ils resteront combien de temps à New York ? ***How long*** *will they stay in New York?*

Il en va de même pour **« pendant combien de temps »,** qui est synonyme de **« combien de temps »** (mêmes équivalents anglais ci-dessus).

Par contre, « **depuis combien de temps »** pose la question sur une durée qui s'étend jusqu'à **« maintenant »**. En anglais, on utilise ***how long***, mais jamais le prétérit (**▶ 170 Depuis quand**) :

Tu la connais depuis combien de temps ? ***How long*** *have you known her?*

2 « Combien de fois » a pour équivalent anglais *how many times* :

Tu l'as rencontré combien de fois ? ***How many times*** *did you meet him? / have you met him?*

3 « Tous les combien » est une question sur la fréquence. L'équivalent anglais est *how often* :

Tu te laves la tête tous les combien ? ***How often*** *do you wash your hair?*

Traduisez en anglais.

1. Il va au supermarché tous les combien ? 2. Tu as passé combien de temps sur ce rapport ? 3. Combien de fois avez-vous vu cette pièce de théâtre ? 4. Depuis combien de temps habitez-vous Bruxelles ?

58. Comme

1 Ressemblance : « comme » a pour équivalent *like*

Il parlait anglais comme un Français. *He spoke English* ***like*** *a Frenchman.*

À ne pas confondre avec le sens de « en tant que » (= ***as***) :

C'est bien de l'avoir comme ami. *It's a good thing to have him* ***as*** *a friend.*

2 Comparaison : « comme » a pour équivalent *as / like*

Comme l'a dit mon collègue… ***As*** *my colleague said …*

En langue courante, *like* est souvent préféré à *as* :

Comme tu l'as dit… ***Like*** *you said …*

Mais l'équivalent de « comme tu voudras » est toujours ***as you like***.

3 Comparaison imaginaire : « comme si » a pour équivalent *as if / as though*

Il marche comme si son dos lui faisait mal. *He walks* ***as if*** *his back hurts him.* (**▶ 28**)

4 Cause : « comme » a pour équivalent *as / since*

Comme elle n'aimait pas tellement le chanteur, ils ne sont pas allés au concert. ***As / Since*** *she didn't much like the singer, they didn't go to the concert.*

5 Temps (simultanéité) : « comme » a pour équivalent *as*

Juste comme il entrait dans son bain, le téléphone a sonné. *Just* ***as*** *he was stepping into his bath, the phone rang.*

6 Exclamation : « comme » a pour équivalent *how*

Comme c'est cher ! ***How** expensive (that is)!*

Pour plus de détails sur ces divers équivalents de « comme », consultez l'index.

> Traduisez en anglais.
>
> 1. Ne me parle pas comme si j'étais un enfant de deux ans. 2. Comme tu grandis ! 3. Comme il a toujours voulu être diplomate, il étudie les sciences politiques. 4. Ces paysages ne sont pas tout à fait comme ceux de la Californie. 5. Cela ressemble plutôt à un lézard géant. 6. Comme il racontait son histoire, il souriait en même temps – alors je ne l'ai pas cru !

59. Comment

Au français **« comment »** correspondent ***what***, ***what ... like*** et ***how***.

1 « Comment » a pour équivalent *what*

What associé au verbe ***call*** est utilisé pour demander le nom de quelque chose :

Comment s'appelle leur village ? ***What's** their village **called**?*

Pour les personnes, par contre, on utilise le nom ***name*** ou quelquefois, pour la réponse, simplement **BE** :

« Comment t'appelles-tu ? – Je m'appelle Chuck. » *'What's your name?' 'I'm Chuck / My name is Chuck.'*

J'ai oublié comment s'appelle sa sœur. *I've forgotten her / his sister's name.*

Pour faire répéter, de façon familière, on emploie ***What?*** :
« Le président démissionne. – Comment ? » *'The president is resigning.' 'What?'*

2 « Comment » a pour équivalent *what ... like?*

Quand on pose la question ***what ... like?***, on attend une description.

Comment est leur maison ? *What**'s** their house **like**? / What **does** their house **look like**?*

C'était comment, le concert ? *What **was** the concert **like**?*

3 « Comment » a pour équivalent *how*

- Pour poser une question sur le moyen ou la manière :

  Comment est-ce qu'ils sont entrés ? ***How** did they get in?*

  Comment est-ce qu'ils ont réagi ? ***How** did they react?*

- Pour demander des nouvelles de la santé (souvent par pure politesse) :

  « Salut Wendy, comment ça va ? – Bien, et toi, Tony ? – Ça va. » *'Hi Wendy, how are you?' 'Fine. How are you, Tony?' 'Fine, thanks.'*

  How do you do? (qui se fait rare) ne s'emploie que lorsqu'on est présenté à quelqu'un pour la première fois. La réponse est : *How do you do?*. De nos jours, on emploie plutôt une formule du genre *Pleased / Glad to meet you* ou bien (plus familièrement) *Hello / Hi* + prénom.

▶ 127 Interrogation.

Traduisez en français.

1. Il est comment cet arbre ? 2. Comment irez-vous à Glasgow ? 3. Comment tu as dit qu'elle s'appelait ? 4. « Je n'aime pas le vin. – Comment ? » 5. Venise, c'était comment ? 6. « Et comment vont vos enfants ? – Ils vont bien, merci ! » 7. Comment les gens votent-ils au Royaume-Uni ? 8. Comment avez-vous pu faire une telle erreur ?

60. Comparatif et superlatif (1) : les formes

1 En anglais, il faut distinguer comparatif et superlatif ; ils n'ont pas la même forme :

- **Comparatif** : *a* ***more*** *interesting film* un film plus intéressant ;
- **Superlatif** : ***the most*** *interesting film* le film le plus intéressant.

Il faut distinguer aussi :

- **Adjectifs courts** : une seule syllabe (*fine*), ou bien deux syllabes avec terminaison en ***-y*** (*silly*) ou ***-le*** (*simple*) ;
- **Adjectifs longs** : tous les autres cas (*frequent, sudden, anxious, cheerful, remarkable*).

Pour les adverbes, les courts ont une seule syllabe (*fast, long*), les longs sont tous les autres (*calmly, often, progressively*).

Adjectif ou adverbe	**Comparatif de supériorité**	**Superlatif de supériorité**
COURT *short* *silly* *fast* (adverbe)	***-er*** *shorter* *sillier* *faster*	***-est*** *(the) shortest* *(the) silliest* *(the) fastest*
LONG *frequent* *calmly* (adverbe)	***more*** *more frequent* *more calmly*	***most*** *(the) most frequent* *(the) most calmly*
IRRÉGULIERS *good, well* *bad(ly)* *far* (loin)	***better*** (meilleur, mieux) ***worse*** (pire, plus mal) ***farther / further****	***(the) best*** ***(the) worst*** ***(the) farthest / furthest****
	Comparatif d'infériorité	**Superlatif d'infériorité**
short *frequent*	***less*** *short* ***less*** *frequent*	***(the) least*** *short* ***(the) least*** *frequent*
	Comparatif d'égalité	
short *frequent*	positif : ***as*** *frequent (as)* négatif : ***not as / so*** *frequent (as)*	

* On utilise *further* et (*the*) *furthest* pour un sens figuré : *Shall I explain further?* (Faut-il que j'explique davantage ?)

Modifications orthographiques éventuelles devant ***-er / -est*** : *big* → *big**ger*** / *big**gest***, *heavy* → *heav**ier*** / *heav**iest*** (mêmes règles que pour la terminaison verbale *-ed* ajoutée aux verbes ▶ **223 Prétérit**).

61. Comparatif et superlatif (2) : sens et constructions principales

1 Ne confondez pas

• Le **comparatif d'égalité ou de supériorité** compare deux termes, et le complément est introduit par ***than*** :

> *This restaurant is* ***more*** */* ***less*** *expensive* ***than*** *I thought.* Ce restaurant est plus / moins cher que je ne croyais.

• Le **superlatif** compare un terme par rapport à tout un ensemble, et le complément qui correspond au français « que » est introduit par les relatifs ***that*** ou zéro :

> *This restaurant is* ***the most*** */* ***least*** *expensive* ***(that)*** *I know.* Ce restaurant est le plus / moins cher que je connaisse.
>
> *That was* ***the best food (that)*** *I had ever eaten.* C'était la meilleure nourriture que j'aie jamais mangée.

Quand le complément est un nom qui représente un lieu, il est introduit par ***in*** :

> *This restaurant is* ***the most*** */* ***least*** *expensive* ***in*** *town.* Ce restaurant est le plus / le moins cher de la ville.

On n'utilise *of* que devant un pronom ou devant *all*, ou si le complément est une période de temps (*day*, *summer*, etc.) :

> *He is the tallest* ***of them / of all the participants***. C'est le plus grand d'entre eux / de tous les participants.
>
> *It's the best film* ***of the year***. C'est le meilleur film de l'année.

• Les adjectifs restent toujours à leur place **avant** le nom.

• Alors qu'en français l'article « le / la / les » peut être répété, il n'y a pas en anglais de répétition de ***the*** :

le bâtiment le plus haut de la région → *the tallest building in the area.*

Sur l'utilisation du comparatif (et non du superlatif) lorsque la comparaison se fait dans un groupe de deux éléments (*He is the younger of the two brothers*) ▶ **76 Duel**.

• Avec le **comparatif d'égalité**, le complément est introduit par ***as*** :

> *This restaurant is* ***as*** *expensive* ***as*** *the Ritz Hotel.* Ce restaurant est aussi cher que le Ritz.

On remplace souvent le comparatif d'infériorité (*Their car is less expensive than ours*, « Leur auto est moins chère que la nôtre ») :

– soit par le comparatif d'égalité négatif (*not so expensive*) :

> *Their car is* ***not so / not as expensive as*** *ours.* Leur auto n'est pas aussi chère que la nôtre.

– soit par le comparatif de supériorité du contraire (*cheaper*) :

> *Their car is cheaper than ours.* Leur auto est meilleur marché que la nôtre.

Après *than* et *as*, on trouve souvent une reprise par auxiliaire, ou la forme de **complément** des pronoms :

Desmond was hungrier ***than I was*** */ Desmond was hungrier* ***than me****.* Desmond avait plus faim que moi. (La forme *hungrier than I* n'existe que dans un style soutenu.)

2 Le comparatif et le superlatif existent aussi pour les noms

I'm sure Desmond ate ***more oysters*** *than I did.* Je suis sûr que Desmond a mangé plus d'huîtres que moi.
I'm sure Desmond ate ***the most oysters****.* Je suis sûr que c'est Desmond qui a mangé le plus d'huîtres.

Ne confondez pas cet emploi avec celui de ***most*** signifiant « la plupart de » (▶ **153**).

Avec le comparatif d'égalité, attention aux dénombrables et indénombrables :

Desmond ate ***as many*** *oysters as Priscilla.* Desmond a mangé autant d'huîtres que Priscilla.
Desmond ate ***as much*** *custard as Priscilla.* Desmond a mangé autant de crème anglaise que Priscilla.

Avec les **verbes** et les **adverbes**, on peut omettre *the* (mais surtout pas dans les autres cas).
It's Desmond who eats (the) most. C'est Desmond qui mange le plus.
I liked that film best. C'est ce film que j'ai préféré.

3 Autres cas apparentés

• Le verbe ***prefer*** (de sens comparatif) se construit avec ***to***.

Keith prefers films ***to*** *TV.* Keith préfère le cinéma plutôt que la télé.

Mais il est plus courant d'employer ***like ... better than*** :

Keith likes films better than TV. Keith aime mieux le cinéma que la télé.

Pour exprimer une préférence par rapport à tout un groupe, on emploie ***like best*** :

That's the one I like best. C'est celui-là que je préfère.

• L'adjectif ***other*** (de sens comparatif) se construit avec ***than*** :

This could be done by ***other*** *means* ***than*** *those the government used.* Ceci pourrait se faire à l'aide d'autres moyens que ceux qu'a utilisés le gouvernement.

• L'adjectif ***different*** (de sens comparatif) se construit de préférence avec ***from*** (parfois avec ***to***) :

This could be done by means ***different from*** *those the government used.* Ceci pourrait se faire à l'aide d'autres moyens que ceux qu'a utilisés le gouvernement.

• L'adjectif ***same*** se construit comme le comparatif d'égalité (c'est-à-dire avec ***as***) :

Aunt Dahlia was wearing ***the same*** *ridiculous hat* ***as*** *aunt Agatha.* La tante Dahlia portait le même chapeau ridicule que la tante Agatha.

Construisez des phrases au comparatif ou au superlatif en utilisant les éléments proposés (plusieurs solutions sont parfois possibles).

1. *It is / by tube / by taxi / cheap.* 2. *This French restaurant is / in California / good.* 3. *Irish people / the English / have the reputation for being / hot-tempered.* 4. *Sophie does not play tennis / well / Sophi.* 5. *Poland's agriculture / ours / not yet / competitive / BE.* 6. *He / us all / hard / WORK.*

62. Comparatif et superlatif (3) : autres constructions

1 « X fois plus que »

Pour exprimer « X fois plus que », on emploie souvent le comparatif d'égalité :

Sarah has got ***twice / ten times as much money / as many books*** *as Brian.* Sarah a deux fois / dix fois plus d'argent / de livres que Brian.

The TV version is ***twice as long*** *as the film.* La version télévisée est deux fois plus longue que le film.

Quand le nombre est supérieur à deux, on utilise aussi le comparatif de supériorité, comme en français :

Jupiter is ***318 times more*** *massive than the Earth.* Jupiter est 318 fois plus massif que la Terre.

Pour exprimer « deux fois moins que », on emploie *half* et le comparatif d'égalité :

They paid ***half as much*** *money for the same results.* Ils ont payé deux fois moins pour le même résultat.

Au-dessus de deux, on retrouve le comparatif :

They could have spent ***ten times less*** *money and got the same results.* Ils auraient pu dépenser dix fois moins d'argent et obtenir les mêmes résultats.

2 « De plus en plus », « de moins en moins »

On emploie un double comparatif :

Their songs are getting ***more and more*** *interesting.* Leurs chansons sont de plus en plus intéressantes.

Their songs are getting ***sillier and sillier****.* Leurs chansons sont de plus en plus bêtes.

3 Variation parallèle (= plus... plus... / moins... moins...)

The more *he works,* ***the less*** *tired he is.* Plus il travaille, moins il est fatigué.

The colder *it is,* ***the better*** *the engine works.* Plus il fait froid, mieux le moteur fonctionne.

The more money *you spend on advertising,* ***the more people*** *you will reach.* Plus vous dépenserez d'argent en publicité, plus vous toucherez de gens.

• Il faut faire attention à l'ordre des mots pour les noms, adjectifs ou adverbes : **le terme concerné doit venir en tête**, à la suite du comparatif. (Comparez au français.)

• Il ne peut pas y avoir de forme de futur (*will*) dans la première partie, qui fonctionne comme une condition de la seconde. (▶ **297 *Will, would***)

▶ 76 Duel.

Traduisez en anglais.

1. Il pleut de plus en plus fort (*hard*). 2. Les chevaux devenaient de plus en plus nerveux. 3. Plus tu m'expliques, moins je comprends. 4. Le jour des élections est de plus en plus proche. 5. Plus tu prendras de leçons, mieux tu joueras. 6. Il y a deux fois plus de produits sur les rayons du supermarché qu'il y a cinq ans.

63. Conditionnel (équivalents du conditionnel français)

1 Le plus souvent, l'équivalent anglais du conditionnel français (ou forme en « -rais ») est *would*, aussi bien pour le « conditionnel mode » (premier exemple ci-après) que pour le « conditionnel temps », ou « futur dans le passé » (second exemple) :

Je leur **téléphonerais** si j'avais un portable. *I'**d phone** them if I had a mobile.*

J'ai dit que je leur **téléphonerais** plus tard. *I said I'**d phone** them later on.*

▶ 299 Will / would (4) : conditionnel.

2 Mais dans les cas suivants, le conditionnel ne peut pas se traduire par *would*.

• Dans certaines subordonnées (subordonnées de temps, etc. ▶ **256-260**), l'équivalent anglais du conditionnel français est le **prétérit simple** :

J'ai dit que je leur téléphonerais dès que j'**arriverais**. *I said I'd phone them as soon as I **got** there.*

• En français courant, on peut dire « **Tu lui demanderais** de te prêter sa voiture, il te la prêterait aussitôt » à la place de « **Si tu lui demandais** de te prêter sa voiture, il te la prêterait aussitôt ». En anglais, il n'est pas possible d'utiliser *would* de cette façon. On dira obligatoirement : *If you **asked** him to lend you his car he'd lend it to you immediately.*

• Il n'y a pas en anglais de forme verbale qui corresponde au « conditionnel de prudence » du français, courant dans les médias : « Le gouvernement **envisagerait** d'augmenter les impôts ». L'équivalent anglais le plus proche consiste à utiliser une formule du type *it is said / believed / rumoured that …* ou *X is said / believed / rumoured to …* :

***It is said / believed that** the government **envisages** a rise in taxes. The government **is said / believed to envisage** a rise in taxes.*

• En français, on utilise parfois un « conditionnel de supposition », dans des phrases interro-négatives comme « Vous **n'auriez pas vu** un petit caniche noir ? » Il existe en anglais des équivalents divers de ce conditionnel :

Vous n'auriez pas vu un petit caniche noir ? *Have you* ***by any chance*** *seen a small black poodle?*

Vous ne seriez pas en train de vous moquer de moi ? ***I bet*** *you're making fun of me!*

Tu ne l'aurais pas perdu quand tu as acheté tes billets de train ? ***Couldn't you*** *have lost it when you bought your train tickets?*

• Le conditionnel des verbes modaux français, qui sont essentiellement « pouvoir », « devoir » et « falloir », a généralement pour équivalent, en anglais, un **modal au prétérit** :

Pourriez-vous ouvrir la fenêtre ? ***Could*** *you open the window?*

Il faudrait que tu te dépêches. *You* ***should*** *hurry up.*

Traduisez en français.

1. *You haven't by any chance borrowed my dictionary, have you?* 2. *If national airlines reduced their fares, I wouldn't travel on low-cost flights.* 3. *If you sent a self-addressed envelope, you might get an answer.* 4. *You should talk to him about it.* 5. *The guerrillas are said to be hiding in the mountains.* 6. *I promised I would translate his article as soon as I had finished.* 7. *Several villages are believed to be destroyed.* 8. *I bet you're a bit lazy!*

64. Conjonctions (généralités)

1 Il existe deux types de conjonctions

• Les conjonctions de subordination introduisent des propositions subordonnées nominales ou circonstancielles (▶ **254 Subordonnées (1)**). Exemples :

She thinks ***that he's ill***. Elle pense qu'il est malade. (subordonnée nominale)

I stayed at home ***because it was raining***. Je suis resté(e) chez moi parce qu'il pleuvait. (subordonnée circonstancielle de cause)

• Les **conjonctions de coordination**, qui servent à relier entre elles des **propositions coordonnées**, sont essentiellement ***and*** (et), ***or*** (ou) et ***but*** (mais).

2 Quelques conjonctions à connaître

(Le tableau ci-après ne mentionne pas les conjonctions les plus courantes, comme *when*, *where*, *because*, etc.)

Temps	*Tell her to call me back* ***as soon as*** */əz'su:nəz/ she can.* Dites-lui de me rappeler dès qu'elle pourra. ***Now (that)*** *he knows you, he won't ask you for your pass any more.* Maintenant qu'il vous connaît, il ne vous demandera plus votre laissez-passer. *Please close all the windows* ***before*** *you leave /* ***before*** *leaving the building.* S'il vous plaît, fermez toutes les fenêtres avant de quitter le bâtiment. ***After*** *he left, I never heard from him again.* Après son départ, il ne m'a plus donné de ses nouvelles. *We can check the engine* ***while*** *you wait.* Nous pouvons vérifier le moteur pendant que vous attendez / attendrez. *I watched him* ***as*** *he opened the envelope.* Je l'ai regardé quand il a ouvert l'enveloppe. ***As*** *we drew nearer the summit, the view grew clearer.* Au fur et à mesure que nous approchions du sommet, la vue s'éclaircissait. *I saw Brenda* ***just as*** *I was getting on the bus.* J'ai vu Brenda juste au moment où je montais dans le bus. ***Once*** *you've finished my sweater, could you make me a scarf?* Une fois que tu auras fini mon pull-over, est-ce que tu pourrais me faire une écharpe ? *We can't make a decision* ***until*** *we have sorted out this problem.* Nous ne pouvons pas prendre une décision avant d'avoir réglé ce problème. *You can stay* ***as long as*** *you like.* Vous pouvez rester aussi longtemps qu'il vous plaira. *Come* ***whenever*** */* ***any time*** *you like.* Venez quand vous voudrez. ***No sooner*** *had she left* ***than*** *he closed the window.* À peine était-elle partie qu'il a fermé la fenêtre. ***On*** *opening the door, he realized that the house had been burgled.* En ouvrant la porte, il s'est aperçu que la maison avait été cambriolée.
Lieu	*You can go* ***wherever*** */* ***anywhere*** *you like.* Tu peux aller où tu veux.
Condition	*I'll stay here,* ***unless*** *you object.* Je vais rester ici, sauf si vous y voyez une objection. ***Supposing*** *it rains, will you call off the party?* À supposer qu'il pleuve, est-ce que vous annulerez la fête ? ***As long as*** */* ***Provided (that)*** *he can have his own way, he'll agree with all you say.* Tant qu'il pourra / Pourvu qu'il puisse en faire à sa tête, il sera d'accord avec tout ce que vous direz. *Make a note of this phone number* ***(just) in case*** *there's a problem.* Notez ce numéro de téléphone pour le cas où il y aurait un problème.
Contraste, concession	***Though*** */* ***Although*** *I can't really afford it, I'll buy myself that new computer.* Bien que ce soit au-dessus de mes moyens, je vais m'acheter ce nouvel ordinateur. ***While*** *some people never bother to lock their doors, others lock every door and window in the house.* Alors que certains ne se soucient jamais de fermer leurs portes à clé, d'autres ferment à clé toutes les portes et toutes les fenêtres de la maison. *They would like to limit free trade,* ***whereas*** */weər'æz/ their opponents encourage it.* Ils voudraient limiter le libre-échange, alors que leurs adversaires l'encouragent. (style recherché)
Cause	***As*** *you won't be with us at Christmas, we could get together for New Year.* Comme vous ne serez pas avec nous à Noël, nous pourrions nous réunir pour le premier de l'an. ***Since*** *it's Sunday, the supermarket will be closed.* Puisque c'est dimanche, le supermarché sera fermé. *We just sat reading the papers,* ***for*** *we had nothing better to do.* Nous sommes restés assis à lire les journaux, car il n'y avait rien de mieux à faire.

Résultat, but	*Frank squashed his finger in a folding deckchair,* ***so (that)*** *we had to rush him to hospital.* Frank s'est coincé le doigt dans une chaise longue, et il a fallu qu'on l'emmène d'urgence à l'hôpital. *I'll give you some change* ***so (that)*** *you can get me a drink from the vending machine.* Je vais te donner de la monnaie pour que tu me prennes une boisson au distributeur. (but) *I got a stepladder* ***(in order) to*** *change the bulb.* J'ai pris un escabeau pour changer l'ampoule. (but) *They relocated to the industrial zone,* ***so as to*** *provide easier access for goods lorries.* Ils ont relocalisé la zone industrielle, de façon à fournir aux camions un accès plus facile. (but)
Manière	*Do* ***as*** *I tell you.* Faites comme je vous dis. (style neutre ou soutenu) *Do* ***like*** *I tell you.* (même sens, style familier ou neutre) *He handles all his possessions carefully* ***as if / as though*** *they were works of art.* Il manipule tous les objets qu'il possède avec soin, comme s'il s'agissait d'œuvres d'art. *You look* ***as if / as though*** *you need a good night's sleep.* Tu as l'air d'avoir besoin d'une bonne nuit de sommeil.

Le français « où » se traduit par **when**, et non par *where*, quand il exprime une relation de **temps** : « Il est arrivé le jour **où** je suis parti » → *He arrived the day* ***when*** *I left.*

Complétez à l'aide des éléments proposés entre crochets.

1. *Take your mobile with you, so that [you / me / can call if you get lost.* 2. *I missed my connection because [an accident on the rails / there was].* 3. *Helen looks as though [she / just / has won / on the lottery].* 4. *We'll get a loan provided that [we / the bank / some kind of guarantee / give].* 5. *I met Martine when [we both / the club / joined].* 6. *If [He / the elections / wins] will he reduce taxes?* 7. *Although [It / in this room/ very warm / is], she hasn't taken her jumper off.* 8. *Why don't you read the paper while [I / ready / get]?* 9. *Since [They / my work / don't appreciate], I'm going to look for another job.* 10. *Don't switch your computer off now. There's no need to it switch off before [you / leave].*

65. Conjugaisons de l'anglais

L'anglais n'a pas des conjugaisons semblables à celles du français. Son système verbal est à la fois très différent et beaucoup plus simple : il est constitué d'éléments qui s'ajoutent les uns aux autres et s'assemblent comme les blocs d'un jeu de construction. Le tableau ci-après représente l'ensemble des **constructions affirmatives de l'indicatif**, à la **voix active**. Les constructions dans lesquelles intervient un **modal** (seconde moitié du tableau) sont illustrées par des phrases formées avec le modal MAY. Le premier exemple (*Ken works*, « Ken travaille ») représente le cas le plus simple, et le dernier exemple (*Ken might have been working*, « Ken aurait pu être en train de travailler ») représente le cas le plus complexe.

Formes simples	**Présent**	Ken **works***.
	Prétérit	Ken **worked**.
Verbe + [HAVE + participe passé]	**Présent**	Ken **has*** work**ed**.
	Prétérit	Ken **had** work**ed**.
Verbe + [BE + -ING]	**Présent**	Ken **is*** work**ing**.
	Prétérit	Ken **was*** work**ing**.
Verbe + [HAVE + participe passé] + [BE + -ING]	**Présent**	Ken **has* been** work**ing**.
	Prétérit	Ken **had been** work**ing**.
Verbe + modal	**Présent**	Ken **may** work.
	Prétérit	Ken **might** work.
Verbe + modal + [HAVE + participe passé]	**Présent**	Ken **may have** work**ed**.
	Prétérit	Ken **might have** work**ed**.
Verbe + modal + [BE + -ING]	**Présent**	Ken **may be** work**ing**.
	Prétérit	Ken **might be** work**ing**.
Verbe + modal + [HAVE + participe passé] + [BE + -ING]	**Présent**	Ken **may have been** work**ing**.
	Prétérit	Ken **might have been** work**ing**.

* Seules les formes marquées d'un astérisque sont concernées par les accords de personne (▶ **219 Présent simple**, **34 *BE***, **108 *HAVE***).

• Comme on le voit, tout groupe verbal à l'indicatif est nécessairement soit au **présent** soit au **prétérit**. Il n'y a en anglais que ces deux temps grammaticaux. Les éléments [HAVE + participe passé] et [BE + -ING] ne sont pas des temps (on les appelle des aspects), pas plus que WILL, SHALL et les autres modaux. Il n'y a pas en anglais de temps syntaxique qui puisse être appelé « futur », et il n'y a pas non plus de « conditionnel ». *Would* est simplement la forme prétérit du modal WILL, *should* la forme prétérit du modal SHALL, etc.
• La marque du temps grammatical (présent ou prétérit) est nécessairement portée par le premier élément du groupe verbal, c'est-à-dire par le verbe lui-même dans les formes simples et par le premier auxiliaire dans les formes composées.
• Les éléments du groupe verbal ne peuvent se combiner que dans l'ordre indiqué par le tableau ci-dessus. S'il y a un modal, il vient nécessairement en tête, et il ne peut pas être suivi d'un autre modal.

66. DARE (oser)

1 *Dare* peut être soit un modal (ce qui est rarement le cas en anglais américain), soit un verbe. Le modal a une seule forme, *dare* (/deə/ – pas de forme réduite). Sa négation est *dare not* ou *daren't* (GB /deənt/, US /'derənt /).

2 Le modal ne peut être employé que dans des contextes négatifs, interrogatifs ou contenant une idée de doute. Donc, on peut dire *He daren't ask them* (« Il n'ose pas le leur demander ») ou *Dare he ask them?*, mais non ~~*He dare ask them*~~. La forme non modale (verbe DARE) est, elle, possible dans tous les cas, et d'un usage beaucoup plus fréquent :

He doesn't dare (to) ask them.

Will he dare (to) appear in public? Est-ce qu'il osera apparaître en public ?

À la forme affirmative, toutefois, l'emploi du verbe DARE est relativement rare : plutôt que *He dares (to) ask them*, on préférera dire, par exemple, *He isn't afraid to ask them*.

3 *Dare* est utilisé dans quelques expressions toutes faites :

Don't you dare! T'as pas intérêt ! / Pas de ça, hein !
***How dare you** talk to me like that?* Comment peux-tu oser me parler comme ça ?
***I dare say** / **I daresay** he's right.* Il me semble qu'il a raison.

Le verbe *dare* peut par ailleurs être utilisé dans le sens de « défier ».

> Traduisez en anglais.
>
> 1. Je n'ose pas demander. 2. Je n'ai pas osé lui répondre. 3. Comment peux-tu oser laisser les enfants seuls ? 4. A-t-il osé quitter son emploi ? 5. « Tu n'oserais jamais ! – Mais si ! »

67. Date et heure

1 Dire la date

Par écrit	**Oralement**
4(th) December 1998	*the fourth of December nineteen ninety-eight*
December 4(th), 1998	*December (the) fourth / December four nineteen ninety-eight (US)*
4.12.98 (usage britannique)	
12/4/98 (usage américain)	
1900	*nineteen hundred*
1904	*nineteen oh /əʊ/ four*
2000	*(the year) two thousand.*
Y2K (= year two thousand)	
2007	*two thousand and seven*

Notez aussi :

325 AD (= anno domini)	325 après J-C / de notre ère
512 BC (= before Christ)	512 avant J-C / avant notre ère

• **Les mois (avec une majuscule)**

January	/ˈdʒænjʊəri/	*July*	/dʒʊˈlaɪ/
February	/ˈfebrʊəri/	*August*	/ˈɔːgəst/
March	/mɑːtʃ/	*September*	/sepˈtembə/
April	/ˈeɪprɪl/	*October*	/ɒkˈtəʊbə/
May	/meɪ/	*November*	/nəˈvembə/
June	/dʒuːn/	*December*	/dɪˈsembə/

• Les jours de la semaine (avec une majuscule)

Monday	/ˈmʌndi/ *	*Thursday*	/ˈθɜːsdi/
Tuesday	/ˈtjuːsˈdi/	*Friday*	/ˈfraɪdi/
Wednesday	/ˈwensdi/	*Saturday*	/ˈsætədi/
Sunday	/ˈsʌndi/		

* La finale *-day* des noms de jours est généralement prononcée /di/, mais /deɪ/ en fin de phrase ou avant une pause.

• **Quelques expressions courantes**

She works (on) Sundays. Elle travaille le dimanche.
She works on Sunday. Elle travaille dimanche.
She works next Sunday. Elle travaille dimanche prochain.
She worked last Sunday. Elle a travaillé dimanche dernier.
She works every Sunday. Elle travaille tous les dimanches.
She worked last night. Elle a travaillé hier soir.
She works tonight. Elle travaille ce soir.
She worked yesterday morning / afternoon. Elle a travaillé hier matin / après-midi.
What's the day today? Quel jour sommes-nous ?
It's Monday today. On est lundi.

2 Dire l'heure

at six (o'clock) à six heures
at half past six / at six thirty / at twenty-five past six (GB), *at twenty-five after one* (US) à six heures et demie / six heures trente / six heures vingt-cinq
at (a) quarter to six (également *of six*, US) / *at five forty-five* à six heures moins le quart / cinq heures quarante-cinq

Dans la vie courante, on n'emploie pas de nombre au-dessus de douze pour les heures, mais on précise éventuellement :

6 am /ˌeɪˈem/ / *six am* six heures du matin ; *6 pm* /piːˈem/, *six pm* six heures du soir / dix-huit heures
midday / noon / twelve (noon) midi
midnight minuit
What's the time? / What time is it? Quelle heure est-il ?
What time do you make it? Tu as quelle heure ?

Utilisez les bonnes **prépositions** (notez qu'en français il n'y a parfois pas de préposition du tout : « le matin », « le lundi 4 janvier », etc.) :

in *1998* (année) ; ***in*** *December* (mois)
in *the morning / evening / afternoon* (partie de la journée)

mais par contre :

at *night*
on *Monday (the fourth)* ; ***on*** *Monday morning* ; ***on*** *December 4th* (écrit ainsi mais prononcé *the fourth*) (jour)
at *six (o'clock)* (heure)

et aussi : ***at*** *the weekend*, ***at*** *Christmas / Easter* [Pâques] (mais ***on*** *Christmas / Easter day*)

68. Déjà

1 On fait le point sur des événements : « déjà » → *already*

Non merci, j'ai déjà déjeuné. *No, thanks, I've* ***already*** *had breakfast.*

C'est déjà les soldes. *It's sales time* ***already****.*

Ils ont déjà deux chiens et un perroquet. *They* ***already*** *have two dogs and a parrot.*

Remarquez la place de *already*.

2 On fait le point concernant l'expérience de quelqu'un

- **À l'affirmation, « déjà » →** ***before***

J'ai déjà vu ce film. *I've seen that film* ***before****.*

- **Dans une question, « déjà » →** ***ever***

Vous avez déjà mangé de la panse de brebis farcie ? *Have you* ***ever*** *eaten haggis?*

3 Pour demander confirmation (on a mal entendu, ou oublié) → *again*

Il s'appelle comment, déjà ? *What's his name again?*

> Traduisez en anglais.
>
> 1. Il a déjà souffert de cette allergie. 2. Quand je suis rentré, les enfants étaient déjà couchés. 3. Les prisons sont déjà surpeuplées, alors qu'est-ce que les juges sont censés faire ? 4. Tu es fort ! Tu as dû déjà jouer à ce jeu. 5. C'est quoi ton numéro de téléphone, déjà ? 6. Vous avez-déjà bu de la tequila ?

69. Depuis, depuis que

« **Depuis** » indique la durée d'un événement qui se prolonge jusqu'au moment présent (ou jusqu'à un moment du passé). « Depuis » peut être suivi soit de la mention d'une **durée**, soit de la mention d'un **point dans le temps**. Pour passer à l'anglais, il faut distinguer ces deux fonctionnements.

1 « Depuis » + durée

Ils se **connaissent** depuis dix ans. *They* ***have known*** *each other* ***for*** *ten years.*

Présent	Present perfect	*for* + durée

Ils se **connaissaient** depuis dix ans. *They* ***had known*** *each other* ***for*** *ten years.*

Imparfait	Past perfect	*for* + durée

« **Depuis** » + **durée** a comme équivalents très courants, en français, « il y a… que » et « ça fait… que » (▶ **113**).

Le cas particulier de « depuis longtemps »

• Avec l'**affirmation**, on emploie *(for) a long time* :

Ils se connaissent depuis longtemps. *They have known each other (for) a long time.*

• Avec la **négation**, **ce qui est nié peut être la durée**, et dans ce cas on emploie *long* ou *for long* :

Ils ne se connaissent pas depuis longtemps (= ils se connaissent, mais pas depuis longtemps). *They haven't known each other for long.*

Mais **si c'est l'action qui est niée**, on emploie *(for) a long time. Donc,* attention à la différence :

Their son hasn't been working (for) long. Ça ne fait pas longtemps que leur fils travaille. (durée niée)

Their son hasn't worked for a long time. Ça fait longtemps que leur fils ne travaille pas. (action niée)

2 « Depuis » + point de départ d'une durée (permet une mesure indirecte de cette durée)

Ils se **connaissent** depuis l'an dernier. *They **have known** each other **since** last year.*

Présent — **Present perfect** — ***since* + point de départ**

Ils se **connaissaient** depuis l'école. *They **had known** each other **since** their schooldays.*

Imparfait — **Past perfect** — ***since* + point de départ**

L'adverbe ***since*** (placé **en fin de proposition**) est utilisé de la même façon, précédé éventuellement de ***ever*** :

Ce sont mes fils qui m'ont donné cette broche, et depuis je la porte tous les jours. *My sons gave me this broach. And I've worn it every day **since** / I've worn it **ever since.***

En tête de phrase, il faut employer *since then* :

Et depuis, on ne l'a pas revu. *And since then he hasn't been seen.*

3 Depuis que

Gary **sort** avec June depuis qu'elle lui **a réparé** sa voiture.

Présent — **Passé composé**

*Gary **has been dating** June **since** she **repaired** his car.*

Present perfect — **Prétérit**

La **subordonnée** (commençant par *since*), qui indique le **point de départ** de la durée dans le passé, contient un verbe au **prétérit**. La **proposition principale** contient un verbe au **present perfect**.

« Depuis » suivi d'une **indication de lieu** a pour équivalent ***from*** :

Depuis le haut de l'immeuble, on voit la tour Eiffel. *From the top of the building, you can see the Eiffel Tower.*

A. (a) Complétez avec un present perfect, un prétérit ou un past perfect à l'aide des verbes donnés entre crochets.

(b) Traduisez ces phrases.

1. *Dr. Durand [BE] my doctor for 15 years.* 2. *She [BE] unemployed for 6 months now.* 3. *In 2004, when we [BUY] this house, the garden [BE NEGLECTED] for a long time.* 4. *The children [BE] much happier since the Browns [MOVE] to the country.*

B. Complétez avec *for / since / ever since.*

1. *We have had a home computer ... nearly two years.* 2. *I have been playing tennis ... I was eight.* 3. *They haven't gone on holiday ... their baby was born.* 4. *In the year 2006, the textile industry had been gradually relocating ... nearly half a century.*

70. Depuis quand, depuis combien de temps

Le français peut interroger de deux manières sur une durée qui se prolonge jusqu'au moment présent.

- « **Depuis combien de temps** » (mesure directe de la durée) :

  Depuis combien de temps est-ce qu'ils se connaissent?

- « **Depuis quand** » (mesure indirecte de la durée) :

  Depuis quand est-ce qu'ils se connaissent?

L'anglais ne connaît que la question ***how long (for)*** (mesure directe de la durée), qui a comme réponse *for* ... ou *since* ... selon le cas :

> *'**How long** have they known each other?' '(For) ten years / Since last year.'* « Depuis quand est-ce qu'ils se connaissent? – Depuis dix ans / Depuis l'an dernier. »

La mention de *for* dans la question est rare.

La question ***since when*** n'est pas une vraie question, mais une mise en cause, et par conséquent elle est agressive. Exemple :

***Since when** do judges qualify as art critics?* Depuis quand est-ce que les juges peuvent être considérés comme des critiques d'art? [Remarquez l'emploi du présent.]

Traduisez en anglais.

1. Depuis quand est-il déprimé? 2. Depuis combien de temps a-t-il ce compte en banque? 3. 'Depuis quand ce restaurant est fermé le lundi? – Depuis la nouvelle réglementation' (*regulations... introduced*) ? 4. Depuis quand est-ce que les enfants donnent des ordres à leurs parents?

71. Devenir, et autres verbes de changement d'état

1 Become

- ***Become* + adjectif / comparatif :**

*How did he **become** rich?* Comment est-il devenu riche?

The work has become more interesting. Le travail est devenu plus intéressant.

- ***Become* + nom :**

*He **became** a millionaire before he was thirty.* Il est devenu millionnaire avant trente ans.

*Winston Churchill **became** Prime Minister in 1940.* Winston Churchill est devenu Premier ministre en 1940.

2 Get

- ***Get* + adjectif / comparatif**

Get s'emploie avec le même sens que *become*, mais dans un style plus familier :

*How did he **get** rich?* Comment est-il devenu riche?

*This **is getting** interesting.* Ça devient intéressant.

L'équivalent français n'est pas forcément « devenir » :

It's getting colder. Ça se rafraîchit.

When did you get interested in computers? Quand est-ce que vous vous êtes mis à vous intéresser aux ordinateurs?

- ***Get* + verbe**

*They **got to be** quite good at spotting problems.* Ils sont devenus très bons pour repérer les problèmes.

▶ 103 Get.

3 *Grow* + adjectif / comparatif

*As he **grew** older, he stopped travelling.* En vieillissant, il a cessé de voyager.

Ici, *get* serait aussi possible.

4 *Go* + adjectif

Go s'emploie souvent pour des changements défavorables :

*He **went** bald at thirty.* Il est devenu chauve à trente ans.

*King George III **went** mad.* Le roi George III est devenu fou.

Mais on le trouve aussi dans d'autres cas :

They have gone digital. Ils se sont mis au numérique.

5 *Turn* + adjectif

*The leaves have already **turned** yellow.* Les feuilles sont déjà devenues jaunes / ont déjà jauni.

On emploie aussi ***turn to*** **+ nom :**

The snow turned to rain. La neige s'est transformée en pluie.

6 *Fall*

L'usage de *fall* est limité à certaines expressions, mais il est important.

*She **fell asleep** watching TV.* Elle s'est endormie en regardant la télé.
*He **has fallen ill / sick**.* Il est tombé malade.

> Complétez à l'aide de *get* et des éléments proposés entre parenthèses.
>
> 1. *I'd better go to bed now. I (tired).* 2. *Shall I put the heating on? It (cold in this room).* 3. *We (very brown) during our holiday in Spain last summer.* 4. *After his third operation, he (hate) hospitals.* 5. *The story was on television. You (hear) about it?*

72. Devoir

1 Devoir + nom (devoir de l'argent, etc.). L'équivalent anglais est généralement *owe* (qui se prononce /əʊ/) :

Il me doit de l'argent / 50 € . *He **owes** me some money / €50.*
Vous lui devez des excuses. *You **owe** him an apology.*

2 Sens d'obligation forte (il doit... / il devait... = il faut qu'il... / il fallait qu'il...) :

• Au **présent** (« Il doit »), l'équivalent est ***MUST*** dans un style soutenu, ou lorsqu'on exprime l'opinion personnelle ou la volonté de la personne qui parle :

Je dois avouer que j'aime bien le film. *I **must** confess I like the movie.*

Dans les autres cas, on utilise ***HAVE TO*** :

Est-ce qu'on doit se faire vacciner contre le choléra pour aller là-bas ? *Do you **have to** get inoculated against cholera to go there?*

> Attention à la **forme négative** de « devoir » : « je ne dois pas... » (= « il ne faut pas que je... ») se traduit par *I **must not** ...*, et non par *I don't have to ...*, qui signifie « je ne suis pas obligé de... » **(▶ 179 Obligation).**

• Pour une obligation située dans le **passé** ou dans le **futur**, l'équivalent usuel de « devoir » est ***HAVE TO*** :

Le terrain était couvert de neige et le match a dû être reporté. *The field was covered with snow and the match **had to** be postponed.*
Je pense que vous allez bientôt devoir changer vos pneus. *I think you'**ll** soon **have to** change your tyres.*

Pour d'autres traductions de « devoir » exprimant l'obligation ▶ **242 *Shall / should* (3), 40 *Be + to*** et **267 *Supposed* (*be supposed to*)**.

3 Sens d'obligation atténuée (il devrait... = il faudrait qu'il...). L'équivalent essentiel est *should* :

*He **should** get an antivirus program.* Il devrait se procurer un antivirus.
*You **shouldn't** work so much.* Vous ne devriez pas travailler autant.
*They **should have read** the instructions.* Ils auraient dû lire le mode d'emploi.

Concernant les emplois du conditionnel français avec le verbe « devoir », il ne faut pas confondre (a) le conditionnel utilisé pour exprimer un **conseil** (exemples précédents), et (b) le **conditionnel proprement dit**, lié à une condition, dans des phrases comme « Si je me faisais coller à cet examen, je devrais le repasser l'an prochain », qui se traduit non pas par *should* mais par ***would have to*** : *If I failed that exam, **I'd have to** take it again next year.*

4 Projet, programme (il doit partir = il est prévu qu'il parte). Les deux équivalents essentiels sont *am / is / are* + V-*ing* et *am / is / are to* + base verbale (plus « formel ») :

Je dois le voir mardi matin. ***I'm seeing** him on Tuesday morning.* (▶ **39**.)
Lisa et Ivan doivent se marier en juin. *Lisa and Ivan **are to** get married in June.*
Nous devions partir hier, mais j'étais malade. *We **were to have left** yesterday, but I was ill.* (Sur *was / were to have* + participe passé ▶ **40 Be + to**, **1**.)

L'idée de « programme » est parfois exprimée par l'expression ***be due to*** **+ base verbale** :
Le spectacle doit commencer à 8 h 30. *The show **is due to** start at 8.30.*

5 Prévision « après coup » : *was / were to* + base verbale

Cette invention devait révolutionner le transport aérien. *This invention **was to** revolutionize air transport.* (▶ **40 Be + to, 4**.)

6 Sens de probabilité (il doit être malade = il est sans doute malade). Il y a plusieurs équivalents français, qui diffèrent essentiellement par la « force » de la probabilité exprimée (▶ 162 *Must*, 242 *Shall / should* (3) et 189 *Ought to*) :

Il doit être malade. *He **must** be ill.*
Il devrait aller mieux très bientôt. *He **should** be / He **ought to** be better very soon.*
Il doit sûrement y avoir une erreur quelque part. *There **HAS to** be a mistake somewhere.*

Probabilité d'un fait **passé** :

Il devait / Il a dû être malade. *He **must have been** ill.*
Il aurait dû aller mieux [mais c'est le contraire qui s'est produit]. *He **should have been** / He **ought to have been** better [but he wasn't].*
Il devait sûrement y avoir une erreur quelque part. *There **HAD to** be a mistake somewhere.*
Ça devait arriver ! *It was **bound to** happen!* (▶ **54**.)

La probabilité d'un fait **négatif** s'exprime souvent par ***can't*** (▶ **49**) :

Elle ne doit pas avoir très faim : elle vient de manger deux pizzas. *She **can't** be very hungry – she's just eaten two pizzas.*

Traduisez en français.

1. *I owe him a favour.* 2. *You don't owe me anything.* 3. *Mary must be out; her answer-phone is on.* 4. *Vaccines must be / ought to be refrigerated.* 5. *I should have apologised!*

73. Die, dead

• **Le verbe *die*** exprime un changement d'état : le passage de la vie à la mort.

Queen Victoria died in 1901. La reine Victoria est morte en 1901.

• **L'adjectif *dead*** représente l'état de mort :

a dead tree un arbre mort
That tree is dead. Cet arbre est mort.

Le français « est mort » prête à confusion. Il peut représenter l'action de mourir :

La reine Victoria est morte il y a plus d'un siècle. *Queen Victoria **died** over a century ago.*

Il peut aussi représenter l'état qui en résulte (commencé dans le passé, vu au moment présent) :

La reine Victoria est morte depuis plus d'un siècle. *Queen Victoria **has been dead** for over a century.*

74. Discours rapporté direct ou indirect

1 Pour rapporter des paroles ou des pensées (appelées du « discours »), on utilise soit le style direct soit le style indirect :

Ken said / thought: 'It's too late.' Ken a dit / a pensé : « C'est trop tard. » (discours **direct**)
Ken said / thought that it was too late. Ken a dit / a pensé que c'était trop tard. (discours **indirect**)

2 Le passage du discours direct au discours indirect peut entraîner certaines modifications :

• **Pronoms personnels :**

*Bob said, '**I**'m listening.' → Bob said that **he** was listening.* Bob a dit : « J'écoute. » → Bob a dit qu'il écoutait.

• **Repérages dans le temps et dans l'espace :**

*Bert said, 'I've been **here** since **yesterday**.' → Bert said that he'd been **there** since **the day before**.* Bert a dit : « Je suis ici depuis hier. » → Bert a dit qu'il était là depuis la veille.

• **Temps et aspects :**

Cas où le **verbe introducteur** (*say*, *think*, etc.) est au **prétérit** : le présent du style direct devient un **prétérit** lors du passage au style indirect. Cela est valable pour les verbes comme pour les auxiliaires :

> *Lisa* ***said****, 'Ted* ***knows*** *the answer.'* → *Lisa* ***said*** *that Ted* ***knew*** *the answer.* Lisa a dit : « Ted connaît la réponse. » → Lisa a dit que Ted connaissait la réponse.
> *Joe* ***thought****, 'They* ***will*** *refuse.'* → *Joe* ***thought*** *that they* ***would*** *refuse.* Joe a pensé : « Ils refuseront. » → Joe a pensé qu'ils refuseraient.

Cas où le verbe du style direct est **déjà** au prétérit : ▶ **223 Prétérit simple (2)**.

• **Interrogations :**

Il faut faire attention à l'**ordre des mots**. Contrairement aux interrogations au style direct, qui en général imposent l'ordre « auxiliaire + sujet » et éventuellement l'utilisation de *do / does / did* (▶ **127 Interrogation (1)**), les **interrogations rapportées au style indirect** gardent l'ordre « sujet + auxiliaire / verbe », et n'utilisent pas *do / does / did* :

> *'Why* ***are these people*** *waiting?' she wondered.* → *She wondered* ***why these people were*** *waiting.* Elle se demandait pourquoi ces gens attendaient.
> *'Where* ***does he come*** *from?' I asked.* → *I asked where* ***he came*** *from.* J'ai demandé d'où il venait.

En français, il est fréquent, dans les interrogations indirectes, qu'on place le verbe **avant** le sujet, quand celui-ci est un nom : « J'ai demandé à quelle heure arrivait le vol en provenance de Londres. » En anglais, **on ne fait pas cette inversion** :

> *I asked what time* ***the flight from London arrived****.*

Sur les interrogations indirectes ▶ aussi 129 Interrogation (3).

> Complétez en utilisant le style indirect.
>
> 1. *'Are your colleagues American?' He asked me ...* 2. *'I work in finance.' She told me ...* 3. *'I don't work in the City.' Hil said ...* 4. *'Why do you always ask the same questions?' My boss asked me ...* 5. *'I'll see to it.' I said ...* 6. *'We bought this house five years ago.' He said ...*

75. Dont

« Dont » correspond toujours à **« de » + nom**, mais le « de » n'a pas toujours la même fonction, et il ne faut surtout pas croire que « dont » a simplement pour équivalent *whose*.

> **a.** C'est un vélo dont je suis très content = Je suis très CONTENT DE ce vélo. (complément d'adjectif)
> **b.** C'est quelqu'un dont je me méfie = Je me MÉFIE DE cette personne. (complément de verbe)
> **c.** C'est un chanteur dont j'adore la voix = J'adore LA VOIX DE ce chanteur. (complément de nom)

C'est seulement dans le cas **c** que « dont » a pour équivalent *whose*. Il s'agit du cas où **« de » + nom** est un complément de nom :

He's a singer whose voice I love.

1 « Dont » complément de nom

« Dont » se traduit par ***whose***. ***Whose*** est un génitif, et c'est pourquoi il n'est pas suivi de *the*.

Elsie adore ce chanteur dont les chansons passent souvent à la radio. *Elsie loves that singer **whose** songs are often played on the radio.* (Comparez *whose songs* à *that singer's songs*.)

Comme un génitif également, **whose** n'est jamais séparé du nom qu'il détermine (à la différence de « dont »).

Par conséquent, méfiez-vous quand **dont** est le complément d'un nom qui est lui-même complément d'objet du verbe :
Maggie n'a jamais entendu parler du chanteur **dont** on n'arrête pas de passer **la chanson** à la radio. *Maggie has never heard of the singer **whose song** they keep playing on the radio.*

2 « Dont » complément de verbe ou d'adjectif

Tout dépend alors de l'adjectif ou du verbe employé **en anglais**. On emploie généralement les relatifs *that* ou Ø, et surtout il faut employer **la bonne préposition** s'il y en a une, ou **aucune préposition** si le verbe anglais est suivi d'un complément direct :

C'est un vélo dont je suis très content. *This is a bike (that) I'm very pleased **with**.*
Il a fait une remarque dont je suis surpris. *He made a remark I'm surprised **at**.*
Les problèmes dont il se plaint ne sont pas bien graves. *The things he complains **about** aren't really serious.*
C'est le genre de personne dont je me méfie. *He's the kind of person I don't trust.* (le verbe *trust* a un complément direct)

Cas particulier : « la façon / manière dont… » :
Je n'ai pas aimé la façon dont il m'a parlé. *I didn't like the way he spoke to me.*

3 Sens « partitif »

« Dont » est alors associé à un nombre ou à un autre indicateur de quantité, et son équivalent est ***of whom*** (si l'antécédent est une personne) ou ***of which*** (autres cas).

Il a plusieurs voitures, dont une seule est française / dont aucune n'est française / dont deux Rolls. *He has several cars, only **one of which** is French **/ none of which** is French / **two of which** are Rolls Royces.*

Traduisez en anglais.

1. Je voudrais descendre dans *(put up in)* l'hôtel dont tu m'as parlé. 2. Trois de nos ouvriers, dont un qui est toujours à l'hôpital, ont eu des accidents de travail. 3. Évidemment, j'ai voté pour le candidat dont je préfère les idées. 4. J'aime beaucoup la façon dont tu me souris ! 5. C'est la voiture dont j'avais toujours rêvé.

76. Duel : *both, either*, etc. (formes utilisées pour les groupes de deux éléments)

Le **duel** s'emploie pour les groupes constitués de deux éléments. Son emploi est obligatoire dans les cas indiqués ci-dessous. On a la correspondance suivante avec le pluriel :

	Totalité	Indifférence	Absence de quantité	
Pluriel	*all*	*any*	*not ... any*	*no*
Duel	*both*	*either*	*not ... either*	*neither*

1 *Both*, qui est l'équivalent de « (tous) les deux » (▶ 45), est soit déterminant (= introduit un nom) soit pronom (= remplace un nom) :

> ***Both children** / **Both the children** / **Both of the children** were tall.* Les deux enfants étaient grands.
>
> *They had two children. **Both** (of them) were tall.* Ils avaient deux enfants. Les deux étaient grands.

▶ 45 ***Both***.

2 *Either* (prononcé /ˈaɪðə(r)/ ou /ˈiːðə(r)/) et ***neither*** (prononcé /ˈnaɪðə(r)/ ou /ˈniːðə(r)/) peuvent être déterminants (= introduisent un nom) ou pronoms (= remplacent un nom).

• Dans une construction affirmative, *either* marque l'indifférence du choix entre deux possibilités offertes : il équivaut à « l'un ou l'autre [des deux] ». (*Any* joue le même rôle, mais pour un ensemble de plus de deux éléments ▶ **247**.)

> ***Either candidate** would be a good choice.* L'un ou l'autre des (deux) candidats conviendrait. (déterminant)

• ***Either*** associé à une négation signifie que l'on rejette les deux possibilités (comparez avec *[not] any*) :

> *He doesn't like **either** candidate.* Il n'aime aucun des (deux) candidats.

• ***Neither*** est équivalent de *not ... either*, et il est obligatoire en début de phrase (comparez avec *no* et *not ... any* ▶ **168**). Exemple :

> ***Neither** candidate has a very inspiring platform.* Aucun des (deux) candidats n'a un programme très inspirant.

N'employez pas *neither* s'il y a déjà une négation :

*I don't intend to vote for **either** of the candidates.* Je n'ai l'intention de voter pour aucun des (deux) candidats.

▶ 45 et 77 pour d'autres emplois de *both* et *either*.

3 On emploie le comparatif plutôt que le superlatif quand le groupe dans lequel s'effectue la comparaison est réduit à deux :

*I'll buy **the cheaper** book.* Je vais acheter le livre le moins cher (de deux livres).
*I'll buy **the cheapest** book.* Je vais acheter le livre le moins cher (de plusieurs).

Il est fréquent qu'on compare implicitement deux groupes :

*The **more** motivated students were there.* Les étudiants les plus motivés étaient là. (On fait implicitement deux catégories, les plus motivés et les moins motivés, sans catégorie intermédiaire.)

Cette possibilité est exploitée dans un certain nombre d'expressions :

the upper classes les classes dirigeantes ; *the lower classes* le peuple
the upper / lower jaw la mâchoire supérieure / inférieure

> Traduisez en anglais.
>
> 1. Je n'aime ni l'une ni l'autre de ces robes. 2. Il n'a pas de préférence. Il se contentera de l'un des deux. 3. J'ai tapé ces deux lettres, mais il faut que vous les signiez toutes les deux. 4. Les deux guerres mondiales étaient des catastrophes. 5. Les deux collègues se sont serré la main.

77. Either et neither

Prononciation : ***either*** /ˈaɪðə(r)/ ou /ˈiːðə(r)/
neither /ˈnaɪðə(r)/ ou /ˈniːðə(r)/

Either et ***neither*** peuvent avoir les trois fonctions suivantes

- **Déterminants** : ▶ 76 **Duel**
- **Coordonnants** : ▶ paragraphe **1** ci-après.
- **Fonction de reprise** : ▶ paragraphe **2** ci-après.

1 *Either* et *neither* coordonnants (= servent à relier deux ou plusieurs termes)

Les constructions ***either … or …*** et ***neither … nor …*** servent à relier deux ou plusieurs termes (noms, adjectifs, verbes). ***Either … or …*** correspond à « soit… soit… ». ***Neither … nor …*** correspond à « ni… ni… » *Either* et *neither* se placent devant le premier des termes et ne sont pas répétés. (Ils sont simplement repris par *or* ou par *nor*.)

*I think that's **either** by Bach **or** by Telemann.* Je crois que c'est soit du Bach, soit du Telemann.
*I'm going to buy **either** a bicycle **or** a scooter, **or** maybe a computer with that bonus.* Je vais m'acheter soit un vélo soit un scooter, ou encore un ordinateur, avec cette prime.
***Either** he accepts the position **or** he gets fired.* Soit / Ou bien il accepte le poste, soit / ou bien il se fait virer.

> On ne peut pas avoir *or … or …*, et pas davantage ~~*nor … nor …*~~

2 *Not ... either* et *neither* en reprise (« moi non plus », « lui non plus », etc.)

Après un énoncé négatif, *not ... either* et *neither* introduisent une suite ou une réponse qui va dans le même sens.

Jane doesn't like hamburgers, and ***neither*** *do her children / and her children do****n't either***. Jane n'aime pas les hamburgers, et ses enfants non plus.
'Jane won't go to that party.' *'**Neither** will I / I wo**n't either**.'* « Jane n'ira pas à cette fête. – Moi non plus. »

En anglais américain familier, on trouve aussi : *Me either* (= moi non plus).

Faites une reprise avec *either* ou *neither* et les éléments proposés entre parenthèses.

1. *The bakers don't open on Mondays. (the butchers)* 2. *The meat hasn't got enough salt on it. (the vegetables)* 3. *I wouldn't be seen dead in a hat like that! (I)* 4. *Nobody I know enjoyed the party. (the girl across the road)* 5. *There's no toll on motorways in England. (in Germany)*

78. En (pronom français)

Le pronom français « **en** » a plusieurs emplois, mais ils peuvent tous se comprendre si on voit « **en** » comme l'équivalent de **« de » + nom**. Ceci facilite l'équivalence avec l'anglais.

▶ 75 Dont, problème identique.

1 « En » est associé à une quantité

Quand la quantité (dénombrable ou indénombrable) n'est pas précisée, l'équivalent est ***some*** (prononcé /sʌm/) ou ***any***, dans les conditions habituelles. (**▶ 246 *Some* et *any* (1)**.)

« Vous avez de la monnaie ? / des pièces ? – Oui, j'en ai [de la monnaie / des pièces]. » *'Have you got any change?' 'Yes, I've got **some**.'*
« Désolé, non, je n'en ai pas [de monnaie / de pièces]. » *'Sorry, I haven't got **any**.'*

Quand la quantité est d'une certaine manière spécifiée (« un peu », « quelques-uns », etc.), on emploie le déterminant qui convient, et rien de plus :

« Vous avez de la monnaie ? – Oui, j'en ai un peu [de monnaie]. » *'Have you got any change?' 'Yes, I've got **a little**.'*
« Vous avez des pièces ? – Oui, j'en ai quelques-unes / trois / une [de pièces]. » *'Yes, I've got **a few / three / one**.'*

2 « En » représente « de » + nom, complément d'un verbe ou d'un adjectif

C'est la construction du **verbe ou de l'adjectif anglais** qui compte :

Ne range pas le marteau, je m'en sers. *Don't put the hammer away, I'm **using it**.* [complément direct de *use*]
Son nom ? Je ne m'en souviens pas. *His name? I don't **remember it**.* [complément direct de *remember*]

Quoi ? Encore des épinards ? J'en suis dégoûté. *What? Spinach again? I'm* ***fed up with it***. [complément indirect de l'adjectif *fed up*]

3 « En » représente un complément de lieu (provenance)

Il faut une préposition indiquant la provenance + un adverbe de lieu :

« Vous connaissez Hong Kong ? – Oui, j'en viens. » *'Do you know Hong Kong?' 'Yes. I'm just back* ***from there***.*'*

Traduisez en anglais.

1. « Tu veux de la tarte ? – Non merci. J'en ai déjà eu. » 2. « Combien en voulez-vous ? – J'en voudrais six. » 3. La tuberculose est une maladie grave. On peut en mourir. 4. « Il connaît le Pakistan ? – Oui, il en est originaire. » 5. « Combien as-tu d'argent sur toi ? – Je n'en ai pas beaucoup. » 6. Les mises à la retraite anticipées ? Les syndicats n'en veulent pas.

79. En + verbe terminé par -ant (« en arrivant », etc.)

Cette formule, qui est très courante en français, a plusieurs sens, qu'il faut distinguer pour trouver un équivalent anglais. Très souvent, l'anglais emploie des verbes conjugués pour rendre ces sens, et donc vous ne devez pas chercher à tout prix à employer en anglais un participe présent (verbe terminé par *-ing*).

1 « En » = exactement au moment où

C'est la première chose qu'ils ont faite en arrivant au village. *That was the first thing they did* ***when they arrived*** *at the village /* ***on arriving*** *at the village.*

2 « En » = à l'occasion de

En nettoyant le salon, les ouvriers ont découvert une cachette. ***When they cleaned*** */* ***When cleaning*** *the living room, the workmen found a hiding-place.*

En sortant du métro, j'ai rencontré ma cousine. ***As I was coming out*** *of the underground, I met my cousin.*

3 « En » = pendant toute la durée de

En nettoyant le salon, les ouvriers chantaient des airs italiens. ***While they cleaned*** / ***While cleaning*** *the living room, the workmen sang Italian tunes.*

4 « En » = au moyen de

En travaillant dur, il est devenu assistant du sous-chef. ***By working hard*** / ***Through hard work****, he became assistant to the deputy head.*

5 Simplement une action qui en accompagne une autre

Elle est sortie en chantant. *She went out* ***singing***.

Il s'est coupé en pelant des pommes de terre. *He cut his finger* ***peeling*** *potatoes.*

6 Manière

Elle est entrée en courant. *She* ***ran*** *in.*

▶ 236 Résultatifs.

Traduisez en anglais.

1. Tu trouveras la réponse en cherchant sur l'Internet. 2. Je n'ai jamais pu écouter la radio tout en lisant. 3. En entrant, il a regardé autour de lui. 4. Ils sont partis en courant. 5. En enregistrant vos bagages à main, vérifiez que vous n'avez pas d'objets tranchants.

80. Encore

1 « Encore » qualifie un événement

- **Répétition** (= de nouveau) : l'équivalent est ***again***.

  Tu as encore oublié d'acheter du beurre. *You've forgotten to buy butter* ***again***.

Remarquez la place de *again* : en fin de phrase.

- **Continuation dans le temps** (affirmation ou question) : l'équivalent est ***still***.

  Il a encore ses cahiers d'écolier. *He still keeps his schoolboy's exercise books.*

- **Avec une négation** (« pas encore ») : l'équivalent est ***not yet***.

  Personne n'a encore vu le film. *Nobody has seen the film yet.* [Ici, la négation est dans *nobody*.]

Remarquez la position de *yet* en fin de phrase.

▶ aussi 252 ***Still*** et ***yet***.

2 « Encore » porte sur une quantité ou un nombre : l'équivalent est *more*

Il y a de la place pour encore deux personnes. *There's room for* ***two more*** *people.*

More suit immédiatement l'indication de quantité ou de nombre. (Ne dites pas ~~two people more~~.)
encore une fois ***one more*** *time*
Encore du thé ? ***Some more*** *tea?*

▶ 31 Autre.

3 « Encore » porte sur un comparatif et l'intensifie : l'équivalent est *still* ou *even*.

C'est encore plus cher. *It's* ***still / even*** *more expensive.*
C'est encore mieux. *It's better* ***still***.

A. Insérez un des éléments proposés à la bonne place dans l'énoncé.

B. Traduisez les phrases obtenues.

1. *There were bargains to be had at the end of the sales. (still / yet)* 2. *Jenny has not finished her university course. (still / yet)* 3. *Will the number of road accidents be on the increase? (still / again)*

81. Enough /ɪˈnʌf/

Enough signifie « assez (de) » / « suffisamment (de) ». Sa place dans la phrase varie selon le terme auquel il est associé.

1 Quand *enough* est déterminant (c'est-à-dire construit avec un nom), il se place avant le nom.

*Is there **enough bread**?* Est-ce qu'il y a assez de pain?
*Are there **enough potatoes**?* Est-ce qu'il y a assez de pommes de terre?

Devant un pronom, on utilise *enough of* :

*I'll buy some carrots. There aren't **enough of them** left.* Je vais acheter des carottes. Il n'en reste pas assez.

2 Quand *enough* est adverbe (c'est-à-dire construit avec un adjectif, un adverbe ou un verbe), il se place après l'adjectif, l'adverbe ou le verbe :

*Is this coat **large enough**?* Est-ce que ce manteau est assez grand?
*She is **clever enough** to get them to agree.* Elle est assez habile pour obtenir un accord.
*I think he spoke **clearly enough**.* Je pense qu'il a parlé assez clairement.
*Have you **eaten enough**?* Vous avez assez mangé ?

Traduisez en anglais.

1. Vous avez assez de place derrière? 2. Et si elles sont assez bêtes pour demander pourquoi, je leur dirai la vérité! 3. Je n'ai pas assez de monnaie pour le parcmètre. 4. Tu es assez grand pour savoir que ça ne se fait pas! 5. Chose curieuse... je l'ai rencontrée avant-hier pour la première fois.

82. Et

Dans les cas suivants, « et » n'a pas pour équivalent *and* :

1 « Et si... » exprimant une suggestion → *what about*

Et si on achetait une glace? *What / How about buying an ice cream?*
« J'irai avec ma sœur. – Et ton frère? » *'I'll go with my sister.' 'How / What about your brother?'*

2 « Et si... » exprimant un supposition → *what if*

Et si on perd? *What if we lose?*

3 « Et alors ? » (question insolente) → *So what?*

« Tu es encore en retard ! – Et alors ? » *'You're late again.' 'So what?'*

4 « Et... et... »

La répétition de *and* est à éviter :

Ils ont et des chats et des oiseaux. *They have both cats and birds.*

Notez aussi :
Il y avait des livres et des livres. *There was no end of books / There were heaps of books.*

83. Être + participe passé

Les verbes anglais se conjuguent toujours avec *have*, à la différence des verbes français qui se conjuguent soit avec « avoir » soit avec « être » :

Emma a disparu. *Emma has disappeared.*
Emma est sortie. *Emma has gone out.*

L'anglais n'emploie *be* que pour le passif :

Ces tasses sont fabriquées en Chine. *These cups are made in China.*

Quelques verbes français fréquents sont conjugués avec « être ». Il faut particulièrement faire attention lorsque ces verbes sont accompagnés de « depuis » :

Le colis est arrivé depuis ce matin.

En anglais, il faut choisir entre

– **l'action** « arriver », datée, avec un verbe au **prétérit** :

The parcel ***arrived*** *this morning.*

– **l'état** (le colis est là), mais on ne peut plus employer ni *arrive* ni le prétérit :

The parcel ***has been*** *here since this morning.*

Liste de verbes français conjugués avec « être » :

aller, arriver, décéder, devenir, entrer, mourir, naître, partir, rester, retourner, sortir, tomber, venir.

▶ 160 Mourir ; 163 Naître.

Traduisez en anglais.

1. Ils sont partis à huit heures. 2. Ils sont partis depuis huit heures. 3. Charlotte est arrivée à midi. 4. Ma petite-fille est arrivée depuis midi. 5. Leur ami est décédé depuis dix ans. 6. Mon père est décédé à l'âge de quatre-vingt-dix ans. 7. Tous nos produits sont fabriqués en France.

84. Être = aller

Le verbe « être » employé dans le sens de « aller » peut avoir deux significations différentes, et deux traductions différentes :

> J'ai été à San Francisco l'été dernier (= je suis allé). *I **went to** San Francisco last summer.*

Il s'agit d'un événement situé dans le temps (dans le passé), on a donc le **verbe *go*** au **prétérit**.

> J'ai été à San Francisco (= je connais). *I've **been to** San Francisco*

Remarquez l'emploi de ***be*** au **present perfect** accompagné de ***to***.

▶ 222 Present perfect (2).

85. *Even*

1 L'adverbe *even* (« même »)

L'adverbe *even* peut modifier divers éléments de la phrase :

> ***Even** the older people started dancing.* Même les gens plus âgés se sont mis à danser.
> *They **even** gave him a bonus.* Ils lui ont même donné une prime.

Quand *even* modifie le complément d'objet direct, il faut le placer **avant le verbe** (et non après, comme « même » en français) :

> *Joe **even** eats beetroots.* Joe mange même des betteraves.

▶ 151 Même.

Devant un comparatif, *even* marque un degré encore supérieur :

> *It's **even** better (than last time).* C'est encore mieux (que la dernière fois).

▶ 80 Encore.

2 L'adjectif *even*

> *an **even** number* un nombre pair (impair = *odd*)
> *an **even** surface* une surface régulière / lisse

86. Ever / never

1 *Ever* signifie « à un moment quelconque »

Pour obtenir un sens négatif, il faut ***not ever*** ou ***never***.

On trouve *ever* après les comparatifs et superlatifs :

*more than **ever*** plus que jamais
*the best film I have **ever** seen* le meilleur film que j'aie jamais vu

On l'emploie également dans les questions et après *if* :

*Have you **ever** visited Turkey?* Vous avez déjà visité la Turquie ?
*If you **ever** visit Turkey ...* S'il vous arrive de visiter la Turquie...

2 *Never* se place avant les verbes, mais après les auxiliaires, y compris *BE*

*I **never** said that.* Je n'ai jamais dit ça.
*I have **never** visited Turkey.* Je n'ai jamais visité la Turquie.
*She's **never** late.* Elle n'est jamais en retard.

▶ 15 Adverbes (2).

Not ever accentue le sens de *never* :
I never said that, not ever. Je n'ai jamais dit ça, absolument jamais.
Never ever a le même rôle :
That's something which he never ever forgot. C'est quelque chose qu'il n'a jamais, mais jamais, oublié.

3 Dans certaines expressions, *ever* équivaut à « toujours » / « sans interruption »

*And he's worked there **ever since**.* Et il travaille là depuis. (il n'a pas arrêté d'y travailler)
*Diamonds are **for ever**.* Les diamants sont éternels. (style recherché)

• Notez aussi l'emploi de ***forever*** : *That language is lost **forever*** (Cette langue est perdue pour toujours).
• Dans la langue familière, *ever* peut être employé comme intensif, pour exprimer la surprise, la colère, etc., après les mots interrogatifs (▶ **128**)
***Why ever** did you tell him that?* Pourquoi tu es allé lui dire ça ?
Ne confondez pas cet emploi avec celui de *whoever*, *whatever*, etc. (▶ paragraphe **4** ci-après).

4 Composés de *ever* : *whoever, whatever, whichever, whenever, wherever* et *however*

Leur signification est « peu importe qui / quoi / quand / où / de quelle façon ». Exemples :

***Whoever** told you that was lying.* Quelle que soit la personne qui vous a dit ça, elle mentait.
*He'll accept **whatever** help he can get.* Il acceptera toute aide qu'il pourra obtenir, quelle qu'elle soit.
*I'll have tea or coffee – **whichever** one you're making.* Je prendrai du thé ou du café, peu importe, celui des deux que tu es en train de faire.

***Whenever** I ring him, he's never there.* Je peux l'appeler n'importe quand, il n'est jamais là.
*Sit **wherever** you like.* Assieds-toi où tu voudras.
***However** you look at it, it's extremely difficult.* Quelle que soit la façon dont vous considérez ça, c'est extrêmement difficile.

Ne confondez cet emploi de *however* avec celui de l'adverbe *however* signifiant « cependant ».

Traduisez en anglais.

1. Il n'a jamais appris à se servir de ce logiciel. 2. Jamais, mais plus jamais, je ne lui ferai confiance. 3. L'attente était plus longue que jamais. 4. Crois-tu que l'amitié vraie peut être éternelle ? 5. J'ai déménagé en Floride il y a cinq ans et j'y habite depuis.

87. Exclamation (1) : *How ...!* et *What ...!*

1 La construction en *How ...!* appartient à un registre plutôt recherché – ce qui n'est pas le cas de la construction en *What ...!* Par ailleurs, l'élément sur lequel porte l'exclamation n'est pas le même dans les deux constructions.

• Avec ***how***, l'exclamation porte sur un **adjectif**, un **adverbe** ou un **verbe** :

*How **funny** he is!* Comme il est amusant ! (adjectif)
*How **funny**!* Comme c'est amusant ! (adjectif – omission de *it is*)
*How **well** she sings!* Comme elle chante bien ! (adverbe)
*How I **miss** you!* Comme tu me manques ! (verbe)

• Avec ***what***, l'exclamation porte sur un **groupe nominal**, qui peut inclure un adjectif :

*What **a miracle** (it was)!* Quel miracle (ça a été) ! (groupe nominal sans adjectif)
*What **a funny man**!* Quel homme amusant ! (groupe nominal avec adjectif)

Contrairement aux constructions interrogatives, **les constructions exclamatives n'inversent pas le sujet et l'auxiliaire** : opposez
*How serious **he is**!* (Comme il est sérieux !) et *How serious **is he**?* (À quel point est-il sérieux ?).

2 *How* pose un problème particulier d'ordre des mots. En français, dans les phrases du type « Comme c'est étrange ! » ou « Comme elle chante bien ! », l'exclamatif « comme » est séparé de l'adjectif ou de l'adverbe sur lequel il porte. En anglais, il faut placer l'adjectif ou l'adverbe immédiatement après *how* : *How strange (it is)! / How well she sings!*

3 *What* est suivi de l'article *a / an* uniquement dans le cas où le nom est un dénombrable au singulier, comme dans *What a (funny) story!* (Quelle histoire / Quelle histoire amusante !) Quand le nom est un indénombrable singulier (comme *weather* – ▶ 172), l'article est obligatoirement « zéro » (∅) :

***What awful weather** we had!* Quel temps affreux nous avons eu !

Et il va de soi qu'il ne peut pas non plus y avoir d'article *a / an* quand le nom est au pluriel :

What strange customs! Quelles étranges coutumes !

Les noms *pity* (pitié) et *shame* (honte) perdent leur sens d'origine dans les deux expressions synonymes *What a pity!* et *What a shame!* (Quel dommage !)

4 Les exclamatives indirectes (▶ 74 Discours rapporté direct et indirect) obéissent aux mêmes règles concernant l'ordre des mots et l'emploi des articles :

You can imagine ***how embarrassed I felt.*** Tu n'imagines pas à quel point je me suis senti gêné(e).

He told us ***what dreadful suffering*** *he had undergone.* Il nous a dit quelle souffrance affreuse il avait subie.

88. Exclamation (2) : *so* et *such*, constructions interro-négatives

1 Phrases exclamatives formées avec *so* et *such*

La construction de ces phrases est parallèle à celle des exclamatives en ***how*** et ***what*** :

It's ***so*** *strange!*	***How*** *strange (it is)!*
C'est tellement étrange !	Comme c'est étrange !
It's ***such*** *a wonderful book!*	***What*** *a wonderful book (it is)!*
C'est un livre tellement merveilleux !	Quel livre merveilleux !

Avec ***such***, les règles concernant l'emploi ou le non-emploi de ***a / an*** sont les mêmes qu'avec *what* : opposez *It's* ***such a*** *wonderful book!* à *We had* ***such wonderful weather!*** (Nous avons eu un temps tellement magnifique !)

2 Phrases interro-négatives de sens exclamatif

Ces phrases utilisent toujours les **formes négatives contractées** des auxiliaires :

Isn't *it beautiful!* Qu'est-ce que c'est beau !

Aren't *they wonderful!* Ils sont super !

L'exclamation peut prendre la forme d'un **tag** (**▶ 268**) :

Nice weather, ***isn't it!*** Quel beau temps, hein ?

Dans la langue parlée, l'intonation est obligatoirement descendante (ce qui n'est pas toujours le cas dans les équivalents français). En effet, si elle était montante, la phrase serait obligatoirement interprétée comme une « vraie question » (= « Est-ce qu'il fait beau ? » dans l'exemple qui précède).

Dans certaines variétés d'anglais, on utilise parfois des constructions interrogatives positives pour exprimer une exclamation : *Boy, was I tired!* (Bon Dieu, ce que j'étais fatigué(e) !).

Transformez à l'aide de *what, how* ou *such*, afin d'obtenir une exclamation.

1. *It was fantastic weather in Italy.* 2. *His speeches were boring.* 3. *You must have been very worried.* 4. *It was an interesting idea.* 5. *I've got a tremendous amount of work to do.* 6. *It's very kind of you.*

89. Faire (1) : *make* ou *do*?

1 Différence de base

Make exprime la création, la fabrication, c'est-à-dire la modification de quelque chose :

> *'What are you making?' 'I'm making a kennel.* « Qu'est-ce que tu fais ? – Je fais / fabrique une niche à chien. »

Do représente seulement une activité, sans envisager de modification :

> *What are you doing? I'm doing my slimming exercises.* « Qu'est-ce que tu fais ? – Je fais mes exercices amaigrissants. »

2 *Make* et *do* + nom

En général, la distinction de base entre *make* et *do* se vérifie de façon nette. (Voir les exemples ci-dessus.) Dans certains cas, cependant, la distinction est beaucoup moins claire.

Voici deux listes de termes qui s'associent soit à *make* soit à *do*.

make	***do***
make an analysis	*do something / nothing*
make a calculation	*do an exercise*
make a (phone) call	*do one's hair / nails* (se coiffer / se faire les ongles)
make a choice	*do one's duty*
make a copy	*do one's best* (faire de son mieux)
make a decision	*do (sb) a favour* (rendre service)
make a discovery	*do (sb) good*
make an effort	*do (sb) a good turn* (rendre service)
make an investment	*do business*
make a mistake	*do some / the shopping*
make money	*do work*
make a noise (faire du bruit)	*do a dance / the waltz*
make a note of (noter)	*do the dishes* (faire la vaisselle)
make a payment	
make a remark	
make a suggestion	
make a bed	

Pour les expressions suivantes, formées avec **make**, l'opposition avec **do** est moins nette, car on a l'impression d'une activité plutôt que d'une production :

make love, make progress, make war
faire l'amour, faire des progrès, faire la guerre

3 Quelques autres expressions formées avec *make* ou *do*

He won't make it. Il n'y arrivera pas.
Well done! Bravo !
We'll have to make do. Il faudra faire avec.
That'll do. (a) Ça suffit / Ça fait l'affaire. (b) Ça suffit comme ça !
That won't do. Ça ne va pas / Ça ne convient pas / Ça ne se fait pas.
It isn't done. Ça ne se fait pas.

▶ 89 Faire (1).

Make ou *Do* ? Complétez au temps et à la forme qui conviennent.

1. *I'll have to … a note of that.* 2. *We… already … good progress on this research.* 3. *The sink's all clean. Who … the washing-up?* 4. *I promise I … my best.* 5. *Do we need coins or a card to … a call from here?* 6. *The consultant we called in last month … an analysis of our production costs.* 7. *Knowing that the CEO was in favour of her project … her good.* 8. *He admitted they … never … business with any eastern European country.*

90. Faire (2) : autres équivalents

1 Lorsqu'il se combine avec un nom pour former une expression, le verbe français « faire » a des équivalents divers

Faites attention ! *Look out!*
Ne faites pas attention à ça. *Don't pay attention to that.*
Elle fait confiance à son secrétaire / assistant. *She trusts her personal assistant / She relies on her PA.*
Il fait toujours le malin. *He is always showing off.*
Ne fais pas l'idiot. *Don't be a fool.*
Ça m'a fait mal. *It hurt me.*

2 « Se faire » + verbe à l'infinitif

Elle s'est fait voler son vélo. *She's had her bike stolen / Her bike got stolen.*

▶ 89 Faire (1) *make* ou *do*? ; 92 Faire faire ; 91 Faire / Aller faire du… / de la… (+ nom d'activité).

91. Faire / Aller faire du... / de la... (+ nom d'activité)

1 Un grand nombre de **noms d'activités** ou de **sports** sont des **mots en *-ing*** :

cycling (le vélo), *hiking* (la randonnée à pied), *jogging*, *riding* (l'équitation), *rollerblading* (le roller), *shopping* (les achats / les courses), *sightseeing* (le tourisme / la visite de monuments, etc.), *skating* (le patinage sur glace / le patin à glace), *skateboarding* (le skate), *snowboarding* (le snowboard), *swimming* (la nage / la natation), *windsurfing* (la planche à voile).

Pour toutes les activités désignées par des mots en *-ing*, et lorsqu'il s'agit d'activités qu'on pratique en dehors de chez soi, l'équivalent de « faire / aller faire du... / de la... » est la construction ***go* V*-ing*** :

Elle voudrait aller faire du jogging. *She'd like to **go jogging**.*
Samedi dernier il a fait du roller. *Last Saturday he **went rollerblading**.*

2 Pour les autres noms désignant des activités pratiquées hors de chez soi, on utilise, selon le cas, les constructions ***go for a ...*** et ***go on a ...*** :

go for a walk / a hike (aller) faire une promenade / une randonnée
go for a swim (aller) nager
go on a trip / a journey (aller) faire un voyage
go on a cruise (aller) faire une croisière

3 Lorsqu'on désigne **d'une façon générale** la pratique d'une activité, on peut utiliser le verbe *play* s'il s'agit d'un jeu :

My brother plays tennis. Mon frère joue au tennis / fait du tennis.

On peut également utiliser le verbe *do*, mais seulement pour désigner une activité pratiquée avec une certaine régularité (dans une école ou un club, par exemple), ou pour désigner une certaine « quantité » de cette activité :

She does tennis and gymnastics at school. Elle fait du tennis et de la gymnastique à l'école / au collège.
Pat does a little cycling. Pat fait un peu de cyclisme.
You should do more exercise. Vous devriez faire plus de sport / avoir plus d'activité physique.
I'll do some sport this summer. Je vais faire du sport cet été. (PAS ~~*do sport*~~)

92. Faire faire

1 **Si « faire » signifie « pousser à une action »**, les trois verbes *make, have, get* sont possibles.

- ***Make*** indique alors une forte contrainte :

*Pamela **made** Doug **do** the dishes.* Pamela a fait faire la vaisselle à Doug. (Pamela a contraint Doug, contre sa volonté.)

• ***Have*** est plus neutre :

Pamela ***had*** *Doug* ***do the dishes***. Pamela a fait faire la vaisselle à Doug. (Pamela le lui a peut-être simplement demandé.)

Make et ***have*** sont suivis du verbe à l'infinitif sans *to*. **Attention à l'ordre des mots** : le sujet du second verbe est à sa place normale avant le verbe, à la différence du français.

• ***Get*** indique un cheminement pour parvenir à ses fins, et éventuellement des difficultés à surmonter :

Pamela ***got*** *Doug* ***to do*** *the dishes*. Pamela a réussi à faire faire la vaisselle à Doug.

Get est suivi de *to* + verbe (**infinitif avec *to***).

2 Si le sujet de « faire » est une chose, on emploie toujours *make* :

The noise ***made*** *the neighbours* ***close*** *their window*. Le bruit a fait fermer leur fenêtre aux voisins.

3 Si la personne qui accomplit l'action est inconnue, ou si on n'a pas de raison de la mentionner, on forme un passif (sans *be*), et on ne peut avoir que *have* ou *get* :

I must ***have / get*** *this coat* ***cleaned***. Il faut que je fasse nettoyer ce manteau.
Don't do it, ***have*** *it* ***done***. Ne le faites pas, faites le faire.

Ne pas confondre. Ces deux phrases françaises se ressemblent, mais le sens et la traduction ne sont pas du tout les mêmes :

Pamela a fait travailler les enfants. (Ce sont les enfants qui travaillent) / *Pamela* ***made*** *the children* ***work***.

Pamela a fait nettoyer son manteau. (Le manteau ne fait rien, c'est quelqu'un, non mentionné, qui le nettoie) *Pamela* ***had*** *her coat* ***cleaned*** .

4 *Have* ne marque pas toujours une idée de cause, il peut simplement indiquer que quelque chose arrive au sujet :

Maggie had her bike stolen. Maggie s'est fait voler son vélo.
The doctor has had many patients come to him with this same problem. Le docteur a vu beaucoup de patients venir le consulter pour le même problème.

5 Dans beaucoup de cas, au français faire + verbe correspond un seul verbe anglais :

faire tomber *drop*
faire voir *show*

Souvent, en anglais, c'est le même verbe qui représente l'action et « faire » + l'action :

pousser / faire pousser *grow*
fondre / faire fondre *melt*
cuire / faire cuire *cook*

6 L'idée de cause appliquée à un état (exprimé par un adjectif) s'exprime en français par le verbe « rendre ». En anglais on utilise toujours *make* :

L'idée a rendu Maggie furieuse. *The idea has* ***made Maggie furious***.

Traduisez en anglais.

1. J'ai réussi à leur faire faire leurs devoirs. 2. Tiens ! Tu t'es fait couper les cheveux ? 3. Ne le touche pas ! Tu risques de le faire tomber. 4. Il se fait toujours aider par son frère. 5. Ce film-là m'a fait faire des cauchemars (*have nightmares*). 6. J'ai dû faire changer la batterie.

93. Far

1 *Far* (= loin) s'emploie sans restrictions dans les phrases interrogatives ou négatives, ou lorsqu'il est accompagné d'un autre mot tel que *too* (*too far, how far*, etc.) :

The station ***isn't far*** *at all.* La gare n'est pas loin du tout.
It's ***too far*** *to walk.* C'est trop loin pour y aller à pied.
He went far enough. Il est allé suffisamment loin.
I want to know ***how far*** *the station is.* Je veux savoir si la gare est loin / à quelle distance est la gare.

À l'affirmation, on emploie ***a long way*** :

The station is ***a long way*** *from the hotel.* La gare est loin de l'hôtel.

L'équivalent de « loin » employé sans rien à sa suite (« La gare est loin ») est ***a long way away*** : *The station is* ***a long way away***.

2 *Far* s'utilise pour intensifier *too* (= trop), ainsi que les comparatifs et superlatifs.

These jeans are ***far too*** *long.* Ce jean est beaucoup trop long. (On peut dire aussi *much too long*.)
There were ***far too many*** *problems.* Il y avait trop de problèmes. (seule possibilité avec *too many*)
It's ***far better*** *than last time.* C'est bien mieux que la dernière fois.
It's ***by far*** *the most popular sport.* C'est de loin le sport le plus populaire.

▶ 161 ***Much, many, a lot of***.

94. For et during

1 *For* se combine avec diverses formes verbales pour mesurer des durées. (Attention : certains cas présentent des ressemblances, et il faut soigneusement les distinguer.)

- Au **prétérit**, une durée située entièrement dans le passé :

Mr Cashless ***worked*** *in a bank* ***for*** *thirty years.* M. Cashless a travaillé dans une banque pendant trente ans. (en français : le passé composé et « pendant »)

• Au **present perfect**, une durée qui s'étend jusqu'au moment présent :

Mr Cashless ***has worked*** *in a bank* ***for*** *thirty years.* M. Cashless travaille dans une banque depuis trente ans. (en français : le présent et « depuis »)

• Avec ***will*** et une **forme positive** (= sans négation), une durée située entièrement dans le futur :

*We'**ll stay*** *in that hotel* ***for*** *three days.* Nous séjournerons dans cet hôtel pendant trois jours.

• Au **présent**, pour exprimer une durée à partir de « maintenant » :

*We'**re*** *here* ***for*** *a week or two.* Nous sommes ici pour une ou deux semaines.

Il faut faire attention à ce dernier emploi de *for*, qui dans ce cas n'équivaut absolument pas à « depuis ».

• **Avec *will* (futur) + négation**, pour exprimer une **durée** à partir de « maintenant » :

Man ***will not fly for*** *fifty years.* (Wilbur Wright, 1901) L'homme ne volera pas avant cinquante ans.

• Faites attention à l'emploi de ***for*** dans des phrases comme :

Tom ***has gone out for*** *half an hour.* Tom est sorti pour une demi-heure.

Ici, le *present perfect* + *for* ne sont évidemment pas utilisés pour mesurer la durée de l'action de partir, qui se réduit à un point : *for half an hour* mesure la durée de **l'état « être parti »**, et *for* équivaut ici au français « pour ».

Ne confondez pas avec *Tom has been out for half an hour.* (Tom est sorti depuis une demi-heure.)

▶ 109 *Have* (2).

2 Alors que *for* sert à mesurer, *during* sert à **repérer dans le temps** :

Billy hitchhiked through Canada ***during the summer holidays.*** Billy a fait du stop au Canada pendant les vacances.

Rien n'est dit sur la durée : Billy n'a pas forcément passé toutes les vacances à faire du stop. *During* donne un cadre à l'intérieur duquel se place (quelque part) l'événement.

Comparez à :

Billy hitchhiked through Canada ***for a few weeks.*** Billy a fait du stop au Canada pendant quelques semaines.

Ici, par contre, rien n'est dit sur « quand » : il n'y a pas de repérage.

On peut d'ailleurs cumuler *for* et *during*, pour plus de précision :

Billy hitchhiked through Canada ***for a few weeks during the summer holidays.*** Billy a fait du stop au Canada pendant quelques semaines pendant les vacances.

Complétez ces phrases avec *for* ou *during*, puis traduisez-les en français.

1. He studied in Canada … two years. 2. She has been working for this law firm … six months now. 3. David was a parachutist … the war. 4. I won't stay in this place … another day! 5. I intend to read all of his novels … my convalescence.

95. Formules de politesse

1 Quand on s'adresse à quelqu'un

En français, on utilise fréquemment les termes « Monsieur » / « Madame » / « Mademoiselle » quand on s'adresse à quelqu'un qu'on ne connaît pas ou qu'on connaît peu. Les termes anglais *Sir* et *Madam* ne sont que des équivalents partiels : ils ne sont utilisés que dans les magasins (quand un vendeur s'adresse à un client) et dans les lettres commerciales (▶ **144**).

Si on connaît le nom de la personne à qui on s'adresse, on peut dire *Mr Wilson* ou *Mrs Martins*. Ces appellations, toutefois, sont assez cérémonieuses. Il est beaucoup plus courant de s'adresser à quelqu'un en l'appelant par son prénom : c'est d'une certaine façon l'équivalent du tutoiement français (en un peu moins familier, toutefois).

Les mots *Mr* et *Mrs* (US *Mr.* et *Mrs.*), prononcés /mɪstə(r)/ et /mɪsɪz/, ne sont jamais écrits autrement. Le terme *Miss* n'est pratiquement jamais utilisé seul (non suivi d'un nom). *Ms* / *Ms.*, prononcé /mɪz/ ou /məz/, est le terme utilisé quand on ne peut pas ou ne veut pas choisir entre *Mrs* / *Mrs.* et *Miss*.

2 Présentations

'Linda, this is Ted Collins.' 'Hello / Hi, Ted.' « Linda, voici / je te présente Ted Collins. – Bonjour / Salut Ted. » (style courant)

'Betty, may I introduce you to Doctor Jones?' 'How do you do, Doctor Jones?' « Betty, je vous présente le Dr Jones. – Enchantée, docteur Jones. » (style cérémonieux)

La formule *How do you do?* (qui ne veut pas dire « Comment allez-vous ? ») est assez peu utilisée de nos jours. Certains la remplacent par *Pleased / Glad / Nice to meet you* ou (en Amérique) par *How are you?*
Il arrive assez souvent qu'on se serre la main à l'occasion de présentations. (Dans les autres occasions, il est rare que les anglophones se serrent la main.)

3 « Bonjour », « Bonsoir », etc.

Les formules *Good morning / Good afternoon / Good evening* sont assez cérémonieuses. On utilise beaucoup plus couramment *Hello* /hə'ləʊ/ ou *Hi* /haɪ/. Lorsqu'on quitte quelqu'un, on peut lui dire *Bye* (ou, plus cérémonieusement, *Goodbye*), et éventuellement *See you later* (À plus tard).

La formule *Have a nice day* (Passez une bonne journée) a un usage assez restreint. En Amérique du Nord, elle est utilisée par les vendeurs ou les serveurs de restaurant pour dire au revoir à un client.

4 Remerciements

Thank you (very much) / Thanks (a lot) / Many thanks. Merci (beaucoup).
Thank you for your help / for phoning. Merci de / pour votre aide / d'avoir téléphoné.
It's a pleasure / It was no trouble / You're welcome. Je vous en prie / etc.

You're welcome est américain, mais de plus en plus utilisé en Grande-Bretagne. Des formules beaucoup plus familières sont également possibles : *It's all right, It's OK.*

5 « Bon appétit »

Il n'y a pas d'équivalent en anglais. La formule *Enjoy (your meal)!* est utilisée uniquement par les serveurs de restaurant, après avoir apporté un plat à un client.

96. Futur (équivalents du futur français)

1 Le futur français (« je partirai », « tu partiras », etc.) a très souvent pour équivalent *will / 'll* + base verbale (à la forme négative, *will not / won't*) :

Je **connaîtrai** la réponse demain. *I'**ll** know the answer tomorrow.*

Ils ne te **demanderont** pas ton avis. *They **won't** ask for your opinion.*

• Il y a d'autres façons de situer un événement dans le futur. Par exemple, on utilise le présent : « Mon train **part** ce soir à 8 h 15 » *My train **leaves** at 8:15 tonight.* ▶ **218 Présent français**, et **19 Aller + infinitif**.

• Le futur grammatical français peut exprimer un **comportement caractéristique**, et dans ce cas il se traduit également par *will* : « Simon, par exemple, il **dira** jamais qu'il a tort » *Simon, for instance, **will** never say he's wrong.* (▶ **300 *Will / would* (5)**)

2 Mais l'emploi de *will* + base verbale est dans certains cas impossible

• Dans certaines subordonnées (**subordonnées de temps** en particulier – ▶ **297 *Will / would* (2)**), on utilise le **présent simple** :

Dès que je **connaîtrai** la réponse, je te la donnerai. *As soon as I **know** the answer I'll give it to you.*

• On emploie ***will be ... –ing*** quand on veut exprimer un futur neutre, et éviter le risque de confusion avec un futur de volonté ou d'acceptation. Comparez ces deux équivalents de « J'irai / Je vais le chercher à l'aéroport » :

*(OK,) I'**ll pick him up** at the airport.* (= J'accepte d'aller le chercher.)
*I'**ll be picking him up** at the airport.* (= C'est prévu.)

Pour d'autres emplois de *will be ... -ing* ▶ **297** ***Will / would*** (2).

• Le « futur historique » du français, fréquent dans les récits, ne peut pas se traduire par *will*. En anglais, dans les récits d'événements passés, la solution la plus sûre est d'utiliser le **prétérit** :

En 1998, la France gagne la Coupe mondiale de foot, mais en 2002 elle sera éliminée au premier tour. *In 1998, France won the football world cup, but in 2002 it **was** eliminated in the first round.*

Traduisez en anglais.

1. Notre chien ne vous mordra pas. 2. Nous téléphonerons dès que nous arriverons. 3. Kennedy est élu Président en 1961 et sera assassiné en 1963. 4. Vous ne le verrez pas demain : il n'assistera pas au congrès (*conference*). 5. Tu penses qu'ils accepteront?

97. Gallicismes

Un certain nombre de particularités du français (parlé ou écrit) ne peuvent absolument pas être transposées en anglais. (On appelle gallicismes les erreurs dues à leur transposition dans une autre langue.) Voici les principales dans le domaine de la grammaire.

- **Pronoms répétés après un nom**

  Moi, je déteste les films d'horreur, mais Maggie, elle, elle les adore. *I hate horror films, but Maggie loves them.*
  Il a encore oublié son téléphone, ton frère. *Your brother has forgotten his phone again.*

- **Formes impersonnelles**

  Il est venu beaucoup de monde. *Lots of people came.*
  Il ne se passe rien quand j'appuie sur cette touche. *Nothing happens when I press this key.*

- **Questions avec l'ordre des mots de l'affirmation** (▶ **127 Interrogation (1)**)

En anglais, il faut former une vraie question :

  Tu as de l'argent ? *Have you got any money?*
  Tu pars quand ? *When are you leaving?*
  Tu fermes la fenêtre, s'il te plaît ? *Could you close the window, please?*

- **Place des adverbes et des compléments circonstanciels (▶ 15 Adverbes (2) : position)**

En anglais, les adverbes et compléments circonstanciels ne s'interposent pas entre le verbe et un nom complément :

  J'aime beaucoup votre coiffure. *I like your hairdo very much.*
  Il prend souvent l'avion. *He often takes the plane.*
  Elsie a rencontré à Londres plusieurs amies à elles. *Elsie met several friends of hers in London.*

- **Énoncés commençant par « Il y a… qui » ou « C'est… qui » (▶ 114 Il y a, il y a… qui /que)**

  Y a Jean qui vient cet après-midi. *John's coming this afternoon.*
  Y a le téléphone qui sonne. *The phone's ringing.*
  « Qu'est-ce que c'est que ce bruit ? – C'est Jean qui répare sa moto. » *'What's that noise?' 'John's repairing his bike' / 'It's John repairing his bike.'*

- **Inversions**

Dans les questions indirectes et dans les propositions relatives, le français inverse souvent l'ordre sujet-verbe (parfois de façon obligatoire), ce qui est impossible en anglais :

  Je ne sais pas où est (passé) ce papier. *I don't know where that paper has gone / is.*
  Voici les questions auxquelles a répondu le ministre. *Here are the questions the minister answered.*

Pour d'autres détails ▶ 133 **Inversion** en français.

98. Génitif (1) : formes

1 Dans la langue écrite, la marque du génitif (ou « cas possessif ») est la terminaison *'s* (*Linda's car*, « la voiture de Linda »), sauf pour les noms qui contiennent déjà la terminaison *-s* d'un pluriel régulier : avec ces noms, le génitif se marque simplement par une apostrophe (*our neighbours' car*, « la voiture de nos voisins »).

Il n'y a pas d'exception pour les noms au singulier terminés par un *s* (*the waitress***'s** *boss*, « le patron de la serveuse »), ni les noms qui ont un pluriel irrégulier (*the children***'s** *beds*, « les lits des enfants »). Les sigles ne font pas exception, eux non plus : *the MP***'s** *car* (« la voiture du député » [*MP = Member of Parliament*]).
Pour les **noms propres** qui se terminent par un *s*, l'usage varie. Il est toujours acceptable d'ajouter la terminaison *'s* (*Mr Jones's car / Keats's poems*), mais il est plus courant d'ajouter simplement l'apostrophe pour les noms classiques ou d'écrivains connus (*Ulysses' wife, Keats' poems*).

2 La prononciation de la terminaison *'s* est exactement la même que celle du pluriel régulier des noms (▶ 204).

3 Le génitif peut concerner un groupe de mots. La marque *'s* ou *'* se met alors après le dernier mot du groupe, quel que soit ce mot : *the girl next door's boyfriend* (« le petit ami de la fille d'à côté »). On opposera *Ted and Lynn's parents* (« les parents de Ted et (de) Lynn ») et *Bert's and Lynn's parents* (les parents de Bert et (ceux) de Lynn).

4 Deux constructions au génitif peuvent être emboîtées l'une dans l'autre : *Sue's son's flat* (= [*Sue's son*]*'s flat*), « l'appartement du fils de Sue ».

Après un génitif, il ne peut pas y avoir d'**article**, ni de **déterminant du type *this*** ou ***that***. Donc, lorsque le nom au génitif est un nom propre, il n'y a d'article **ni avant ni après le génitif** : *He saw* ***Gary's car***,
« Il a vu la voiture de Gary ». Le génitif peut cependant être suivi d'un quantificateur (par exemple d'un nombre) : *Karen's* ***three*** *children*, « les trois enfants de Karen ».

5 Par commodité, on désigne sous le nom de « possesseur » le groupe nominal qui porte la marque du génitif – bien que le génitif exprime très souvent autre chose que la possession. Ainsi, dans *my parents' neighbours* (« les voisins de mes parents »), on dira que *my parents* est le « possesseur ».

Formez des groupes nominaux avec *'s* ou *'* du génitif.

1. *high-powered job / my daughter* 2. *new house / our friends* 3. *teacher / those children* 4. *wives / Richard and John* 5. *holiday home / the Dawsons* 6. *books / Charlotte / sister* 7. *parking space / the CEO* (le P-DG) 8. *mother / the boy from Ireland* 9. *fortune / the heiress*

99. Génitif (2) : le génitif spécifique (*my uncle's house*)

Exemple de construction avec **génitif spécifique** :

> *The book is in **the children's bedroom**.* Le livre est dans la chambre des enfants.

Le groupe nominal qui est au génitif (*the children's*) sert à « spécifier » le nom *bedroom* (il sert à dire de quelle chambre il s'agit).

Le problème essentiel qui se pose est celui du **choix** entre le **génitif** et la **construction en *of***. Dans certains cas, le choix est possible (l'équivalent de « la mort du Président » peut être *the President's death* ou *the death of the President*), mais dans d'autres il ne l'est pas. Par exemple, on dira *That's Brenda's car* (« C'est la voiture de Brenda »), mais non ~~*That's the car of Brenda*~~. Plusieurs facteurs interviennent.

• On utilise ou on peut utiliser le **génitif** avec les noms qui désignent :

– des personnes (***Jill**'s brother*, ***the Prime Minister**'s official residence*) ou des animaux (***the dog**'s legs*, « les pattes du chien »). Pour les personnes, cet emploi est pratiquement obligatoire (sauf si le groupe nominal est trop long) quand on peut donner une paraphrase avec HAVE : *Jill has a brother*, etc.

– des institutions, lieux, concepts, objets, etc. liés à une activité humaine. On dira par exemple ***the country**'s economy* (l'économie du pays), ***Britain**'s future* (le futur de la Grande-Bretagne), ***the society**'s annual meeting* (la réunion annuelle de l'association), ***the car**'s engine* (le moteur de l'auto). L'emploi de *of* n'est cependant pas exclu (*the economy of the country*, etc.), et dans le doute il est plus prudent de choisir cet emploi.

– des repères dans le temps du type *today*, *last week*, etc. : ***today**'s newspaper* (le journal d'aujourd'hui), ***next month**'s programme* (le programme du mois prochain), *last year's figures* (les chiffres de l'an dernier). L'emploi de *of* est ici pratiquement impossible. (Attention cependant : il s'agit ici de **repères**, et non d'indications de durée, comme avec le génitif de mesure – ▶ **102**.)

> On peut parfois hésiter entre le génitif et la construction en *of*. Ainsi, on peut dire soit *the President's death* soit *the death of the President* – mais le choix ne sera pas arbitraire. On choisira la construction avec génitif si on se place mentalement **avant** la mort du Président, par exemple dans le titre d'un article qui va raconter cette mort. Si par contre on se place mentalement **après** la mort du Président, on choisira la construction avec *of*, et on dira, par exemple, *The first anniversary of the President's death is tomorrow.*

• L'emploi de la **construction en *of*** s'impose quand le groupe nominal du « possesseur » dépasse une certaine longueur, et en particulier quand il contient une proposition relative : on dira *Could you give me the address of **the person who wants to contact me**?* (Pouvez-vous me donner l'adresse de la personne qui veut me contacter ?), et non ~~*Could you give me the person who wants to contact me's address?*~~.

• L'emploi de la **construction en *of*** s'impose également quand le « possesseur » est un adjectif employé comme nom (▶ **11**) : on dira *the privileges **of the rich*** (les privilèges des riches), et non ~~*the rich's privileges*~~.

Formez des groupes nominaux avec *'s* du génitif.

1. *marketing policy / our company* 2. *night life / New York* 3. *meeting / next Wednesday* 4. *football team / Barcelona* 5. *opening hours / the supermarket*

100. Génitif (3) : le génitif sans nom à sa suite (*This house is Lucy's*)

On **omet le second nom** à la suite du génitif dans les cas suivants.

1 On évite la répétition de ce nom :

*I prefer your car to **Ann's***. Je préfère ta voiture à celle d'Ann. (= *Ann's car*)

Après un génitif, il ne faut pas ajouter *one* ou *ones* (comme équivalents du français « celui / celle / ceux / celles de... ») : on ne dit pas ... ~~to Ann's one~~.

2 On affirme l'appartenance d'un objet à l'ensemble des « possessions » de quelqu'un :

*'Whose scarf is this / Whose is this scarf?' '**Jo's**.'* « À qui est ce foulard ? – À Jo. »

3 Le nom omis représente un lieu d'habitation ou de travail, un magasin, etc.

*He had met her at **the Wilsons'***. Il l'avait rencontrée chez les Wilson.

*She was going to **the doctor's***. Elle allait chez le médecin.

Notez aussi : *St Paul's (Cathedral)*, *Dillon's (bookshop)*, etc. Dans les noms de magasins ou de sociétés, l'apostrophe est souvent omise (*Harrods*), de même que dans les noms de rues (*Kings Street*, *Queens Road*).

4 Construction *a friend of Tom's* (« un ami de Tom »)

*He was helped by **a friend of his father's***. Il a été aidé par un ami de son père.

***That car of Mike's** is a real danger*. Mike, sa foutue bagnole, c'est un vrai danger.

Cette construction est très utilisée en anglais. Elle peut également être formée avec un **pronom possessif** (▶ **226**) : *a friend of mine*, « un ami à moi » ; *that car of yours*, « ta foutue bagnole ».
L'exemple *that car of Mike's* illustre l'emploi « affectif » de cette construction, caractérisé par l'utilisation de *this* / *that* ou de *that* / *those* devant le premier nom. Le sentiment exprimé peut être la désapprobation ou l'agacement (comme dans l'exemple), mais ce n'est pas toujours le cas : cf. ***This idea of the boss's** is fantastic*, « Cette idée du patron est formidable ».

Traduisez en anglais.

1. Cette suggestion était celle d'Alain. 2. Salut tout le monde ! Je vais chez le coiffeur. 3. La photo a été prise par une collègue de ma sœur. 4. « Tu conduisais la voiture de qui ? – De mon père. » 5. Elle était autrefois la secrétaire de Tony, pas celle de Margaret.

101. Génitif (4) : le génitif classifiant (*a girls' school*)

1 Le génitif classifiant, également appelé « génitif générique », se différencie du génitif spécifique d'abord du point de vue du sens. Comparons :

She went to ***a girls' school****.* Elle est allée dans une école de filles (**classifiant**)

The girls' bedroom *is upstairs.* La chambre des filles est en haut. (**spécifique**)

Dans le second exemple, le nom *girls* désigne un groupe de filles particulier. Ce n'est pas le cas dans le premier exemple, où le génitif ***girls'*** sert à définir, à l'intérieur de la catégorie « *schools* », une sous-catégorie d'écoles : les écoles « de filles ».

Autres exemples :

children's books des livres pour enfants
a journalist's permit une carte de presse
goat's milk du lait de chèvre
a diplomat's wife une femme de diplomate
a former ship's captain un ancien capitaine de navire
the driver's seat le siège du conducteur

2 Les déterminants (articles, etc.) ne jouent pas le même rôle dans les deux cas.

• Dans ***the girls' bedroom*** (génitif **spécifique**), l'article ***the*** se rattache à *girls* : la structure est [*the girls*]*' bedroom*. (Le groupe *the girls* joue le même rôle que *Betty* dans *Betty's bedroom*, dont la structure est [*Betty*]*'s bedroom*.)

• Dans ***a girls' school*** (génitif **classifiant**), l'article ***a*** se rattache à *school* : la structure est *a* [*girls' school*].

3 L'accentuation est différente dans les deux cas. Avec le génitif spécifique (*the girls' room*), c'est en règle générale le nom principal (le second nom) qui porte l'accent principal, alors qu'avec le génitif classifiant (*a girls' school*) c'est le premier nom qui porte cet accent : *the girls' ROOM, a GIRLS' school.*

> Complétez à l'aide des éléments entre parenthèses.
>
> *1. It's … (a bed for babies) 2. I'm living in … (a hostel for students) 3. Where's …, please? (the department for women) 4. Perhaps we need … (a ladder used by builders) 5. … can be expensive. (shoes for children) 6. This must be … (a symbol used by Freemasons)*

102. Génitif (5) : le génitif de mesure (*five years' experience*)

Ce génitif est utilisé pour une **mesure de temps ou d'argent** :

She has ***five years' experience / one year's experience*** *in banking.* Elle a cinq ans d'expérience / un an d'expérience dans la banque.

*The **flood caused ten million euros' worth** of damage.* L'inondation a causé dix millions d'euros de dégâts. (mot à mot : « une valeur de dix millions d'euros »)

Dans la langue écrite, l'apostrophe des génitifs de mesure au pluriel est souvent omise : *five years experience, ten **million euros worth of damages.***

Dans certains cas, le génitif de mesure est en concurrence avec le nom composé (▶ **177**). Ainsi, on peut avoir, comme équivalents de « C'est à dix minutes à pied d'ici », aussi bien *It's **ten minutes' walk** from here* que *It's **a ten-minute walk** from here.*

Le **génitif de mesure** n'est possible que devant les noms qui permettent un **fonctionnement indénombrable** (*experience* = « de l'expérience », *walk* = « de la marche », etc.). Avec un nom dénombrable comme *job* ou *period*, on ne peut avoir qu'un nom composé : *a two-month job / period*. Inversement, on ne peut avoir qu'un génitif avec un indénombrable comme *work* (le nom composé est alors exclu) : *It's two months' work* (C'est un travail de deux mois / deux mois de travail).

Remplacez les éléments soulignés par un génitif de mesure.

1. *You will have a half-an-hour wait.* 2. *The nearest village is a five-mile drive from their house.* 3. *Let's take twenty dollars of gas(oline).* 4. *You'll get goods to the value of fifty euros with this voucher.*

103. *Get*

1 Anglais britannique et anglais américain

Il y a une différence de forme entre l'anglais britannique et l'anglais américain : le participe passé est ***got*** en anglais britannique et ***gotten*** en anglais américain. En anglais américain, on dira :

They have gotten into trouble with the law. Ils ont eu des ennuis avec la police.

2 Sens général de *get*

Get signifie « changer d'état » :

– de sorte qu'on **a** (= obtenir) ;

– de sorte qu'on **est** (= devenir).

Dans certains cas, le sens est « provoquer un changement d'état ».

3 Revue des emplois

- Sens de « recevoir », « se procurer » :

That morning, she got a letter from San Francisco. Ce matin-là, elle a reçu une lettre de San Francisco.
With the money, she decided to get a new bike. Avec l'argent elle a décidé de s'acheter un nouveau vélo.

- Avec un complément + indication de lieu ou de destinataire :

  They managed to get the wardrobe into the car. Ils ont réussi à faire entrer l'armoire dans la voiture.
  I'll get you a coffee. Je vais t'apporter un café.

- Avec un complément + participe passé :

  Sandra wants to get her hair dyed green. Sandra veut se faire teindre les cheveux en vert.

- Avec un complément + infinitif avec *to* :

  Bob got his father to do his homework for him. Bob a fait faire ses devoirs par son père.

- Avec une indication de lieu, qui est souvent une particule :

  Get out. Sortez. [*get* : changement ; *out* : but du changement]
  Nobody got on and nobody got off. Personne n'est monté, et personne n'est descendu (du train, bus, etc.).
  Bert got home a little late. Bert est rentré chez lui un peu tard.
  Call me when you get to San Francisco. Appelle-moi quand tu arriveras à San Francisco.

- Avec un adjectif :

  They got tired after a few miles. Ils se sont fatigués au bout de quelques kilomètres.
  This is getting interesting. Ça devient intéressant.
  Things have gotten better (US). Les choses se sont arrangées (maintenant).

- Avec un participe passé :

  He got hurt playing football. Il s'est blessé en jouant au football.
  His car got stolen during the night. Sa voiture a été volée pendant la nuit.
  Jack and Jill got married last month. Jack et Jill se sont mariés le mois dernier.

▶ 92 Faire faire.

Rapport entre ***GET, HAVE*** et ***HAVE GOT***
HAVE représente un état. GET représente le passage d'un état à un autre, c'est-à-dire le passage de l'état NOT HAVE à l'état HAVE (acquisition). HAVE GOT indique la conséquence « maintenant » de l'action GET, c'est-à-dire, finalement, l'état HAVE.

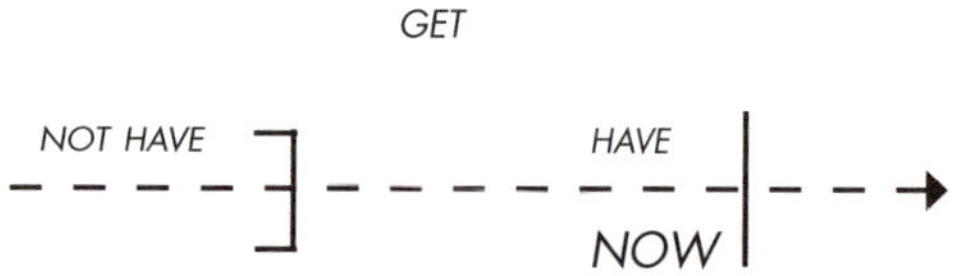

C'est la raison de l'équivalence HAVE GOT = HAVE : quand on a acquis, on a. Parce que le sens de GET est très neutre, HAVE GOT a fini par être employé même dans des cas où il n'y a pas acquisition :
All their children have got fair hair. Tous leurs enfants ont les cheveux blonds.
Attention cependant : ne confondez pas le GOT de HAVE GOT avec le participe passé du verbe *get*, et rappelez-vous qu'il n'ajoute au rien au sens de HAVE.

104. Habitude (expression d'une habitude)

1 « Avoir l'habitude de »

• L'expression française « avoir l'habitude de » n'est pas toujours explicitement rendue en anglais. Le **présent simple** ou le **prétérit simple** suffisent souvent :

Il a / avait l'habitude d'acheter son journal au bout de la rue. *He buys / bought his newspaper down the street.*

• On peut aussi employer des adverbes comme *always, usually, regularly* :

Il a / avait l'habitude d'acheter son journal au bout de la rue. *He always / usually / regularly buys / bought his newspaper down the street.*

• Au prétérit, on peut employer *would* (souvent réduit à *'d*), pour une habitude banale :

Il avait l'habitude d'acheter son journal au bout de la rue. *He would buy his newspaper down the street.*

▶ 300 *Will / would* (5).

Pour le présent, par contre, l'emploi de *will* n'est possible que pour exprimer un comportement non banal – par exemple un comportement qui illustre un trait de caractère.

Dans une langue soutenue, on peut aussi employer ***be in the habit of*** (avoir coutume de) : *He is / He was in the habit of buying his newspaper down the street.*

L'expression *used to* **n'exprime pas en elle-même une habitude** (cf. *He used to live in London*, « Autrefois il habitait à Londres »), et elle **n'a pas de présent**. (**▶ 282 *Used to* (1)**.)

2 Cas particuliers de comportement habituel

• **Habitude provisoire**. Lorsqu'une habitude est présentée comme provisoire, et vue au moment présent ou à un moment du passé, on emploie non pas le présent ou le prétérit simple, mais le présent ou le prétérit en BE + -ING :

*He**'s watching** TV a lot **this week** because of the World Cup.* Il regarde beaucoup la télé cette semaine, à cause de la Coupe du monde.

• **« Il n'arrête pas de... », « Il est toujours en train de... », etc.** Il s'agit bien sûr d'une façon exagérée de parler, qui peut traduire l'irritation, ou l'admiration, etc. Ici également, on utilise BE + -ING, avec des adverbes du type *always* :

*She**'s always complaining** about the weather.* Elle n'arrête pas de se plaindre du temps.

▶ 37 BE + -ING (2).

3 Sens de « être habitué à », « être accoutumé à »

On emploie ***be used to*** **+ nom / pronom** ou ***be used to*** **+ V-ing** :

*He **is used to the cold**.* Il est habitué au froid. (= le froid ne le dérange pas)

The dog ***is used to being*** *alone most of the time.* Le chien est habitué à être seul / a l'habitude d'être seul le plus souvent.

Comme le montre la traduction du second exemple, le français peut utiliser l'expression « avoir l'habitude de » dans le sens de « s'être habitué / accoutumé à ». Il faut, dans ce cas, faire attention à l'équivalent anglais, qui est obligatoirement ***BE USED TO*** **+ nom** ou **pronom / V-ing**.

Notez aussi l'emploi de ***get used to*** (« s'habituer à ») :

*She****'s getting used to living*** *abroad.* Elle s'habitue à vivre à l'étranger.

▶ 283 *Used to* (2).

Traduisez en anglais.

1. Je suis habitué à vivre seul. 2. Je m'habitue petit à petit à cette boîte de vitesse (*gear box*) automatique. 3. Nous avons l'habitude de passer nos vacances à la montagne. 4. Je ne m'habituerai jamais au climat. 5. Nous nous sommes bien habitués à travailler dans cette région. 6. Je ne peux pas me tromper, j'ai l'habitude de ce logiciel. 7. Il avait l'habitude de réunir son équipe tous les matins à neuf heures.

105. *Had better / 'd better* (expression d'un conseil)

Had better / 'd better ne peut être suivi que d'une **base verbale** (éventuellement précédée de *NOT*) :

*You****'d better hurry up.*** Tu ferais bien de te dépêcher.
*I****'d better be*** *careful.* J'ai intérêt à faire attention.
Hadn't *we* ***better ask*** *them?* Il ne vaudrait pas mieux le leur demander ?
*He****'d better not try****!* Je ne lui conseille pas d'essayer !

Le conseil exprimé par *had better* porte généralement sur une action immédiate. Parfois aussi (dernier exemple), il contient une nuance de menace.

- Dans la langue familière, il arrive qu'on omette *had / 'd* (*You better hurry up!*).
- On n'utilise généralement pas *had better* pour exprimer une comparaison entre deux actions. On utilise plutôt dans ce cas l'expression ***would do better to*** : « Tu ferais mieux de travailler plutôt que de regarder la télé » → *You'd do better to work rather than watch TV.*
- L'expression ***would do better to*** est également utilisée pour exprimer un reproche concernant une action passée : « Tu aurais mieux fait de le leur dire » → *You'd have done better to tell them.*

Traduisez en anglais.

1. Il ferait mieux de louer une voiture. 2. Tu as intérêt à ne pas fumer. 3. Je te conseille de voir un médecin. 4. Il ne vaudrait pas mieux que nous mettions les chaînes neige (*snow chains*) ? 5. Tu aurais mieux fait d'ouvrir un compte épargne (*savings account*) que de jouer à la Bourse (*stock exchange*).

106. Half et part

1 *Half* (GB /hɑ:f/, US /hæf/) peut être un nom :

I have seen ***the first half*** *of the film.* J'ai vu la première moitié du film.

2 *Half* peut également être utilisé comme déterminant, et dans ce cas il n'est pas précédé de l'article :

I've read ***half (of) the book***. J'ai lu la moitié du livre.
I've read ***half (of) the books***. J'ai lu la moitié des livres.
I've done ***half (of) the work***. J'ai fait la moitié du travail.
She's drunk ***half a glass***. Elle a bu la moitié d'un verre / un demi-verre.

L'emploi de ***of*** après *half* est possible, et assez courant, **sauf pour exprimer une mesure** (quantité, poids, longueur, etc.) :

half a glass / half a mile / half a bar of chocolate
un demi-verre, un demi-mille, la moitié d'une tablette de chocolat

L'emploi de ***of*** est obligatoire devant un pronom :

He bought some figs and ate ***half of them*** */ and ate* ***half***. Il a acheté des figues et en a mangé la moitié. (Pas ... ~~the half of them~~ / ~~the half~~.)
He poured a full glass, but he only drunk ***half (of it)***. Il s'est versé un plein verre, mais il n'en a bu que la moitié.

3 *Half* entre dans des composés de la forme *half* + nom :

a half-hour, a half-pint, a half-pound une demi-heure, une demi-pinte, une demi-livre

La différence entre *a half-hour* et *half an hour* est négligeable, mais celle entre *half a bottle* (la moitié d'une bouteille entière) et *a half-bottle* (une bouteille demi-format) ne l'est pas.

Les composés peuvent se mettre au pluriel : *two half-pints*.

On ne peut pas inventer de tels composés : pour ne pas faire d'erreurs, n'utilisez que ceux que vous connaissez.

4 *Half* sert dans l'expression de l'heure et des mesures :

half past twelve midi et demi (US : *half after twelve*)
It took them ***two hours and a half / two and a half hours***. Ça leur a pris deux heures et demie.
two metres and a half / two and a half metres *deux mètres cinquante*

Sur *half as many / half as much* ▶ 62 Comparatif et superlatif (3).

5 *Part* peut fonctionner comme déterminant. Dans ce cas, il n'est pas précédé d'un article, mais il est obligatoirement suivi de la préposition *of* :

They have read ***part of the book***. Ils ont lu une partie du livre. (pas tout)
They have read ***part of the books***. ... une partie des livres. (pas tous)
They have done ***part of the work***. ... une partie du travail. (pas tout)

6 *Part* fonctionne comme un nom à part entière (avec article *a* / *an*) quand il représente non pas une fraction quelconque mais une partie déjà constituée de quelque chose : *A part of the book is devoted to a historical survey* peut se traduire par : « Une partie du livre est consacrée à un panorama historique », mais signifie que le livre est subdivisé en parties.

Traduisez en anglais.

1. Tu veux la moitié de mon sandwich? 2. J'ai déjà écrit la première partie de ma présentation. 3. Diluez une cuillerée et demie dans la moitié d'un verre de lait. 4. Une partie de nos économies est réservée au financement des études de nos enfants. 5. La moitié de la planète manque d'eau. 6. Dépêche-toi! Leur avion atterrit dans une demi-heure.

107. Hardly et hard

1 *Hardly* (ainsi que *scarcely*) est un adverbe « semi-négatif » (= pas vraiment / presque pas), qui n'a pas de rapport de sens avec *hard.*

He could ***hardly*** *move his arm.* Il ne pouvait pratiquement pas bouger son bras.

It was ***scarcely*** /ˈskeəsli/ *his fault.* Ça n'était pas vraiment sa faute.

She had ***hardly*** *sat down when the phone rang.* Elle était à peine assise que le téléphone a sonné.

There was ***hardly*** *any money in the till.* Il n'y avait presque pas d'argent dans la caisse.

They ***hardly ever*** *take any holidays.* Ils ne prennent presque jamais de vacances.

Le sens négatif empêche la présence d'un autre terme négatif dans la phrase : *hardly* et *scarcely* sont suivis de *ever* ou *any*, mais pas de *never* ou *no*.

2 *Hard*

Hard fonctionne comme adjectif :

That mattress is too ***hard***. Ce matelas est trop dur.

That was a lot of ***hard*** *work.* Ça a été un travail très difficile.

Mais ***hard*** fonctionne aussi comme adverbe :

He shouldn't work so ***hard***. Il ne devrait pas travailler tant.

It rained ***hard*** *in the evening.* Il a plu fort le soir.

A. Modifiez en insérant l'élément entre parenthèses.

B. Traduisez en français.

1. *We never drive at night these days (hardly).* 2. *There's nothing in the fridge (hardly).* 3. *I can't remember her (scarcely).* 4. *I can't believe what you are telling me (hardly).* 5. *They never go out together (hardly).*

108. HAVE (1) : conjugaison

1 Selon ses emplois, HAVE fonctionne soit comme un auxiliaire soit comme un verbe. Dans le premier cas, il forme sa négation et son interrogation directement (sans *do / does / did*) :

Ken ***has*** *finished* (Ken a terminé) → *Ken* ***hasn't*** *finished /* ***Has Ken*** *finished?*

Dans le second cas, il forme sa négation et son interrogation avec *do / does / did* :

Ken ***has*** *a problem* (Ken a un problème) → *Ken* ***doesn't have*** *a problem /* ***Does Ken have*** *a problem?*

Principe à retenir pour le choix entre l'auxiliaire et le verbe :

- Lorsque HAVE est auxiliaire du **present perfect** ou du **past perfect** (▶ **221** et **199**), sa **négation** et son **interrogation** se font **obligatoirement sans** ***do / does / did*** (il a donc le fonctionnement d'un **auxiliaire** : voir ci-dessus l'exemple *Ken* ***hasn't*** *finished /* ***Has Ken*** *finished?*).
- **Dans tous les autres cas**, HAVE peut **toujours** fonctionner comme **verbe** (c'est-à-dire **avec** ***do / does / did***) : on peut toujours dire, et en fait on dit généralement, *I* ***don't have*** *any problems* (« Je n'ai pas de problèmes »), même si on peut dire *I haven't (got) any problems* (▶ ci-après, **109**).

2 *HAVE* se présente parfois sous la forme HAVE GOT (▶ en 109 ci-après les conditions d'emploi de cette forme). Dans HAVE GOT, l'élément HAVE fonctionne toujours comme un auxiliaire (négation et interrogation sans *do / does / did*). L'élément GOT est invariable. Il ne faut pas le confondre avec le participe passé du verbe *get* (▶ 103).

Dans la langue familière, **HAVE GOT** est assez souvent remplacé par le verbe invariable *got*, surtout à la première personne du singulier : *I* ***got*** *a problem.*

3 **Formes de HAVE :**

- **Base verbale :** ***have***. Forme contractée : ***'ve***. Formes orales : /hæv/, /həv/, /(ə)v/.
- **Présent**

– Formes positives non contractées : *I / we / you / they* ***have*** *...*
he / she / it ***has*** *...*

– Formes positives contractées : *I / we / you / they****'ve*** *...*
he / she / it's ...

Notez que ***'s*** peut également être la forme contractée de ***is***.

– Formes négatives contractées (pour HAVE **auxiliaire**) : *I / we / you / they* ***haven't*** ou (plus rarement) ***'ve not*** *..., he/she/it* ***hasn't*** *...* ou (plus rarement) ***'s not*** *...*

Avec **HAVE GOT** (▶ **109** ci-après), la forme négative contractée est obligatoirement *I / we / you / they* ***haven't*** *got* et *he / she / it* ***hasn't*** *got.*

- **Prétérit**

– Forme positive non contractée : ***had*** à toutes les personnes

– Forme positive contractée : ***'d***

– Formes orales : /hæd/, /həd/, /əd/, /d/

– Forme négative contractée (pour HAVE **auxiliaire**) : ***hadn't***

- **Forme en *-ing* et participe passé** : ***having*** et ***had***

109. HAVE (2) : HAVE OU HAVE GOT

HAVE GOT a en gros le sens du verbe français « avoir ». Il peut exprimer divers sens plus ou moins apparentés au sens de possession :

> *I'**ve got** a car / two brothers / a cold / an idea.*
> J'ai une auto / deux frères / un rhume / une idée.

Il est souvent utilisé dans la langue courante, mais son emploi **comprend plusieurs restrictions**, que ne comporte pas HAVE non suivi de GOT et utilisé comme verbe :

- HAVE GOT est **à éviter dans la langue soutenue**.

- Son emploi est **pratiquement limité au présent simple** (prétérit très rare, pas d'infinitif, pas de forme en BE + -ING, etc.).

- **En anglais américain**, on utilise rarement HAVE GOT à la forme interrogative et à la forme négative : on dira *I don't have a car / Do you have a car?* plutôt que *I haven't got a car / Have you got a car?*

- **On ne peut pas employer HAVE GOT** à la place du verbe HAVE pour exprimer une habitude ou une situation **qui se reproduit plusieurs fois** : on dira *I rarely have colds* (J'ai rarement des rhumes), et *Do you often have such brilliant ideas?* (Est-ce que tu as souvent des idées aussi brillantes ?).

- **On ne peut pas non plus employer HAVE GOT** à la place du verbe HAVE **pour exprimer une action** (▶ **110** ci-après).

> Traduisez en anglais.
>
> 1. Elle a deux enfants. 2. Tu as ta carte de crédit (*bank card*) sur toi ? 3. J'ai souvent eu des problèmes de connexion à l'Internet. 4. Tu n'avais pas une Jaguar quand tu étais plus jeune ? 5. Elle a souvent une toux persistante (*bad*) en hiver.

110. *Have* (3) : verbe d'activité

Combiné avec des noms, HAVE forme des expressions qui représentent des activités diverses. Son équivalent français est alors généralement un **verbe d'action**, et non « avoir ». On trouve aussi *take* dans certains cas, mais HAVE GOT est exclu.

Le verbe *have* est ici un **verbe ordinaire** et s'emploie donc avec l'auxiliaire *do* :

Did you ***have a good time****?* Tu t'es bien amusé(e) ?

Comme ces expressions représentent des activités, le verbe *have* est compatible avec la forme BE + -ING et avec l'impératif :

Don't disturb them, they ***are having dinner****.* Ne les dérange pas, ils sont en train de dîner.

Have a try*, just for fun.* Essaie donc, juste pour rire.

Quelques autres exemples :

Have *some more tea!* Prends / Prenez encore un peu de thé !
What will you ***have****?* Qu'est-ce que tu prendras / vous prendrez ?
Have *a nice weekend / holiday!* Bon week-end / Bonnes vacances !
Did *you* ***have*** *a good journey?* Vous avez fait bon voyage ?
We ***had*** *a good laugh.* On a bien ri.

Autres expressions formées avec HAVE :

(L'emploi de *take* est indiqué dans les cas où il est également possible. Notez que, dans tous ces cas, l'anglais américain, contrairement à l'anglais britannique, préfère généralement l'emploi de *take* à celui de *have*.)

have / take a shower / a bath	prendre un bain / une douche
have / take a rest / a break	prendre un peu de repos / faire une pause
have / take a nap	faire un petit somme
have a chat / a talk with somebody	bavarder / discuter avec qqn
have / take a walk	faire une promenade
have / take a look	jeter un coup d'œil
have sex with somebody	faire l'amour avec qqn
have fun / a good time	s'amuser
have a try (at something)	essayer (quelque chose)
have an operation	subir une opération
have a dream	faire un rêve

Autres emplois de HAVE : **HAVE TO** (▶ 111) ; pour *have somebody do something, have something done* ▶ 92 Faire faire.

Traduisez en anglais.

1. Tu t'es bien amusé en Espagne? 2. Regarde! Tu vas bien rire... 3. Je me sens sale. Je vais prendre un bain. 4. Quand je suis rentré, ma femme bavardait avec notre voisine. 5. On ne fait jamais de pause dans ce service. 6. « Tu sais faire fonctionner cet appareil? – Je n'ai pas encore essayé. »

111. *Have to*

1 Formes

L'expression *HAVE TO* se prononce généralement /'hæftə/. Dans cette expression, l'élément *HAVE* garde ses propriétés de forme habituelles (▶ **108**). On peut **toujours** choisir de l'utiliser comme un **verbe**, et par conséquent le construire avec l'auxiliaire ***do / does / did*** pour l'interrogation et la négation : *He **doesn't have to** stay* (Il n'est pas obligé de rester).

L'emploi de ***HAVE GOT TO*** à la place de *HAVE TO* est possible dans certains cas (voir plus loin). Dans *HAVE GOT TO*, *HAVE* fonctionne obligatoirement comme un **auxiliaire** : *He hasn't got to stay* (Il n'est pas obligé de rester). Dans la langue familière, *HAVE GOT TO* prend souvent la forme *got to*, qui peut être écrit *gotta* : *You gotta be careful* (Il faut que tu sois prudent).

2 *Have to* : obligation

• **Contrairement à *MUST***, qui exprime une obligation avec un point de vue « personnel » (▶ **162**), ***HAVE TO*** exprime une obligation de façon **neutre**. Donc, son emploi s'impose quand la personne qui parle n'est pour rien dans l'obligation exprimée. Opposez :

> *He **has to** wear glasses.* Il est obligé de porter des lunettes.
> *You **must** wear glasses.* Il faut que vous portiez des lunettes. (avis d'un médecin)

Mais, précisément parce qu'il est « neutre », *HAVE TO* tend de plus en plus à remplacer *MUST*, qui apparaît comme plus autoritaire et plus « formel ». Dans beaucoup de variétés d'anglais, *HAVE TO* est utilisé même lorsque la personne qui parle exprime son point de vue. Un médecin pourra dire, par exemple, *You **have to** / You**'ve got to** wear glasses.*

• **La forme négative** de ***HAVE TO*** et celle de ***MUST*** ont deux sens tout à fait différents. Opposez :

> *You **mustn't** stay here.* Vous ne devez pas rester ici.
> *You **don't have to** stay here.* Vous n'êtes pas obligé de rester ici.

MUST NOT exprime une « obligation de ne pas... » (autrement dit une « interdiction de »), tandis que ***NOT HAVE TO*** exprime une « non-obligation de... ».

• ***HAVE TO*** n'est pas un modal (contrairement à *MUST*). Il est donc utilisé dans des cas où, pour des raisons syntaxiques, l'utilisation de *MUST* est impossible – et notamment pour l'expression d'une obligation située dans le futur ou dans le passé :

*They'**ll have to** be at the airport at 6 am.* Il faudra qu'ils soient à l'aéroport à 6 heures du matin.

*Business was so bad that eventually he **had to** sell his shop.* Les affaires ont été si mauvaises que finalement il a fallu qu'il vende son magasin.

• La forme *HAVE GOT TO* n'existe qu'au présent (*I've got to …, he's got to*, etc.), et elle appartient à la langue non recherchée. Elle peut être utilisée pour exprimer une obligation portant sur une action particulière :

*He'**s got to** get up at six o'clock tomorrow morning.* Il faut qu'il se lève à six heures demain matin.

Par contre, son emploi est impossible pour une obligation **habituelle** :

*He **has to** get up at six o'clock every morning.* Il faut qu'il se lève à six heures tous les matins. (pas ~~*He's got to get up at six o'clock every morning*~~)

3 *HAVE TO* : nécessité logique

On peut employer *HAVE TO* pour exprimer une certitude absolue ou quasi absolue :

*You **have to** be mad to do that.* Il faut être fou pour faire ça.

*Of course, she found the book. It **had to** be somewhere in the house.* Bien sûr, elle a trouvé le livre. Il fallait bien qu'il soit quelque part dans la maison.

On l'emploie également parfois pour exprimer une simple probabilité, et son sens est alors très voisin de celui de *MUST* :

*You **have to** / You'**ve got to** be joking!* Je suppose que tu plaisantes !

Traduisez en anglais.

1. Je suis obligé d'être au bureau avant neuf heures. 2. Tu n'es pas obligé d'aller en maison de retraite (*retirement home*), tu sais ? 3. Il faudra qu'on lui fasse un examen sanguin (*blood test*). 4. Il faut être riche pour acheter une voiture pareille ! 5. En France, on n'est pas obligé de voter, mais dans certains pays on l'est.

112. *Holiday(s)*

Holiday est toujours au singulier dans les expressions :

be on holiday / go on holiday être / aller en vacances

Holiday est aussi au singulier dans les noms composés :

a holiday camp une colonie de vacances

a holiday resort un lieu de villégiature

On a également le singulier dans :

Have a nice holiday. Bonnes vacances.

I have two days' holiday next week. J'ai deux jours de congé la semaine prochaine.

Monday is a holiday. Lundi est férié.

Par contre, on a le pluriel dans :

the summer / Christmas holidays les vacances d'été / de Noël

We met them during the holidays. Nous nous sommes rencontrés pendant les vacances.

En anglais américain, on utilise *vacation* (singulier), sauf dans des cas comme *Monday is a holiday.* (Lundi / le lundi est un jour férié / où on ne travaille pas).

They went on vacation in September. Ils sont partis en vacances en septembre.

113. Il y a, il y a… que (durée, ou repérage dans le temps)

Ces deux expressions ont des emplois très différents.

1 « Il y a »

Emma a rencontré Brian il y a deux ans. *Emma met Brian two years **ago**.*

Il y a et ***ago*** placent un événement dans le passé.

2 « Il y a… que »

Cette expression est très fréquente en français courant, de même que « ça fait… que ». Ces deux expressions sont synonymes de « depuis » + indication de durée.

Il y a / Ça fait deux ans qu'Emma connaît Brian = Emma connaît Brian depuis deux ans.
Emma has known Brian for two years. (present perfect et *for*)

Même chose par rapport à un moment du passé :

Il y avait deux ans qu'Emma travaillait dans ce bureau.
Emma had been working in that office for two years. (past perfect et *for*)

3 Différence entre « il y a » et « il y a… que »

Dans certains cas, les deux sont possibles, mais le sens est différent ; les traductions sont différentes également, et **il ne faut pas mélanger les deux constructions**. Avec certains verbes français comme « arriver », « partir », « disparaître » (actions strictement ponctuelles, indiquant obligatoirement un changement d'état), il faut bien distinguer l'action de l'état qui en résulte. Le français peut créer la confusion sur ce point.

Le nouveau matériel **est arrivé il y a** deux jours. *The new equipment **arrived** two days **ago**.*
(verbe *arrive* au prétérit, emploi de *ago* : on situe dans le passé l'action ponctuelle « arriver » / *arrive*)
Il y a deux jours **que** le nouveau matériel **est arrivé**. (= est ici) *The new equipment **has been here** for two days.*
(*be here* au **present perfect**, emploi de ***for*** : on mesure la durée de l'état « être arrivé » / *be here*, conséquence au moment présent de l'action « arriver » / *arrive*)

4 « Il y a… que » et un événement négatif

Ceci est encore une expression très courante du français :

Il y a deux ans que June n'est pas allée au cinéma.

Le plus simple est de transposer la phrase sous la forme :

June n'est pas allée au cinéma depuis deux ans.

La transposition montre qu'il s'agit de mesurer la durée d'un événement négatif jusqu'au moment présent, ce qui donne :

June hasn't been to the movies for two years.

Une autre possibilité plus difficile à employer est l'expression *it is … since*. Dans le doute, cette solution est à éviter.

▶ 135 ***It is … since***.

Traduisez en anglais.

1. J'ai acheté les billets de train il y a deux mois. 2. David nous a invité à dîner il y a trois jours. 3. Nous avons vu ce film il y a longtemps. 4. L'oncle de Judy est mort il y a des années. 5. Il y a des années que nous n'avons pas mangé d'huîtres.

114. Il y a, il y a… qui / que

1 « Il y a » pour indiquer l'existence de quelque chose ou quelqu'un dans un lieu, une situation, etc. :

There is *a mistake in this sentence.* Il y a une faute dans cette phrase.
There are *too many mistakes in this letter.* Il y a trop de fautes dans cette lettre.

Il faut accorder BE avec le sujet (qui suit).

C'est le seul cas où on traduit « il y a » par *there is*.

▶ 270 ***There is***.

2 « Il y a… qui » pour annoncer un événement :

Il y a le chat qui a ramené une souris. *The cat has brought back a mouse.*
Il y a le rôti qui brûle. *The roast is burning.*

En anglais, on emploie une phrase normale, et surtout pas *there is*.

3 « Il y a… qui / que » pour distinguer des catégories :

Il y a des gens qui n'aiment pas cette musique. ***Some*** *people don't like this music.*

Le sens est « certains, pas tous ». Le déterminant ***some*** (accentué, prononcé /'sʌm/) délimite ici une catégorie, opposée à d'autres (**▶ 247 *Some* et *any* (2)**).

4 « Il y a 10 minutes / un mois / etc. que… » : ▶ 113 Il y a, il y a… que

115. Impératif (1) : 2e personne singulier / pluriel

Il s'agit ici de **l'impératif proprement dit**, qui en anglais n'existe qu'à la 2e personne (singulier ou pluriel). Pour la **construction impérative en *let***, qui concerne les autres personnes ▶ **116** (ci-après).

1 La forme affirmative est constituée simplement de la base verbale :

Wait *a minute.* Attends / Attendez une minute.

Be *reasonable!* Sois / Soyez raisonnable !

Always / Never ***ask*** *your parents' opinion.* Demande(z) toujours / Ne demande(z) jamais l'avis de tes / vos parents. (Notez la place de *always* et de *never* : devant l'impératif.)

À l'impératif, les **verbes prépositionnels** (▶ **290**) ne gardent leur préposition que si cette préposition sert à introduire un complément. Ainsi, on peut opposer *Look at him!* (Regarde-le ! / Regardez-le !) et *Look!* (Regarde ! / Regardez !).
Il ne faut donc pas, avec ces verbes, employer la préposition seule à la suite du verbe, comme on le fait avec la forme interrogative ou avec le passif (▶ **127** et **194**).
En revanche, les **verbes à particule** (▶ **290**) gardent nécessairement leur particule lorsqu'ils sont utilisés à l'impératif : ***Look out****, there's a car coming!* (Fais / Faites attention, il y a une voiture qui arrive !).

2 La forme négative utilise *do not / don't*, qui précède la base verbale :

Don't *worry.* Ne t'inquiète pas / Ne vous inquiétez pas.

Don't *be silly.* Ne sois pas / Ne soyez pas stupide.

L'impératif possède également une **forme emphatique**, qui utilise l'auxiliaire ***do***, et sert en général à exprimer une insistance non contraignante (et non un ordre) : ***Do*** *come in!* (Entrez, je vous en prie !)

3 Emplois divers. En anglais comme en français, l'impératif n'est pas utilisé uniquement pour donner des ordres. Il peut exprimer, entre autres choses, un conseil : (*Don't trust that guy!* « Méfie-toi de ce mec ! »), ou un souhait :

Have *a nice weekend!* Bon week-end !

Suivi d'un « tag » (▶ **268**) comme *will you?*, l'impératif exprime une demande :

Pass *the salt,* ***will you?*** Fais / Faites passer le sel, tu veux bien / vous voulez bien ?

En français, on utilise souvent le **présent** ou le **futur** de l'indicatif, ou dans certains cas l'**infinitif**, pour formuler des **ordres**, des **instructions** ou des **conseils**. En anglais, c'est en général impossible, et il faut utiliser l'**impératif** :

Vous me **postez** / **posterez** cette lettre. ***Go and post*** *this letter for me.*

Cliquez / **Vous cliquez** sur « fichier », et ensuite sur « imprimer ». ***Click*** *on 'file' and then on 'print'.*

Ne pas ouvrir. ***Do not open***.

116. Impératif (2) : construction impérative en *let*

La construction impérative ***let* + nom / pronom + base verbale** concerne les 1re et 3e personnes du singulier et pluriel, mais elle n'est courante qu'à la 1re personne du pluriel (forme ***let's***) :

Let's *be optimistic.* Soyons optimistes.

Aux autres personnes, elle est en général d'un niveau plutôt soutenu :

Let those in favour of the motion put up *their hands.* Que ceux qui sont pour la motion lèvent la main.

À la 1re personne du singulier et à la 3e personne du singulier et du pluriel, il peut y avoir une confusion (généralement levée par le contexte) avec une construction qui a la même forme, mais dans laquelle *let* est le verbe qui signifie « laisser » (▶ **143**). Ainsi, *Let her leave now!* signifie soit « Qu'elle parte maintenant ! » soit « Laissez-la partir maintenant ! ». À la 1re personne du pluriel, par contre, il ne peut pas y avoir de confusion : même si *let's* est la contraction de *let us*, cette dernière forme n'est pratiquement jamais utilisée pour un impératif, et est obligatoirement utilisée pour le sens de « laisser ». Donc, *Let's go!* (« Partons ! ») s'oppose à *Let us go!* (« Laisse-nous / Laissez-nous partir ! »).

La **négation** se forme simplement en ajoutant ***not*** devant la base verbale :

Let's not go *at once.* Ne partons pas tout de suite.

La construction ***don't let's***, qui est utilisée essentiellement en anglais britannique, appartient à un style plutôt familier.

Traduisez en anglais.

1. Essuyez toujours vos pieds s'il vous plaît ! 2. Allons le leur demander. 3. Ne me mens plus jamais, tu entends ? 4. Tournez à gauche après le premier feu. 5. Ne nous inquiétons pas, il va trouver une solution.

117. *In* ou *into* ?

1 Distinguez bien les rôles de particule verbale et de préposition de *in* et de *into* (/'ɪntʊ/ ou /'ɪntə/).

He ***went in****.* Il est entré. (**particule verbale *in*,** rattachée au verbe, qui exprime l'idée d'**entrer**)

He went ***into the house****.* Il est entré dans la maison. (**préposition *into***, rattachée au **complément**, qui elle aussi exprime l'idée d'entrer)

The children are playing ***in the garden****.* Les enfants jouent dans le jardin. (**préposition *in***, qui se traduit par « dans », mais n'exprime pas l'idée d'entrer)

En résumé, c'est seulement quand ***in*** est **particule verbale** qu'il exprime l'idée d'« entrer ». Quand il est **préposition**, il a le sens de « à l'intérieur de » (sans l'idée d'« entrer »).

▶ aussi 290 Verbes composés.

2 Après les verbes de mouvement (*go*, *run*, etc.), il faut donc employer la préposition *into*, et non la préposition *in*, pour exprimer le changement de lieu (idée d'« entrer ») :

The ambulance rushed ***into*** *the hospital.* L'ambulance est entrée à toute vitesse dans l'hôpital.

Le verbe *put* fait exception : il est généralement suivi de la préposition *in*. Exemple :
Put it ***in*** *your pocket.* Mets-le dans ta poche.
Notez aussi l'emploi de *in* ou de *at* (et non de *into*, ou de *to*) après le verbe *arrive* (▶ aussi **118 *In, at, on***) :
We arrived ***in*** *Paris /* ***at*** *the airport on time.* Nous sommes arrivés à Paris / à l'aéroport à l'heure.

Dans le cas des noms de pays, c'est ***to*** qui exprime le changement de lieu. Opposez :

Leurs parents vivent en Écosse. *Their parents live* ***in*** *Scotland.*
Leurs parents sont allés en Écosse l'été dernier. *Their parents went* ***to*** *Scotland last summer.*

Il faut se méfier particulièrement du français « en », et bien respecter la distinction.

3 *Into* est également utilisé pour exprimer un changement d'état :

Her novel has been translated ***into*** *English.* Son roman a été traduit en anglais.

▶ 118 ***In*, *at*, *on*.**

Complétez par *in*, *into* ou *to*.

1. *Sophie and Peter got married … Paris … October.* 2. *When she walked … the room, everyone turned to look at her.* 3. *We're going … Spain … the Easter holidays.* 4. *I hope you haven't put it … the micro-wave (oven)!* 5. *I have to go … a meeting this morning.* 6. *Will we be able to pay … euros?* 7. *We need to change our euros … dollars.* 8. *Aren't you going … bed yet? You ought to be … bed by now.*

118. *In, at, on*

1 Noms de lieu

Il faut toujours distinguer le lieu ou l'on est et le lieu où l'on va. (▶ **117 *In* ou *into*?**)

- **Pays** (provinces, etc.)

Pour le lieu où l'on est : ***in***. Pour le lieu où l'on va : ***to***.

She was born in Kansas. Elle est née dans le Kansas.
She has moved to Oregon. Elle s'est installée dans l'Oregon.

- **Villes et villages**

Pour le lieu où l'on est, en anglais britannique on distingue : grandes villes → ***in***, villages → ***at***.

They have a flat ***in*** *Manchester, and a cottage* ***at*** *Riddle-on-Stour.* Ils ont un appartement à Manchester, et une petite maison de campagne à Riddle-on-Stour.

En anglais américain, on a ***in*** dans tous les cas, et d'ailleurs aucune agglomération américaine ne s'appelle *village* : c'est toujours *town* (ou *city* pour les grandes).

- **Lieux d'éducation**

Pour les lieux et institutions d'éducation, on emploie *at* et *to* :

be ***at*** *school / at university* (US : *the university*)
go ***to*** *school / to university* (même chose)

Particulièrement en anglais britannique, on distingue de cette manière institution et ville :

They are ***in*** *Oxford.* Ils sont à Oxford (la ville).
They are ***at*** *Oxford.* Ils sont à Oxford (l'université).

- **Rues**

They live ***in*** *Broad Street* (GB) / ***on*** *Fifth Avenue* (US). Ils habitent (dans) Broad Street / la Cinquième avenue.
They live ***at*** *number 52b.* Ils habitent au n° 52 bis.
They live ***on*** *the second floor.* Ils habitent au deuxième étage (GB) / au premier étage (US).

- **Moyens de transport**

be ***on*** *the bus / train / plane* être dans le bus / le train / l'avion
in *the car* dans la voiture

2 Quelques autres cas courants

- **Il faut distinguer :**

– *at the beginning / end* indique toujours le début / la fin de quelque chose, explicitement mentionné (*at the beginning / end of the film*), ou évident parce que c'est ce dont on parle.

– *in the beginning*, qui n'est suivi de rien, est synonyme de *at first* :

In the beginning, they were all a bit scared. Au début, ils avaient tous un peu peur.

- **Pages**

That example is ***on*** *page 32,* ***at*** *line 3.* Cet exemple est (à la) page 32, à la ligne 3.

- **Vêtements**

the man ***in*** *the green tie /* ***in*** *the grey suit* l'homme à la cravate verte / au costume gris

- **Rappelez-vous aussi :**

on *that occasion* à cette occasion
on *one condition* à une condition

▶ 67 Date et heure ; 55 Chez ; 24 Arriver.

Complétez par la préposition qui convient.

1. *You'll find this equation right ... the beginning ... paragraph 2 ... page 5.* 2. *You can go ... two conditions: first you come back ... a taxi and second you are ... bed ... eleven, right?* 3. *I was born ... England, ... the suburbs of Liverpool, ... the banks of the Mersey.* 4. *There was a woman ... a nurse's uniform getting ... the train.* 5. *Let's stop ... that garage and ask if they can direct us ... the station.*

119. Infinitif avec *to* (= *to* + V) : *I want to go*

1 Chacune des deux phrases suivantes contient une proposition subordonnée, dont le verbe est à l'infinitif avec *to* (ou *to* + V). Comparons ces subordonnées :

*I want **to go***. Je veux partir.
*I want **Mike to go***. Je veux que Mike parte.

Dans la seconde (mais non dans la première), le verbe à l'infinitif a un sujet exprimé (*Mike*).

Quand le sujet d'une subordonnée en ***to* + V** est un **pronom personnel**, il est obligatoirement à la **forme complément** :

*I want **him / her / them** to go*. Je veux qu'il / elle / ils parte(nt).

2 Dans les deux cas illustrés par les deux exemples suivants, le sujet d'une subordonnée en *to* + V est obligatoirement précédé de *for* :

***For Ben to go** would be surprising*. Ce serait surprenant que Ben parte.
*She's **waiting for him to go***. Elle attend qu'il parte.

Dans le premier cas, la subordonnée occupe la fonction de **sujet de la phrase**. Dans le second cas, la subordonnée est complément d'un **verbe du type *wait* (*for*)**, c'est-à-dire d'un verbe dont le complément est introduit par la préposition *for*. Autre exemple :

*I **longed** for him to arrive*. Il me tardait qu'il arrive.

Dans ces constructions, ***for*** n'est pas l'équivalent du français « pour » : il constitue simplement le moyen grammatical d'introduire le sujet du verbe à l'infinitif.

3 Les verbes suivis d'une subordonnée en *to* + V appartiennent à deux catégories :

- **Verbes contenant une idée de volonté ou de cause**. Exemples :

*He **agreed to do** the cooking*. Il a accepté de faire la cuisine.
*The workload **caused him to have** a nervous breakdown*. En raison de la charge de travail, il a fait une dépression.
*I **want (him) to stay** here*. Je veux rester ici / Je veux qu'il reste ici.

– Certains de ces verbes (par exemple *agree*) sont directement suivis de *to* + V : *I agree to ...* Autres verbes de ce type : *choose to* (choisir de), *decide to*, *hesitate to*, *manage to* (parvenir à), *prepare to* (se préparer à), *promise to* (promettre de), *refuse to* (refuser de), *seek to* (chercher à), *strive to* (s'efforcer de), *threaten* (menacer de).

– D'autres verbes (par exemple *cause*) sont toujours suivis d'un **nom ou d'un pronom**, qui est le sujet de *to* + V : *It caused* **him** *to* … Autres verbes de ce type : *compel* (obliger à), *persuade* (persuader de), *enable to* (rendre capable de), *invite to* (inviter à), *order to* (ordonner de), *persuade to*, *remind to* (rappeler de), *tell to* (dire de).

– Une troisième catégorie de verbes (par exemple *want*) peuvent être suivis, ou non, **d'un nom ou d'un pronom** : *I want to / I want him to* … . Autres verbes de ce type : *expect* (s'attendre à ce que / attendre de quelqu'un qu'il…), *intend* (avoir l'intention de / que), *prefer*.

Après les verbes exprimant une volonté ou un souhait, le français utilise souvent une subordonnée en « que » : « Je veux / J'aimerais **qu'il parte** ». En anglais, la plupart des verbes de volonté ou de souhait sont habituellement suivis d'une proposition en ***to*** **+ V** (et non en *that*). C'est notamment le cas de ***want***, de ***prefer***, de ***expect***, et de l'expression ***I'd like*** :

I ***want*** */ I* ***prefer*** */* ***I'd like them to be*** *there on time.* Je veux / Je préfère / J'aimerais qu'ils arrivent à l'heure.
I ***expect*** *you to* ***to tell*** *me the truth.* J'attends de toi que tu me dises la vérité.

• **Verbes** exprimant une **opinion**, ou des **paroles prononcées**, concernant la vérité ou la probabilité d'un fait :

She ***seems to be*** *honest.* Elle semble être honnête.
*He****'s said / reported / thought to be*** *very ill.* On dit / raconte / pense qu'il est très malade. (Il s'agit d'une construction passive ▶ **195 Passif (2)**, qui est tout à fait parallèle à la construction avec *seem* : comparez avec *He* ***seems to be*** *very ill.*)
*He****'s said to have been implicated*** *in the scandal.* On dit qu'il a été impliqué dans le scandale. (Pour l'expression du passé, comparez à *He* ***seems to have been implicated*** *in the scandal*, « Il semble avoir été impliqué dans le scandale ».)
*She****'s reputed to be*** *a good pianist.* Elle a la réputation d'être une bonne pianiste.

Les constructions ***be said to / be reported to / be reputed to*** n'existent qu'au passif. (Elles n'ont pas d'équivalent à la voix active.)

Traduisez en anglais.

1. Tu veux manger à 8 heures ? 2. Je veux que vous écoutiez attentivement. 3. Tu voulais qu'on mange dehors ce soir ? 4. Elle ne s'attendait pas à ce que je l'accompagne. 5 Il me tarde que (*to long (for)*) Fonsi m'appelle. 6. Les calculs semblaient être justes. 7. Il avait promis de m'emmener en Tunisie. 8. Qu'ils se marient me paraît vraiment incroyable ! 9. On dit qu'elle est ambitieuse.

120. Infinitif avec *to* ou *V-ing* (1) : verbes suivis de *to* + *V* ou de *V-ing*

La différence de sens entre les deux constructions peut être plus ou moins grande. D'une façon générale, c'est le principe suivant qui s'applique : ***to* + V** exprime un point de vue qui se place **avant** l'action ou l'état désigné par le verbe, tandis que **V-*ing*** exprime un point de vue qui se place **dans** ou **après** l'action ou l'état désigné par le verbe.

- ***Remember*** (se rappeler avoir... / penser à [faire]) :

  *I **remember posting** the letter.* Je me rappelle avoir posté la lettre.

  On n'utilise pas *having posted* pour exprimer l'idée de passé : à la suite de *remember*, on emploie simplement V-*ing*.

  *I **remembered to post** the letter.* Je n'ai pas oublié de poster la lettre.

- ***Try*** (essayer de / essayer comme moyen) :

  ***Try to open** the window.* Essaie d'ouvrir la fenêtre.

  ***Try opening** the window.* Et si tu ouvrais la fenêtre ? (sous-entendu : c'est peut-être une solution)

- ***Need*** (avoir besoin de [faire] / avoir besoin d'être...) :

  *Ken **needs to** work.* Ken a besoin de travailler.

  *The door **needs painting**.* La porte a besoin d'être peinte.

- ***Regret*** (regretter d'avoir... / avoir le regret de...) :

  *I **regret telling** you that you were wrong.* Je regrette de t'avoir dit que tu avais tort.

  *I **regret to tell** you that you're wrong.* J'ai le regret de te dire que tu as tort.

- ***Like***, ***love***, ***prefer***, ***hate*** (détester), ***fear*** (craindre), ***(cannot) bear / stand*** (ne pas pouvoir supporter). Avec ces verbes, la différence de sens est parfois minime (*She **likes to see** / She **likes seeing** everybody happy*, « Elle aime voir tout le monde heureux »). Mais dans certains cas elle est très nette :

  *I **didn't like to disturb** you.* Je n'ai pas voulu vous déranger [donc je ne l'ai pas fait].

  *I **didn't like disturbing** you.* Ça ne m'a pas plu de vous déranger [mais je vous ai dérangé].

  Après ***would like*** (*I'd like*, etc.), on utilise toujours ***to* + V** : *I'd like **to ask** you a question* (Je voudrais vous poser une question).

- ***Begin*** (commencer à / de) et ***start*** (se mettre à). On peut utiliser les deux constructions de façon pratiquement indifférente :

  *She **began to learn / learning** Chinese in 2006.* Elle a commencé à apprendre le chinois en 2006.

Toutefois, si *begin* ou *start* sont employés à la forme BE + -ING, on préfère généralement employer à leur suite la construction en *to* + V :

  *He's just **starting to realize** that new perspectives have opened up.* Il commence à peine à se rendre compte que de nouvelles perspectives se sont ouvertes.

Quelques verbes sont suivis de TO + V ou de V-ING selon la **présence** ou l'**absence** d'un **nom ou pronom** à leur suite : il s'agit de *advise* (conseiller de), *encourage* (encourager à), *allow* (autoriser à), *permit* (permettre de) et *forbid* (interdire de). Exemples :

*I'd **advise you to wait** until tomorrow.* Je vous conseillerais d'attendre demain.
*I'd **advise waiting** until tomorrow.* À mon avis, il faudrait attendre demain.

Complétez en insérant dans la phrase le verbe donné entre crochets (infinitif avec *to* ou V-*ing*).

1. *I'd like a double room with a bathroom. [BOOK]* 2. *Do you like cards? [PLAY]* 3. *You'll remember my business address, won't you? [WRITE down]* 4. *When will he begin his speech? [GIVE]* 5. *I don't like too many different wines. [DRINK]* 6. *You can't set it up like that! Try the instructions! [FOLLOW]* 7. *Do you remember Professor Faber? [MEET]* 8. *We won't need a duplicate of your birth certificate. [HAVE]*

121. Infinitif avec *to* ou *V-ing* (2) : placés en début de phrase

1 Les deux formes peuvent être utilisées en début de phrase (plus précisément dans une proposition ayant une fonction de sujet) :

Inviting him to the party *was a mistake.* L'inviter à la fête a été une erreur.
To invite him to the party *wouldn't be a good idea.* L'inviter à la fête ne serait pas une bonne idée.

Dans de nombreux cas, l'emploi des deux formes est possible. Cependant, on a plutôt tendance à utiliser **V-*ing*** quand on se place mentalement « dans » ou « après » la situation dont il est question (en particulier lorsqu'elle a été réalisée), et ***to*** **+ V** quand on se place mentalement « avant ».

2 On utilise fréquemment la construction en *it is … / it was …* (▶ 134), qui rejette la proposition « sujet » en fin de phrase :

It *wouldn't be a good idea* ***to invite him to the party***. Ce ne serait pas une bonne idée de l'inviter à la fête.

C'est généralement la construction en ***to*** **+ V** qui est choisie dans ce cas. Donc, si l'on veut transformer la phrase *Inviting him to the party was a mistake* (exemple du paragraphe **1**) en utilisant *it is … / it was …*, on dira :

It *was a mistake* ***to invite him to the party***. Ça a été une erreur, de l'inviter à la fête.

▶ aussi 134 It's …, paragraphe 3.

Reformulez en commençant par *It is … It was …*, etc.

1. *Doing the shopping won't take me much time.* 2. *To satisfy our customers has always been our aim.* 3. *Launching your product just before Easter was a good idea.* 4. *Finding her there was a real surprise.*

122. Infinitif sans *to* (*I saw her open the door*)

1 L'infinitif sans *to*, ou base verbale (symbole : V), est utilisé notamment après les modaux (▶ 152), après l'auxiliaire *do / does / did* (▶ 219 et 223), et après les verbes indiqués ci-après.

- Les verbes ***help*** (aider) et ***dare*** (oser) peuvent être suivis soit de l'**infinitif sans *to*** soit de l'**infinitif avec *to*** (= ***to* + V**), pratiquement sans différence de sens :

*He **helped** me **(to) repair** the door.* Il m'a aidé à réparer la porte.
*He **didn't dare (to)** speak to her.* Il n'a pas osé lui parler

- Les verbes ***go*** et ***come*** peuvent être suivis directement d'une base verbale (notamment en anglais américain), mais il peuvent également en être séparés par *and* (notamment en anglais britannique) :

***Go tell** him! / **Go and tell** him!* Va le lui dire !
***Come sit** here! / **Come and sit** here!* Viens t'asseoir ici !

La construction sans *and* n'est courante que lorsque les verbes *go* et *come* sont à l'impératif (exemples ci-dessus) ou à l'infinitif (avec ou sans *to*) : *You should **go** tell him* (Tu devrais aller le lui dire).

- Les **verbes de perception** comme ***see***, ***hear***, ***feel*** (sentir par le toucher, ressentir) et ***watch*** (regarder, observer) peuvent être suivis de l'**infinitif sans *to***. (Ils peuvent également être suivis de **V-*ing*** ▶ **291** concernant la différence de sens.) Exemples :

*I **saw** her **open** the door.* Je l'ai vue ouvrir la porte.
*He **watched** the plane **take off**.* Il a regardé l'avion décoller.

Il ne faut pas imiter la construction française lorsqu'elle place le verbe à l'infinitif **après son sujet** :

J'ai vu entrer plusieurs personnes. *I saw several people go in.*

- Les verbes ***make*** et ***have***, utilisés dans le sens de « faire faire » (▶ aussi **92**), ainsi que le verbe ***let*** utilisé dans le sens de « laisser faire » (▶ aussi **143**), sont suivis de l'**infinitif sans *to*** :

*She **makes** me **laugh**.* Elle me fait rire.
*He wants to **make** the rich pay.* Il veut faire payer les riches. (Attention à l'ordre des mots en anglais : le sujet du verbe à l'infinitif sans *to* doit **précéder** ce verbe.)
*I'll **have** Hans **translate** the letter for me.* Je vais me faire traduire la lettre par Hans.
*They **let** their **kids** do whatever they like.* Ils laissent leurs enfants faire tout ce qu'ils veulent.

Lorsque les verbes de perception et *make* sont au **passif**, l'infinitif qui les suit est précédé de *to* :

*He **was seen to steal** the money.* On l'a vu voler l'argent.
*She **was made to open** her suitcase.* On lui a fait ouvrir sa valise.

Traduisez en anglais.

1. Viens t'asseoir à côté de moi. 2. Tu me laisses régler la note? 3. Mike m'a souvent fait pleurer. 4. Allons lui demander de présider (*chair*) la séance (*session*). 5. Nous les avons regardés défiler (*parade*) dans la rue. 6. C'est mon père qui m'a aidé à construire ces étagères. 7. Je n'oserai jamais lui demander son âge. 8. Vous les verrez se lever quand il entrera.

123. -*ing* (1) : valeurs de V-*ing*

Sur les modifications orthographiques que peut entraîner l'ajout de la terminaison *-ing* à un verbe ▶ 36 *BE + -ING* (1).

La forme **V-*ing*** est fondamentalement une forme **verbale**, mais elle peut prendre des valeurs syntaxiques très différentes. Ces valeurs se situent sur un éventail qui va du nom à l'adjectif.

- **Nom :**

  *This **building** is very old.* Ce bâtiment est très vieux.

- **Nom verbal :**

  *He advocates the **banning** of alcohol from football grounds.* Il préconise l'interdiction de l'alcool dans les stades de football.

- **Gérondif** (emploi dans des subordonnées ayant une fonction de sujet ou de complément ▶ **124-125**) :

  ***Writing those letters** was long work.* Écrire ces lettres a été un long travail.
  *You can't stop **him doing what he wants to**.* Vous ne pouvez pas l'empêcher de faire ce qu'il veut.
  *I took the book **without her noticing it**.* J'ai pris le livre sans qu'elle s'en aperçoive.

Les **prépositions** (▶ **214**) sont **obligatoirement** suivies du **gérondif** (et non de l'infinitif) : *before leaving* (avant de partir), *instead of working* (au lieu de travailler), *without working* (sans travailler), etc.

Cependant, ***except*** (sauf), ainsi que ***but*** employé dans le même sens, est suivi de l'infinitif sans *to* :
*He does nothing **except / but watch** TV all day.* Il ne fait rien d'autre que regarder la télé toute la journée.

To constitue un cas particulier.

- Il peut être **préposition**, et dans ce cas il introduit soit un **nom** (ou **pronom**) soit un **gérondif** :

*This will contribute **to road safety / to making roads safer**.* Ceci contribuera à la sécurité routière / à rendre les routes plus sûres.

- Il peut également être **particule infinitive**, c'est-à-dire faire partie d'un **infinitif avec *to*** (= *to* + V) :

*He wants **to make roads safer**.* Il veut rendre les routes plus sûres.

- **Participe présent** (emploi dans des propositions dites participiales) :

  Knowing that he would be late, *I didn't hurry.* Sachant qu'il serait en retard, je ne me suis pas dépêché(e).
  Where can I find advice for people ***wanting to buy a computer****?* Où est-ce que je peux trouver des conseils pour des gens qui veulent acheter un ordinateur ?

- **Élément de la forme BE + -ING :**

  He's been ***reading*** *for two hours.* Ça fait deux heures qu'il lit.

- **Valeurs proches de BE + -ING (▶ 291 Verbes de perception) :**

  I saw her ***trying*** *to open the door.* Je l'ai vue en train d'essayer d'ouvrir la porte.

- **Adjectif :**

  This story is very ***interesting***. Cette histoire est très intéressante.

> Ne confondez pas *interesting* (intéressant) et *interested (in)* (qui s'intéresse à), *boring* (ennuyeux) et *bored* (qui s'ennuie), etc.

Traduisez en anglais en utilisant des formes V-*ing*.

1. J'ai deux paires de lunettes : une pour lire et l'autre pour conduire. 2. Ces résultats sont très décevants. 3. Trouver une place pour se garer peut être frustrant. 4. Nous nous sommes tous organisés (*plan*) pour être là pour l'anniversaire de Helen sans qu'elle le sache. 5. Dans ce spectacle, les chansons et les danses étaient excellentes. 6. Cette campagne vise (*aim at*) à encourager les jeunes à voter.

124. -ing (2) : verbes suivis de V-ing (He dislikes living in York)

1 Chacune des deux phrases suivantes contient une proposition subordonnée, dont le verbe est à la forme en -*ing* (symbole : V-*ing*). Comparons ces subordonnées :

She dislikes ***living in York***. Ça ne lui plaît pas d'habiter à York.
She dislikes ***her son living in York***. Ça ne lui plaît pas que son fils habite à York.

Dans la seconde (mais non dans la première), le verbe à la forme en -*ing* a un **sujet exprimé** (*her son*).

Quand le sujet d'une subordonnée en **V-*ing*** est un **pronom personnel**, il est habituellement à la **forme complément** :

She dislikes ***him*** *living in York.* Ça ne lui plaît pas qu'il habite à York.
I don't mind ***them*** *asking silly questions.* Ça ne me dérange pas qu'ils posent des questions stupides.

Dans un style recherché, ou lorsque la proposition en V-*ing* est en tête de phrase, le sujet peut être au **génitif** :
I don't mind ***Tom's*** *asking /* ***his*** *asking silly questions.* Ça ne me dérange pas que Tom / qu'il pose des questions stupides.
His *always asking silly questions really gets on my nerves.* Le fait qu'il pose toujours des questions stupides m'énerve réellement.

3 Après certains verbes, comme *dislike* ou *mind*, la seule forme verbale possible est V-*ing*. (L'infinitif, en particulier, est exclu.) Ces verbes appartiennent à trois catégories, illustrées par les trois exemples suivants :

I don't ***appreciate*** *(Tom) being treated like this.* Je n'apprécie pas d'être traité(e) ainsi / que Tom soit traité ainsi.
I'll ***avoid*** *mentioning that problem.* Je vais éviter de mentionner ce problème.
When did she ***give up*** *smoking?* Quand est-ce qu'elle a arrêté de fumer ?

• **Type *appreciate***. Il s'agit de verbes dont le sens inclut un **jugement** ou une **appréciation** : *appreciate*, *contemplate* (envisager de), *dislike* (ne pas aimer), *enjoy* (apprécier, avoir du plaisir à), *mind* (avoir une objection contre), *resent* (éprouver du ressentiment envers), *tolerate*, etc.

• **Type *avoid***. Ces verbes expriment une attitude **négative** vis-à-vis d'une situation : *delay* (retarder), *(can't) help* (ne pas pouvoir s'empêcher de), *prevent* (empêcher de), *put off* (différer, reporter), *stop* (empêcher de), etc.

• **Type *give up***. Ces verbes expriment la continuation ou la fin d'une situation : *carry on / go on / keep on* (continuer de), *resume* (recommencer à), *quit / stop* (arrêter de), etc.

Ne pas confondre :
He ***stopped talking*** *to us.* Il a arrêté de nous parler.
He ***stopped to talk*** *to us.* Il s'est arrêté pour nous parler.

Complétez à l'aide du verbe entre crochets.

1. We don't like people … in our house. [SMOKE] 2. Can you carry on … these forms for me? [FILL in / FILL out] 3. I'm sure he will avoid … that question. [ANSWER] 4. I hate them … video games. [PLAY] 5. Speed cameras are in operation to prevent motorists from … too fast. [DRIVE] 6. I wouldn't mind … the next manager! [BE]

125. -*ing* (3) : verbe + préposition + V-*ing* (*I object to going*)

1 Comparons ces deux phrases :

I ***object to going***. Je ne suis pas d'accord pour partir / pour que nous partions.
I ***refuse to go***. Je refuse de partir.

• Dans la seconde phrase (*I refuse* ***to go***), le mot ***to*** est ce qu'on appelle la **particule infinitive** (il fait partie d'un « infinitif avec *to* »).

• Dans *I object* ***to going***, le mot ***to*** est une **préposition**, dont le rôle apparaît si l'on compare *I object <u>to going</u>* à *I object <u>to the project</u>* (Je ne suis pas d'accord avec le projet).

Autres **verbes et expressions** construits avec ***to* + V-*ing*** à leur suite :

amount to (équivaloir à)	***get used to*** (s'habituer à)	***resort to*** (recourir à)
confess to (avouer)	***get (a)round to*** (trouver enfin le temps de)	***take to*** (se mettre à [habitude / activité])
contribute to (contribuer à)	***limit oneself to*** (se limiter à)	
take exception to (s'offusquer de)	***(I) look forward to*** (il me tarde de)	

Complétez avec un infinitif en *to* ou *to* + V-*ing*.

1. *We're looking forward ... you again. (SEE)* 2. *Why did she refuse ...? (ATTEND)* 3. *I don't object ... early. (GET up)* 4. *I'm afraid you'll have to resort ... an overhead projector* (rétroprojecteur). *(USE)* 5. *She hopes ... six months abroad. (SPEND)* 6. *You'll soon get used ... in this department. (WORK)* 7. *Have you remembered ... the letters? (POST)* 8. *They confessed ... the bomb. (PLANT)*

2 D'autres prépositions peuvent intervenir dans ce type de construction :

*He **apologized for losing** his temper.* Il s'est excusé de s'être mis en colère.
*The bad weather **discouraged** them **from walking** to the village.* Le mauvais temps les a découragés d'aller à pied jusqu'au village.

Autres **verbes courants** suivis de ***for / from / in / on / etc. + V-ing*** :

accuse somebody of (accuser qqn de / d'avoir...)	***excuse somebody for*** (excuser qqn de / d'avoir...)
blame somebody for (blâmer qqn de / d'avoir...)	***forgive somebody for*** (pardonner à qqn de / d'avoir...)
charge sb with (accuser qqn de)	***insist on*** (insister pour que)
consist in (consister à)	***persist in*** (persister à)
congratulate somebody on (féliciter qqn de / d'avoir...)	***prevent somebody / something (from)*** (empêcher qqn / qqch. de)
content oneself with (se contenter de)	***resign oneself to*** (se résigner à)
deter somebody from (dissuader qqn de)	

Traduisez en anglais.

1. J'espère que tu me pardonneras d'arriver en retard. 2. Je me résigne à payer de plus en plus d'impôts. 3. Il a insisté pour me conduire à la gare. 4. Elle persiste à croire que sa solution est la meilleure. 5. Rien que je puisse dire ne les dissuadera de partir.

126. Insistance et formes emphatiques

Il existe plusieurs moyens d'insister sur un ou plusieurs des éléments qui constituent une phrase.

1 Vocabulaire

Il s'agit essentiellement des adverbes du type *really* ou *very* (*I'm really / I'm very sorry*, « Je suis vraiment désolé(e) »).

▶ aussi 86 ***Ever***; 230 ***Quite***.

2 Mise en relief d'un ou plusieurs mots

Dans la langue écrite, un mot qu'on veut mettre en relief peut être souligné, ou mis en italique, ou en gras, ou en majuscules. Dans la langue orale, la mise en relief se fait par **l'accentuation plus forte** du mot concerné. L'anglais a recours à ce type de mise en relief beaucoup plus souvent que le français, qui dans de nombreux cas préfère utiliser la construction « c'est ... que / qui ... ». Exemples (les mots accentués figurent en gras) :

> ***Claire*** *went to Leeds yesterday.* C'est Claire qui est allée à Leeds hier.
> *Claire* ***went*** *to Leeds yesterday.* Claire est allée à Leeds hier.
> *Claire went to* ***Leeds*** *yesterday.* C'est à Leeds que Claire est allée hier.
> *Claire went to Leeds* ***yesterday***. C'est hier que Claire est allée à Leeds.

L'anglais a cependant lui aussi des formes du type « c'est ... que / qui ... » : ▶ **134** ***It's ...***.

3 Formes grammaticales

• Les formes grammaticales d'insistance sont nombreuses, et leurs effets sont variés. Il faut mentionner notamment l'**exclamation** (▶ **87**) et le **placement d'éléments en tête de phrase** (▶ **131** et **132**).

• Les auxiliaires (BE, HAVE, DO, CAN, etc.) peuvent être utilisés pour ce qu'on appelle l'**accentuation emphatique**. Exemple :

> *'They can't win that match.' 'You're wrong. They* ***will*** *win it.'* « Ils ne peuvent pas gagner ce match. – Tu as tort. Ils vont le gagner, c'est sûr. »

La forme des auxiliaires porteurs d'un accent emphatique est toujours la **forme pleine** (prononciation /wɪl/ pour *will*, /kæn/ pour *can*, etc. – ▶ **5**).

Au présent simple et au prétérit simple affirmatifs, la forme emphatique utilise les auxiliaires *do / does / did* :

> *'Bob told me that you don't agree.' 'But I* ***do*** *agree!'* « Bob m'a dit que tu n'es pas d'accord. – Mais si, je suis d'accord ! »

Traduisez en anglais, en utilisant des formes d'insistance.

1. Tu as vraiment une collection superbe ! 2. Ils regardent le match à la télé, mais moi je ne le regarderai pas. 3. Alors ? C'est vrai que tu vas te marier ? 4. Lui, il a vécu à Los Angeles, mais pas elle. 5. « Il dit que tu n'as pas pris le message. – Mais bien sûr que si ! » 6. Elle pense que je ne terminerai pas ce travail, mais je le terminerai ! 7. « Puisque tu n'aimes pas les cerises, je ne t'en ai pas acheté. – Mais si, j'aime les cerises ! » 8. Sandra veut se faire percer les oreilles (*have her ears pierced*), mais moi je ne ferai pas ça.

127. Interrogation (1) : constructions interrogatives

1 Il y a deux catégories de phrases interrogatives : (a) les questions *Yes / No* (*Are you ready?*), qui peuvent avoir *Yes* ou *No* pour réponse, et (b) les questions avec mot interrogatif (*What's your name?*). Le mot interrogatif est soit *how* soit un mot commençant par *wh-* (*what, when, where, which, who, whom, whose, why*).

2 La construction interrogative utilise l'ordre auxiliaire-sujet (ou inversion), qui concerne le premier auxiliaire du groupe verbal :

When ***will the plumber be coming****?* Quand est-ce que le plombier va venir ?

Au **présent simple** et au **prétérit simple**, il faut utiliser l'auxiliaire ***do / does / did*** et la **base verbale** (sans terminaison *-s* ou *-ed*) :

Ella lives in Boston. Ella habite Boston. (forme **affirmative**)
→ ***Does*** *Ella* ***live*** *in Boston?* (forme **interrogative**)

Cependant, lorsque la question est introduite par un mot ou groupe interrogatif qui est lui-même le **sujet** de la proposition, on garde l'ordre « sujet-auxiliaire / verbe », et on n'emploie pas *do / does / did* :

Who *came?* Qui est venu ?
How many people *will be coming?* Combien de gens viendront ?

3 L'interro-négation combine la négation et l'interrogation :

Didn't Jim leave *a message?* Est-ce que Jim n'a pas laissé un message ?
Did Jim not leave *a message?* (même sens – style recherché)

Si on n'utilise pas la forme contractée pour la négation de l'auxiliaire (*didn't, aren't, won't*, etc.), on est obligé de placer la négation *not* après le sujet (second exemple). On ne peut donc pas dire ou écrire ~~*Did not Jim leave a message?*~~.

La construction interro-négative est souvent utilisée dans des **phrases exclamatives** (▶ 87) :

Isn't this weather *awful!* Quel temps affreux !

4 Lorsque le mot ou groupe interrogatif est complément d'un verbe construit avec une préposition (*talk about …*, « parler de… » ; *look at …*, « regarder… » ; etc.), on place habituellement cette préposition en fin de phrase (c'est-à-dire à sa place normale, après le verbe) :

***What** are you talking **about**?* De quoi parles-tu / parlez-vous ?
***Which bus** are they waiting **for**?* Quel est le bus qu'ils attendent ?
***What** do you attribute your success **to**?* À quoi attribuez-vous votre succès ?

Dans la langue recherchée, on préfère généralement placer la préposition en tête de phrase (*To what do you attribute your success?*), mais ce n'est pas toujours possible : on ne pourrait pas dire, par exemple, ~~*About what are you talking?*~~.

En français familier, l'utilisation des formes suivantes est courante dans les questions :
• **Construction affirmative**, le marqueur d'interrogation étant alors simplement l'intonation (dans la langue orale) ou le point d'interrogation (dans la langue écrite) : Sa femme le sait ?
• **Répétition par pronom** (▶ **97 Gallicismes**) : Elle le sait, sa femme ?
• Dans certains cas, **rejet du mot interrogatif** après le verbe (et éventuellement les compléments) : Tu pars quand ? / Il part quand, ton frère ?
• Dans certaines demandes, ajout d'une **négation** à la forme interrogative : Tu pourrais pas me prêter 10 euros ?

En anglais, tout cela est généralement impossible. On dira donc :

Does his wife know?
When are you leaving? / When is your brother leaving?
Could you lend me 10 euros?

▶ aussi 130 Intonation ; 268 Tags et reprises.

Mettez à la forme interrogative.

1. *All her friends work in the City.* 2. *His mother lives alone.* 3. *She didn't go by plane.* 4. *They have invited Martine.* 5. *They went to California for their holidays.* 6. *Max and Dave will be coming too.*

128. Interrogation (2) : mots interrogatifs

Les mots interrogatifs sont d'une part ***how*** et les interrogatifs en *wh-* (***what***, ***which***, ***who***, ***whom***, ***whose***) examinés ci-après, et d'autre part ***when*** (quand), ***where*** (où) et ***why*** (pourquoi), qui ne posent pas de problèmes particuliers.

1 L'interrogatif *how* peut à lui seul introduire une question, et dans ce cas il équivaut au français « comment… ? » :

***How** does it work?* Comment ça marche ?

Il ne faut pas confondre ***How is X?*** et ***What is X like?*** :

***How is** Clara?* Comment va Clara ?

***What is** Clara **like**?* Comment est Clara ? (mot à mot : « À quoi ressemble Clara ? »)

How is X? est utilisé pour interroger sur l'état de santé de quelqu'un, ou sur l'impression faite par quelqu'un / quelque chose (*How was the film?* = Comment il était, ce film ?), tandis que ***What is X like?*** est utilisé quand on attend une description, même sommaire. (▶ aussi **59 Comment**.)

2 Par ailleurs, il existe de nombreuses **expressions interrogatives** commençant par ***how*** (***How long …?***, ***How old …?***, etc.), et la plupart n'ont pas d'équivalent français construit de la même manière :

***How long** did they stay?* Combien de temps sont-ils restés ?

***How many TVs / How much** money have you got?* Tu as combien de téléviseurs / d'argent ? (Attention à la différence dénombrable / indénombrable)

***How old / tall** is Sonia?* Elle a quel âge / Elle mesure combien, Sonia ?

***How far** is the village from here?* Il est à combien de kilomètres / Est-ce qu'il est loin d'ici, le village ?

***How often** do you have your car serviced?* Tous les combien vous faites faire la révision de votre voiture ?

***How long / wide** is their swimming pool?* Leur piscine fait quelle longueur / largeur ?

***How large** is the living room? /* Elle est grande comment, la salle de séjour ?

***How difficult** / **How easy** is it?* Quel est le degré de difficulté / de facilité ?

3 ***What …?*** et ***which …?*** peuvent équivaloir tous deux à l'interrogatif « quel(le) / quel(le)s » du français, mais ils ne sont pas synonymes. Avec ***which …?*** on interroge sur un choix à l'intérieur d'un ensemble d'éléments **clairement délimité** – ce qui n'est pas le cas avec *what …?* :

***Which flavour** do you want – chocolate, vanilla or strawberry?* Quel parfum veux-tu / voulez-vous : chocolat, vanille ou fraise ? (*which* obligatoire)

***What colour** is the earth seen from a spacecraft?* De quelle couleur est la terre vue d'un vaisseau spatial ? (*what* obligatoire)

***Which / What channel** do you want to watch tonight?* Quelle chaîne veux-tu / voulez-vous regarder ce soir ? (*which* et *what* possibles tous les deux)

What …? et *which …?* peuvent être employés soit avec un nom à leur suite (exemples ci-dessus), soit seuls :

***What** does he prefer?* Qu'est-ce qu'il préfère ?

***Which** does he prefer?* Lequel préfère-t-il ?

Dans le premier cas, ils peuvent tous deux être utilisés pour des personnes (***What actors / Which actors** does he prefer?*). Par contre, lorsqu'ils sont employés seuls, *what* renvoie nécessairement à un « non-humain » (qu'est-ce que / qu'est ce qui… ?), alors que *which* peut renvoyer aussi bien à un « non-humain » qu'à une personne :

*There are four **films / actors**. **Which** does he prefer?* … Lequel préfère-t-il ?

Par ailleurs, *which*, contrairement à *what*, peut être suivi de ***one(s)*** ou de ***of the … / of your …*** / etc. :

Which one / Which of your uncles do you prefer? Lequel préfères-tu ? / Lequel / Lesquels de tes oncles préfères-tu ?

4 ***Who …?*** est utilisé pour les personnes, aussi bien en fonction de sujet que de complément :

***Who** won the match?* Qui a gagné le match ?

***Who** did you talk to?* À qui avez-vous / as-tu parlé ?

Le pronom interrogatif complément *whom …?* (*Whom did you talk to? / To whom did you talk?*) n'est utilisé que dans une langue très recherchée.

5 *Whose ...?* est couramment utilisé pour demander qui est le possesseur d'un objet. Il est alors employé avec BE :

__Whose__ books __are__ these? À qui sont ces livres ?
__Whose are__ these books? (même sens – forme moins courante)

Si on emploie le verbe *belong* (appartenir), la question doit commencer par ***who***, et non par *whose* : l'équivalent de « À qui appartient ce livre ? » est *Who does this book **belong to**?*

__Whose__ car did you borrow? Tu as emprunté la voiture de qui ?

6 Les mots interrogatifs peuvent être suivis du mot *ever* utilisé pour exprimer l'étonnement ou l'irritation :

Who __ever__ told you that? Qui donc t'a dit ça ? / Qui a bien pu te dire ça ?

▶ 86 pour plus de détails sur cet emploi de **ever**.

A. Posez des questions en utilisant les éléments donnés entre parenthèses.

1. *I've bought some eggs. (How many?)* 2. *Their plane leaves from Roissy. (What time?)* 3. *Someone should ask for details. (Who?)* 4. *He borrowed a crash helmet* [casque de moto]. *(Whose?)* 5. They *went on a weekend break. (Where?)* 6. *They're talking. (What ... about?)* 7. *We'd better hurry. (Why?)* 8. *She had to go there on business. (How often?)*

B. Traduisez en anglais.

1. Qu'est-ce que tu regardes ? 2. En quelle année avez-vous acheté votre maison ? 3. À qui sont ces tennis ? 4. À quoi pensiez-vous ? 5. Combien de pain veux-tu que je coupe ? 6. Pourquoi n'y a-t-il plus de places ? 7. Eau plate ou gazeuse ? Laquelle préférez-vous ? 8. Ça fait combien de l'hôtel jusqu'au centre ville ?

129. Interrogation (3) : les questions indirectes

1 Lorsqu'une question est rapportée au discours indirect (▶ 74), elle devient une subordonnée interrogative (ou question indirecte) :

Discours rapporté direct	Discours rapporté indirect
He asked me, 'Where's the exit?'	*He asked me where the exit was.*
Il m'a demandé : « Où est la sortie ? »	Il m'a demandé où était la sortie.

Le passage du discours direct au discours indirect peut entraîner des modifications concernant les temps, les pronoms personnels et les adverbes de temps et de lieu (▶ **74**).

Dans les **questions indirectes** (contrairement à ce qui se passe dans les questions directes), il n'y a **pas d'inversion du sujet et de l'auxiliaire**. Il ne faut donc pas imiter le type d'inversion qui est souvent utilisé en français dans les interrogatives indirectes : « Il m'a demandé où **était la sortie**. » (En anglais : ... *where the exit was*.)

Notez également la disparition de l'auxiliaire *do / does / did* dans des cas comme le suivant :

I asked them, 'Which one ***do you prefer?'*** (question directe)
Je leur ai demandé : « Lequel préférez-vous ? »
→ *I asked them which one* ***they preferred*** (question indirecte)
Je leur ai demandé lequel ils préféraient.

2 Tous les mots interrogatifs utilisés pour les questions directes (*how*, *what*, *when*, etc. ▶ 128) peuvent introduire une question indirecte :

They asked me ***how*** *old I was.* Ils m'ont demandé quel âge j'avais.
I wonder ***what*** *he is worried about.* Je me demande ce qui l'inquiète.

3 *Whether* et *if* introduisent des interrogatives indirectes qui correspondent aux questions « *Yes / No* » :

Does Jack like chocolate? → *I wonder* ***whether / if*** *Jack likes chocolate.*

If est généralement préféré dans la langue courante, et *whether* dans un registre soutenu.

Toutefois, on ne peut employer que ***whether*** en tête de phrase ou après un nom ou une préposition :
Whether *you like it or not matters little.* La question de savoir si ça vous plaît ou non importe peu.
The discussion was about ***whether*** *a vote was necessary.* La discussion a porté sur le fait de savoir si un vote était nécessaire.

4 Il ne faut pas confondre **deux types de subordonnées introduites par *when*** :

• Les **subordonnées interrogatives** (*I wonder when they* ***will be*** *back*, « Je me demande quand ils seront de retour »).

• Les **subordonnées de temps** (*I'll contact them when they* ***are*** *back*, « Je les contacterai quand ils seront de retour »).

Contrairement aux subordonnées de temps, les subordonnées interrogatives ne sont pas concernées par l'impossibilité d'employer le *will* de sens futur.

Mettez au discours indirect, en commencant par *He asked me ...*

1. *Where's your laptop?* (ordinateur portable) 2. *Where are the snow tyres for this car?* 3. *Which brand of cornflakes do you buy?* 4. *What time will you arrive?* 5. *How much did that software cost you?* 6. *Do you think they will agree?* 7. *Why haven't you contacted your insurance agent?* 8. *Can I leave this until tomorrow?*

130. Intonation

L'intonation se prête bien à un apprentissage fondé sur l'imitation. Il est donc intéressant, pour l'apprenant, de savoir reconnaître et imiter les **schémas intonatifs anglais** qui diffèrent des schémas intonatifs de sa langue maternelle.

On peut considérer qu'il existe en anglais trois mélodies intonatives essentielles (une « descendante », une « montante » et une « descendante-montante »). Voici trois types de schémas intonatifs, choisis parmi les plus courants, qui utilisent ces mélodies intonatives. (Notez cependant qu'il existe d'autres schémas intonatifs, assez différents.)

Schéma à intonation descendante

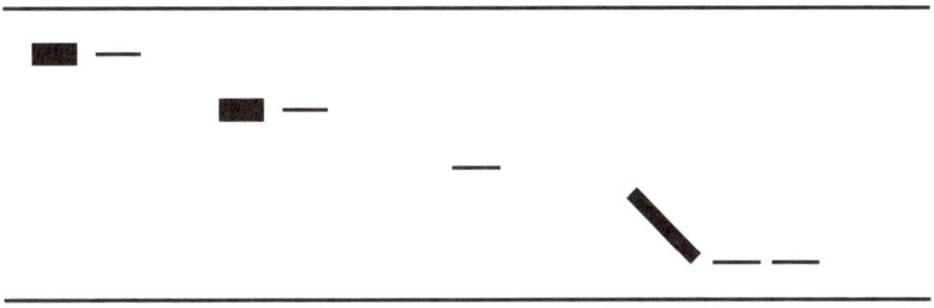

And**rew* ***gave** me* ***this ***pho**tograph.*

Andrew m'a donné cette photo.

Ce schéma intonatif comprend dans sa partie initiale une légère descente « en escalier », et ensuite une chute mélodique sur la syllabe accentuée principale. Il est couramment utilisé dans des affirmations ayant un caractère banal, ou dans les questions introduites par un mot interrogatif (sans être le seul schéma possible pour ces types de phrases). Exemple :

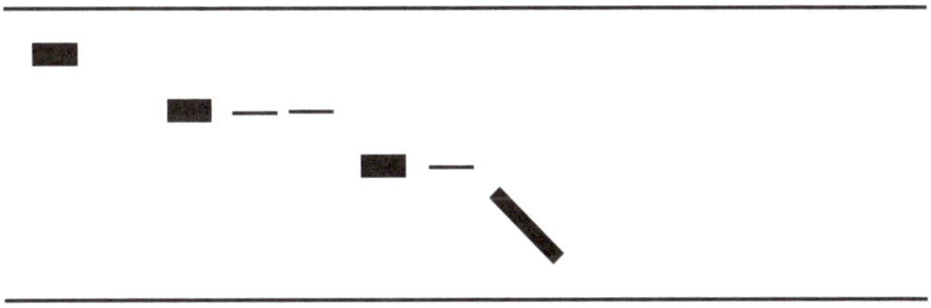

When** **will** you be **able** to **come?

Quand pourrez-vous venir ?

Schéma à intonation montante

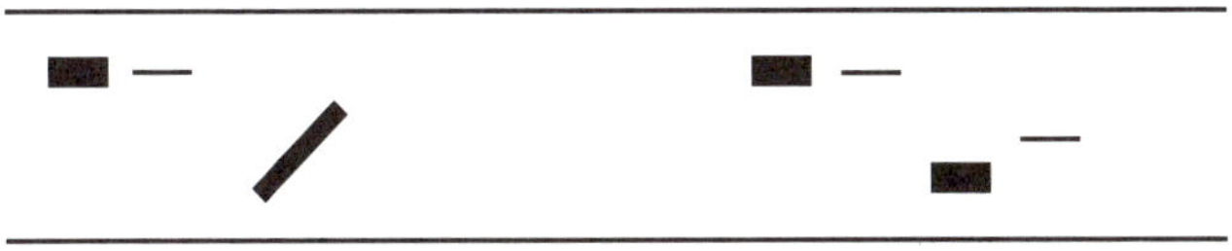

Is** it* ***cold? ***Is** it* ***rain**ing?*

Il fait froid ? Est-ce qu'il pleut ?

La partie initiale est semblable à celle du cas précédent (descente « en escalier »). À sa suite, la montée commence dans la partie la plus basse de la voix, et, selon le cas, elle s'effectue sur une syllabe ou sur plusieurs. Ce schéma est fréquemment utilisé dans les questions *'Yes / No'*.

Schéma avec « ton creusé »

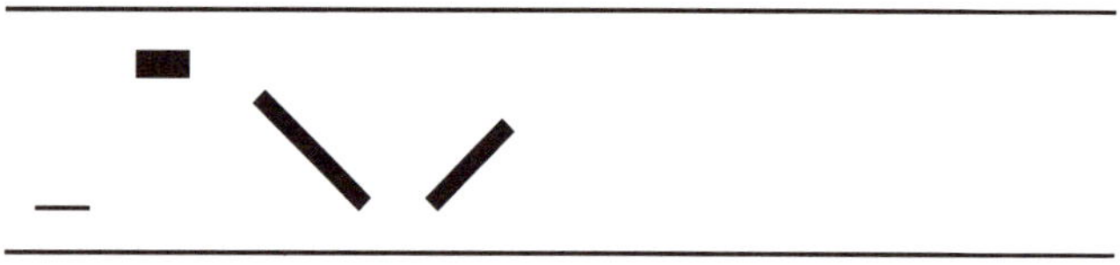

It's ***not*** ***that*** ***cold!***

Il ne fait pas si froid que ça !

À la suite de la partie initiale (principe identique à celui des deux cas précédents), la mélodie intonative contient une chute de grande amplitude sur une seule syllabe, puis une remontée jusqu'à la partie moyenne de la hauteur de voix. (Dans certains cas, la « descente-montée » s'effectue sur une seule et même syllabe.) Ce schéma est utilisé, en particulier, lorsque l'énoncé comprend un sous-entendu (qui, pour l'exemple ci-dessus, pourra être par exemple : « … arrêtez de vous plaindre »). Le ton creusé est particulièrement typique de l'intonation anglaise.

131. Inversion en anglais (1) : ordre auxiliaire-sujet (*Never will they …*)

Les **auxiliaires** sont *BE, HAVE, DO* et les **modaux** *CAN, MUST, WILL*, etc. (▶ **152**). La principale construction concernée par l'**ordre auxiliaire-sujet** est la **construction interrogative** (▶ **127**). Les constructions ci-après, qui appartiennent à un **niveau de langue plutôt recherché**, imposent elles aussi l'ordre auxiliaire-sujet.

1 Propositions commençant par un adverbe ou un groupe adverbial négatif (*never*) ou restrictif (*rarely, only then*)

L'inversion du sujet et de l'auxiliaire est déclenchée par la mise **en tête de proposition** du mot ou groupe de mots négatif ou restrictif :

His brother will ***never*** *agree.* Son frère n'acceptera jamais.

→ ***Never*** *will his brother agree.* Jamais son frère n'acceptera.

Si le verbe est au présent ou au prétérit simple, cette construction impose l'utilisation de ***do***, ***does*** ou ***did*** :

He ***rarely went*** *to town.* Il allait rarement en ville.

→ ***Rarely did*** *he* ***go*** *to town.* Ce n'est que rarement qu'il allait en ville.

Autres exemples :

Only then *did he realize that he had lost his way.* Ce n'est qu'à ce moment-là qu'il comprit qu'il s'était égaré.

No sooner *had he opened the door than the telephone rang.* À peine avait-il ouvert la porte que le téléphone a sonné. (Notez l'emploi de *than*, justifié par le comparatif *sooner*.)

Hardly *had he opened the door when the telephone rang.* (Même sens. Notez la construction *hardly… when…*)

***Not only** was he injured, but he had to pay damages.* Non seulement il a été blessé, mais il lui a fallu payer des dommages et intérêts.

C'est ce type d'inversion que l'on a dans les constructions ***nor / neither does / is*** / etc. et ***so does / is*** / etc. (▶ **268**) : *He won't apologize, and **neither will she*** (Il ne va pas s'excuser, et elle non plus) ; *She loved the film, and so did Tom* (Elle a adoré le film, et Tom aussi). Ces constructions, toutefois, appartiennent à un registre neutre – et non à un registre recherché, comme celles des exemples précédents.

2 Subordonnées de condition (*Had he gone ... = If he had gone ...*)

Cet emploi, qui appartient à un niveau de langue très recherché, n'est possible qu'avec les auxiliaires ***were***, ***had*** et ***should*** utilisés dans une subordonnée de condition irréelle ou non probable :

***Were he** to meet her, he would not recognize her.* S'il devait la rencontrer, il ne la reconnaîtrait pas. (Sur cet emploi de *were* ▶ **253**.)
***Had the ambulance** arrived five minutes later, he would not have been saved.* Si l'ambulance était arrivée cinq minutes plus tard, il n'aurait pas été sauvé.
***Should there be** any difficulty, please call this number.* Si jamais il y a une difficulté, veuillez appeler ce numéro. (Sur cet emploi de *should* ▶ **243**.)

> Transformez, en mettant en tête de phrase un élément qui déclenche une inversion.
>
> *1. She will never accept. 2. I hardly ever watch television. 3. If your train should be delayed, call me on your mobile. 4. If you had told me she was in hospital, I would have paid her a visit.*

132. Inversion en anglais (2) : ordre verbe-sujet (*Here comes the bus*)

Cette construction est utilisée avec les verbes **de situation** (***stand***, ***lie***, etc.) ou **de mouvement** (***go***, ***run***, etc.), lorsque la proposition commence par un adverbe, une particule ou un complément de **lieu** :

***Here** comes the bus.* Voilà le bus qui arrive.
*I opened the cage, and **out** went the bird.* J'ai ouvert la cage, et l'oiseau est sorti.
***Before them** lay the city.* Devant eux s'étendait la ville. (style recherché)

Cette inversion se fait également avec BE :

***Here** is the book you are looking for.* Voici le livre que tu cherches.

L'inversion, toutefois, ne se fait pas si le sujet est un **pronom** :

*Here **she comes**.* La voilà qui arrive.
*I opened the cage, and **out it went**.* J'ai ouvert la cage, et il est sorti.
***Out you go**!* Dehors ! / Tu sors !

> Traduisez en français.
>
> *1. Here are your trainers. 2. Here pops up a message from Philip on my screen! 3. Here is that man you were talking about. 4. The plane came nearer and round it circled. 5. Off you run! 6. Over the sea we watched the sun setting.*

133. Inversion en français

Dans un certain nombre de cas, le français inverse l'ordre sujet-verbe, parfois de façon obligatoire. Cette inversion est impossible en anglais.

- **Questions indirectes**

  On ne m'a pas dit à quelle heure commence le travail. *I wasn't told at what time work starts.*
  Personne ne sait où est l'entrée de la grotte. *Nobody knows where the opening of the cave is.*

- **Propositions relatives**

  C'est la pièce où sont rangées les archives. *This is the room where the records are kept.*
  Les gens dont parlait ton frère sont arrivés. *The people your brother was talking about have come.*

- **« Dit-elle », etc.**

Quand la proposition qui indique le locuteur d'un dialogue a pour sujet un pronom (il, elle, etc.), l'inversion est complètement impossible en anglais :

  Mais alors, cria-t-il, nous sommes perdus. *But then, he shouted, we're lost.*

Quand le verbe a pour sujet un nom, il vaut mieux ne pas faire l'inversion en anglais :

  Je ne sais pas, répondit la réceptionniste. *I don't know, the receptionist answered.*

  L'inversion est possible en style soutenu.

- **Après certains adverbes**

  À peine étaient-ils arrivés que le spectacle a commencé. *They had hardly arrived when the show started.* (Un ordre des mots différent est cependant possible ▶ **132 Inversion en anglais (2)**.)
  Sans doute vous a-t-elle écrit. *She's probably written to you.*
  Peut-être arrivera-t-il demain. *Maybe he'll arrive tomorrow / He may arrive tomorrow.*

- **Dans les subordonnées circonstancielles**

  Comme vous l'a expliqué Claire, … *As Claire explained to you, …*
  Dès que surgit une difficulté nouvelle, … *As soon as a new difficulty crops up, …*

> Traduisez en anglais.
>
> 1. Je ne sais pas où se trouve la poste. 2. Tu déjeunes avec qui aujourd'hui ? 3. Nous ne savions pas de quoi parlaient tous ces gens. 4. Nous devrions demander à quelle heure part le prochain train. 5. Cela dépendra de la façon dont réagiront les clients. 6. « Vous savez à quel étage se trouvent leurs bureaux ? » demanda-t-elle. 7. Dès que vient le printemps, les gens se précipitent à la campagne. 8. C'est une maison où ont vécu beaucoup de gens célèbres.

134. It's ... (It's surprising that he refused / It's nice to be here / etc.)

1 *It's ... (that) ...*

D'une façon générale, on utilise cette construction dans les cas où, en français, on a la construction « C'est / Il est (surprenant / important / etc.) que... » :

> ***It's incredible that*** *she survived the accident.* C'est incroyable qu'elle ait survécu à cet accident.
>
> ***It's a good thing (that)*** *they have decided to cooperate.* C'est une bonne chose qu'ils aient décidé de coopérer. (Sur l'omission de *that* ▶ **255**.)

2 *It's ... to* + base verbale

En général, cette construction est utilisée dans les cas où on a en français « C'est / Il est (difficile / important / etc.) de... » :

> ***It's nice to be*** *at home.* C'est agréable d'être chez soi.
>
> ***It's nice of you to offer*** *your help.* C'est gentil à vous d'offrir votre aide.
>
> ***It's difficult to please*** *everyone.* C'est difficile de faire plaisir à tout le monde.

Dans cette construction, comme dans toutes les constructions à l'infinitif avec *to*, ***for*** peut être utilisé pour introduire le sujet du verbe à l'infinitif. Notez la différence entre les deux constructions suivantes :
It's silly ***for*** *Ken to leave now.* C'est stupide que Ken parte maintenant.
It's silly ***of*** *Ken to leave now.* C'est stupide de la part de Ken de partir maintenant.

3 *It's ...* V-*ing*

Cette construction est parfois utilisée en concurrence avec la construction *It's ... to* + base verbale :

> *It was nice* ***meeting*** *you /* ***to meet*** *you.* J'ai été ravi de vous rencontrer.

Dans de nombreux cas, les deux constructions sont pratiquement synonymes. Dans certains cas, cependant, il y a une différence assez nette. Comparez :

> *It's difficult* ***to be*** *impartial.* C'est difficile d'être impartial.
>
> *It's difficult* ***being*** *a parent nowadays.* C'est difficile d'être parent de nos jours.

Dans le premier cas, on se place mentalement **avant** le fait dont il est question : la phrase signifie qu'on peut essayer d'être impartial, mais qu'on n'est pas sûr d'y parvenir. Dans le second cas, on se place mentalement **dans** la situation dont il est question : la phrase signifie que, **quand on est un parent**, c'est difficile.

Sur l'opposition entre ***to*** + base verbale et V-***ing*** ▶ 121 Infinitif avec ***to*** ou V-***ing*** (2).

A. Traduisez en anglais.

1. Ce n'est pas surprenant que les plages soient vides. 2. C'est étonnant qu'il ne vous ait pas appelés dimanche. 3. C'était une bonne idée d'inviter ta cousine Christine. 4. C'est facile d'être généreux quand on a les moyens. 5. Comme c'est agréable de passer la soirée ensemble ! 6. Être professeur de nos jours, c'est une tâche redoutable !

B. Comparez et dites dans quelle situation vous vous trouvez quand vous dites :

(a) *It's expensive running a car these days.* (b) *It's expensive to run a car these days.*

4 Construction *I find it difficult to ... / V-ing*

Dans les constructions *It's ... that ... / It's ... to ... / It's ... -ing* dont il est question ci-dessus, le pronom ***it*** correspond au « c' » ou au « il » des constructions françaises du type « C'est / Il est surprenant que... » ou « C'est / Il est difficile de... ».

Mais, par ailleurs, ce ***it*** est employé, de façon obligatoire, après les verbes d'opinion du type ***find***, ***think*** ou ***consider***, lorsque ces verbes introduisent une proposition en ***that ...***, en ***to* + base verbale** ou en **V-*ing***. Dans ce cas, **il n'a pas d'équivalent en français** (ce qui signifie qu'il faut faire attention à ne pas l'oublier) :

*I **find it** difficult **to please** everyone.* Je trouve difficile de faire plaisir à tout le monde. (Comparez à ***It** is difficult to please everyone.*)
*She **thought it** strange **that they hadn't mentioned** her name.* Elle a trouvé étrange qu'ils n'aient pas mentionné son nom. (cf. *It is strange that ...*)
*He **found it** difficult **living** so far from his native country.* Il trouvait difficile de vivre si loin de son pays natal.

Il en est de même après le verbe ***make*** signifiant « rendre / faire devenir » :

*This map will **make it easier** for you **to find** your way.* Avec cette carte, il sera plus facile pour vous de trouver votre chemin.

Traduisez en anglais.

1. C'est étonnant que tu ne t'entendes pas avec eux. 2. C'est surprenant qu'il n'y ait pas de station d'essence par ici. 3. C'est dommage que tu n'aies pas pu venir. 4. Elle trouvait fatigants les voyages en autocar. 5. Je considère inutile de refaire les calculs. 6. Ce n'était pas amusant de travailler dans ce bâtiment. 7. J'ai trouvé bizarre qu'elle ne nous ait pas prévenus. 8. Avec un bon diagramme, il sera plus facile de les convaincre.

135. *It is ... since*

It is ... since est beaucoup moins courant que le français « il y a... que », et n'a pas les mêmes emplois. Évitez d'employer cette formule si vous n'avez pas atteint une bonne maîtrise de son fonctionnement : il y a toujours un moyen de l'éviter, comme indiqué ci-dessous.

1 Sens « négatif »

It is two years since June has gone / (last) went to the cinema. Il y a deux ans que June n'est pas allée au cinéma.

Il n'y a pas de négation apparente en anglais, mais il s'agit bien de mesurer la durée d'un événement négatif jusqu'au moment présent.

On peut dire la même chose d'une façon plus commode :

June hasn't been to the movies for two years.

2 Mise en relief d'une durée accompagnée d'une appréciation

It's (only) two years since June started learning Chinese, and she can read newspaper headlines. Ça fait seulement deux ans que June s'est mise au chinois, et elle peut lire les titres de journaux.

Il vaut mieux employer :

June only started learning Chinese two years ago.

En anglais américain, cette construction a plus souvent la forme *it has been … since*. Il n'y a aucune différence de sens ou d'emploi.

▶ 113 Il y a, il y a… que.

136. Jamais

1 *Jamais* de sens négatif (= à aucun moment) : l'équivalent est *never*

Je n'ai jamais vu une chose pareille. *I've never seen such a thing.*
« Vous allez souvent au cirque ? – Jamais. » *'Do you often go to the circus?' 'I never do.'*

Mais attention : s'il y a déjà une terme négatif, l'équivalent est ***ever***. Exemple : Personne n'a jamais fait ça. *Nobody has ever done that.*

2 *Jamais* = à un moment quelconque : l'équivalent est *ever*

C'est la plus belle chose que j'aie jamais vue. *It's the most beautiful thing I've ever seen.*
Plus que jamais, nous devons faire attention. *More than ever, we must be careful.*
Si jamais vous venez en Écosse, passez-nous un coup de fil. *If you ever come to Scotland, give us a call.*
A-t-on jamais vu un tel scandale ? *Has there ever been such a scandal?*

137. Jusqu'à

1 « Jusqu'à » dans le temps

Nos amis restent jusqu'à la fin de la semaine. *Our friends are staying **until** the end of the week.*
Les employés resteront en grève jusqu'à ce que le patron cède. *The employees will stay on strike **until** the boss yields.*
Jusqu'à maintenant, tout marche bien. ***Up to now**, everything has been fine.*
Le magasin est ouvert du lundi jusqu'au samedi. *The shop is open **from** Monday **to** Saturday.*

En anglais américain :

Le magasin est ouvert du lundi jusqu'au samedi. *The store is open Monday* ***through*** *Saturday.*

2 « Jusqu'à » dans l'espace

Je vais seulement jusqu'au bout de la rue. *I'm only going* ***to*** *the end of the street.*

Ils sont allés jusqu'à la frontière. *They went* ***as far as*** *the border.*

Elle porte un manteau qui lui descend jusqu'aux chevilles *She wears a coat* ***down to*** *the ankles.*

Les bottes jusqu'aux genoux sont très à la mode. *Boots* ***up to*** *the knees are in.*

3 À propos d'un nombre

Ça peut coûter juqu'à 300 dollars. *It can cost* ***up to*** / ***as much as*** *$300.*

4 « Jusqu'à » suivi d'un infinitif

Il est allé jusqu'à nous accuser de mentir. *He went* ***so far as to*** *accuse us of lying.*

> Complétez par une traduction de jusqu'à / jusqu'à ce que.
>
> 1. *We stood on the pavement ... the taxi arrived.* 2. *They serve dinner here ... 10 pm.* 3. *You'll have to wait ... nine o'clock.* 4. *Her long blond hair reached ... her shoulders.* 5. *I'm ... my ears in work.*

138. *Just*

En anglais britannique, ***just*** **accompagné du present perfect** équivaut au français « venir de... » (passé récent)

No, thanks, no tea, I've just had lunch. Merci, pas de thé, je viens de déjeuner.

En anglais américain, on dira *I just had lunch* (emploi du prétérit).

Au past perfect :

I ***had just finished*** *my work when my boss brought me four urgent files.* Je venais de terminer mon travail quand mon patron m'a apporté quatre dossiers urgents.

139. *Last / latest*

1 *Last* = absolument le tout dernier (il n'y a rien d'autre après) :

the ***last*** *song of the show* la dernière chanson du spectacle

She had the ***last*** *word.* Elle a eu le dernier mot.

Quand *last* est associé à une unité de temps (*week, month, year*), il faut distinguer :

She worked very hard during ***the last month of her contract***. Elle a travaillé très dur pendant le dernier mois de son contrat.
She worked very hard ***last month*** [sans article]. Elle a travaillé très dur le mois dernier. (= par rapport à maintenant)

2 *Latest* = le plus récent, au moment où l'on parle

J.B. Heartrending's ***latest*** *song* la dernière chanson de J.B. Heartrending (= sa plus récente)
the ***latest*** *news* les dernières nouvelles

▶ ci-après 140 ***Late***, ***lately***.

140. *Late / lately*

1 *Late*

- **Après le verbe** BE, le sens est « en retard ».

Come on! Hurry up! We're going to ***be late***. Allez, dépêche-toi, on va être en retard.
The train ***was twenty minutes late***. Le train avait un retard de vingt minutes.

Dans ce sens, on ne peut pas employer *late* devant un nom :

les gens en retard *the people who* ***were late***

- **Devant un nom**, le sens est tout à fait différent :

her ***late husband*** son mari défunt
the ***late Mr Stevenson*** feu / le regretté M. Stevenson

2 *Lately*

Lately n'a pas de rapport de sens avec ***late*** :

A number of good songs have come out ***lately***. Pas mal de bonnes chansons sont sorties récemment / ces derniers temps.

▶ 139 ***Last*** / ***latest***.

141. *Lay et lie*

Le problème est la ressemblance des formes, qui s'explique par le rapport de sens.

lie (base)	***lay*** (prétérit)	***lain*** (participe passé)	être posé, être allongé, se trouver
lay (base)	***laid*** (prétérit)	***laid*** (participe passé)	poser

The house ***lay*** *in a small valley* (**prétérit de *lie***). La maison se trouvait dans une petite vallée.

Lay [impératif de ***lay***] *a piece of greaseproof paper on the surface of the custard.* Placez une feuille de papier sulfurisé sur le dessus de la crème.

Il ne faut pas non plus confondre ***lie*** *(lay, lain)* avec le **verbe régulier *lie*** *(lied, lied)* **= mentir** :
Why don't you lie down for a while? Tu devrais t'allonger quelques instants.
Don't lie to me! Ne me mens pas !

Complétez par *lie* (l'un ou l'autre des deux verbes) ou *lay* au temps et à la forme qui conviennent.

1. You … to me yesterday! 2. She put sun cream on and … in the sun. 3. His wife … ill in bed for weeks now. 4. I … the antique porcelain carefully on the shelf. [just] 5. A secret agent will always … about his true profession. 6. The snow … thick on the motorways yesterday.

142. Le / la / les

1 Le / la / les → *the* (emplois définis)

Si les articles français « le / la / les » désignent des personnes, objets ou idées qui sont rattachés au moment où on parle (ils sont bien connus, ou bien c'est le sujet de la conversation), on emploie tout simplement l'article ***the***, pour **tous** les types de noms.

Le chat a volé le rôti. ***The cat*** *has stolen the roast.* (dénombrable au singulier)

Les voisins ont une nouvelle voiture. ***The neighbours*** *have got a new car.* (dénombrable au pluriel)

Je ne vais pas nager, l'eau est trop froide. *I'm not going for a swim –* ***the water*** *is too cold.* (indénombrable)

2 Le / la / les → Ø (emploi générique) (▶ 25)

Par contre, si on se place à un niveau général, on a **l'article Ø**.

Les chats adorent les lits. ***Ø Cats*** *love* ***Ø beds.*** (dénombrable au pluriel)

À zéro degré, l'eau se transforme en glace. *At zero degrees,* ***Ø water*** *turns to ice.* (indénombrable)

Les indénombrables ainsi que les dénombrables au pluriel n'ont pas de forme générique avec *the*. Il faut donc employer Ø :

Le lait fait grossir. *Ø Milk is fattening.* (PAS ~~*The milk is fattening.*~~)

Les chameaux ont deux bosses. Ø Camels *have two humps.* (PAS ~~*The camels have two humps*~~.)

La présence d'un adjectif ne change rien à l'emploi de Ø :

Les chats persans adorent les lits moelleux. ***Ø Persian cats*** *love* ***Ø soft beds.***

L'eau froide est très stimulante. *Ø* ***Cold water*** *is very invigorating.*

Il existe également – mais **seulement pour les dénombrables au singulier** – un emploi générique de *the* et de *a / an* + nom dénombrable au singulier :

Le chat est un animal carnivore. *The cat is a carnivorous animal.*
Un chat retombe toujours sur ses pattes. *A cat will always fall on its legs.*

Un cas spécial, pour l'homme et la femme (= espèce humaine) :

L'homme est un bipède sans poils. Ø ***Man*** *is a hairless biped.*

3 Le / la → Ø (objet ou personne unique)

- **Noms propres** :

Les noms de pays, États, comtés prennent l'article Ø, y compris lorsque le nom inclut un adjectif :

l'Italie → *Italy*
le Sussex → *Sussex*
la Californie → *California*
la Caroline du Nord → *North Carolina*

Pour les noms de pays formés à partir de noms communs (« les États-Unis », *the United States*, « les Pays-Bas » *the Netherlands*), on utilise l'article, et l'accord se fait au singulier :
Les États-Unis n'ont pas une très forte densité de population. *The United States* ***is*** *not very densely populated.*
On utilise *the* devant les noms de cours d'eau, de mers, d'océans et de chaînes de montagne au pluriel : *the Mississipi, the Mediterranean (sea), the Himalayas.*

Ici encore, la présence d'un adjectif ne change rien à l'emploi de Ø :

Il est bien possible que la riche Californie soit plus puissante que la pauvre Inde. *Quite possibly,* ***rich California*** *is more powerful than* ***poor India****.*

- **Noms propres de personne précédés d'un titre :**

le docteur Freud *Doctor Freud*
le roi Charles Ier *King Charles 1st*

- **Numérotation :**

la chambre 201 *room 201*
la page 38 *page 38*
le numéro 3 *number 3*

▶ 26 Articles (2).

Traduisez ce texte en anglais.

Le Dr Justin ouvrit la lettre qui provenait d'Afrique du Sud. La signature en bas de la feuille était difficile à lire. Est-ce que l'auteur était un homme ou une femme ? Les femmes n'envoient pas souvent de lettres comme celle-ci. Une personne instruite utiliserait-elle de l'encre verte ? Il avait déjà été confronté à des situations où la bêtise avait été évidente.

143. *Let* ou *leave* (laisser)

1 « Laisser » + nom ou pronom

L'équivalent est ***leave*** :

Laisse les clés sur le bureau quand tu partiras. *Leave the keys on the desk when you leave.*
Laisse ta sœur tranquille. *Leave your sister alone.*

2 « Laisser » + nom ou pronom + verbe

L'équivalent est : ***let* + nom ou pronom + verbe à l'infinitif sans *to***

Elsa a laissé Jack préparer le dîner. *Elsa **let** Jack **cook dinner**.*
Laissez parler d'abord les personnes concernées. ***Let** those concerned **speak** first.*

En anglais, l'ordre est toujours ***let* + nom ou pronom + verbe** :
Elsa a laissé travailler Jack. *Elsa let Jack work.*

3 *Let's* + verbe (infinitif sans *to*)

Cette forme exprime l'impératif de 1re personne du pluriel :

Let's go! Allons-y !
***Let's take** a break.* On se fait une pause ?

▶ 116 Impératif (2).

Expressions diverses :

Let the dog in / out. Laissez entrer / sortir le chien.
Leave it to me. Laissez-moi m'en occuper.
He left the tap running. Il a laissé couler le robinet.
Leave the paint to dry. Laissez sécher la peinture.
He let us down. Il nous a laissés tomber.
I'm afraid we'll have to let you go. J'ai bien peur que nous ne soyons obligés de nous passer de vos services. (euphémisme pour un licenciement)

Complétez à l'aide d'un équivalent de « laisser ».

1. *… your ski boots in the locker room, please.* 2. *… me help you, will you?* 3. *You shouldn't … your PIN number with your bank card.* 4. *The kids never … me sleep late on Sundays.* 5. *Will they … you take liquids through customs?*

144. Lettres et messages e-mail

1 Lettres : principes généraux

• Ne mettez pas votre nom en tête de la lettre : il figurera à la fin, sous forme de signature ou d'explicitation de la signature.

• Si votre adresse figure dans la lettre, c'est par elle que vous commencerez : elle doit être en haut à droite, suivie de la date (à droite ou à gauche, mais obligatoirement à droite dans les lettres « formelles »).

2 Lettres à des amis, parents, etc. (style familier)

• Après la date, en haut à gauche : *Dear* + prénom, ou (dans un style très familier) *Hi* + prénom. On ne met pas de signe de ponctuation à la suite.

• On peut commencer la lettre proprement dite par *Just a (short) note to say that ... / Many thanks for ...* / etc.

• Pour terminer (avant la signature) : *Best wishes (from) / With best wishes / All the (very) best / Love (from).*

3 Lettres officielles et commerciales

• Ne pas utiliser des formes contractées (*I'm*, etc.).

• Après la date, en haut à gauche : *Dear Mr / Mrs / Miss / Ms* + nom de famille (si vous connaissez le nom du destinataire), ou *Dear Sir / Dear Madam / Dear Sir or Madam* (si vous ne connaissez pas le nom du destinataire). On ne met pas de signe de ponctuation à la suite.

• La lettre proprement dite peut commencer par *I am writing to ask whether... / Please could you send me ... / I would be grateful if you could send me ...*

• Pour terminer (avant la signature) : *Yours sincerely* (GB) / *Sincerely yours* (US) si vous avez mentionné le nom du destinataire, *Yours faithfully* (GB) si vous avez commencé par *Dear Sir / Madam*, ou *Yours truly* (surtout US).

4 Messages e-mail

Ces messages peuvent être rédigés exactement comme des lettres. Dans le registre familier, toutefois, on simplifie habituellement les formules. On peut commencer un e-mail par *Hi*, ou par *Hi* + prénom, ou par le prénom seul, et on peut également ne rien mettre avant le message lui-même. On peut terminer par *Regards* (GB, style neutre), par ou par *Best wishes / All the best / Best* (style familier), ou simplement par la signature, qui peut être simplement l'initiale du prénom.

Les initiales *cc*, utilisées internationalement pour indiquer un destinataire à qui on envoie une copie du message, signifient *carbon copy*.

145. *Like*

1 Ne confondez pas

• le **verbe *like*** = aimer, apprécier

What does Edna like? Qu'est-ce qu'elle aime, Edna ?
Does Edna like her sister? Est-ce qu'Edna aime sa sœur ?

• la **préposition** ***like*** = comme

What is Edna like? Elle est comment, Edna ? / À quoi ressemble Edna ?
Does Edna look like her sister? Est-ce qu'Edna ressemble à sa sœur ?

▶ 28 ***As*** ; 58 Comme.

2 Constructions du verbe *like*

Le sens est différent entre ***like*** = aimer et ***would like*** = vouloir (formule polie).

They like dancing late into the night. Ils aiment danser jusqu'à une heure avancée. (*danc****ING***)
Would you like to dance? Tu veux danser ? (***TO*** *dance*)
Do you like oysters? Vous aimez les huîtres ?
Would you like some oysters? Vous voulez des huîtres ?

L'adjectif *likely* est encore tout autre chose : ▶ **54** ***Certain, sure, likely, bound.***

Traduisez en anglais.

1. À qui ressemble-t-il ? À son grand-père ? 2. Personne n'aime aller chez le dentiste. 3. Comment était ton entretien ? 4. Je vais me promener avec Paul. Tu veux venir avec nous ? 5. Mais ce pantalon est comme celui que tu as acheté l'an dernier.

146. *Little, a little, few, a few*

1 Différence entre *a few / a little* et *few / little*

• ***A few*** / ***a little*** représente une petite quantité, mais pas négligeable (= mieux que rien).

They showed us ***a few*** *very interesting books.* Ils nous ont montré **quelques** livres très intéressants.
We have ***a little*** *money left, we could go to the restaurant.* Il nous reste **un peu** d'argent, on pourrait aller au restaurant.

• ***Few*** / ***little*** représente une quantité jugée faible (pas beaucoup ou pas assez).

Few *people enjoy swimming in cold water.* **Peu** de gens aiment nager dans l'eau froide.
As they had ***little*** *money, they never went to the restaurant.* Comme ils avaient **peu** d'argent, ils n'allaient jamais au restaurant.

En langue courante, on emploie souvent ***not much*** / ***not many*** à la place de *few* / *little* :

Not many *people enjoy swimming in cold water.* Il n'y a pas beaucoup de gens qui aiment nager dans l'eau froide.
*As they didn****'t*** *have* ***much*** *money, they never went to the restaurant.* Comme ils n'avaient pas beaucoup d'argent, ils n'allaient jamais au restaurant.

2 La différence dénombrable / indénombrable

Il faut toujours tenir compte de la différence dénombrable / indénombrable.

• *Few* (= « peu de ») et *a few* (= « quelques ») sont utilisés avec un nom dénombrable au pluriel :

There are ***few apples****.* Il y a peu de pommes. (= pas suffisamment)
There are ***a few apples****.* Il y a quelques pommes. (= c'est toujours ça)

• *Little* (= « peu de ») et *a little* (= « un peu de ») sont utilisés avec un nom indénombrable singulier (▶ 171 Noms (1)) :

There's ***little bread****.* Il y a peu de pain. (= pas suffisamment)
There's ***a little bread****.* Il y a un peu de pain. (= c'est toujours ça)

L'équivalent de « trop peu de » est selon le cas ***too few*** ou ***too little*** : *There are* ***too few apples*** / *There's* ***too little bread*** (Il y a trop peu de pommes / de pain).

Complétez à l'aide de *little, a little, few, a few.*

1. *It's a lot better when there are … heavy lorries on the motorway.* 2. *All I want is … bit of love, Michael!* 3. *Do you think you could lend me … money?* 4. *There were only … people in the queue (US : line).* 5. *If you want to lose weight, choose foods that contain … salt and … sugar.*

147. Longtemps

Dans une phrase affirmative, « longtemps » a pour équivalent ***a long time*** :

She took ***a long time*** *to dress.* Il lui a fallu longtemps pour s'habiller.

Avec une négation, par contre, on emploie ***long*** :

She didn't take ***long*** *to dress.* Il ne lui a pas fallu longtemps pour s'habiller.

Dans les questions, les deux sont possibles :

Did she take long / a long time to dress? Est-ce qu'il lui a fallu longtemps pour s'habiller ?

▶ aussi 69 Depuis, depuis que.

148. *Marry / divorce*

1 L'action de « se marier » ou de « divorcer »

Jackie ***married a millionaire*** *last year.* Jackie a épousé un millionnaire l'an dernier.
Jackie ***divorced her first husband*** *after six months.* Jackie a divorcé d'avec son premier mari au bout de six mois.
Jackie ***got married*** *two years ago.* Jackie s'est mariée il y a deux ans.
Jackie ***got divorced*** *last year.* Jackie a divorcé l'an dernier.
They ***are getting married****.* Ils vont se marier.
They ***are getting divorced****.* Ils vont divorcer.

2 L'état de « être marié » ou « être divorcé »

Jackie ***is married*** *to a millionaire.* Jackie est mariée à / avec un millionnaire.
Jackie ***is divorced***. Jackie est divorcée.

3 Ne pas confondre l'action et l'état

Jackie ***got married*** *last year.* (action) Jackie s'est mariée l'an dernier.
Jackie ***has been married*** *since last year.* (état) Jackie est mariée depuis l'an dernier.
Jackie ***got married*** *ten months ago.* (action) Jackie s'est mariée il y a dix mois.
Jackie ***has been married*** *for ten months.* (état) Jackie est mariée depuis dix mois.

> Transformez en utilisant les éléments entre crochets.
>
> 1. *When did you get married? [How long?]* 2. *Are you married? [How long ago?]* 3. *I have been divorced from Brian for two years. [two years ago]* 4. *My cousin got divorced three times. [Now]* 5. *We got married in September. [since]*

149. Masculin, féminin et neutre

1 Le trait masculin, féminin ou neutre n'apparaît que rarement sur le nom lui-même (▶ cependant 3 ci-après). Il est manifesté par les pronoms qui viennent éventuellement ensuite (*he, she, it*).

2 Le masculin (*he*) et le féminin (*she*) correspondent au sexe (mâle ou femelle). Le neutre (*it*) correspond soit à l'absence de sexe (lorsqu'il s'agit d'objets, d'idées, d'institutions, etc.), soit à l'ignorance ou à l'indifférence (lorsqu'il s'agit d'animaux). Il faut éviter de suivre le français et donc il ne faut pas attribuer le masculin ou le féminin à des inanimés.

Passe-moi le stylo, il est sur l'étagère. *Give me the pen.* ***It****'s on the shelf.*
Passe-moi la casserole, elle est dans le placard. *Give me the saucepan.* ***It****'s in the cupboard.*
Je vais à la banque, elle est juste au coin. *I'm going to the bank.* ***It****'s just round the corner.*

3 Dans quelques cas, le nom marque la différence masculin / féminin :

Noms différents		**Suffixes et préfixes**	
man	*woman*	*actor*	*actress*
king	*queen*	*heir* /eə(r)/	*heiress*
brother	*sister*	*host* /həust/ (hôte [qui invite])	*hostess*
uncle	*aunt*	*waiter*	*waitress*
bull (taureau)	*cow*	*tiger*	*tigress*
dog	*bitch* *	*hero*	*heroine*
horse	*mare*	*bridegroom* (marié)	*bride* (mariée)
widower (veuf)	*widow* (veuve)	*goat* (chèvre / bouc) *he-goat* / *she-goat*	

* Attention : le mot *bitch* est très peu utilisé, en dehors de l'anglais britannique, dans le sens de « chienne ». Il a un emploi argotique (≅ « garce »).

Le suffixe -***man*** (*policeman, fireman, chairman, spokesman*), généralement inaccentué et prononcé /mən/ (/pəˈliːsmən/, /ˈfaɪə(r)mən/, etc.) pose problème quand on fait référence à des groupes mixtes ou à des femmes. On lui substitue parfois le suffixe *-person* : *chairperson* (président(e)), *sposkesperson* (porte-parole).

Dans d'autres cas, on cherchera un terme différent : *police officer, firefighter*.

4 **Comment indiquer le masculin ou le féminin** pour les noms de personnes indifférenciés.

Comme la plupart des noms de personnes n'indiquent pas l'opposition masculin / féminin, il y a parfois une ambiguïté :

She is coming next week with her cousin. Elle vient la semaine prochaine avec son cousin / sa cousine.

Mais bien sûr il n'y a pas d'ambiguïté si l'interlocuteur sait de quel cousin ou de quelle cousine il s'agit, ou si l'on ajoute (par exemple) *..., the one who never parts from* ***her*** *dog* (..., celle qui ne se sépare jamais de son chien).

Avec les noms de profession, il n'est pas rare que l'on précise : au lieu de dire simplement *a nurse* ou *a doctor*, on dira *a male nurse* (un infirmier), *a female nurse* (une infirmière), *a female / woman doctor* (une femme médecin), *a female / male student* (une étudiante / un étudiant), etc.

Le terme *female* signifie « de sexe féminin », et il n'est pas du tout péjoratif : *the female voters* = les électrices.

5 Lorsqu'on reprend le nom par un **pronom personnel** de la troisième personne, on peut éviter de trois façons le problème de la mention du sexe. La première, qui de nos jours est considérée comme sexiste, consiste à utiliser le pronom masculin *he / him / his*. Il vaut donc mieux l'éviter, et choisir l'une des deux autres solutions.

- Dans un style plutôt recherché, on utilise *he or she*, ou, dans la langue écrite, *s/he* :

  If anyone detects an anomaly, ***he or she*** *must* ***/ s/he*** *must call this number.* Si quelqu'un détecte une anomalie, il ou elle doit appeler ce numéro.

- Dans un style familier ou neutre, on utilise ***they*** / ***them*** / ***their*** :

  Every visitor, wherever ***they*** *come from, deserves to be treated with respect.* Tout visiteur, d'où qu'il vienne, mérite d'être traité avec respect.

  Somebody left ***their*** *coat in the hall.* Quelqu'un a oublié son manteau dans l'entrée.

Quelques cas spéciaux

• On peut utiliser *it* pour parler d'un bébé, ou même d'un jeune enfant, dont on ne connaît pas le sexe.
Look at that baby. Isn't ***it*** *a sweet thing!* Regardez-moi ce bébé. Est-ce qu'il n'est pas mignon ?
• Pour les animaux, on utilise habituellement *it*, mais les propriétaires d'animaux familiers (*pets*) utilisent généralement *he* ou *she*.
• Les gens qui sont proches des voitures, camions ou bateaux utilisent souvent *she* pour parler d'un de ces véhicules, mais pas le commun des mortels.

▶ aussi 206 Pluriel ou singulier.

Complétez les questions.

1. *'Oh, what a tiny baby! How old …?'* 2. *'I've just met the nurse next door.' 'Really? What's … name?'* 3. *'She's got a really good position in the company.' 'Wow! Is … (president)?'* 4. *'Who's that person talking to your mother? Is … (your uncle)?'*

150. *May / might*

May et ***might*** sont la forme **présent** et la forme **prétérit** du modal *MAY*.

Sur les caractéristiques générales des modaux (pas de -s à la 3e personne du singulier du présent, etc.) ▶ **152**.

	Formes écrites	Formes orales
Présent	***may***	/meɪ/
Présent + négation	***may not*** (la forme contractée *mayn't* est très rare)	
Prétérit	***might***	/maɪt/
Prétérit + négation	***might not*** ***mightn't***	/ˈmaɪt(ə)nt/

May et *might* n'ont pas de formes orales réduites.

1 Possibilité logique (= il se peut que…)

*He **may** be at home.* Il se peut qu'il soit chez lui.

• Il faut employer ***may***, et non *can*, pour exprimer ce type de possibilité dans une phrase **affirmative**.

Dans une phrase **interrogative**, toutefois, on utilise ***can*** : ***Can** he be at home?* (« Est-ce possible qu'il soit chez lui ? »). On utilise également ***can*** dans les phrases **négatives** qui expriment une impossibilité : *He **can't** be at home* (« Il n'est pas possible qu'il soit chez lui »).

Pour la forme négative de *may* et de *can*, il faut faire attention à ce qu'on appelle la **portée de la négation**. En français, on distingue « Il **peut ne pas** être chez lui à cette heure-ci » (= possibilité que… ne pas) et « Il **ne peut pas** être chez lui à cette heure-ci » (= non-possibilité que…). La première phrase se traduira en anglais par *He **may not be** at home at this time of day*, et la seconde par *He **can't be** at home at this time of day*.

• Pour exprimer la possibilité logique d'un fait **passé**, on ne peut employer *might* que s'il s'agit d'un **passé de discours indirect** : *She said he might be at home.* (« Elle a dit qu'il pouvait être chez lui »). Pour un **passé de narration**, on emploie ***may have* + participe passé** :

*He **may have been** at home yesterday.* Il pouvait être chez lui hier / Il était peut-être chez lui hier.

• Le **prétérit** (***might***) a le plus souvent une valeur hypothétique. Il peut exprimer un **doute** qui se rajoute au sens de possibilité logique :

*He **might** be ill.* Il se pourrait qu'il soit malade.

Il peut également exprimer un **irréel** : l'événement était logiquement possible, mais il ne s'est pas produit. Cet emploi est courant pour les faits situés dans le passé, et *might* est alors associé à ***have* + participe passé** :

*You **might have broken** your leg.* Tu aurais pu te casser la jambe.

2 Permission (= être autorisé à)

D'une façon générale, MAY est plus « formel » que CAN. La raison est la suivante : MAY exprime le « bon vouloir » de la personne qui accorde la permission, ou qui la refuse, ou à qui on la demande. Il s'emploie surtout dans des **demandes de permission** (*May I ...?*), qui signifient « Est-ce que vous m'autorisez à... ? ».

– Pour **demander** la permission d'utiliser l'ordinateur portable de quelqu'un, on peut dire soit *Can I use your laptop?* (forme courante) soit *May I use your laptop?* (forme polie, voire déférente).

– Pour **accorder** ou **refuser** une permission dans la vie de tous les jours, par contre, on n'utilise habituellement pas *may*, à moins de se placer en position d'autorité. Ainsi, *You may (not) smoke* (« Vous pouvez / Vous ne pouvez pas fumer ») paraîtra très condescendant. Toutefois, on le trouve dans les lois ou les règlements : *Visitors may use the hospital car park*, « Les visiteurs sont autorisés à utiliser le parking de l'hôpital ».

La « portée de la négation » n'est pas la même qu'avec la possibilité logique. Ici, *you may not ...* exprime la « non-possibilité de... », autrement dit l'« interdiction de... – exactement comme *you can't*. Cependant, dit avec une intonation appropriée, *You may NOT go* peut exprimer une « permission de ne pas... » (« Vous pouvez ne pas partir »), tout comme *You can NOT go* (*can not* étant alors écrit en deux mots).

3 Autres emplois

- **Suggestion polie ou hésitante**

  *You **might** take a taxi.* Tu pourrais (peut-être) prendre un taxi.

- **Reproche**

  *You **might** at least say thank you!* Tu pourrais au moins dire merci !
  *You **might have told** me!* Tu aurais pu me le dire !

- **Concession** (= je suis d'accord que..., mais...)

  *He **may** be tired, but I'm sure he'll win the match.* Il a beau être fatigué, je suis sûr qu'il va gagner le match.

Traduisez en anglais.

1. Je crois que nous avons peut-être un problème. 2. Il se peut que nous ayons à attendre longtemps. 3. « Alors, tu déménages ? – C'est possible. » 4. Vous permettez que je fasse quelques suggestions ? 5. D'accord, tu ne gagnes pas beaucoup mais au moins tu aimes ton travail. 6. Il se peut que je l'aie envoyé à la mauvaise adresse. 7. Il est possible que ça ne lui plaise pas. 8. Il a pu ne pas entendre le réveil.

151. Même

1 « Le même que » a pour équivalent *the same as*

Bob veut la même voiture que Debbie. *Bob wants the same car as Debbie.*

2 L'adverbe « même » a pour équivalent *even*

Ils ont même mangé les glaçons. *They **even** ate the ice cubes.*

Attention à l'ordre des mots :

Il ne lui a même pas dit bonjour. *He **didn't even** say hallo.*

3 « Lui-même » / « elle-même » / « moi-même », etc. a pour équivalent *himself / herself / myself, etc.*

Le président lui-même lui a remis la médaille. *The president himself gave him / her the medal.*

▶ 227 Pronoms réfléchis et réciproques.

Traduisez en anglais.

1. Tu ne m'as même pas embrassé(e). 2. C'est toujours la même chose : le patron veut les résultats le jour même. 3. Et si nous allions au même endroit que l'an dernier? 4. Je te suivrai même au bout du monde, Albert! 5. Autrefois je votais toujours de la même façon.

152. Modaux : généralités

Il y a cinq **modaux principaux** :

CAN *(can/could)*, ***MAY*** *(may/might)*, ***MUST***, ***WILL*** *(will/would)* et ***SHALL*** *(shall/should)*.

Il y a également trois **modaux marginaux** :

OUGHT (qui est suivi de *to*, contrairement aux autres modaux), ***NEED*** et ***DARE*** (qui fonctionnent généralement comme des verbes ordinaires, mais peuvent dans certains cas être utilisés comme des modaux).

1 Caractéristiques de forme

• *CAN*, *MAY*, *WILL* et *SHALL* ont deux formes : un **présent** (*can*, *may*, *will* et *shall*) et un **prétérit** (*could*, *might*, *would* et *should*).

• *MUST* et *OUGHT TO*, ainsi que *NEED* et *DARE* employés comme modaux, ont une seule forme.

Toutes ces formes sont **invariables** (donc, pas de terminaison *-s* à la 3e personne du singulier du présent : *He can / He must go*, « Il peut / Il doit partir »). Les modaux n'ont pas d'infinitif, pas de forme en *-ing*, pas de participe passé.

• Les modaux forment leur **négation** et leur **interrogation** directement (sans l'auxiliaire *do / does / did*) :

Peter ***must go*** → *Peter* ***mustn't go*** → ***Must*** *Peter* ***go****?* Peter doit partir / Peter ne doit pas partir / Est-ce que Peter doit partir ?

La négation *NOT* se place nécessairement **aussitôt après le modal** : « Il a pu ne pas vous voir » → *He may* ***not*** *have seen you.*

• Ils ne peuvent être suivis que d'une **base verbale** (= « infinitif sans *to* ») ou des auxiliaires ***BE*** ou ***HAVE***. Il est donc impossible de les faire suivre de *to* (exception : *OUGHT TO*), ou d'un autre modal, ou d'un nom ou pronom (« Il le peut » → *He can* ou *He can do it*).

2 Le prétérit des modaux (*could, might, would* et *should*)

Rappel (▶ **224-225**) : lorsqu'elle est portée par un verbe ou un auxiliaire, la **marque du prétérit** a soit une valeur **temporelle** (expression d'un passé) soit une valeur **hypothétique** (expression d'une non-réalité).

• Lorsque la marque du prétérit est portée par un modal, elle a le plus souvent une valeur **hypothétique**, c'est-à-dire :

– soit une **valeur d'irréel** (*You* ***might*** *say thank you!*, « Tu pourrais dire merci ! » : on sous-entend « ... mais tu ne le dis pas ») ;

– soit une **valeur de doute** (*It* ***might*** *rain tomorrow*, « Il se pourrait qu'il pleuve demain » : le prétérit, qui équivaut ici au conditionnel français, sous-entend « ... mais je n'en suis pas très sûr »).

• Dans la plupart des cas, le prétérit des modaux ne peut pas être utilisé pour exprimer un **passé de narration**. Ainsi, on ne peut pas utiliser le prétérit pour mettre au passé *She* ***may*** *be at home now* (« Elle peut être chez elle / Il se peut qu'elle soit chez elle maintenant ») : si on remplace *now* par *yesterday*, il faudra non pas remplacer *may* par *might*, mais ajouter ***have*** **+ participe passé** dans le groupe verbal (*She* ***may have been*** *at home yesterday*, « Elle pouvait être chez elle hier »). Cependant, *could* et *would* peuvent, dans certains de leurs emplois, avoir une valeur de passé (▶ **48** et **300**).

• Par contre, le prétérit des modaux peut toujours être utilisé pour un **passé de discours indirect** : *Ken* ***said****, 'She* ***may*** *be at home.'* (énoncé rapporté au discours direct) → *Ken* ***said*** *that she* ***might*** *be at home.* (énoncé rapporté au discours **indirect**).

153. *Most*

1 *Most* = « la plupart », « la plus grande partie de »

Most of their friends *like music.* La plupart de leurs amis aiment la musique.
Most literature *is about love.* Dans la plupart des cas, la littérature traite de l'amour. (Remarquez que le français ne peut pas employer « la plupart » dans ce cas.)

Most biscuits ou *most of the biscuits* ?

Seules ces deux formes sont possibles : on ne peut pas avoir ~~most of biscuits~~. Après *of*, il faut un article ou un autre déterminant, jamais le nom directement. Opposez :

The dog has eaten ***most of the biscuits****.* Le chien a mangé la plupart des gâteaux. (*The biscuits* désigne un ensemble connu de gâteaux, par exemple ceux qu'il y avait dans la maison.)

Most biscuits *contain fattening stuff.* La plupart des gâteaux [en général] contiennent des choses qui font grossir.

C'est donc la règle générale de l'emploi de l'article qui s'applique : on emploie ***(of) the*** si on se réfère à un ensemble connu d'éléments, et Ø (absence d'article) si on fait référence à l'ensemble de la catégorie (emploi générique de Ø).

2 *Most* = « très » (style recherché)

The lecture was ***most interesting****.* La conférence était très intéressante.
I was ***most surprised*** *to see her there.* J'ai été très surpris de la voir là.

3 *Most* = « (le) plus » (marque du superlatif ▶ 60)

It's ***the most famous*** *restaurant in the city.* C'est le restaurant le plus célèbre de la ville.

Complétez à l'aide de *most* ou *most of* ou *most of the*.

1. *… her friends live nearby.* 2. *Generally speaking, I get on well with … people.* 3. *… us have strong ideas about religion.* 4. *… programmes they show on television are just rubbish.* 5. *They spent … weekend in the garden.* 6 *The film was … exciting.*

154. Mots à problèmes (1) : faux amis

On appelle **faux amis** les mots anglais qui ressemblent à des mots français mais qui ont un sens différent. Exemple : ***actual***, qui veut dire non pas « actuel » mais « réel ». (L'équivalent anglais du français « actuel » est *present*, ou *current*.) Voici quelques faux amis courants :

(La syllabe accentuée des mots de plus d'une syllabe est soulignée.)

Faux ami anglais	Traduction en français	Mot français ressemblant	Équivalent anglais de ce mot
achieve (verbe)	réaliser, mener à bien	achever, terminer	*complete*
actual(ly)	réel(lement)	actuel(lement)	*present(ly), current(ly)*
advertisement	publicité	avertissement	*warning*
advice	conseil(s)	avis	*opinion*
affair	liaison amoureuse	affaire(s)	*bargain* /ˈbɑːɡɪn/ ; *business* /ˈbɪznɪs/
annoy (verbe)	agacer	ennuyer	*to bore*
attend (verbe)	assister à	attendre	*to wait (for), to expect*

Faux ami anglais	**Traduction en français**	**Mot français ressemblant**	**Équivalent anglais de ce mot**
benefit (nom)	avantage	bénéfice	*profit*
charge (verbe)	faire payer	charger	*to load*
close /kləʊs/ (adj.)	proche	clos, fermé	*closed*
college	(approximativement) faculté	collège	(approximativement) *middle school*
comprehensive	complet	compréhensif	*understanding*
confused	désorienté	confus	*sorry*
deceive (verbe)	tromper	décevoir	*to disappoint* /dɪsə'pɔɪnt/
delay	retard	délai	dernier délai : *deadline*
dispose (of) (verbe)	se débarrasser (de)	disposer	*to arrange*
eventually	finalement	éventuellement	*possibly*
evidence (nom indénombrable)	preuve(s)	évidence	*obviousness*
extra (adjectif)	supplémentaire	extra	*great, super, terrific*
fool (nom)	imbécile	fou	*mad, crazy*
gentle	aimable, doux	gentil	*nice, kind*
hazard	danger, risque	hasard	*chance*
incinerate (verbe)	incinérer (ordures, etc.)	incinérer quelqu'un	*to cremate*
injure (verbe)	blesser	injurier	*abuse* /ə'bju:z/
issue /'ɪʃu:/	problème, point de désaccord	issue	*exit* /'eksɪt/, *way out, solution*
journey	voyage	journée	*day*
library /'laɪbrəri/	bibliothèque	librairie	*bookshop*
location	lieu, emplacement	location	*renting, hiring*
miserable (adj.)	malheureux	misérable	*destitute*
pass (verbe)	réussir (un examen)	passer (un examen)	*take (an exam)*
petrol	essence	pétrole	*(crude) oil*
photograph (nom)	photographie	photographe	*photographer*
prejudice	préjugé	préjudice	*harm, wrong*
preservative	conservateur alimentaire	préservatif	*condom* /'kɒndəm/
pretend (to) (verbe)	faire semblant (de)	prétendre (être, faire)	*claim (to be, to do)*
prevent (verbe)	empêcher	prévenir (avertir)	*to warn*
refuse /'refju:s/ (indénombrable)	ordures, déchets	refus	*refusal*
resign /rɪ'zaɪn/ (verbe)	démissionner	se résigner à	*resign oneself to (N-ing)*

Faux ami anglais	Traduction en français	Mot français ressemblant	Équivalent anglais de ce mot
resume (verbe)	reprendre, recommencer	résumer	*to sum up, to summarize*
sensible	sensé, raisonnable	sensible	*sensitive*
suppress (verbe)	réprimer	supprimer	*eradicate, do away with*
vacancy	chambre, emploi, etc. libre	vacances	GB *holiday(s)*, US *vacation*
versatile GB /'vɜ:sətaɪl/, US /'vɜ:sətl/	adaptable, qui a des talents variés	versatile	*changing, fickle*
vicious /'vɪʃəs/	méchant	vicieux	*lecherous*

155. Mots à problèmes (2) : semi-faux amis

À côté des faux amis proprement dits, il existe des **semi-faux amis**, qui dans certains de leurs emplois ont un sens identique à celui du mot français qui leur ressemble, mais qui dans d'autres ont un sens tout à fait différent. Ainsi, le nom *officer* désigne soit un officier soit, en dehors de l'armée, quelqu'un qui a une fonction donnée : *a press officer* est un attaché de presse, *a police officer* est un policier (de quelque rang que ce soit). Voici quelques mots courants de cette catégorie :

Semi-faux ami	Sens « faux ami »	Sens « ami »
abuse (nom) /ə'bju:s/	injure(s)	abus
anxious (to)	très désireux (de)	anxieux
apology	excuse	apologie
argument	dispute, débat	argument
collect (verbe)	rassembler ; passer prendre	collectionner
conviction	condamnation	conviction
copy	exemplaire (d'un journal, etc.)	copie
date	rendez-vous ; petit(e) ami(e)	date
depend on / can depend on (verbe)	(pouvoir) compter sur	dépendre de
difference	conflit, différend	différence
dramatic	spectaculaire	dramatique
engineer /ˌendʒɪ'nɪə(r)/	technicien ; (US) conducteur de train	ingénieur
facility, facilities	locaux, dispositifs, organisation	(singulier) facilité, talent
forge (verbe)	falsifier, faire un faux	forger (employé surtout au sens abstrait)
legal /'li:gəl/	judiciaire (*legal system*, etc.)	légal

Semi-faux ami	Sens « faux ami »	Sens « ami »
minister	pasteur (autre que de l'Église d'Angleterre)	ministre
pass (verbe)	réussir (à un examen)	passer
plant (nom)	usine ; matériel, machines ; objet caché à l'insu de qqn (cf. verbe *plant*)	plante
practise (GB), *practice* (US) (verbe)	(emploi sans complément d'objet) s'entraîner	pratiquer (une activité)
professional /prəˈfeʃnəl/	appartenant aux professions libérales	professionnel
qualify /ˈkwɒlɪfaɪ/ (verbe)	nuancer (une affirmation)	(se) qualifier
regular	habituel, normal ; réel	régulier
relief	soulagement	(en) relief (décoration, etc.)
résumé /ˈrezjumeɪ/ ou /ˈrezəmeɪ/	(US) CV	résumé (style littéraire)
tank	réservoir	tank
tissue /ˈtɪʃuː/	mouchoir en papier ; papier de soie	(biologie) tissu
utility, *utilities*	(pluriel) service public (électricité, eau, gaz) ; logiciel utilitaire	(style recherché) utilité
vocal /ˈvəʊkəl/	qui s'exprime haut et fort	vocal

156. Mots à problèmes (3) : mots à ne pas confondre

Dans les groupes de mots qui suivent, les confusions sont fréquentes, soit parce que ces mots se ressemblent, soit parce qu'ils ont des sens voisins.

Mots anglais	Exemples
across : sens de « traverser une surface » *through* : sens de « traverser un espace à trois dimensions »	*They flew **across** the Channel.* Ils ont traversé la Manche en avion. *The train went **through** a tunnel.* Le train a traversé un tunnel.
afraid /əˈfreɪd/ : qui a peur *scared* /skeəd/ : même sens, plus familier *frightened* : qui a très peur	Il a peur des araignées. *He's afraid / cared of spiders.* J'avais peur qu'ils se moquent de moi. *I was frightened that they would laugh at me.*
beside : à côté de (sens concret) *besides* : en plus de ; de plus	*Come and sit **beside** me.* Viens t'asseoir à côté de moi. *How many languages do you speak **besides** English?* Combien de langues parlez-vous en plus de l'anglais ?
bring : apporter, mener, etc. vers le lieu où l'on est / était / sera *take* : apporter, mener, etc. en s'éloignant du lieu où l'on est / était / sera	*We'll **bring** you a bottle of wine to go with the meal.* Nous vous apporterons une bouteille de vin pour accompagner le repas. *I must **take** these books back to the library.* Il faut que je rapporte ces livres à la bibliothèque.

Mots anglais	**Exemples**
but : mais *but* : sauf	*It's warm* ***but*** *windy.* Il fait doux mais il y a du vent. *I've cleaned everything* ***but*** *the kitchen.* J'ai tout nettoyé sauf la cuisine.
check : vérifier *control* : maîtriser	*You should* ***check*** *the oil level.* Tu devrais vérifier le niveau de l'huile. *We need to* ***control*** *CO^2 outputs.* Il nous faut maîtriser les émissions de CO^2.
enjoy : prendre du plaisir à *rejoice* : se réjouir de (littéraire)	*Did you* ***enjoy*** *the party / yourself?* Ça t'a plu, la fête ? / Tu t'es amusé(e) ? *He* ***rejoiced*** *at the news.* Il s'est réjoui de la nouvelle.
every day : chaque jour *everyday* (adjectif) : quotidien	*The shop is open* ***every day*** *except Sundays.* Le magasin est ouvert tous les jours sauf le dimanche. *Checking your email is an* ***everyday*** *routine.* Vérifier ses e-mails est quelque chose qu'on fait tous les jours.
feel : se sentir *feel like* : ressembler à (au toucher) *feel like* : avoir envie de	***I'm feeling*** *very tired.* Je me sens très fatigué(e). *It* ***feels like*** *silk.* Au toucher, on dirait de la soie. *I* ***feel like*** *a long, cold drink of fruit juice.* J'ai envie d'un grand verre de jus de fruits bien frais.
journey : voyage (souvent : voyage dans le sens aller ou le sens retour) *trip* : voyage (souvent : aller et retour) *voyage* : (généralement) voyage par mer *travel* : les voyages (nom indénombrable)	*The outward* ***journey*** *will take 4 hours.* Le voyage aller durera 4 heures. *How was your* ***trip*** *to Florida?* Comment s'est passé votre voyage en Floride ? *Their* ***voyage*** *across the Atlantic took three months.* Leur traversée de l'Atlantique a pris trois mois. *Air* ***travel*** *is sometimes expensive.* Les voyages en avion sont parfois chers.
lie (*lay, lain*) : être étendu *lay* (*laid, laid*) : étendre, poser *lie* (*lied, lied*) : mentir	*He* ***lay*** *sleeping under the tree.* Il était couché sous l'arbre et dormait. *She* ***laid*** *the vase carefully on the shelf.* Il a posé le vase soigneusement sur l'étagère. *Do you think he* ***was lying****?* Tu penses qu'il mentait ?
lose /lu:z/ (*lost, lost*) : perdre *loose* /lu:s/ (adjectif) : peu serré, mal fixé	*I* ***lost*** *my camera somewhere in Italy.* J'ai perdu mon appareil de photo quelque part en Italie. *The handle of that saucepan is* ***loose***. La queue de cette casserole ne tient pas bien.
occasion : survenue d'un événement *opportunity* : circonstances favorables	*on that* ***occasion*** : en cette occasion *a land of* ***opportunity*** : un pays où l'on a des occasions de réussir
parent : père ou mère *relative* : membre de la famille	*One-****parent*** *families are frequent these days.* Les familles monoparentales ne sont pas rares de nos jours. *They're both called Jones but they are not* ***relatives***. Ils s'appellent Jones tous les deux mais ils ne sont pas parents.
produce (nom indénombrable) : produit(s) (généralement de l'agriculture) *product* : produit manufacturé	*Organic* ***produce*** *is in great demand.* Les produits bio sont très demandés. *These* ***products*** *are guaranteed by the manufacturer.* Ces produits sont garantis par le fabricant.

Mots anglais	Exemples
rise (*rose, risen*) : se lever, monter *raise* (verbe régulier) : lever, élever *a rise* (GB), *a raise* (US) : une augmentation de salaire	*There were flames* ***rising*** *above the roof.* Il y avait des flammes qui montaient du toit. ***Raise*** *your hands.* Levez la main. *I've just been given* ***a rise / a raise****.* Je viens d'avoir une augmentation.
sometimes : quelquefois *some time* : à un moment non précisé	*I* ***sometimes*** *meet him in the pub.* Je le rencontre quelquefois au pub. *We could meet* ***some time*** *next week.* On pourrait se rencontrer un jour / à un moment de la semaine prochaine.
speak : parler (sens général) *talk* : converser / bavarder / discuter / faire un discours	*She* ***speaks*** *slowly and quietly.* Elle parle lentement et calmement. *Emma* ***is talking*** *to her friend on the phone.* Emma parle avec son ami(e) au téléphone. *Professor Fenn will* ***talk*** *about inflation.* Le professeur Fenn parlera de l'inflation.
terrible : très mauvais *terrific* : très bon	*Her accent is* ***terrible****!* Son accent est épouvantable ! *Your idea is* ***terrific****!* Ton idée est formidable / super !

157. Mots à problèmes (4) : mots français souvent mal traduits

Le tableau ci-après est d'abord destiné à attirer votre attention sur ces mots, et sur les risques d'erreurs que comporte leur traduction par le mot anglais le plus ressemblant. Plusieurs traductions différentes sont données pour chacun d'eux, mais en général ce ne sont pas les seules possibles. Pour plus de détails, il vous sera nécessaire de consulter un dictionnaire.

Mots français	Équivalents anglais dans des contextes différents
accepter	Il a accepté le cadeau. *He* ***accepted*** *the gift.* Il a accepté de partir. *He* ***agreed to*** *leave* (pas ~~accepted to~~)
ancien	l'Égypte ancienne : ***ancient*** *Egypt* une ancienne colonie britannique : *a* ***former*** *British colony*
après (d'après)	d'après lui / elle / etc. : ***according to*** *him / her / etc.* d'après moi : ***in my opinion*** (pas ~~according to me~~)
avertir	Il nous a avertis des risques d'avalanches. *He* ***warned*** *us against the risk of avalanches.* (avertir d'un danger) Vous avez averti la police ? *Did you* ***tell*** *the police?* (informer)
devant	La gare est devant vous. *The station is* ***in front of*** *you.* On se retrouve devant le cinéma à 8 heures. *Let's meet* ***outside*** *the cinema at 8.* Il est passé en voiture devant le magasin. *He drove* ***past*** *the shop.*
économique	***economic*** (qui a trait aux faits économiques) → la politique économique du gouvernement : *the government's economic policy* ***economical*** (qui fait faire des économies) → Cette voiture est plus économique. *This car is more economical to run.*

Mots français	**Équivalents anglais dans des contextes différents**
enfin	Il est enfin parti ! *He's gone **at last**!* J'ai habité en Angleterre, au Japon, et enfin en France. *I've lived in England, Japan and **finally** in France.* Finalement il a trouvé une solution. *He **eventually** found a solution.*
face (en face)	La poste est juste en face de moi. *The post office is (right) **in front of** me.* Il est garé en face de la poste. *He has parked **opposite** the post office.*
grand	un homme grand : *a **tall** man* une grande ville : *a **large** town / city*
ignorer	Il vous ignorera (fera semblant de ne pas vous voir). *He'll **ignore** /ɪg'nɔ:(r)/ you* « C'est vrai ? – Je l'ignore. » *'Is that true?' 'I **don't know**.'*
important	une question importante : *an **important** question* une somme importante : *a **large** sum (of money)*
là	Regarde, la maison est là. *Look, the house is **over there**.* Tu cherches Jo ? Elle n'est pas là. *Looking for Jo? She**'s away**.*
manquer	Il a manqué la cible. *He **missed** the target.* Tu me manques. *I **miss** you.* (Notez que le sujet et le complément sont inversés par rapport à la construction du verbe « manquer ».)
oublier	J'ai oublié de poster la lettre. *I **forgot** to post the letter.* J'ai oublié mon parapluie dans le bus. *I **left** my umbrella on the bus.*
payer	Il a payé le repas. *He **paid for the meal**.* Il a payé le loyer au propriétaire. *He **paid the landlord the rent**.* Il m'a payé un repas. *He **bought** me a meal.*
personne	C'est une personne très aimable. *He / She is a very nice **person**.* Il y a deux personnes dans la pièce. *There are two **people** in the room.*
petit	un petit garçon : *a **small** boy* (jeune) un gentil petit garcon : *a nice **little** boy* (connotation affective) un homme petit et trapu : *a **short**, stocky man*
préciser	Il a précisé qu'il reviendrait plus tard. *He **pointed out** that / **made it clear** that he'd come back later.* (Attention : *precise* est un adjectif, pas un verbe.)
public (nom)	Le musée n'est pas ouvert au public. *The museum is not open to the general **public**.* Le public s'est mis à applaudir. *The **audience** began clapping.*
rendez-vous	*rendez-vous* : sens très limité, dont rendez-vous amoureux Il a un rendez-vous avec un client. *He has an **appointment** with a client.* J'ai rendez-vous avec Bob et Hil pour le repas de midi. *I**'m meeting** Bob and Hil for lunch.*
rester	Il ne reste que deux bananes. *There are only two bananas **left**.* Il ne reste que deux mois avant l'élection. *There are only two months **to go** before the election.*
risquer (de)	Il risquait de tout perdre. *He **risked losing** everything.* (courir / prendre le risque de) Il risque de le regretter. *He **may** regret it.*
seul	Elle préfère travailler seule. *She prefers working **alone / by herself**.* Elle se sent seule. *She's feeling **lonely**.*
travail	*There's a lot of **work** to do.* Il y a beaucoup de travail à faire. Est-ce que ton travail (emploi) te plaît ? *Do you enjoy your **job**?*

158. Mots à problèmes (5) : mots faussement anglais

Il s'agit de mots qui ont l'air anglais mais que les anglophones n'utilisent pas, ou utilisent dans un sens tout à fait différent. Vous devez vous méfier de ces mots quand vous parlez ou écrivez en anglais.

Mots faussement anglais	**Équivalents anglais**
baby-foot	GB *table football*, US *foosball*
ball-trap	*clay (pigeon) shooting*
baskets	GB *trainers*, US *sneakers*
brushing	*blow-dry* (nom et verbe)
caddie®	GB *(shopping) trolley*, US *(shopping) cart*
camping (un camping)	GB *campsite, camping site*, US *campground*
cutter	GB *Stanley knife®*
flipper (verbe)	*be dejected* (démoralisé) / *jumpy* (inquiet, nerveux)
flipper (nom)	*pinball* (jeu), *pinball machine* (appareil)
foot (sport)	*football*
hip hip hip ! hourra !	*hip, hip, hooray!* /hə'reɪ/ ou *hip, hip, hurrah!*
jean, short (un jean, un short)	*(a pair of) jeans / shorts*
jogging (vêtement)	*tracksuit, jogging suit*
lifting	*facelift*
living	*living room*
people	*celebrity, celebrities* (langue familière : *celeb, celebs*)
planning	*schedule* GB /'skedju:l/, /'ʃedju:l/, US /'skedʒu:l/
pressing	*dry-cleaner's*
recordman / woman	*record breaker*
rugbyman	*rugby player*
self (un self)	*self-service restaurant*
sweat (prononcé [swit])	*sweatshirt* /'swetʃɜ:t/ (formé sur *sweat* /swet/, « sueur »)
talkie-walkie	*walkie-talkie*
tennis	GB *trainers*, US *sneakers*

159. Mots tabous

Comme toutes les langues, l'anglais comporte des mots tabous qu'on n'est pas censé utiliser en présence de certaines personnes. Il est possible de ne pas les employer du tout, mais il est quand même utile de les comprendre. **Attention : vous ne pouvez vous risquer à les utiliser qu'avec la plus grande prudence**

1 Les zones de tabou

• **Religion**

Dans ce domaine, le tabou est nettement affaibli, et il n'est pas trop grave de s'exclamer en disant :

Hell! Damn it! Christ! Jesus!

• **Parties du corps**

Ce sont bien sûr les organes sexuels et relatifs aux fonctions d'excrétion qui font l'objet d'un tabou.

Certains de ces mots sont aussi employés dans un autre sens non tabou, ce qui peut entraîner des confusions (dans ce cas, la traduction figure entre parenthèses).

prick (aussi : piqûre légère), *cock* (aussi : coq, ou vanne [sur un tuyau]), *dick* pénis, *balls* (aussi : balles) testicules
Les enfants utilisent *willie* (zizi).

ass (US) /æs/ (aussi : âne), (GB *arse* /ɑːs/ – pas de confusion possible) derrière, anus

tits seins

cunt vagin

• **Activité sexuelle et excrétions**

En compagnie, la mention des activités sexuelles et des excrétions est de toute façon un tabou en soi.

Certains de ces mots sont aussi employés dans un autre sens non tabou, ce qui peut entraîner des confusions.

– Acte sexuel (noms et verbes) :

screw (qui peut aussi se traduire par visser), *fuck*, *shag*

– Excrétions (noms et verbes) :

piss
shit, *crap*

2 Les cas privilégiés d'emploi de mots tabous

• **Jurer** (sous l'emprise de la colère, de la douleur, de la surprise, etc.) :

Hell! Damn! Jesus Christ! Fuck! Shit!

Jesus donne l'exclamation anodine *Gee!*, typiquement US.

• **Insulter**, en attribuant à quelqu'un de la méchanceté, de la bêtise, etc. Bizarrement, les termes qui représentent la bêtise sont souvent empruntés au domaine sexuel :

bastard, son of a bitch, SOB salaud
motherfucker, asshole imbécile désagréable
dickhead, cunt imbécile

• **Exprimer avec plus de force :**

– le fait d'endommager, l'échec, le désordre :

fuck up sth mettre le désordre, abîmer, provoquer l'échec
screw up faire une bêtise
a cock-up, a balls-up un raté, un échec

– la mauvaise qualité, le manque de sens :

(a load of) balls, bullshit des bêtises

– le rejet, le refus, le renvoi de quelqu'un :

Fuck off! Piss off!
Get stuffed!
You can stick it up your ass.
I don't give a damn / a fuck.

Des adverbes ou des adjectifs tabous permettent de qualifier pratiquement tout objet, caractéristique ou action – y compris parfois pour intensifier une opinion favorable.

bloody (GB, devenu anodin)
damn (devenu anodin)
fucking (devenu presque anodin)
goddamn (US, vieilli)

Exemples :

I'll damn well do what I like.
He's fucking out of his mind.
Where the hell is that bloody / damn / goddamn / fucking book?
You're damn / bloody / fucking right.
That show was bloody / fucking marvellous.

160. Mourir

Le verbe « mourir » est typique des **verbes de changement d'état ou de lieu**, comme « naître » ou « arriver » :

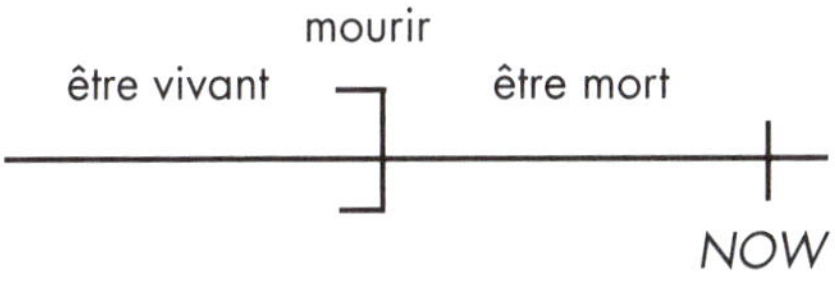

Il faut faire attention à l'ambiguïté du français, qui souvent ne fait pas de distinction entre le **passage d'un état à un autre** et son **résultat**.

La reine Victoria **est morte** il y a un siècle. (repérage de l'action)
La reine Victoria **est morte** depuis un siècle. (mesure d'une durée, celle de l'état « être mort »)

En anglais il faut clairement choisir entre l'action ***die*** et l'adjectif ***(be) dead,*** avec la forme verbale et le complément qui conviennent.

Queen Victoria died a century ago. (**prétérit** de ***die***, repérage par ***ago***)
Queen Victoria has been dead for a century. (**present perfect** de ***be dead***, mesure de la durée à l'aide de ***for***)

▶ aussi 221 Present perfect.

161. *Much, many, a lot (of)*

Ces termes équivalent généralement au français « beaucoup ».

1 Dans la langue courante, *many* et surtout *much* **s'emploient peu** dans les **affirmations** : on leur préfère *a lot (of)*. Dans les **interrogations** et les **négations**, par contre, leur emploi ne pose pas de problème. Exemples :

They ate ***a lot of*** *apples / meat.* Ils ont mangé beaucoup de pommes / de viande.
They work a lot. (Pas ~~*They work much*~~.) Ils travaillent beaucoup.
Did they eat ***many*** *apples /* ***much*** *meat?* Est-ce qu'ils ont mangé beaucoup de pommes / de viande?
They didn't eat ***many*** *apples /* ***much*** *meat.* Ils n'ont pas mangé beaucoup de pommes / de viande.

2 *Many*, *much* et *a lot of* peuvent porter sur un **nom**. *Many* ne peut s'employer que pour un **nom au pluriel**, et *much* ne peut s'employer que pour un **nom indénombrable au singulier**.

Are there ***many*** *cars / problems / people?* Est-ce qu'il y a beaucoup d'autos / de problèmes / de monde? (noms **dénombrables au pluriel**)
Is there ***much*** *traffic / money / furniture?* Est-ce qu'il y a beaucoup de circulation / d'argent / de meubles? (noms **indénombrables au singulier**)
There are ***a lot of*** *cars / problems / people.* Il y a beaucoup d'autos / de problèmes / de monde. (Évitez ~~*There are many cars / problems / people.*~~)
There's ***a lot of*** *traffic / money / furniture.* Il y a beaucoup de circulation / d'argent / de meubles. (Évitez ~~*There's much traffic / money / furniture.*~~)

Le nom peut être sous-entendu :
'Did you suffer from the noise?' 'There wasn't ***much****.'* « Vous avez souffert du bruit? – Il n'y en avait pas beaucoup. »

3 *Many* et *much* sont également utilisés après *how* (constructions interrogatives *How many ...?*, *How much ...?*), ainsi qu'après *too*, *as* et *so* (dans tous les types de phrases, sans restrictions) :

How many *sandwiches /* ***How much*** *money did you give him?* Combien de sandwiches / d'argent lui as-tu donné(s)?
There's ***too much*** *traffic.* Il y a trop de circulation.

I didn't see **as many** *people as yesterday.* Je n'ai pas vu autant de gens qu'hier.
He went to **so much** *trouble!* Il s'est donné tellement de mal !

4 *Much* et *a lot* peuvent porter sur un verbe :

They ***don't work much***. Ils ne travaillent pas beaucoup.
They ***work a lot***. Ils travaillent beaucoup. (Pas ~~They work much~~.)
I ***like*** *it* ***a lot***. J'aime beaucoup ça. (Pas ~~I like it much~~.)

Contrairement à *much* employé seul, **very much**, qu'on emploie avec les verbes exprimant une opinion ou un sentiment, peut sans restrictions être utilisé dans des phrases affirmatives :

He missed her ***very much***. Elle lui a énormément manqué.
I ***very much*** *doubt it*. J'en doute beaucoup.

Much / a lot est pour les verbes l'équivalent de *very* pour les adjectifs :

He talks a lot. (Il parle beaucoup) *He is very talkative* (Il est très bavard).
He doesn't talk much. (Il ne parle pas beaucoup).
He isn't very talkative. (Il n'est pas très bavard).

5 *Much* et *many* s'emploient devant *more* + nom :

Il faut alors conserver la distinction **nom au pluriel / nom indénombrable singulier :**

There were ***many more*** *problems after that.* Il y a eu beaucoup plus de problèmes ensuite.
They had ***much more*** *trouble than expected.* Ils ont eu beaucoup plus de difficultés que prévu.

6 *Much* s'emploie devant *too* + adjectif et devant le comparatif des adjectifs :

These jeans are ***much too small***. Ce jean est beaucoup trop petit.
This is ***much better***. Ceci est bien mieux / bien meilleur.
It's going to be ***much more*** *difficult.* Ça va être beaucoup plus difficile.

Far peut jouer le même rôle que *much* (*This is* ***far*** *better*), mais les deux formes ne sont pas toujours interchangeables : ▶ **93** ***Far***.

Pour d'autres équivalents du français « beaucoup » (notamment ***a great deal***) ▶ 42 Beaucoup.

Traduisez en anglais.

1. Beaucoup de viande, beaucoup de bonbons, vous mangez trop de cochonneries [*junk*]. 2. Il y a beaucoup de meubles inutiles dans leur séjour. 3. Tu as vraiment trop d'argent ? 4. Ils emportent beaucoup trop de bagages. 5. Dans le Colorado, ils ont rencontré beaucoup de gens intéressants. 6. Tu as mangé combien de saucisses ?

162. *Must*

Remarques générales sur *MUST* : (a) c'est un **modal (▶ 152 Modaux : généralités)** ; (b) il n'a qu'une forme, ***must***, qui est un **présent** (il n'a pas de prétérit) ; (c) sa forme orale est /mʌst/ ou /məs(t)/ (forme réduite) ; (d) sa forme négative est *must not* / *mustn't*.

1 Obligation

• Pour exprimer l'obligation (sens de « je dois… » / « il faut que je… »), il y a une concurrence entre *MUST* et *HAVE TO* (▶ **111**). *MUST*, contrairement à *HAVE TO*, présente le point de vue ou le souhait de la personne qui parle – ou, dans les questions, de la personne à qui on s'adresse. D'une façon générale, *MUST* est plus « formel » que *HAVE TO*, et il est souvent utilisé dans les lois ou règlements. Exemples :

Look, it's 11. We really ***must*** *go.* Regarde, il est 11 heures. Il faut vraiment qu'on parte.

Passengers ***must*** *wear seat belts.* Les passagers doivent boucler leur ceinture de sécurité.

He ***mustn't*** *accept that offer.* Il ne faut pas qu'il accepte cette offre.

Must *I answer all the questions?* Est-ce qu'il faut que je réponde à toutes les questions ?

• Pour exprimer une obligation dans le **passé**, on ne peut pas employer *MUST*. On emploie ***had to*** :

His car broke down and he ***had to*** *walk the rest of the way.* Son auto est tombée en panne et il a dû finir le chemin à pied.

Pour un **passé de discours indirect**, cependant, on peut employer *must* : *They said that they must go.* (« Ils ont dit qu'ils devaient partir. »).

• Pour exprimer une obligation située dans le **futur**, on emploie ***will / 'll have to*** :

I'll have to *upload that program.* Il va falloir que je télécharge ce programme.

2 Forte probabilité

She ***must*** *be very disappointed.* Elle doit être très déçue.

Pour l'expression des **degrés de probabilité**, ne pas confondre « devoir » et « pouvoir » :

	Probable	**Possible**
français	Il doit être chez lui.	Il peut être chez lui.
anglais	*He must be at home.*	*He may be at home.*

Pour exprimer la forte probabilité d'un **fait négatif** (exemple en français : « Il ne doit pas être très fatigué »), on peut utiliser *must not* en anglais américain (*He* ***must not*** *be very tired*), mais en anglais britannique cet emploi est souvent considéré comme incorrect. On utilise plutôt *can't* (*He* ***can't*** *be very tired*) – qui bien sûr existe également en anglais américain.

Les deux formes ne sont cependant pas synonymes : *can't* exprime un degré de probabilité plus élevé, et, pour traduire « il ne doit pas... », on ne peut utiliser *can't* que si le sens est très proche de « il ne peut pas... ». Ainsi, « Il ne s'arrête pas : il n'a pas dû vous voir » se traduira par *He doesn't stop – he probably didn't see you* (*... – he must not have seen you* en anglais américain).

Pour exprimer la forte probabilité d'un **fait passé**, on utilise ***must have* + participe passé** :

*She **must have been** very angry.* Elle devait être très en colère.

Lorsqu'il est question de faits passés, il est important de ne pas confondre la **forte probabilité** avec l'**obligation** :

Il y avait une grève des bus, et elle **a dû venir à pied**. *There was a bus strike, so she **had to walk it**.*

Je me demande comment elle est venue, avec la grève des bus. Elle **a dû venir à pied**. *I wonder how she managed to come, with the bus strike. She **must have walked it**.*

Traduisez en français.

1. *There must be a mistake somewhere.* 2. *Must I make another appointment?* 3. *I pressed the wrong key and had to retrieve the whole file.* 4. *You must have been disappointed.* 5. *All luggage must be screened.* 6. *You mustn't drink any alcohol with these tablets.* 7. *We'll have to ask for a translator.* 8. *Sophie must still be working at this time of day.*

163. Naître

« Naître » a pour équivalent ***be born***, qui apparaît le plus souvent au prétérit, accompagné d'une date :

*Their daughter **was born** in 1998.* Leur fille est née en 1998.
*When **were** you **born**?* Quand est-ce que vous êtes né(e) ?

Le verbe « naître » est un verbe de changement d'état, comme « mourir » ou « arriver ». Il ne désigne pas une action dont on peut mesurer la durée, et donc la traduction de « Ça ne fait pas longtemps que leur bébé est né » est *Their baby wasn't born very long ago.* (▶ **221 Present perfect**.)

Il ne faut pas confondre *(be) born* avec *borne,* participe passé du verbe *bear,* qu'on trouve, par exemple, dans *airborne* (transporté par avion).

164. *Need* (1) : modal

En anglais britannique, et dans un style plutôt recherché, NEED (« avoir besoin de ») peut être utilisé sous forme de **modal**. En anglais américain, par contre, cet emploi est très rare.

Du point de vue de la **forme**, le modal se distingue nettement du verbe :

Modal	Verbe	Équivalents français
*You **needn't** go.*	*You **don't need** to go.*	Vous n'avez pas besoin de partir.
***Need** I go?*	*Do I **need** to go?*	Faut-il que je parte ? / Est-il nécessaire que je parte ?

Le modal a une forme unique, ***need*** /ni:d/, qui est un présent. (Il n'a pas de forme réduite, et pas de prétérit.) Négation : ***need not, needn't*** /'ni:dnt/.

Contrairement au verbe, le modal ne peut être utilisé que dans des **contextes négatifs, interrogatifs, ou contenant une idée du doute** (après *if*, par exemple). Par ailleurs, il n'est pas exactement synonyme du verbe quand il exprime une obligation.

1 Obligation (niée ou mise en doute)

*You **needn't** stay.* Vous n'avez pas besoin de rester (= Je vous autorise à ne pas rester.)

***Need I** go with you?* Est-il nécessaire que je vous accompagne ?

• Comme *MUST* et comme *MAY*, le modal *NEED* exprime **le point de vue ou le souhait** de la personne qui parle ou qu'on interroge. Donc, *You needn't stay* peut être utilisé pour accorder la permission de « ne pas rester ». De la même façon, *Need I ...?* peut être utilisé pour demander la permission de ne pas faire quelque chose. C'est cela qui, du point de vue du sens, distingue le modal du verbe. Contrairement au modal, le verbe *NEED* exprime une obligation, ou une absence d'obligation, de façon neutre : *You don't need to stay* signifie simplement « Il n'y a pour vous aucune obligation / aucune raison de rester ».

• ***Need not*** et ***must not*** : *You needn't stay* exprime une « non-obligation de rester », tandis que *You mustn't stay* exprime une « obligation de ne pas rester » (autrement dit une interdiction de rester). (▶ aussi **179 Obligation**.)

• La forme ***need not have* + participe passé** indique deux choses : (a) qu'une action passée n'était pas nécessaire, et (b) qu'elle a été accomplie malgré cette absence de nécessité :

*He **needn't have worried**: everything's OK.* Il n'avait pas besoin de s'inquiéter : tout va bien (sous-entendu : « il s'est inquiété »).

Comparez à l'utilisation du **verbe *NEED*** avec un sens passé : *He didn't need to worry.* Cette forme signifie simplement que la personne dont il est question n'avait aucune raison de s'inquiéter, et sous-entend habituellement qu'elle ne s'est pas inquiétée.

2 Nécessité logique (niée ou mise en doute)

*There **needn't be** a mistake.* Il n'y a pas forcément une erreur.

*It **needn't have been** his fault.* Ce n'était pas obligatoirement sa faute.

Dites si vous êtes en présence du modal *NEED* ou du verbe *NEED*. Ensuite, traduisez en français.

1. *Need we apply for a visa?* 2. *You needn't believe everything he says.* 3. *You don't need to pack* (mettre dans sa valise) *a tie.* 4. *We'll need some fresh cream for this recipe.* 5. *You needn't have brought me a present.* 6. *You needn't have shouted.*

165. NEED (2) : verbe

Le **verbe** NEED peut entrer dans des constructions très diverses, qui pour la plupart sont interdites au modal. Exemples :

He ***needs*** */ He'****ll need*** *a long rest after his operation.* Il a besoin / Il aura besoin d'un long repos après son opération.
She ***needs / needed to*** *get some sleep.* Elle a besoin / avait besoin de dormir.
You ***need to*** *listen to this music!* Il faut que tu écoutes cette musique ! (Cet emploi de *need* dans le sens de *must* est de plus en plus courant.)
I ***need my car fixed*** *by Saturday.* J'ai besoin que ma voiture soit réparée avant samedi.
Your jeans ***need washing****.* Ton / Votre jean a besoin d'être lavé. (Notez le sens **passif** du verbe à la forme en *-ing* qui suit NEED.)

Traduisez en anglais.

1. J'ai besoin d'aide. 2. Chacun a besoin de travailler, non ? 3. Est-ce que Jack avait vraiment besoin d'expliquer pourquoi il n'était pas libre ? 4. La machine a besoin d'être changée.

166. Négation (1) : règles générales

Il ne peut pas y avoir plus d'une seule négation dans une même proposition.

S'il y a déjà une première négation, il ne faut pas ensuite employer *no, nobody, never*, etc : ils deviennent *any, anybody, ever* (qui ne sont pas eux-mêmes négatifs).

*We did****n't*** *see* ***any*** *rabbits.* Nous n'avons vu aucun lapin.
Nobody *saw* ***anything****.* Personne n'a rien vu.
*The money could****n't*** *be found* ***anywhere****.* On n'a pu trouver l'argent nulle part.
Nobody *could find* ***any*** *money* ***anywhere****.* Personne n'a pu trouver d'argent nulle part.
They ***never*** *found* ***any*** *money.* Ils n'ont jamais trouvé d'argent.
Nobody ever *found* ***any*** *money.* Personne n'a jamais trouvé d'argent.

▶ 136 Jamais.

Il faut se méfier de négations moins évidentes que *not, no* et *never* :
It was ***im****possible to see* ***anything****.* (Le préfixe *im-* est négatif.)
They ***refused*** *to say* ***anything****.* (Le sens de *refuse* est négatif.)
Attention également aux termes ***hardly*** et ***scarcely*** :
We ***hardly*** *saw* ***anybody****.* Nous n'avons vu presque personne.

▶ 275 Totalité (1) et 107 Hardly et hard.

Vous rencontrerez des doubles négations (à ne pas imiter) dans beaucoup de variétés d'anglais non standard, par exemple chez beaucoup de chanteurs :

We didn't see nobody. On a vu personne.
Nobody did nothing. Personne a rien fait.

Traduisez en anglais.

1. Personne ne sait où il habite. 2. Je n'ai jamais pris aucune leçon de conduite. 3. Personne n'a vu mes lunettes quelque part? 4. Greta Garbo refusait de voir un journaliste quelconque. 5. L'argent n'a jamais fait le bonheur de quiconque – mais ça aide!

167. Négation (2) : place de *not* avec les formes non conjuguées du verbe

Principe général : *not* se place **devant** le verbe à un mode non conjugué (infinitif, etc.). Dans le cas de ***to* + V** (infinitif avec *to*), il se place devant ***to***.

Mode	Construction avec *not*	Exemples
Infinitif sans *to*	*not* + base verbale	*Why **not stay** here?* Pourquoi ne pas rester ici?
Infinitif avec to	*not* + *to* + base verbale	*To be or **not to be** ...* Être ou ne pas être...
Forme en *-ing*	*not* + V-*ing*	*Would you mind **not interrupting**?* Ça vous dérangerait de ne pas interrompre?
Participe passé	*not* + participe passé	***Not pleased** with what he had heard, he left.* Mécontent de ce qu'il avait entendu, il est parti.

168. *No* et *none*

1 *No* + nom **indénombrable** ou **dénombrable pluriel** indique l'absence :

*There is **no sugar** left.* Il ne reste pas de sucre.
*There are **no fingerprints** on the gun.* Il n'y a aucune empreinte digitale sur le fusil / le revolver.

No est équivalent de *not ... any*, mais il est utilisé dans une langue plus soutenue, ou pour donner plus de force (par exemple pour contredire).

En tête de phrase, il faut employer ***no***, *not ... any* étant impossible. On emploie également ***no*** quand il n'y a pas de verbe :

***No information** will be given on the phone.* Aucun renseignement ne sera communiqué par téléphone.
*'What's the problem?' '**No money**.'* « Quel est le problème? – Pas d'argent. »

L'emploi de *no* + **dénombrable au singulier** est à éviter (dites : *They don't have a car*, et non ~~*They have no car*~~), comme celui de *any* + dénombrable au singulier (▶ **246 *Some* et *any* (1)**).

On le trouve pourtant avec certains noms, notamment des noms abstraits :

*I have **no idea** what he meant.* Je n'ai aucune idée de ce qu'il voulait dire.
*That's **no problem**.* Ce n'est pas un problème.
*Lend you a hundred dollars? **No way!*** Te prêter cent dollars ? Pas question !

Comme toute négation, *no* empêche la présence d'un autre terme négatif dans la suite de la même proposition, et il ne peut pas non plus suivre une négation (par exemple *not*). Ceci est vrai en anglais standard, mais cette règle n'existe pas dans certains dialectes de l'anglais, notamment ceux qu'on entend souvent dans les chansons :

[dialectal] *Nobody took no money.*
[standard] *Nobody took any money.* Personne n'a pris d'argent.

Il est préférable d'éviter les formes dialectales.

2 Le pronom de reprise qui correspond à *no* est *none* /nʌn/ :

*They needed more glasses, but **none** were to be found.* Ils avaient besoin de plus de verres, mais il n'y en avait pas.

None, pronom de reprise aussi bien pour des objets que pour des personnes, ne doit pas être confondu avec *no one* (= personne) :

***No one** said anything.* Personne n'a rien dit.

None peut être suivi de ***of*** :

***None of his friends** offered to help him.* Aucun de ses amis ne lui a proposé de l'aider.
*I tried several systems, but **none of them** was satisfactory.* J'ai essayé plusieurs systèmes, mais aucun ne m'a donné satisfaction.

Si le groupe auquel on se réfère n'est constitué que de deux éléments, il faut utiliser non pas *none* mais ***neither*** :

*I asked two people, but **neither of them** knew where he lived.* J'ai demandé à deux personnes, mais aucune ne savait où il habitait.

Transformez en utilisant *none* ou *no one*.

1. *I didn't meet anyone really interesting there.* 2. *We wanted to visit several museums but there weren't any open on Tuesdays.* 3. *There wasn't anyone at the information desk.* 4. *You mustn't repeat this to anyone!* 5. *Not a single person could help me.*

169. Nombres (1) : comment les écrire et les dire

1 Nombres de 1 à 99

0 *zero* /'zɪərəʊ/ *	10 *ten*	20 *twenty*
1 *one* /wʌn/ ou /wɒn/	11 *eleven* /ɪ'levn/	21 *twenty-one*
2 *two*	12 *twelve*	etc.
3 *three*	13 *thirteen* /ˌθɜ:'ti:n/	30 *thirty* **
4 *four*	14 *fourteen* /ˌfɔ:'ti:n/	40 *forty* **
5 *five*	15 *fifteen* /ˌfɪf'ti:n/	50 *fifty*
6 *six*	16 *sixteen* /ˌsɪks'ti:n/	60 *sixty*
7 *seven* /'sevn/	17 *seventeen* /ˌsevn'ti:n/	70 *seventy*
8 *eight*	18 *eighteen* /ˌeɪ'ti:n/	80 *eighty*
9 *nine*	19 *nineteen* /ˌnaɪn'ti:n/	90 *ninety*

* Pour 0, l'appellation *zero* est possible dans la quasi-totalité des cas (et en particulier pour les températures). *Nought* (GB) est d'un usage plus rare. Dans une énumération de chiffres (par exemple pour les numéros de téléphone), on dit habituellement *oh* (/əʊ/).Pour indiquer un score (vocabulaire sportif), on utilise *nil* en anglais britannique (*love* pour le tennis), et *zero* ou *nothing* en anglais américain.

** *Thirteen / thirty, fourteen / forty*, etc. : notez la différence de place de l'accent ; ***-teen*** porte toujours une accentuation forte, alors que *-ty* est toujours inaccentué. Notez aussi la différence dans l'orthographe : *fourteen* (14), *forty* (40).

Écriture des chiffres à la main :
Il y a deux différences essentielles avec l'usage français.
- Le chiffre *1* s'écrit sans barre oblique au sommet (donc, uniquement avec un trait vertical) ; s'il est écrit avec une petite barre oblique au sommet, il risque d'être pris pour un *7* par un anglophone.
- Le chiffre *7* s'écrit sans barre horizontale au milieu du jambage (comme en imprimerie).

2 Nombres au-dessus de 100

100 *one hundred* /ˌwʌn'hʌndrəd/, 1000 *one thousand* /ˌwʌn'θaʊzənd/

Au lieu de *one*, on utilise *a hundred, a thousand* au début d'un nombre s'il n'y a pas de souci de précision absolue : *I got it for a hundred pounds.* Je l'ai eu pour cent livres.

101 *one hundred and one* (En anglais américain, *and* est généralement omis.)

1309 = *one thousand, three hundred and nine.* (Mais c'est différent pour les dates. ▶ **67**.)

4738 *four thousand, seven hundred and thirty-eight*

Pour les nombres à partir de 1 000, on peut utiliser une virgule pour séparer les groupes de trois chiffres : 4,738. En anglais britannique, un espacement est également possible : 4 738. Le point est utilisé uniquement pour les décimales. ▶ **170 Nombres (2)**.

1,000,000 / 1 000 000 *one million*
1,000,000,000 / 1 000 000 000 *one billion* (un milliard)

Pas de -*s* à *hundred*, et pas de *of*, quand il y a un nombre devant *hundred* :

It costs ***two hundred*** *pounds.* Ça coûte deux cents livres.

Par contre, pour une quantité imprécise (*hundred* est alors un nom) :

It costs ***hundreds*** *of pounds.* Ça coûte des centaines de livres.

Même chose pour *dozen, thousand, million, billion* :

two dozen *eggs* deux douzaines d'œufs

three million *inhabitants* trois millions d'habitants

millions *of dollars* des millions de dollars

3 Nombres ordinaux (*first, second, etc.*)

1st first	*11th eleventh*	*21st twenty-first*
2nd second /'sekənd/	*12th twelfth*	*22nd twenty-second*
3rd third	*13th thirteenth*	*23rd twenty-third*
4th fourth	etc.	*24th twenty-fourth*
5th fifth /fɪfθ/		etc.
6th sixth		
7th seventh		*100th hundredth*
8th eighth * /eɪtθ/		*101st hundred and first*
9th ninth /naɪnθ/	*20th twentieth* /'twentɪəθ/	*1000th thousandth*
10th tenth	etc.	*1,000,000 millionth*

* Dans l'écriture, on rajoute simplement un *h* au mot *eight*.

L'ordre des deux types de numéraux est l'inverse du français :

the first three days les trois premiers jours

et aussi : *the last three days, the next three days* les trois derniers jours, les trois jours prochains

4 Expressions et vocabulaire

There were five of them. Ils étaient cinq (personnes) / Il y en avait cinq (choses).

There are two of us. Nous sommes deux.

a figure (a) un chiffre : *the figure 8* (le chiffre 8), *a five-figure salary* (un salaire au-delà de 10 000)
(b) un nombre : *the unemployment figures* (les chiffres du chômage)

a digit /'dɪdʒɪt/ un chiffre

a number un nombre

Roman numerals des chiffres romains

Traduisez en anglais.

1. Les cinquante premières pages étaient passionnantes. 2. Il y avait au moins vingt mille manifestants. 3. Le loyer me coûte mille cinq cents euros par mois. 4. Des milliers d'oiseaux ont été touchés par la marée noire. 5. Nous serons huit toute la journée. 6. Est-ce que la fête sera le 22 ou le 26 avril? (en chiffres, puis en lettres)

170. Nombres (2) : applications

1 Un peu de maths simples

Le point (*decimal dot / point*) est utilisé pour les décimales.

Les milliers peuvent être séparés par une virgule ou une espace.

0.5 / .5	*(zero)* ***point*** *five*
5.2	*five* ***point*** *two*
1/5	*one fifth*
4/8	*four eighths*
235/1486	*two hundred and thirty-five* ***over*** *one thousand four hundred and eighty-six*
3^2	*three square*
$\sqrt{9}$	*square root of nine*
3^5	*three to the power of five / three to the fifth*

Opérations :

3 + 2 = 5	*three and two is / are five / three plus two equals five*
5 – 3 = 2	*five minus three is / are / equals two*
5 x 2	*five (multiplied) by two*
10 ÷ 2	*ten divided by two*

2 Numéroter et dire les numéros de téléphone

Il n'y a pas d'article quand on numérote :

room twenty-five la chambre vingt-cinq
room 201 → se dit *room two-oh /əʊ/-one*
room 235 → *room two thirty-five (or room two three five)*
agent 007 → *agent double oh-seven* (l'agent zéro zéro sept)
chapter seven le chapitre sept

Il y a bien sûr un article quand on emploie un ordinal : *the seventh chapter*

Un cas spécial, les souverains :

Elizabeth II → se dit *Elizabeth the second*

Pour dire les numéros de téléphone, on ne regroupe pas ; chaque chiffre est dit séparément :

45 28 30 52 → *four five two eight three oh five two*

Pour la numérotation et les numéros de téléphone, comme vous l'avez vu, le zéro se prononce comme l'interjection *oh*.

171. Noms (1) : ce qui distingue dénombrable et indénombrable

1 Dénombrables et indénombrables

Il y a en anglais deux grandes catégories de noms : **dénombrables** et **indénombrables** :

All the ***furniture*** *in the living room* ***is*** *very modern.* (indénombrable) Tous les meubles du living-room sont très modernes.

The six ***chairs*** *in the living room are very comfortable.* (dénombrable) Les six chaises du living-room sont très confortables.

Il y a en général une logique à la répartition grammaticale des noms en dénombrables et indénombrables, en fonction de ce qu'ils représentent : *ice* (= la glace) est indénombrable, et *icicle* (= un glaçon) est dénombrable. Mais cette logique n'est pas toujours la même en anglais et en français.

Donc, il faut se rappeler que *furniture* (= meubles) ou *bread* (= pain), par exemple, sont des **indénombrables singuliers**. (▶ **172 Noms (2)**)

Par ailleurs, il existe aussi des **indénombrables pluriels** comme *leftovers* (= restes) et *thanks* (= remerciements). (▶ **173 Noms (3)**)

2 Comportement des dénombrables et des indénombrables

La distinction est importante parce que certains déterminants ne peuvent s'employer qu'avec des noms **dénombrables**, qui possèdent aussi la variation singulier / pluriel :

a cat — *many* / *(a) few* / *three* } *cats*

D'autres déterminants ne peuvent s'employer qu'avec des noms **indénombrables singuliers**, et on ne peut employer ni le pluriel, ni un numéral, ni l'article *a / an* :

much / *(a) little* / Ø } *milk*

Ø [= absence de déterminant ; se lit « zéro »]

Avec les **indénombrables pluriels**, il n'y a pas de numéral :

Ø / *(a) few)* } *leftovers* (restes)

Les déterminants d'une catégorie ne peuvent pas s'employer pour une autre catégorie.

Un même nom peut cependant appartenir à deux catégories, avec changement plus ou moins fort du sens :

too much room trop de place	*too many rooms* trop de pièces
too much beer trop de bière	*too many beers* trop de verres de bière
damage dégâts	*damages* dédommagement

3 Particularités de certains dénombrables

Faites attention aux noms ***people, personnel*** et ***police*** : ils sont toujours pluriels, bien que cela ne se voie pas. Ils déclenchent toujours un accord de **pluriel,** et ils sont **dénombrables** :

> ***Those two people*** *should be given a reward.* Ces deux personnes devraient être récompensées.
>
> ***The police are*** *coming at once.* La police arrive tout de suite.

Quelques dénombrables ont un pluriel irrégulier. Exemples (pour plus de détails ▶ **205 Pluriel des noms (2)**) :

woman women	*mouse mice*

Certains mots sont invariables, par exemple :

one sheep un mouton	*several sheep* plusieurs moutons
one means un moyen	*several means* plusieurs moyens

Pour détails sur la prononciation et l'orthographe des pluriels ▶ 204-205 Pluriel des noms ; aussi 118 Noms collectifs.

Traduisez en anglais.

1. Ils ont des vaches, des moutons, des cochons et des chevaux à la ferme. 2. La police fait du bon travail dans cette région. 3. Trop de femmes ne trouvent pas d'emploi. 4. Je suis tombé dans l'escalier. 5. Et si on achetait des meubles pour notre chambre ? 6. Il y avait toute une série d'articles dans les journaux sur ce sujet.

172. Noms (2) : indénombrables singuliers

1 Avec ces noms, il faut faire attention en particulier à l'**accord** du verbe et des pronoms au **singulier**, à **l'impossibilité de mettre le nom au pluriel** et à l'**impossibilité d'employer l'article *a / an*** (voir les exemples ci-après).

Principaux indénombrables singuliers à connaître :

advice conseil(s)
bread pain
damage dégâts
dust poussière
evidence preuve(s)
fruit fruit(s)
furniture meubles
garbage (US) ordures
hair cheveux
help aide
information renseignement(s)
leisure loisirs
luggage bagages
maths maths
money argent
music musique
news nouvelles
nonsense bêtises
poetry poésie
progress progrès
rubbish (GB) ordures
soap savon
smoke fumée
spaghetti spaghettis
work travail
toast toast(s)
transport transport(s)
travel voyage(s)
weather temps (pluie, etc.)

Noms en *-ics* : *physics, mathematics* (souvent abrégé en *maths / math*), *linguistics.*
Certains noms de maladies : *(the) measles* (la rougeole), *the mumps* (les oreillons).

Quelques exemples :

*The **advice** your brother gave us **was** useless.* Les conseils que ton frère nous a donnés étaient inefficaces.

*We had **Ø gorgeous weather** in Cornwall.* Nous avons eu un temps magnifique en Cornouailles.

*Don't worry about your **luggage** – **it's** already in your room.* Ne vous inquiétez pas pour vos bagages. Ils sont déjà dans votre chambre.

***Physics isn't** difficult, when you have a gift for it.* La physique, ce n'est pas difficile, quand on est doué pour ça.

Mots en ***-ics*** : quand on parle d'une **application particulière** d'une science, l'accord peut se faire au pluriel : *I don't think your mathematics are / is correct.* Je ne pense pas que tes mathématiques sont exactes.

2 Et si on est absolument obligé de compter ?

Il faut alors utiliser des **dénombreurs.** Le plus connu est ***piece*** :

several pieces of furniture plusieurs meubles
two pieces of luggage deux bagages
a piece of news une nouvelle

D'autres dénombreurs sont plus spécialisés :

a flash of lightning un éclair
a blade of grass une herbe, un brin d'herbe
a cake of soap une savonnette, un savon
a slice of toast un toast
a loaf of bread un pain

Associez les dénombreurs proposés (en ajoutant *of*) aux noms indénombrables singuliers, afin de pouvoir les compter. Attention, il peut y avoir plusieurs solutions !

milk	*two pieces*
advice	*two bags*
luggage	*three glasses*
rubbish	*two sheets* (feuilles)
furniture	*two forms*
nonsense	*two cartons*
news	*two half pints*
smoke	*several clouds* (nuages)
evidence	*two cups*
fruit	*a drop* (goutte, petite quantité de liquide)
leisure	
information	
paper	

173. Noms (3) : indénombrables pluriels

1 Avec ces noms, il faut faire attention aux accords, qui se font au pluriel :

*Be careful. **These stairs are** dangerous. **They are** slippery.* Faites attention. Cet escalier est dangereux. Il est glissant.

Bien que ces noms ne puissent pas se dénombrer, on peut parfois donner des quantités approximatives :

You've got too many clothes. Vous avez trop de vêtements.

Pour la plupart de ces noms, il n'y a pas de dénombreur (▶ **172 Noms (2)**).

2 Quelques **indénombrables pluriels** à connaître :

belongings possessions, biens personnels	*morals* principes moraux
clothes vêtements	*riches* richesse
customs douane	*savings* économies
dues cotisation	*stairs* escalier
earnings gains	*surroundings* environs
goods marchandise	*thanks* remerciements
leftovers restes	*wages* salaire

3 Les **objets doubles**, comme ***trousers*** (pantalon) et ***scissors*** (ciseaux), sont aussi des indénombrables pluriels.

Priscilla was wearing white jeans. Priscilla portait un jean blanc.

On n'utilise jamais l'article indéfini *a / an* directement, mais (si c'est absolument nécessaire), ***pair of*** : *a pair / two pairs of jeans* (un jean, deux jeans).

Liste de noms d'objets doubles courants

glasses lunettes	*jeans* jean(s)
binoculars jumelles	*pants* (GB) slip, (US) pantalon
scissors ciseaux	*underpants* US slip
tweezers pince à épiler	*tights* collant
compasses compas	*shorts* short
scales balance (anglais américain : aussi *scale*)	*pyjamas* (GB), *pajamas* (US) pyjama
trousers pantalon	

Traduisez en anglais.

1. Mets tes ciseaux, ton compas et ta pince à épiler dans tes bagages avant de passer la douane. 2. Tu vas mettre un short ou tu restes en jean ? 3. Tu vois assez clair avec tes lunettes ou bien tu veux mes jumelles ? 4. Qu'est-ce qu'on va faire de tous ces restes ? 5. Toute cette marchandise a été pesée sur la balance. 6. Mon salaire est juste suffisant pour payer ma nourriture. 7. Ce collant est très désagréable à porter.

174. Noms (4) : noms collectifs

On réserve le terme de **collectif** aux noms qui représentent des **groupes humains** ou **des groupes d'animaux** :

staff (personnel) ; *committee* (comité) ; *public* ([le] public) ; *government* (gouvernement) ; *group* (groupe) ; *family* (famille) ; *couple* (couple) ; *herd* (troupeau)

Ceci inclut les noms de sociétés commerciales et d'institutions :

British Telecom, Longman, Exxon, the Conservative Party

En anglais britannique, on le choix entre un **accord du verbe** au **singulier** (si on considère le groupe) ou au **pluriel** (si on considère les membres du groupe) :

The Liberal Party ***has*** *declared that it sets freedom first.* Le Parti libéral a déclaré donner la première place à la liberté.

The Conservative Party ***were*** *strong supporters of these schools.* Le Parti conservateur a été fortement en faveur de ces écoles.

En anglais américain, il est plus courant de trouver l'accord de **singulier** (*The Republican Party was a strong supporter of these schools*).

Par contre, dans les deux sortes d'anglais, les **pronoms** qui reprennent ces noms dans une phrase suivante sont généralement **pluriels** :

In the summer ***the family*** *went north. Occasionally* ***they*** *visited their friends in Amherst.* L'été, la famille allait vers le nord. Il lui arrivait d'aller voir des amis à Amherst.

Les noms comme *furniture* ou *luggage*, qui, du point de vue du français, représentent des groupes d'objets (des meubles, des bagages) ne sont **pas** des collectifs. Ce sont des indénombrables singuliers, qui déclenchent un accord de **singulier** (**▶ 172**) :

The furniture ***is*** *Swedish.* Les meubles sont suédois.

Their luggage ***has*** *travelled a lot.* Leurs bagages ont beaucoup voyagé.

▶ 171 Noms (1)

Complétez à l'aide des verbes entre parenthèses, en les mettant au présent.

1. *L'Orianelle ... present in many shops abroad and* (insérez un pronom ici) *also ... on television. (Be / Advertise)* 2. *The staff ...* (insérez un possessif ici) *own car park at the back of the building. (Have)* 3. *... your luggage carefully ... and has* (insérez un pronom ici) *been checked? (Be ... labelled)* 4. *The audience usually ... at the interval and* (insérez un pronom ici) *... for refreshments. (File out / Go)* 5. *The whole flock ... because of bird flu. (Be destroyed)*

175. Noms (5) : changements de fonctionnement dénombrable / indénombrable

Les noms peuvent, dans certaines conditions, changer de fonctionnement, ce qui a des conséquences sur l'emploi de l'article *a* / *an* et du pluriel.

1 Indénombrable singulier → dénombrable

• Nom d'une **matière** utilisé pour désigner une **unité** de cette matière : *a coffee, two beers* (un café, deux bières).

Du même type : *light* (la lumière) / *a light* (une lumière, une lampe).

À la différence du français, cette possibilité n'est pas libre : on ne peut pas dire ~~*a milk*~~ ; on dira *a glass of milk*.

• Nom d'une **matière** utilisé pour désigner une **catégorie** de cette matière : *an Australian wine* (un vin australien).

Il vaut mieux éviter cette possibilité quand il s'agit d'une appréciation personnelle : *This is excellent wine* (C'est un vin excellent).

Les noms indénombrables désignant des sentiments (*nostalgia, hatred, sadness*, etc.), et précédés d'un adjectif qui délimite une catégorie ou une manifestation particulière de ce sentiment, peuvent être employés avec l'article ***a / an*** : *She felt **a desperate hatred*** (Elle ressentit / ressentait une haine désepérée).

• Certaines expressions utilisent l'article *a / an* avec des noms **habituellement indénombrables**, parfois en leur donnant un sens particulier :

*What **a pity**! / What **a shame**!* Quel dommage !
*It's **a waste** of time.* C'est une perte (mot à mot : gaspillage) de temps.
That's a relief! C'est un soulagement !
*He's **making a noise**.* Il fait du bruit.

2 Dénombrable → indénombrable singulier

• Fruit / animal / matière, etc. : *an apple / apple* (= de la pomme), *a chicken / chicken*.

• Moins courant, un objet habituellement dénombrable peut être conçu comme une masse de matière, avec un quantificateur :

I've never seen a house with so much roof. Je n'avais jamais vu une maison avec une si grande surface de toit.
The shorts showed quite a lot of leg, and were undeniably sexy. Le short laissait largement voir les jambes, et était sans aucun doute sexy.

176. Noms (6) : noms de nationalités et de langues

1 Noms et adjectifs de nationalité

On distingue quatre cas :

• **Adjectifs en *-sh / -ch*** : *Dutch* (hollandais), *English, French, Irish, Welsh* (gallois), *British*

Il n'existe pas de nom correspondant. Comme tous les adjectifs (▶ **11**), ces adjectifs ne peuvent s'employer comme noms que **pour désigner l'ensemble de la catégorie** :

***The English** are tolerant of eccentricity.* Les Anglais tolèrent l'excentricité.

Dans les autres cas, il faut accrocher l'adjectif à un nom qui lui sert de support :

*an **Englishman*** /ˈɪŋglɪʃmən/, *two **Englishmen*** /ˈɪŋglɪʃmən/
un / deux Anglais
*an **Englishwoman**, two **Englishwomen*** une / deux Anglaises
*He married an **English girl.*** Il a épousé une Anglaise.
*The **English people I know** are coffee drinkers.*
Les Anglais que je connais sont des buveurs de café.

• **Adjectifs / noms en *-ese*** (*Japanese, Portuguese*, etc.) et ***Swiss***

Le nom a la même forme que l'adjectif, et il est **invariable.**

several Portuguese / three Chinese / two Swiss
plusieurs Portugais / trois Chinois / deux Suisses

On emploie aussi, très souvent, l'adjectif avec un nom support :

several ***Portuguese people*** */ a* ***Chinese man*** */ three* ***Swiss nationals****.*

• **Adjectifs / noms en *-an* et *-i*** (*German, Pakistani*, etc.), ainsi que ***Greek*** et ***Czech*** /tʃek/ (tchèque / Tchèque).

Le nom a la même forme que l'adjectif, mais **au pluriel** il prend la **terminaison *-s*** :

a German / Greek / Pakistani; two Germans / Greeks / Pakistanis
un / deux Allemand(s) / Grec(s) / Pakistanais

• **Adjectif et nom différents :** *Danish* (danois) / *the Danes / a Dane.*

Exemples :

Polish / the Poles / a Pole polonais / les Polonais / un Polonais
Swedish / the Swedes / a Swede suédois / les Suédois / un Suédois
Scottish / the Scots / a Scot ou *a Scotsman / Scotswoman*
écossais / les Écossais / un Écossais / une Écossaise

Scotch (nom et adjectif) est réservé au whisky.

Tous les **adjectifs** et **noms de nationalité** s'écrivent avec une **majuscule** (alors que le français utilise une minuscule pour les adjectifs) :

an Italian car une voiture italienne

Chinese know-how le savoir-faire chinois

2 Langues : noms et adjectifs

Les noms de langues sont **indénombrables** ; ils n'acceptent pas l'article indéfini, même accompagnés d'un adjectif :

She speaks Spanish and Chinese. Elle parle (l')anglais et (le) chinois.
He speaks awful English. Il parle un anglais épouvantable.

Tous les **noms** et **adjectifs de langues** s'écrivent avec une **majuscule**, à la différence du français qui écrit ces noms et ces adjectifs avec une minuscule :

Chinese is more difficult than Japanese.
Le chinois est plus difficile que le japonais.

a Chinese character / a German accent
un caractère chinois / un accent allemand

Le mot *Arabic* (nom ou adjectif) est utilisé pour la **langue arabe**. Le nom et adjectif de nationalité est *Arab*. L'adjectif *Arabian* signifie « qui a trait à l'Arabie » (*The Arabian Nights* = Les Contes des mille et une nuits).

Traduisez en anglais.

1. C'est un Anglais. C'est un footballeur anglais célèbre. 2. Beethoven ? C'était un Allemand, mais Mozart était un compositeur autrichien. 3. Est-ce que tu peux citer deux Irlandais célèbres ? 4. Les Hongrois ont importé de France le cépage (*grape*) Tokay. 5. Mes voisins parlent un français du Sud charmant. 6. Les Sud-Africains ont une excellente équipe de rugby, n'est-ce pas ? 7. Tous les Suédois ne parlent pas suédois.

177. Noms (7) : noms propres de pays et de personnes

• **Il n'y a pas d'article** (on a donc l'« **article ∅ »**) devant un nom de pays, même en présence d'un adjectif :

l'Italie *Italy*
la Virginie de l'Ouest *West Virginia*

Mais par contre : *the USA*, parce que ce sont les initiales de *the United States of America*. De même : *the Netherlands* (les Pays-Bas), qui provient d'un nom commun.

• **Il n'y a pas non plus d'article** pour **titre + nom de personne** :

le docteur Freud *Doctor Freud*
le Président Lincoln *President Lincoln*

178. Noms (8) : noms composés

1 Formation. La plupart des noms composés sont formés suivant le schéma **nom + nom** : *a photograph album* (un album de photos), *a teacup* (une tasse à thé), *a phone call* (un appel téléphonique). Il existe cependant d'autres procédés de formation, notamment **adjectif + nom** (*a greenhouse*, « une serre »), **verbe + nom** (*popcorn*), **verbe + particule** (*a take-off*, « un décollage »), **nom + particule** (*a passer-by*, « un passant »), **participe passé + particule** (*a grown-up*, « une grande personne »).

Certains noms composés s'écrivent en deux mots (*a press conference*), d'autres en un seul mot (*a bedroom*). L'utilisation du trait d'union est relativement rare, sauf devant les particules (*take-off*, etc.), dans les composés qui contiennent une préposition (*mother-in-law*, « belle-mère »), et dans ceux qui contiennent un adjectif composé (*a well-paid job*, « un travail bien payé »).

Il n'y a pas de limite au nombre d'éléments qui peuvent être mis bout à bout pour constituer un nom composé. À partir de trois éléments, il n'est pas toujours évident de voir les niveaux d'emboîtement : comparez ***a car park attendant***, « un gardien de parking » (= *a* [*car park*] *attendant*), et ***a car safety belt***, « une ceinture de sécurité de voiture » (= *a car* [*safety belt*]).

2 Pluriel des noms composés. La marque du pluriel est portée par le dernier élément, même s'il s'agit d'une particule :

*press conference**s**, grown-up**s**, take-off**s**.*

Toutefois, si le nom composé est formé avec un nom en *-er* suivi d'une particule (exemple : *passer-by*), c'est le nom en *-er* qui porte la marque du pluriel : *passer**s**-by*.

Certains noms, comme *man / woman driver*, portent une double marque du pluriel : *men / women drivers* (des conducteurs hommes / femmes).

3 Principes essentiels concernant les noms composés :

• Dans un nom composé, c'est le **dernier nom** qui est le **nom principal**. Un moyen de se rappeler ce principe est de garder en mémoire la formule : *a race horse is a **horse**, a horse race is a **race***. (*a race horse* = un cheval de course, *a horse race* = une course de chevaux).

• Dans un nom composé, tout nom qui précède le nom principal joue un rôle d'adjectif, et par conséquent **ne prend pas la marque du pluriel** (sauf dans quelques cas exceptionnels ▶ remarque ci-dessous). Ainsi, bien qu'une brosse à dents serve normalement à brosser plusieurs dents, le premier nom du composé *toothbrush* reste au singulier. On notera en particulier le cas des noms composés qui contiennent des nombres : ***a ten-dollar bill*** (un billet de dix dollars), ***a six-year-old boy*** (un garçon de six ans).

Il arrive cependant que le premier terme d'un nom composé porte la marque *-s*. C'est généralement le cas quand il s'agit d'un nom qui n'a pas de singulier : *a customs officer* (un douanier), *a clothes basket* (un panier à linge). Le *-s* peut être la marque non pas du pluriel mais d'un ancien génitif classifiant : *a statesman* (un homme d'État), *lambswool* (laine d'agneau).
Voici quelques autres exceptions : *a sports centre, an arms embargo, a special effects specialist, childrens' rights information* (l'information sur les droits des enfants).

• En général, un nom composé est **accentué sur son premier élément,** ou plus précisément sur la syllabe accentuée de son premier élément) : *a RACE horse, a PHOtograph album, comPUTer science* (l'informatique), *a WAITing list* (une liste d'attente).

Cette caractéristique différencie le nom composé de la construction **adjectif + nom**, dans laquelle l'accentuation principale est sur le second élément. Ainsi, la langue parlée distingue *an ENglish teacher* (« un professeur d'anglais » – nom composé) et *an English TEACHer* (« un professeur anglais » – adjectif + nom), ou encore *a BLACKbird* (« un merle » – nom composé écrit en un seul mot) et *a black BIRD* (« un oiseau noir » – adjectif + nom).

Certains noms composés sont cependant très proches de la construction « adjectif + nom », et leur accentuation principale est sur le dernier nom (et non sur le premier). C'est le cas, par exemple, lorsque le premier nom désigne la **matière** dont est constitué un objet fabriqué : *an iron BAR* (une barre de fer), *a cotton SHIRT* (une chemise en coton).

4 Cas d'**impossibilité d'emploi d'un nom composé** (utilisation obligatoire de la construction **nom + préposition + nom**) :

• Pour désigner un **sous-ensemble** à l'intérieur d'une catégorie : *a group of children* (un groupe d'enfants), *a party of tourists* (un groupe de touristes), *a set of keys* (un jeu de clés).

• Pour désigner une **partie** d'une **masse indénombrable**. On utilise la construction en ***of*** avec un « dénombreur » (▶ **172**) : *a slice of bread* (une tranche de pain), *a sum of money* (une somme d'argent), *a fit of coughing* (une quinte de toux). La délimitation peut s'effectuer à l'aide d'un récipient : *a cup of tea* (une tasse de thé – à bien distinguer de *a teacup* (une tasse à thé), *a bottle of milk* (une bouteille de lait).

• Quand le nom qui sert de complément est **défini** : *the end of the street* (le bout de la rue), *the middle of the road* (le milieu de la route), *the bottom of the bag* (le fond du sac).

Il faut donc être prudent dans l'utilisation des noms composés. Si l'on n'est pas sûr de bien maîtriser leurs règles de formation, il est préférable de ne pas en inventer, et de se contenter d'utiliser ceux que l'on connaît.

A. Traduisez en anglais.

1. du jus d'orange 2. une soupe de légumes 3. des musiciens de jazz 4. un compte en banque 5. un faire-part de mariage 6. un four à micro-ondes 7. deux fourchettes à poisson 8. une pièce de deux euros 9. une brosse à chaussures 10. les atterrissages

B. Traduisez en anglais.

1. une tasse à thé / une tasse de thé 2. une assiette à fromage / une assiette de fromages 3. une boîte en carton / un carton de papiers 4. des chaussures en cuir / l'industrie du cuir 5. un séchoir / un sèche-cheveux.

179. Obligation de ne pas..., non-obligation de...

Il y a deux façons, qu'il ne faut pas confondre, de nier l'obligation.

Le tableau ci-après illustre ces **deux types de négation de l'obligation**, à propos d'un fait qui serait *You stay / will stay here* (Tu restes / Tu resteras ici).

	Souhait ou opinion personnelle, style plutôt recherché	**Pas d'implication personnelle, style neutre**
Obligation de...	*You **must** stay here.*	*You **have to** stay here.*
Obligation de ne pas... / Interdiction de...	*You **mustn't** stay here.* *You **may not** stay here.*	*You **can't** stay here.*
Non-obligation de...	*You **needn't** stay here.*	*You **don't have to** stay here.* *You **don't need to** stay here.*

Traduisez en français.

1. *You have to take these tablets at meal-times.* 2. *I mustn't forget to send Helen a birthday card.* 3. *I don't need to pay cash, do I?* 4. *I'm afraid you can't park here.* 5. *We needn't / don't need to keep all these old documents, need /do we?*

180. Obliger

Il vaut mieux ne jamais employer *to oblige* ou *be obliged*. Employez ***make*** (obliger qqn à faire qqch.) ou ***have to*** (être obligé de).

Son chef l'a obligée à rester jusqu'à dix heures du soir. *Her boss* ***made*** *her stay on until ten pm.*

Il est obligé de faire des heures supplémentaires pour payer le loyer. *He* ***has*** *to do overtime to pay the rent.*

Tu n'es pas obligé de travailler le dimanche. *You* ***don't have to*** *work on Sundays.*

Le verbe ***compel*** est d'un style nettement plus soutenu. ***Force*** implique une forte contrainte physique ou morale.

Les seigneurs ont obligé le roi Jean à signer la Grande Charte (1215). *The lords compelled King John to sign Magna Carta.*

Le scandale a obligé le Président à démissionner. *The scandal forced the president to resign.*

> Traduisez en anglais.
>
> 1. Je ne suis pas obligé de venir, n'est-ce pas ? 2. Elle m'a obligé à ramasser tous les papiers. 3. Les contrôles radars obligent les conducteurs à ralentir. 4. Après le match, l'entraîneur les a obligés à prendre une douche. 5. Il se peut que je sois obligé de travailler tard ce soir.

181. « On » français

1 « On » = absolument n'importe qui

• **« On » → *you***

On commence par une cigarette, et puis après… ***You*** *start with one cigarette, then …*

En Angleterre on ne voit pas beaucoup de vignobles. *In England,* ***you*** *don't see many vineyards.*

On aurait pu croire qu'il comprendrait. ***You*** *might have thought he would understand.*

Dans un style plus soutenu, on utilise ***one*** :

One *might have thought he would understand.*

• « **On** » construction au ***passif***, quand l'agent de l'action est inconnu ou qu'on n'éprouve pas le besoin de l'indiquer :

On l'a opéré. *He's been operated on.*

On ne m'a rien dit. *I haven't been told anything.*

Ceci est particulièrement courant avec les verbes de parole ou d'opinion :

On dit que c'est lui le meilleur joueur. *He is said to be the best player.*

On lui a demandé de présider le comité. *She has been asked to chair the committee.*

• On peut aussi réintroduire un sujet assez vague, ***people*** :

On dit que c'est lui le meilleur joueur. *People say that he is the best player.*
On dit n'importe quoi à son propos. *People say just about anything about him.*

▶ 195 Passif (2).

2 « On » = quelqu'un

« **On** » → ***someone*** (une seule personne, dont l'identité est indifférente ou inconnue) :

Oui, je sais, on m'a téléphoné. *I know, someone called me.*

3 « On » = quelques personnes

« On » → ***they***

« On » représente un groupe de gens nettement distinct du locuteur :

On nous donne trop de travail. *They give us too much work.*

4 « On » = nous

« On » → ***we***

C'est le « **on** » du français parlé équivalant à **nous** :

On va au cinéma ce soir? *Shall we go to the movies tonight?*

Ce peut être aussi un groupe dans lequel le locuteur s'inclut.

Comparez :

En France, on conduit trop vite.

In France, we drive too fast.	(nous, les Français)
In France, they drive too fast.	(dit par un étranger)
In France, people drive too fast.	(mais pas moi…)

En France, on conduit à droite.

In France, you drive on the right.	(constatation, ou conseil)
In France, one drives on the right.	(constatation, ou conseil, plus solennel)

Traduisez en anglais.

1. On a réparé cette rue il n'y a pas longtemps. 2. On envoyait les condamnés dans des colonies pénitentiaires (*penal colonies*), à l'époque. 3. On ne me répondra pas, je vois! 4. On peut se marier à quel âge? 5. On ne fume pas chez nous, d'accord?

182. Once

Il faut bien distinguer le sens de **fréquence** de celui de **repérage dans le temps**.

1 Once de fréquence, qui s'oppose à *twice*, etc.

I have only met her ***once****.* Je ne l'ai rencontrée qu'une fois.
I met her ***once*** *during the holidays.* Je l'ai rencontrée une fois pendant les vacances.
Read this ***once****, then give me a short summary.* Lisez ça une fois et faites-moi ensuite un bref résumé.

2 Once de repérage = à un moment du passé

Once indique alors une occasion dont la date n'est pas précisée, située à un moment du passé (français : un jour, une fois). *Once* se place alors en tête de phrase ou avant le verbe, et il impose le prétérit.

I ***once*** *met her with her sister /* ***Once*** *I met her with her sister.* Un jour, je l'ai rencontrée avec sa sœur.

183. One

1 One devant un nom

Différence avec ***a / an*** : il signifie « un seul, pas plusieurs ».

Can I buy ***one*** *egg?* Je peux acheter un seul œuf?
That is its ***one*** *advantage. C'est là son seul avantage.*

2 Le pronom *one* remplaçant un nom

One sert à reprendre les noms **dénombrables** (seulement eux) :

I've seen ***one****.* J'en ai vu un(e). [homme, femme, objet]

One est obligatoire avec un adjectif. Il a alors un singulier, et un pluriel, ***ones*** :

They wanted a small house, but they finally bought ***a large one****.* Ils voulaient une petite maison, mais ils en ont acheté une grande.
Diamonds are a nuisance: ***the big ones*** *are too expensive, and you can't see* ***the small ones****.* Les diamants, c'est un problème : les gros sont trop chers, et on ne voit pas les petits.

Après un superlatif, ***one*** n'est pas obligatoire : *She is the best* (Elle est la meilleure).

One peut servir d'antécédent à une relative :

Tell me about the ***one(s)*** *you have read.* Parlez-moi de celui / ceux que vous avez lu(s).

▶ 53 Celui qui / celle qui / ceux qui / celles qui.

One est impossible après un génitif (**nom + 's**) :
The jury liked Betty's flowers better than Barry's. Le jury a préféré les fleurs de Betty à celles de Barry.

Le pronom *one* se rencontre beaucoup dans les dictionnaires, pour représenter une personne sans autre précision :
se peigner *to comb one's hair*
se faire mal *to hurt oneself*
Bien sûr, quand on emploie ces expressions, il faut employer le pronom qui correspond au sujet : *She combed her hair / He hurt himself* (Elle s'est peignée / Il s'est fait mal).

3 Le pronom indéfini *one* (= « on » français)

Le pronom *one* n'est pas toujours la meilleure solution pour traduire le français « on », il vaut souvent mieux employer *you* :

Pour faire des crêpes, on prend d'abord de la farine et des œufs. *To make pancakes, you first take flour and eggs.*

▶ 181 « On » français.

Traduisez en anglais.

1. Nous avons deux horloges dans le salon. La première avance et la seconde retarde. 2. Laisse-moi jeter ceux / celles que tu ne veux pas. 3. J'aimais ses tableaux moins que ceux de Reginald. 4. On prend un taxi, d'accord ? 5. Il s'est présenté à mon oncle. (*introduce oneself*) 6. Cette photo de Michael est bien meilleure que celle que tu as prise en août.

184. *Only*

1 L'adverbe *only* **se place avant le verbe**, tout en exprimant une limitation qui peut s'appliquer à n'importe lequel des termes qui viennent après (le verbe, ou un des compléments).

À l'écrit, il faut confronter la phrase au contexte pour l'interpréter. À l'oral le terme sur lequel porte l'adverbe porte un accent fort. Ainsi, la phrase *He only tasted the wine at lunchtime* peut avoir cinq interprétations (l'accent de l'oral est indiqué par des majuscules) :

(1) ***HE only*** *tasted the wine at lunchtime* = Il n'y a que lui qui ait goûté le vin à midi.
(2) *He* ***only TASTed*** *the wine at lunchtime* = Il n'a fait que goûter le vin à midi.
(3) *He* ***only*** *tasted the* ***WINE*** *at lunchtime* = C'est seulement le vin qu'il a goûté [et pas autre chose], à midi.
(4) *He* ***only*** *tasted the wine at* ***LUNCHtime*** = C'est seulement à midi [pas à un autre moment] qu'il a goûté le vin.
(5) Avec une absence d'accentuation particulière de l'un des éléments, on obtient un cinquième sens = La seule activité qu'il ait eue (de la journée) est de goûter le vin, à midi.

Les autres adverbes de limitation (*even, just, chiefly, mainly*, etc.), ainsi que la négation, se comportent de la même manière.

2 *Only* fonctionne aussi comme adjectif (= « seul, unique »).

*His **only hobby** was a large collection of shells.* Sa seule distraction était une grande collection de coquillages.

185. Open / opened

Open est un adjectif qui représente un état :

*The window **is open**.* La fenêtre est ouverte.

Opened est une forme de verbe qui représente une action :

*This window **has been opened** (by a burglar).* La fenêtre a été ouverte (par un cambrioleur).

Quelques autres exemples :

The door was (already) open when I arrived. (état) La porte était (déjà) ouverte quand je suis arrivé(e).
When I arrived, the door was opened by their daughter. (action) Quand je suis arrivé(e) la porte a été ouverte par leur fille.
This door shouldn't be opened. (action) Cette porte ne doit pas être ouverte / Il ne faut pas ouvrir cette porte.
This door shouldn't be left open. (état) Cette porte ne doit pas être laissée ouverte.
Is the shop open? (état) Est-ce que la boutique est ouverte ?
The shop has been open since ten. (état) La boutique est ouverte depuis dix heures.

186. Orthographe et prononciation (1) : voyelles

1 **L'orthographe de l'anglais possède des règles** qui indiquent comment se prononcent les **voyelles** (mais il y a des exceptions, notamment parmi les mots courants comme *give* ou le verbe *live*, voir ci-après).

Écrit : voyelle + consonne finale ou deux consonnes → prononciation dite « brève » de la voyelle	Écrit : voyelle + une seule consonne puis voyelle → prononciation dite « longue » (voyelle « longue » ou diphtongue)
bit /bɪt/ *bitter* /ˈbɪtə/ *met* /met/ *better* /ˈbetə/ *rat* /ræt/ *matter* /ˈmætə/ *cut* /kʌt/ *cutter* /ˈkʌtə/ *cop* /kɒp/ *copper* /ˈkɒpə/	*bite* /baɪt/ *Pete* /piːt/ *rate* /reɪt/ *cute* /kjuːt/ *cope* /kəʊp/

Cette règle de correspondance entre l'orthographe et la prononciation explique pourquoi on doit redoubler la consonne finale des verbes au prétérit et aux formes de participe :

hop; *hopped*; *hopping* (verbe « sauter »), pour conserver le son /ɒ/.

Si on écrivait *hoped* au lieu de *hopped*, on aurait /həʊpt/ (verbe *hope*, « espérer »).

À l'inverse, il ne faut pas redoubler inutilement :

write; *writing* (et non ~~*writting*~~) pour conserver /aɪ/.

2 Les **exceptions** qui existent se concentrent sur des mots très courants, qu'il faut donc bien connaître.

• Voyelle + une seule consonne puis voyelle (écrites), mais prononciation dite « brève » :

/ɪ/ : *Br**it**ish*, ***fin**ish*, *c**in**ema* , *pr**is**on*, *g**iv**e*
/æ/ : *c**am**era*, *f**am**ily*, *m**an**age*
/ɒ/ : *h**ol**iday*, *h**on**est*
/ʌ/ : *p**un**ish*, *st**ud**y*

• Voyelle + deux consonnes (écrites), mais prononciation dite « longue » :

/əʊ/ : *p**ost***, *m**ost***
/eɪ/ : ***tast**e*

Ne confondez pas l'adjectif *live* /laɪv/ avec le verbe *live* /lɪv/.

• Ajoutons quelques mots courants qui font exception de façon difficile à prévoir :

again /əˈgen/
any /ˈeni/
build /bɪld/
bury /ˈberi/
busy /ˈbɪzi/
clerk /klɑːk/ (mais US /klɜːk/)
do /duː/
England /ˈɪŋglənd/
here /hɪə/
island /ˈaɪlənd/
many /ˈmeni/
prove /pruːv/
there /ðeə/
through /θruː/

Pour les paires de mots suivantes, choisissez entre la prononciation « brève » et la prononciation « longue ». Exemple : *cop* /kɒp/, *cope* /kəʊp/.

A. *bit / bite; hat / hate; rat / rate; sit / site; cap / cape; mat / mate; pip / pipe; rip / ripe; spit / spite; win / wine; pin / pine; din / dine; hop / hope; not / note; cut / cute; fat / fate.*

B. *thin / thinner; dine / dinner; write / written; vale / valley; late / latter; bit / bitten; hide / hidden; fit / fitter; flat / flatter; mad / maddest; sad / saddest; slip / slipper; hop / hopping; bed / bedding; bite / biting; man / manned; cut / cutter; skip / skipping; tip / tipper; dot / dotted; late / later.*

187. Orthographe et prononciation (2) : quelques règles à connaître

1 Voyelles

• La lettre ***o*** a trois prononciations principales :

– comme la voyelle de *dog* (GB /ɒ/, US /ɑː/) : *biology, product* ;

– comme la diphtongue de *goat* (GB /əʊ/, US /oʊ/) : *program, progress, comb* /kəʊm/ ;

– comme la voyelle de *duck* (/ʌ/) : *money, mother, brother, son, love, above, come, nothing, does, done, month, front, discovery.*

• Le groupe de lettres ***ea*** a trois prononciations :

– comme la voyelle de *bee* (/iː/) : *meat, dream, easy, feature* ;

– comme la voyelle de *hen* (/e/) : *dead, ready, leather, heavy, measure* ;

– comme la diphtongue de *snail* (/eɪ/) : *break, great, steak.*

À ce propos, contrastez le verbe *breathe* /briːð/ et le nom *breath* /breθ/.

• Les lettres ***oo*** se prononcent soit /uː/ (*fool*), soit /ʊ/ (*good*), mais /ʌ/ (comme *duck*) dans *flood* et dans *blood.*

• Dans *quality*, la lettre ***a*** est prononcée GB /ɒ/, US /ɑː/, comme dans *stop* : ceci est la règle générale quand ***a*** suit les consonnes ***qu*** prononcées /kw/. En anglais britannique, on aura donc :

quality /ˈkwɒlɪti/ ; *quantity* /ˈkwɒntɪti/ ; *quarrel* /ˈkwɒrəl/.

De la même manière, après /w/, on a *what* GB /wɒt/, US /wɑːt/, et *water* GB /ˈwɔːtə/, US /ˈwɑːtə/. (Ne prononcez pas /æ/.)

• Les mots qui se terminent en ***-ind*** se prononcent généralement /aɪnd/ :

blind, behind, kind, mind (mais *wind* /wɪnd/ et *window* /ˈwɪndəʊ/).

De façon semblable, le ***i*** de *pint, mild* et *wild* se prononce /aɪ/.

2 Consonnes

• Les lettres ***-gh*** se prononcent parfois /f/ en fin de mot :

cough, enough, rough, laugh.

• Lettres écrites qu'on ne prononce pas :

– ***k*** dans ***kn*** et ***p*** dans ***ps*** en début de mot (règle sans exceptions) :

knee /niː/, *know* GB /nəʊ/ US /noʊ/, *knife* /naɪf/ ;
psychology /saɪˈkɒlədʒi/.

– Au début du mot *whole*, la lettre ***w*** ne se prononce pas, mais il faut prononcer le ***h*** : *whole* se prononce comme *hole* (trou).

Même chose pour *who* /huː/ et *whose* /huːz/.

Par contre, on prononce *what* GB /wɒt/, US /wɑːt/ et *which* /wɪtʃ/.

– Dans *guest* et *guardian*, pas de **u** prononcé : /gest/, /'gɑ:djən/.

– La lettre finale **b** n'est pas prononcée dans *bomb* GB /bɒm/, US /bɑ:m/. Elle ne l'est pas davantage dans *bombing* (/'bɒmɪŋ/, /'bɑ:mɪŋ/. De même, *comb* (peigne) GB /kəʊm/ US /koʊm/, *tomb* (tombeau) /tu:m/, *climb* (grimper) /klaɪm/.

– Le **l** précédant une consonne ne se prononce pas dans :

would, could, should, walk, talk, half.

Mais il se prononce dans *hold, shoulder, cold, salt*, etc.

188. *Other*

1 Ordre des mots quand ***other* est associé à un numéral**

- Précédé seulement du numéral :

*Then we visited **three other** museums.* Ensuite, nous avons visité trois autres musées.

- Précédé de *the* ou d'un possessif :

*Then we visited the **other three** museums.* Ensuite, nous avons visité les trois autres musées.
*She visited her **other two** friends.* Elle est allée voir ses deux autres amis.

2 *Other* utilisé comme **pronom**

Le pronom *other* (à la différence du déterminant) a un pluriel, ***others*** :

*Emily went for a walk, the **others** stayed at home.* Emily est sortie se promener, les autres sont restés à la maison.

Au lieu du pronom *other*, on peut utiliser *other one* :

*Raise one hand, then **the other**.* Levez une main, puis l'autre.
*I think I'll take **the other one**.* Je vais prendre l'autre.

> ***Another*** s'écrit en un seul mot :
> *We'll discuss that **another** time.* Nous discuterons de ça une autre fois.

3 ***Other*** et ***another*** peuvent s'utiliser pour signifier « en plus », à condition que cela s'applique à un nom **dénombrable** :

*Won't you have **another** glass of milk?* Vous prendrez bien un autre verre de lait?
*Are there **any other** questions?* Y a-t-il d'autres questions?

Other et ***another*** sont alors en concurrence avec **more**. Avec de l'indénombrable, on ne peut employer que *more* :

*Just **one more** glass before I leave.* [dénombrable] Encore un verre avant que je parte.
*This custard is delicious – can I have **some more**?* [indénombrable] Cette crème est délicieuse. Je peux en avoir un peu plus?

Another, singulier, peut être suivi d'un nombre et s'appliquer à une quantité plurielle :

They had to pay ***another ten pounds***. Ils ont dû payer dix livres de plus.

4 *Every other* : expression de la fréquence (= tous les deux jours, etc.)

The festival takes place ***every other year***. Le festival a lieu tous les deux ans.

▶ aussi 181

Traduisez en anglais.

1. Il reste encore des factures à payer? 2. Ils ne pourraient pas trouver une autre façon de transporter la marchandise? 3. Essayez cette paire et puis l'autre. 4. Certains d'entre nous sont descendus en ville et les autres sont restés tranquillement à la maison. 5. J'ai des séances de kiné tous les deux jours. 6. Ses deux autres collègues sont à mi-temps.

189. *Ought to*

Ce modal n'a qu'une forme, ***ought***. Sa forme orale est toujours /ɔ:t/. (Il n'y a pas de forme réduite.) Négation : ***ought not***, ***oughtn't*** /'ɔ:tnt/. Contrairement aux autres modaux, *OUGHT* est suivi de *TO* : *You ought to tell him* (« Vous devriez le lui dire »). Mais cela mis à part, il a toutes les caractéristiques des modaux (**▶ 152**). Les deux sens qu'il peut exprimer (**obligation** et **probabilité atténuées**) peuvent également être exprimés par *should* – dont l'usage est beaucoup plus fréquent, et qui a une gamme d'emplois beaucoup plus large (**▶ 242**).

You ***ought to*** *be ashamed.* Tu devrais / Vous devriez avoir honte. (obligation atténuée)
The fog ***ought to*** *clear up soon.* Le brouillard devrait bientôt se lever. (probabilité atténuée)

Pour exprimer une obligation ou une probabilité atténuée portant sur un fait **passé**, on utilise ***ought to have*** **+ participe passé** :

You ***ought to*** *have told him.* Vous auriez dû le lui dire.
I don't understand. The total ***ought to have been*** *3,624.* Je ne comprends pas. Le total aurait dû être 3 624.

Traduisez en français.

1. *I really ought to wash my hair.* 2. *You ought to check your tyre pressure before you set off.* 3. *Somebody ought to do something about it.* 4. *We ought to have told them.* 5. *The tide (marée) ought to be in now.* 6. *'It doesn't worry me.' 'Well, it ought to!'*

190. Parfait (present perfect, past perfect, etc.)

1 Forme

On appelle **parfait** la forme du verbe constituée de l'**auxiliaire** ***HAVE*** et du **participe passé**.

• Dans cette forme, l'élément conjugué est l'auxiliaire *HAVE*. Cet auxiliaire peut être au **présent**, et on a alors le **present perfect** (*I* ***have*** *finished*, « J'ai fini »). Il peut être au **prétérit**, et on a le **past perfect** (*I* ***had*** *finished*, « J'avais fini »). Il peut être à l'**infinitif** (avec ou sans *to*), et on a alors l'**infinitif parfait** (*He seems* ***to have*** *finished / He must* ***have*** *finished*, « Il semble avoir fini / Il doit avoir fini »). (Pour les autres formes ▶ ci-dessous.)

• Le **participe passé** qui constitue le second élément du parfait est un élément invariable (**▶ 191 Participe passé (1) : forme**).

Exemples des formes du parfait :

• Présent + *HAVE* + participe passé (**present perfect**) :

The film ***has*** *already* ***started***. Le film a déjà commencé.

• Prétérit + *HAVE* + participe passé (**past perfect**) :

When we got there, the film ***had*** *already* ***started***. Quand nous sommes arrivés, le film avait déjà commencé.

• Infinitif (avec *to*) + *HAVE* + participe passé (infinitif parfait avec *to*) :

The film seems ***to have started.*** Le film semble avoir commencé.

• Infinitif (sans *to*) + *HAVE* + participe passé (infinitif parfait sans *to*) :

The film must ***have started.*** Le film doit avoir commencé.

• Verbe en *-ing* + *HAVE* + participe passé :

In spite of ***having lived*** *in London most of my life, I have never seen the Queen*. Bien qu'ayant vécu à Londres presque toute ma vie, je n'ai jamais vu la reine.

2 Emplois

• Au **present perfect**, la forme ***HAVE*** **+ participe passé** exprime ce qu'on appelle l'**aspect parfait** : elle indique les **conséquences de l'événement** au moment à partir duquel il est considéré (le moment présent). Cette valeur est incompatible avec une datation. Exemple :

Maggie ***has lost*** *her bag*. Maggie a perdu son sac. (= elle n'a pas son sac **maintenant**)

• Dans des formes autres que le present perfect, ***HAVE*** + **participe passé** peut servir simplement à situer l'événement **avant** un point de repère dans le temps. Exemple :

Here's Tom's letter. He must ***have sent*** *it yesterday*. Voici la lettre de Tom. Il a dû l'envoyer hier.

HAVE + participe passé est utilisé ici pour situer l'événement (l'envoi de la lettre) dans une période antérieure au moment présent. (Il joue un rôle identique à celui du prétérit dans la phrase *He probably sent the letter yesterday*.)

Contrairement au précédent, cet emploi de *HAVE* + participe passé est compatible avec une datation, avec l'indication d'une heure, etc. (autrement dit avec un repérage de l'événement dans le temps).

▶ 221 Present perfect ; 199 Past perfect.

191. Participe passé (1) : forme

1 Le participe passé des **verbes réguliers** se forme simplement en ajoutant la terminaison ***-ed*** à la base verbale : *work* (travailler) → ***worked*** (travaillé). Il a donc la même forme écrite et orale que le prétérit, et l'ajout de *-ed* peut entraîner les mêmes modifications orthographiques (**▶ 219 Prétérit simple (1)**). Pour les **verbes irréguliers ▶ 292**.

Le participe passé est utilisé notamment pour former le **parfait** (present perfect, past perfect, etc. **▶ 190**) et le **passif** (**▶ 194**). Il peut avoir une valeur d'adjectif :

*He's very **tired**.* Il est très fatigué. (*tired* : participe passé du verbe *tire*, « fatiguer »)

Ne confondez pas les adjectifs en ***-ed*** et les adjectifs en ***-ing*** :

*He had an **amused** smile on his face.* Il avait un sourire amusé.

*That story is **amusing**.* Cette histoire est amusante.

Autres paires du même type :

bored (qui s'ennuie), *boring* (ennuyeux) ; *confused* (désorienté, embrouillé), *confusing* (déroutant) ; *depressed* (déprimé), *depressing* (déprimant) ; *interested (in)* (qui s'intéresse à), *interesting* (intéressant) ; *tired* (fatigué), *tiring* (fatigant).

2 La terminaison *-ed* peut être ajoutée à un nom pour former un adjectif, et elle a alors le sens de « qui a », « qui possède » :

*a **bearded** /'bɪədɪd/ man* (un barbu), *a **wooded** area* (une zone boisée)

Ce procédé est utilisé dans la formation de nombreux adjectifs composés :

*a **black-haired** woman* (une femme aux cheveux noirs), *a **short-sighted** man* (un myope), *a **three-layered** organization* (une organisation à trois niveaux – mot à mot « trois couches »)

192. Participe passé (2) : verbes suivis d'une proposition au participe passé

1 Le verbe *get*, utilisé dans le sens de « devenir », peut être suivi directement d'un participe passé (▶ aussi 192) :

*He soon **got tired** of it.* Il s'en est vite fatigué.

2 Certains verbes peuvent avoir à leur suite un participe passé précédé soit d'un nom soit d'un pronom à la forme complément :

*I had **the windows repaired**.* J'ai fait réparer les fenêtres.
*I had **them repaired**.* Je les ai fait réparer.

Ces verbes entrent dans trois catégories.

- ***Have*** et ***get*** (▶ aussi **92 Faire faire**) :

*He **had** / He **got** the lawn **mowed**.* Il a fait tondre la pelouse.
*She **had** her car **dented**.* Elle s'est fait cabosser sa voiture.

- ***See***, ***hear***, ***find***, ***imagine***, etc. (verbes de perception et verbes de sens voisin ▶ aussi **291 Verbes de perception**) :

*I **saw** the job **advertised** in the local paper.* J'ai vu l'annonce pour cet emploi dans le journal local.
*They **found** the house **burnt** to ashes.* Ils ont trouvé la maison réduite en cendres.

- ***Want***, ***love***, ***need***, ***prefer***, etc. (verbes exprimant un souhait, une volonté, etc.) :

*I **want** this window **repaired** immediately.* Je veux que cette fenêtre soit réparée tout de suite.
*You **need** your head **examined**.* Il faut te faire examiner la tête. (= T'es fou ? / Ça va pas, la tête ?)

Traduisez en français.

1. *The children will soon get bored with that game.* 2. *I'd like this letter sent off today.* 3. *Can you imagine yourself retired?* 4. *Who did you have the accounts audited by?* 5. *We need to have the car serviced.*

193. Passé composé français

Le passé composé français a deux emplois qu'il faut soigneusement distinguer quand on passe à l'anglais.

1 Constatation des conséquences présentes d'un événement passé non daté (non repéré dans le temps) :

Je l'ai rencontrée. (= je la connais)
Ils ont acheté une nouvelle voiture. (= ils ont une nouvelle voiture)

Dans ce cas seulement, on a en anglais le present perfect :

I have met her.
They have bought a new car.

2 Accompagnée d'une date, heure, etc., mention d'un événement passé :

Je l'ai rencontrée hier / ce matin / il y a cinq minutes.

En anglais, la présence de la datation contraint absolument à l'emploi du prétérit :

*I **met** her yesterday / this morning / five minutes ago.*

Les questions qui appellent une datation sont évidemment aussi au prétérit :

Quand est-ce que tu l'as rencontrée ? *When did you meet her?*

Les questions « pendant combien de temps / jours, etc. », bien qu'elles portent sur la durée et non sur la datation, impliquent forcément qu'on est entièrement dans un passé séparé du présent, et donc leurs équivalents anglais sont au **prétérit** :
Il a travaillé en Chine pendant combien de temps ? *How long did he work in China?*

Les récits se font au **prétérit**.

Quand je **suis revenu** de la boulangerie, j'**ai rencontré** Maggie. On **est allé** prendre une tasse de thé et elle m'**a parlé** de son nouveau boulot. *When I **came** back from the baker's, I **met** Maggie. We **went** for a cup of tea and she **told** me about her new job.*

Traduisez en anglais.

1. Ils n'ont pas encore signé le contrat. 2. Mon compte en banque a été dans le rouge le mois dernier. 3. Quand l'avez-vous perdu ? 4. Tu as vécu combien de temps en Australie ? 5. Ne t'inquiète pas ! Regarde : j'ai noté tous les messages sur un bout de papier. 6. Quand j'ai commencé mes études de médecine, je n'avais qu'une idée en tête : je voulais être cardiologue. Puis, cinq ans plus tard, j'ai changé d'avis. Et maintenant, je suis devenu urgentiste [*A and E doctor*].

194. Passif (1) : forme

1 Dans le cas le plus général, la transformation d'une phrase active en une phrase passive est assez semblable à celle du français :

Forme active	**Forme passive**
The government finances the project. Le gouvernement finance le projet.	*The project **is** financ**ed** by the government.* Le projet est financé par le gouvernement.
Clive ate the sandwich. Clive a mangé le sandwich.	*The sandwich **was eaten** by Clive.* Le sandwich a été mangé par Clive.
Lisa will take the message. Lisa prendra le message.	*The message will **be** taken by Lisa.* Le message sera pris par Lisa.
Jeff had watered the flowers. Jeff avait arrosé les fleurs.	*The flowers had **be**en water**ed** by Jeff.* Les fleurs avaient été arrosées par Jeff.
My brother was fixing the car. Mon frère était en train de réparer la voiture.	*The car was **bein**g fix**ed** by my brother.* La voiture était en train d'être réparée par mon frère.

Comme le montrent les exemples, il y a trois changements : (a) le sujet devient complément d'agent (= complément introduit par *by*), (b) le complément d'objet devient sujet, et (c) l'auxiliaire BE et la marque du participe passé sont ajoutés au groupe verbal.

2 À la forme interrogative et à la forme négative du présent et du prétérit simples, l'auxiliaire *do / does / did*, obligatoire dans la phrase active, disparaît de la phrase passive :

***Did** the reporters **interview** him?* Est-ce que les reporters l'ont interviewé ?

***Was** he **interviewed** by the reporters?* Est-ce qu'il a été interviewé par les reporters ?

3 Dans de **nombreux cas** (pratiquement les mêmes qu'en français), il n'y a **pas de complément d'agent** :

Was the murderer arrested? Est-ce que le meurtrier a été arrêté ?

Pour le passif de ***make*** et des verbes de perception suivis d'une proposition complément (*They made him go* → *He was made **to** go* et *They saw him go out* → *He was seen to **go** out*) ▶ 122.

> Mettez au passif, avec un complément d'agent.
>
> 1. *Dickson's, the grocer, sells French products.* 2. *The Personnel Manager interviewed me.* 3. *Fanny will do the shopping today.* 4. *The film producer had put forward millions of dollars.* 5. *The Dawsons have painted the house.*

195. Passif (2) : utilisations particulières en anglais

1 La **forme** BE + -ING (« forme progressive ») est assez souvent associée au passif. Elle permet notamment d'opposer une action ayant abouti à un résultat (forme « simple ») à une action vue en cours de déroulement (forme BE + -ING) :

*The road **was repaired** last spring.* La route a été réparée au printemps dernier.
*Last spring, the road **was being repaired**.* Au printemps dernier, on réparait / on était en train de réparer la route.

> Mettez au passif, sans complément d'agent.
>
> 1. *They are reducing prices on most vehicles this month.* 2. *They were closing down a good number of their factories.* 3. *Are they improving the quality?* 4. *Why aren't they delivering milk any more?* 5. *How much money were they investing?*

2 **Équivalent de « on » ou de « quelqu'un »** (▶ aussi 181)

On lui a volé sa carte de crédit hier soir. *His / Her credit card **was stolen** last night.*
On s'attend à ce qu'il démissionne. *He**'s expected to** resign.*
On dit / On raconte qu'il a hérité d'une fortune immense. *He**'s said to have inherited** a huge fortune.* (▶ **119** pour l'emploi de l'infinitif avec *to* dans cette construction.)
Quelqu'un a laissé la fenêtre ouverte. *The window **has been left** open.*

3 **Équivalent d'une construction impersonnelle introduite par « il »**

Il est annoncé un temps plus doux pour les jours prochains. *Warmer weather **is forecast** for the next few days.*
Il paraît qu'elle a fait fortune en vendant des voitures anciennes. *She is said to have made a fortune by selling vintage cars.* (▶ aussi **63 Conditionnel français**.)

4 **Équivalent d'un verbe pronominal** (« se » + verbe – ▶ aussi 238.)

La question se discute actuellement. *The question **is being discussed**.*
Il s'en vend 1 500 paquets par jour. *1,500 packs of it **are sold** every day.*
Ce vin se boit chambré. *This wine **must be drunk** at room temperature.*

Quelques verbes, dits « verbes réversibles », peuvent, dans certains cas, être employés à la **forme active** avec un **sens passif**. Exemples :
*Her book **sells** well.* Son livre se vend bien. (Mais on ne peut pas dire ~~*Her book sells in that shop*~~ : il faut dire *Her book is sold / They sell her book in that shop.*)
*This shirt **washes** easily.* Cette chemise se lave facilement.

Traduisez en anglais en utilisant un passif.
1. On ne parle pas français dans ce pays. 2. Il se boit 10 000 bouteilles de cette eau par jour. 3. Est-ce qu'on a passé en revue (*review*) tous les points ? 4. On enverra un relevé de compte tous les quinze jours. 5. On ne servira pas le plat du jour le dimanche.

196. Passif (3) : verbes + particule et verbes + préposition

1 Verbes à particule (*put off*, « retarder / reporter », etc.)

Ces verbes (▶ **290**) ne posent pas de problème particulier : il suffit de se rappeler que, lorsqu'ils se mettent au passif, ils gardent leur particule, qui se place immédiatement à leur suite :

*He **put off** the meeting / He **put** the meeting **off**.* Il a reporté la réunion.
→ *The meeting **was put off**.* La réunion a été reportée.

2 Verbes prépositionnels (*look after ...*, « s'occuper de... », etc.)

Ces verbes peuvent souvent se mettre au passif (ce qui est très rarement le cas avec les verbes prépositionnels français) :

***Are** the children **being looked after**?* Quelqu'un s'occupe des enfants ?

En français, il n'existe pas de construction passive parallèle à la construction anglaise : on utilise une construction active dont le sujet est « on » ou « quelqu'un ».

La transformation passive ne fait pas disparaître la préposition qui, à la voix active, introduit le complément (*look **after** something*, etc.). Il ne faut pas oublier cette préposition, qui se met à sa place naturelle, c'est-à-dire aussitôt après le groupe verbal (donc après le participe passé – ▶ l'exemple ci-dessus).

Pour les francophones, le risque d'oubli de la préposition est plus grand avec les verbes prépositionnels ou expressions prépositionnelles dont l'équivalent français se construit **sans préposition** :

Le téléviseur sera payé à la livraison. *The TV **will be paid for** on delivery.*

L'objectif réel avait été perdu de vue. *The real objective **had been lost sight of**.*

Verbes à particule prépositionnels. Ces verbes (*do away with*, « se débarrasser de », *make up for*, « compenser », etc. – ▶ **290**) s'emploient de la même façon que les autres verbes prépositionnels. On garde l'ordre verbe + particule + préposition : *The old methods have been* ***done away with*** (On s'est débarrassé des vieilles méthodes) / *The time you've lost can't be* ***made up for*** (Le temps que vous avez perdu ne peut pas être rattrapé).

3 Quelques verbes suivis d'un complément introduit par une préposition de lieu peuvent être mis au passif. Il s'agit essentiellement de *live in* ... (habiter [un lieu]), *sleep in* ... (dormir dans [un lit]) et de *drink out of* ... (boire dans [un verre]) :

This house ***has*** *never* ***been lived in***. Cette maison n'a jamais été habitée.
That bed ***has been slept in*** / *That glass* ***has been drunk out of***. Quelqu'un a dormi dans ce lit / a bu dans ce verre.

A. Mettez à la forme négative en utilisant les éléments donnés entre parenthèses.

B. Traduisez en français.

1. *These books have been looked at. (not)* 2. *This CD has been listened to. (never)* 3. *Our secret will be found out. (never)* 4. *My luggage has been seen to. (not yet)* 5. *New credit cards were being sent out. (no)*

197. Passif (4) : verbes à double complément (*give, order, etc.*)

Ces verbes se répartissent en quatre catégories (▶ 287-288), selon les constructions dans lesquelles ils peuvent entrer. Les règles qui commandent leur utilisation au passif ne sont pas les mêmes dans les quatre catégories.

1 Type *give* : verbes *bring, email, give, lend, promise, sell, send, serve, show, teach*, etc.

À la voix active, ces verbes possèdent deux constructions (*Ken* ***gave*** ***Lyn*** ***the photo*** et *Ken* ***gave the photo to Lyn***, « Ken a donné la photo à Lyn »), auxquelles correspondent deux constructions passives :

Lyn was given the photo (by Ken). La photo a été donnée à Lyn (par Ken).
The photo was given to Lyn (by Ken). (même traduction)

La première de ces deux constructions est la plus utilisée. Cela s'explique simplement par le fait que, si on utilise un passif avec les verbes du type *give*, c'est généralement parce qu'on s'intéresse en premier lieu au « bénéficiaire ».

2 Type *order* : verbes *buy, choose, cook, keep, make, order* (commander une boisson ou un plat), *play, reserve*, etc.

Cette catégorie présente une analogie **apparente** avec la précédente : il y a également deux constructions actives (*Lyn* ***ordered Ken a beer*** et *Lyn* ***ordered a beer for Ken***, « Lyn a commandé une bière pour Ken »). Mais ces verbes **n'admettent qu'une construction passive** :

A beer was ordered for Ken (by Lyn). Une bière a été commandée pour Ken (par Lyn).

Avec ces verbes, il ne faut donc pas partir du bénéficiaire de l'action (comme on le fait couramment avec les verbes du type *give*) pour former un passif. Ainsi, l'équivalent anglais de « On lui avait trouvé un mari » sera *A husband had been found for her.* (Une construction utilisant *she* comme sujet n'est pas possible.)

3 Type *explain* (voir liste ci-après)

Ces verbes **n'ont qu'une construction active** : verbe + complément direct + complément indirect (*He* ***explained*** ***the situation*** ***to*** ***me***, « Il m'a expliqué la situation »). Ils ne peuvent donc être mis au passif qu'à partir de leur unique complément direct :

The situation was explained to me. On m'a expliqué la situation.

Donc, comme dans le cas précédent, la prudence s'impose pour former un passif à partir de ces verbes. Pour un grand nombre d'entre eux, on ne peut pas partir du complément désignant une personne. Par exemple, l'équivalent anglais de « On lui a volé sa montre » sera *His watch was stolen.*

Autres verbes dont il faut se méfier pour la mise au passif :

address (*something to somebody*), *announce* (*something to somebody*), *attribute* (*something to somebody*), *borrow* (*something* **from** *somebody*, « emprunter quelque chose à quelqu'un »), *confirm* (*something to somebody*), *describe* (*something to somebody*), *hide* (*something* **from** *somebody*, « cacher quelque chose à quelqu'un »), *provide* (*something* ***with*** *somebody*, « fournir quelque chose à quelqu'un »), *recommend* (*something to somebody*), *reveal* (*something to somebody*).

4 Type *refuse* : essentiellement verbes *ask* (*ask somebody a question* ▶ aussi 29 *Ask*), *charge* (faire payer), *fine* (donner une amende de), *refuse*.

À la voix active, ces verbes se construisent avec deux compléments directs : *They* ***refused*** ***him*** ***a visa***. En général, seul le premier complément peut être utilisé comme sujet d'une construction passive :

He ***was refused*** *a visa*. On lui a refusé un visa.
She ***was fined*** *$300 for speeding*. Elle a eu une amende de 300 $ pour excès de vitesse.

Traduisez en anglais.

1. Le premier jour, on nous a montré comment ça fonctionnait. 2. On vous expliquera les règles plus tard. 3. Ce médecin m'a été recommandé. 4. On ne le lui fera pas payer plus de 50 $. 5. On lui a envoyé ces fleurs pour son anniversaire.

198. Passif (5) : construction *get* + participe passé (*He got elected*)

L'emploi de cette construction est généralement évité dans la langue soutenue.

Le verbe ***get*** (▶ **103**) exprime fondamentalement le **passage d'un état à un autre**. Donc, même si la construction ***get*** **+ participe passé** a des points communs avec la construction BE **+ participe passé** utilisée pour exprimer le passif, ses usages sont beaucoup plus restreints. Elle est utilisée dans des expressions comme *get married* (se marier) ou *get divorced* (divorcer), et dans les deux cas suivants :

1 Pour une action subie qui est **non délibérée**, et dont le résultat est **désagréable** (pour le sujet ou pour quelqu'un d'autre) :

She ***got lost*** *in the forest.* Elle s'est perdue dans la forêt.
The windowpane ***got broken***. La vitre a été cassée.
He ***got fired*** */* ***arrested***. Il s'est fait virer / Il s'est fait arrêter.
We ***got held up*** *in a traffic jam.* Nous avons été bloqués dans un embouteillage.
He ***got killed***. Il s'est fait tuer / Il a été tué (à ne pas confondre avec *He killed himself*, « Il s'est suicidé »).

2 Pour une action qui, à l'inverse, peut être **délibérée**, et dont l'effet est **bénéfique** pour le sujet :

He ***got promoted***. Il a obtenu une promotion.
In the end she ***got elected***. Elle a fini par se faire élire.
He ***got dressed*** *as quickly as he could.* Il s'est habillé aussi vite qu'il a pu.

On notera que les équivalents français peuvent être aussi bien le passif qu'une construction pronominale en « se » ou la construction « se faire + infinitif ».

Ne confondez pas cette construction (proche du passif) avec la construction ***get*** **+ nom / pronom + participe passé** (*I got my hair cut*, « Je me suis fait couper les cheveux ») ▶ **192**.

Traduisez en français.

1. *He got put in prison in Argentina.* 2. *I won't get thrown out of the club if I wear a tie.* 3. *I don't know how the vase got broken.* 4. *She never gets invited to talk shows on TV.* 5. *The key got stuck in the lock.*

199. Past perfect (ou pluperfect)

1 Emplois de parfait (= valeurs du present perfect, mais par rapport à un moment passé)

Il s'agit d'emplois identiques à ceux du present perfect (▶ **221**), mais avec un **décalage vers le passé** : le point de repère n'est plus le moment présent, mais un moment du passé.

- **Valeur de résultat :**

  I couldn't phone him – I ***had lost*** *his number.* Je ne pouvais pas lui téléphoner : j'avais perdu son numéro.

- **Valeur d'expérience :**

  His grandmother ***had met*** *lots of famous people in her life.* Sa grand-mère avait rencontré un grand nombre de gens célèbres dans sa vie.

- **Valeur de durée :**

  When she retired, she ***had been*** *at the head of the department for twelve years.* Quand elle a pris sa retraite, elle **était** chef du département depuis douze ans.

Notez que l'équivalent français du past perfect est ici un **imparfait**. Concernant l'emploi de *for* ou de *since* ▶ **69**.

Le choix de l'emploi ou du non-emploi de BE + -ING avec le past perfect se fait exactement de la même façon que pour le present perfect : ▶ **222 Present perfect (2)**. Exemples :

When they woke up, it ***had been snowing*** */ the weather* ***had changed*** */ it* ***had been snowing*** *for several hours.* Quand ils se sont réveillés, il avait neigé / le temps avait changé / il neigeait depuis plusieurs heures.

2 Emplois de passé au second degré (passé par rapport à un passé)

Contrairement aux précédents, ces emplois sont **compatibles avec un repérage dans le temps** (date, heure, etc.) :

Maggie told me that she ***had met*** *our friend Polly the day before / on Friday / at the hairdresser's.* Maggie m'a dit qu'elle avait rencontré notre amie Polly la veille / vendredi / chez le coiffeur.

Si l'on met au discours direct les paroles de Maggie, on a un prétérit à la place du past perfect : *Maggie said, 'I* ***met*** *our friend Polly yesterday / on Friday / at the hairdresser's.'*

3 Le past perfect de sens « imaginaire »

Dans des contextes comme *I wish* … ou *if* …, le past perfect indique un événement imaginaire, et **contraire à la réalité**, situé dans le **passé** :

I wish I ***had told*** *him.* Je regrette de ne pas le lui avoir dit.
*If you****'d phoned*** *yesterday* … Si tu avais téléphoné hier…

A. Repérez les verbes au past perfect et dites si ces formes verbales correspondent à un parfait, à une simple antériorité par rapport à un moment du passé, ou encore si elles ont un sens « imaginaire ».

B. Traduisez en français.

1. *If only he had been more careful!* 2. *The population had been struggling against famine for eighteen months when international relief came to their aid.* 3. *The CEO (Chief Executive Officer) informed me that I had done a good job.* 4. *The CEO informed me that I had done a good job the week before.*

200. Pay

Ne confondez pas les diverses constructions et leurs combinaisons :

Ken paid fifty pounds / the bill. [complément direct : somme d'argent ou note, facture, etc.] (Ken a payé cinquante livres / la note)

Ken paid the art-dealer. [complément direct : bénéficiaire (le marchand de tableaux)]

Ken paid ***for*** *the painting.* [complément introduit par *for* : (objet acheté, le tableau)]

Ken paid an art-dealer fifty pounds ***for*** *a 16th century painting.* [combinaison des précédents]

Ken paid fifty pounds to an art-dealer ***for*** *a 16th century painting.* [utilisation d'un complément introduit par *to* pour désigner le bénéficiaire]

201. Pendant, pendant que

« Pendant » sert aussi bien à repérer dans le temps qu'à indiquer une durée. Pour passer à l'anglais, il faut distinguer ces deux rôles.

1 « **Pendant** » utilisé pour **repérer dans le temps** a pour équivalent ***during*** :

Ils sont allés faire un tour pendant l'après-midi. *They went for a walk* ***during the afternoon****.*

L'indication « pendant l'après-midi » ne mesure pas la durée de la promenade : elle nous dit simplement que la promenade se situe quelque part dans le courant de l'après-midi.

La question correspondante se forme avec ***when*** :

'When did they go for a walk?' 'During the afternoon.'

2 « **Pendant** » utilisé pour **mesurer une durée** a pour équivalent ***for*** :

Ils ont travaillé dans le jardin pendant deux heures. *They worked in the garden* ***for two hours****.*

À l'opposé de « depuis », « **pendant** » indique toujours que l'événement est entièrement séparé du moment présent, que ce soit dans le passé ou dans le futur, et c'est pourquoi on emploie le **prétérit** dans cette phrase.

La question correspondante se forme avec ***how long*** :

'How long did they work in the garden?' '(For) two hours.'

3 « Pendant » et « pendant que »

- « **Pendant** » (préposition) + **groupe nominal** a pour équivalent ***during*** :

  Ils jouaient aux cartes pendant le cours de maths. *They played cards during the maths class.*

- « **Pendant que** » (conjonction) + **subordonnée** a pour équivalent ***while*** :

  Ils jouaient aux cartes pendant que le prof parlait. *They played cards while the teacher was speaking.*

Dans les deux cas, il s'agit de repérer l'événement dans le temps. La question correspondante se forme avec *when* :

When did they play cards? Quand jouaient-ils aux cartes ?

4 Récapitulatif : les équivalents anglais de « pendant » et « depuis »

Période qui sert de repère	Nous avons travaillé pendant les vacances	*We worked **during** the holidays*
Simple mesure de la durée	Nous avons travaillé pendant une demi-heure	*We worked **for** half an hour*
Mesure de la durée jusqu'à un point	Nous travaillons depuis une demi-heure	*We've been working **for** half an hour*
Point de départ	Nous travaillons depuis midi	*We've been working **since** twelve*

Répondez brièvement à la question en utilisant les éléments proposés entre crochets et *for, since* ou *during*, puis traduisez cette réponse.

1. *How long have you been learning Spanish? [two years]* 2. *When will Parliament vote that law? [the next session]* 3. *How long have you had a car with an automatic gearbox? [last January]* 4. *When were they playing cards? [the teacher was speaking]*

202. Permettre

1 Quand il exprime la permission accordée à quelqu'un, l'équivalent de « permettre » est ***allow*** **:**

Le gardien du château a permis aux visiteurs de s'asseoir dans le fauteuil du duc. *The keeper **allowed the visitors to sit** in the duke's chair.*

Il ne permet pas qu'on fume chez lui. *He doesn't **allow smoking** at his place.*

Sur les constructions possibles avec ***allow*** ▶ 120 Infinitif avec ***to*** ou V-***ing*** (1).

Assez souvent, on peut aussi utiliser le modal CAN (▶ **49**), ou certaines expressions toutes faites formées avec le modal MAY (▶ **150**) :

Il n'est pas permis de fumer dans le train. *You **can't** smoke on the train.*

Je vais reprendre du chou-fleur, si vous permettez. *I'll have some more cauliflower **if I may**.*

Vous permettez ? ***May I?***

2 Quand il exprime la possibilité matérielle, son équivalent est *enable* :

L'augmentation de salaire a permis à la famille de remplacer sa vieille voiture. *The wage rise enabled the family to replace their old car.*

Mais l'emploi de *enable* n'est pas toujours possible, car ***enable*** **exige un complément direct**. (Dans l'exemple qui précède, ce complément est *the family*.) On peut par contre utiliser ***make it possible to*** :

L'augmentation a permis de remplacer la voiture. *The rise* ***made it possible to*** *replace the car.* (~~*The rise enabled to replace the car*~~ est impossible.)

N'employez pas non plus le verbe *permit*, qui comporte les mêmes restrictions que *enable*, signifie généralement « autoriser à », et n'est utilisé que dans un style recherché.

3 « Se permettre de » peut avoir deux sens très différents, donc il peut avoir deux types d'équivalents :

- **Sens de « s'autoriser à » :**

  Il s'est permis de m'insulter ! *He* ***dared to*** *insult me!*

- **À la suite du verbe « pouvoir », sens de « avoir les moyens de » :**

  Je ne peux pas me permettre d'acheter cet appareil. *I* ***can't afford (to buy)*** *that machine.*

203. Plaire

Ici, l'anglais et le français ne voient pas les choses par le même bout :

Son nouveau film me plaît beaucoup. *I like his / her new film a lot.*
Que ça te plaise ou non... *Whether you like it or not ...*

En style soutenu, on peut employer *appeal to sb* :

Le nouveau projet du PDG ne plaît pas à tous les actionnaires. *The CEO's new plan doesn't appeal to all the shareholders.*

204. Pluriel des noms (1) : pluriels réguliers

1 Forme écrite

On ajoute la terminaison ***-s*** à la forme du singulier :

one ***cat*** → *two* ***cats***

Cas particuliers :

- Terminaison ***-es*** après ***s, z, x, sh, ch*** :

  bus → ***buses***, *actress* → ***actresses***, *box* → ***boxes***, *beach* → ***beaches***, etc.

- La lettre ***y*** après une consonne devient ***-ies*** :

  party → ***parties*** (par contre, *day* → *days* : le *y* suit une voyelle)

2 Forme orale

- /ɪz/ ou /əz/ (selon la variété d'anglais) si le nom se termine par /z/, /s/, /ʒ/, /ʃ/, /dʒ/ ou /tʃ/ (dans l'écriture, terminaisons *s, z, x, ge, sh* et *ch*) :

    roses /'rəʊzɪz/ ; *kisses* /'kɪsɪz/ ; *badges* /'bædʒɪz/ ; *matches* /'mætʃɪz/

- /s/ après les consonnes appelées sourdes /p/, /t/, /k/, /f/ et /θ/ :

    caps /kæps/ ; *votes* /vəʊts/ ; *rocks* /rɒks/ ; *sheriffs* /'ʃerɪfs/

- /z/ après toutes les autres consonnes (sonores) et après les voyelles :

    cabs /kæbz/ *roads* /rəʊdz/ *dogs* /dɒgz/ *knives* /naɪvz/
    clothes /kləʊðz/
    balls /bɔ:lz/ *sons* /sʌnz/ *sums* /sʌmz/
    trees /tri:z/ *cars* /kɑ:z/ *boys* /bɔɪz/ *cows* /kaʊz/ *parties* /'pɑ:tiz/

Le /r/ prononcé (en anglais américain, par exemple) est dans cette catégorie.

205. Pluriel des noms (2) : pluriels irréguliers

1 Pluriels anciens :

man → ***men*** /men/
woman /'wʊmən/ → ***women*** /'wɪmɪn/
child /tʃaɪld/ → ***children*** /'tʃɪldrən/
foot /fʊt/ → ***feet*** /fi:t/
tooth /tu:θ/ → ***teeth*** /ti:θ/
ox (bœuf) → ***oxen*** /'ɒksən/
goose /gu:s/ (oie) → ***geese*** /gi:s/
mouse /maʊs/ (souris) → ***mice***
louse /laʊs/ (pou) → ***lice***
penny → ***pence*** (mais *pennies* = pièces d'un penny)

2 Pluriels étrangers (notamment grecs ou latins) :

crisis /'kraɪsɪs/ (crise) → ***crises*** /'kraɪsi:z/
phenomenon → ***phenomena***
analysis /ə'næləsɪs/ → ***analyses*** /ə'næləsi:z/
basis /'beɪsɪs/ → ***bases*** /'beɪsi:z/
criterion /kraɪ'tɪəriən/ → ***criteria*** /kraɪ'tɪəriə/
stimulus /'stɪmjuləs/ → ***stimuli*** /'stɪmjulaɪ/, etc.

3 Certains mots en *-f* ou *-fe* ont un pluriel en *-ves* (*half* → *halves* ; *wife* → *wives*). Les plus courants sont *life, shelf, half, loaf, thief, knife, self, wife, leaf* et *wolf*. (Les autres noms en *-f* ou *-fe* possèdent un pluriel régulier : *roof* → *roofs* ; *scarf* → *scarfs* / *scarves* ; etc.)

4 Certains mots en **-o** ont un pluriel régulier en -*s*, mais d'autres un pluriel en **-*oes***, sans que cela ait une influence sur la prononciation (qui est toujours régulière : ajout de /z/) :

- ***o*** → **-*os*** (règle générale)

  piano → *pian**os***
  embryo → *embry**os***
  photo → *phot**os***
  kilo → *kil**os***
  etc.

- ***o*** → **-*oes***

  domino → *domin**oes***
  echo → *ech**oes***
  hero → *her**oes***
  potato → *potat**oes***
  tomato → *tomat**oes***

- ***o*** → ***-os / oes***

  buffalo → *buffal**o(e)s***
  mosquito → *mosquit**o(e)s***
  tornado → *tornad**o(e)s***
  volcano → *volcan**o(e)s***

5 Les **abréviations**, **sigles** et **nombres** prennent la marque -s du pluriel (dans certains cas avec apostrophe) :

Literature *takes only one 't' in English but two t's in French. Literature* s'écrit avec un seul *t* en anglais mais avec deux *t* en français.
*several DVD**'s**, an MP* (= *a Member of Parliament*), *two MP**'s** / MP**s***
*the 90**'s** / the 90**s*** (= *the nineties*, les années 90)

6 **Noms qui gardent la même forme au pluriel** (dénombrables invariables). Voici les plus courants :

series (série)
species (espèce)
means (moyen)
sheep (mouton)
craft (embarcation), *aircraft* (avion), *spacecraft* (vaisseau spacial)
quid (= *pound / pounds* – style familier)
stone (mesure de poids)
crossroads (carrefour)
kennels (chenil)
barracks (caserne)
headquarters (quartier général)
works (usine)
Animaux qu'on chasse ou pêche : *deer* (daim), *trout* (truite), etc.

Avec les noms de cette catégorie – en particulier s'ils se terminent par un **s** – il faut faire attention aux **accords** :

***This** crossroads **is** dangerous / **These** crossroads **are** dangerous.* Ce carrefour est dangereux / Ces carrefours sont dangereux.

Pour les **noms de famille**, il y a une différence avec le français : ces noms prennent la marque ***-(e)s*** du pluriel (en particulier pour désigner une famille), et ce ***-(e)s*** se prononce :

the Browns, the Kennedys, the Joneses /ˈdjəunzɪz/

Introduisez autant de pluriels que possible dans ces phrases.

1. *They are likely to be subjected to a tornado on this island and the roof of the church might be blown off.* 2. *As my sister is a botanist, she's interested in moss and fungus.* 3. *Has the fox been after the goose again?* 4. *Shall I put a tomato and a potato in the pasty?* 5. *A man thinks it's normal to have a wife and a mistress at the same time. So, does a woman take a lover?* 6. *Jack likes a country without a fly or a mosquito. (Jack and Edith)*

206. Pluriel ou singulier : accord

On ne peut pas vraiment se fier à la forme du nom pour accorder aussi bien le verbe que les pronoms qui viennent plus tard. On ne peut pas non plus se fier au sens, si nous le percevons à travers le français.

1 Quelques cas trompeurs

• Un **indénombrable singulier** trompeur, par sa forme : ***news***

'What's the news from Bangladesh?' 'It's very bad.' « Quelles nouvelles du Bangladesh ? – Elles sont très mauvaises. »

• Des **indénombrables singuliers** trompeurs, à cause du français : ***luggage, progress, furniture, fruit, advice, leisure***, etc. (▶ **172 Noms (2) indénombrables singuliers**).

L'accord se fait au **singulier** :

*Pass me the **fruit**, please, **it's** right behind you.* Passe-moi les fruits, s'il te plaît, ils sont juste derrière toi.

*Modern **furniture** often **looks** unwelcoming.* Les meubles modernes ont souvent un air peu accueillant.

• Des **dénombrables** trompeurs parce qu'invariables mais terminés par un ***-s*** : ***means, series, species, crossroads***

Selon qu'on parle d'un ou de plusieurs, l'accord se fait **soit au singulier** (avec éventuellement emploi de *a* / *an* devant le nom), **soit au pluriel** :

*There **is** only **one** possible **means** of communication fast enough for this, the Internet.* Il n'y a qu'un seul moyen de communication assez rapide pour ça, l'Internet.

*The **means** of transport **aren't** very diverse in that country.* Les moyens de transport ne sont pas très diversifiés dans ce pays-là.

• ***The United States, the Netherlands***

L'accord se fait au singulier (la nation étant considérée comme une unité) :

*Increasingly **the United States fears** a right-wing coup in El Salvador.* De plus en plus, les États-Unis craignent un putsch de droite au Salvador.

2 Nom pluriel avec accord singulier

Un nom pluriel déclenche un accord de singulier quand une quantité est vue comme un bloc :

> ***Twenty years is*** *a long time.* Vingt ans, c'est long.
> *Where did he find* ***that 200 dollars****?* Où est-ce qu'il a trouvé ces 200 dollars ?
> *He'll have to wait for* ***another ten days.*** Il faudra qu'il attende encore dix jours.

3 La logique du « chacun le sien = plusieurs »

> *All the women came with their husband**s**.* Toutes les femmes sont venues avec leur mari.

Le français adopte ici la logique « un seul par personne = un » : chaque femme a un seul mari. L'anglais, par contre, adopte la logique du « chacun le sien = plusieurs » : il y a en tout plusieurs maris. Autre exemple :

> *Turn your head**s** to the right.* Tournez la tête à droite.

4 *Every*

Avec ***every*** **+ nom** et ***everybody / everyone***, le **verbe** est toujours au **singulier**, mais le pronom qui reprend est ***they / them / their*** :

> *In this weather,* ***everyone*** *seems to be inside* ***their houses****.* Par ce temps, on dirait que tout le monde reste à l'intérieur.

5 *Person* et autres termes désignant des êtres humains

Le nom ***person*** n'est ni masculin ni féminin. Le pronom employé pour le reprendre est ***they / them / their***, qui évite le choix masculin / féminin :

> *Once a* ***person*** *registers for an interview* ***they*** *are removed from the unemployment figures.* Dès qu'une personne s'est inscrite pour une entrevue, elle est rayée des listes de sans-emploi.

Beaucoup d'autres noms de personnes sont du même type : *cousin, parent, student, teacher, neighbour, secretary, doctor, Prime Minister, colleague*, etc. :

> *If* ***one of the passengers demands*** *special food service, the stewards make sure that* ***their*** *desires are met.* Si l'un des passagers requiert un régime spécial, les stewards s'assurent que ses désirs soient satisfaits.

> Dans un style recherché (notamment dans la langue écrite), on trouve également ***he or she*** :
> *Removal of a councillor from* ***his or her*** *party group means* ***they*** *no longer take part in any decision making.* La radiation d'un conseiller de son groupe signifie qu'il ne peut plus participer à aucune prise de décision.

De même, *somebody / someone* et *anybody / anyone*, qui ne précisent pas le sexe, sont repris par ***they / them / their*** :

> ***Someone*** *has hung* ***their*** *laundry on the balustrade.* Quelqu'un a étendu son linge sur la balustrade.

▶ aussi 174 Noms collectifs et 149 Masculin, féminin et neutre.

Traduisez en anglais.

1. Ce moyen de transport est très répandu [*widespread*] en Afrique. 2. Leurs conseils ne me servent à rien. 3. Les Pays-Bas sont renommés pour leur production de fleurs. 4. Ces cinq cents dollars sont vraiment bienvenus. 5. Tout le monde, levez la main droite. 6. Ces nouvelles sont intéressantes, mais elles ne me font pas changer d'avis.

207. Plus, ne ... plus

Ne confondez pas « plus » positif et « plus » négatif.

1 **Sens positif** (prononcé « plu » ou « pluz » / « pluss »)

• Il ne faut pas confondre **plus** et **le plus** (▶ **61 Comparatif et superlatif (2)**) :

Le film est **plus intéressant** que le livre. *The film is **more interesting** than the book.*
C'est l'émission **la plus intéressante** de la semaine. *This is **the most interesting** programme of the week.*

• **« Deux fois plus »**

La version télévisée est **deux fois plus longue que** le film. *The TV version is **twice as long as** the film.*

• **« De plus en plus »**

Leurs chansons sont de plus en plus bêtes. *Their songs are getting sillier and sillier.*

• **Variation parallèle (« plus... plus / moins... »)**

***The more** he works, **the less** tired he is.* Plus il travaille, moins il est fatigué.
***The colder** it is, **the better** the engine works.* Plus il fait froid, mieux le moteur fonctionne.

• **Superlatif** avec les verbes et les adverbes

Ce qui me frappe **le plus**, c'est son courage. *What strikes me **most** is his courage.*

• **« ... de plus »**

Il y a de la place pour deux personnes **de plus**. *There's room for two **more** people.*
deux jours de plus *two **more** days / **another** two days*

Sur tous ces points ▶ 60-62 Comparatif et superlatif.

2 Pour dire une addition

Deux plus trois égale cinq. *Two **plus** /plʌs/ three is / equals five.*

3 « Ne... plus », sens négatif (prononcé « plu », sauf devant une voyelle)

• **Sens temporel** : action ou état interrompu

Elsa **ne** travaille **plus** ici. *Elsa does**n't** work here **any more** / **any longer**.*
Elsa **ne** mange **plus** de hamburgers. *Elsa does**n't** eat hamburgers **any more**.*

Any more / any longer se placent à la fin de la phrase.

« Plus jamais » a comme équivalent *never again*.

- **Sens de quantité** : « plus » indique une quantité inexistante

  La ville était déserte, plus d'autos, plus de passants. *The city was deserted, **no more** cars, **no more** passers-by.*
  Il n'y a plus de chocolat. *There is**n't any** chocolate **left**.*
  Je n'ai plus de monnaie. *I have**n't** got **any** change **left**.*

4 Non plus ▶ 77 *Either* et *neither*.

Traduisez en anglais.

1. Plus tu me dis que tu m'aimes, plus je suis content(e). 2. Ils n'avaient plus d'essence dans le réservoir. 3. Il n'avait plus de logement et était devenu SDF (*homeless*, adjectif). 4. Dix fois plus de réfugiés échouent sur les côtes qu'il y a trois ans. 5. Je fais un régime : plus de beurre, plus de biscuits mais encore plus de fruits et de légumes.

208. Ponctuation et typographie

Voici quelques règles essentielles, portant surtout sur les cas où l'usage anglais diffère de l'usage français.

1 Lettres majuscules (ou capitales) : *capital letters*. On les emploie obligatoirement :

- À l'initiale des adjectifs de nationalité ou se rapportant à certains groupes de personnes, et dans les noms ou adjectifs désignant des langues :

  an Italian painter / a Catholic bishop un peintre italien / un évêque catholique
  She can speak Japanese / It's an Arabic word. Elle parle japonais / C'est un mot arabe.

- Dans les noms de jours et de mois :

  on Saturday, November 1st le samedi 1er novembre

- À l'intérieur des titres de livres, films, etc. (et pas seulement à l'initiale de ces titres) :

  Once Upon a Time in the West. Il était une fois dans l'Ouest.
  Gone with the Wind. Autant en emporte le vent.

2 **Italique** (≠ caractères romains) : *italics* (≠ *roman type*)

[Dans un texte en italique, comme ici dans les exemples, le fonctionnement est inversé.]

- Mots faisant l'objet d'une emphase :

  I can't understand why you insist *so much on this!* Je n'arrive pas à comprendre pourquoi tu insistes à tout prix là-dessus.

• Mots sur lesquels porte un commentaire :

Do you know what the word roman *means?* Vous savez ce que veut dire le mot romain ?

• Mots étrangers :

He likes music very much – it's his raison d'être.

• Titres de livres, films, etc. (mais les titres de nouvelles, de poèmes et d'articles se mettent simplement entre guillemets) :

Romeo and Juliet *is on at the Globe at the moment.* On joue *Roméo et Juliette* au Globe en ce moment.
'Why the English are buying properties in France' was on page 5 of today's newspaper. « Pourquoi les Anglais achètent de l'immobilier en France » était en page 5 du journal d'aujourd'hui.

3 Apostrophe ' : *apostrophe* GB /ə'pɒstrəfi/, US /ə'pɑːstrəfi/

• Contractions, voyelles ou consonnes supprimées qui représentent une prononciation :

That's 'im. (= *That is him*, accent populaire londonien)
He'd've told me. (= *He would have told me* en langue standard)

• Devant le **s** de certains pluriels :

Don't forget to dot your i's and cross your t's. N'oubliez pas les points sur les *i*, et les barres des *t*.

N'imitez pas les utilisations abusives de l'apostrophe devant le s du pluriel (~~jean's~~), et ne confondez pas *who's* et *whose*, ou *it's* et *its*.

• Marque du génitif :

Daisy's house / St James's Park / his sisters' school

4 Point . : *full stop* (GB), *period* (US), *point* (maths, calcul), *dot* (utilisations diverses)

• « Point décimal » (*point*, ou également *dot*) :

2.5 metres (*two point five metres*) deux mètres cinquante
2.5 (*two point five*) deux virgule / deux point cinq

• Dans les adresses Internet ou e-mail (*dot*) :

www.pearsoneducation.fr

Le mot *dot* désigne également le point sur les lettres *i* et *j*.

5 Virgule , : *comma*

On l'utilise un peu moins qu'en français. Cependant elle sert à introduire du discours rapporté direct après des verbes comme *say* ou *ask* (l'utilisation de deux-points étant également possible) :

She said, 'What was that?' Elle a dit : « Qu'est-ce que c'était ? »

6 Deux-points : : *colon* GB /'kəʊlən/, US /'koʊlən/

Ils sont utilisés, comme en français, avant une énumération :

There were three of them: Ted, Sue and Robert. Ils étaient trois : Ted, Sue et Robert.

7 Tiret – : *dash*

Il est utilisé uniquement à l'intérieur du texte. Ne confondez pas le tiret avec le trait d'union.

• Fonction identique à celle de parenthèses :

When the window is partly open – it only opens partly – the air can come in. Quand la fenêtre est à moitié ouverte (elle ne s'ouvre qu'à moitié), l'air peut entrer.

• Pour introduire une remarque, ou une explication, ou changer de point de vue (en français, plutôt virgule, ou deux-points, ou point) :

I won't be here this weekend – and no questions asked, OK? Je ne serai pas là ce week-end, un point c'est tout, d'accord ?
We need this report as soon as possible – for tomorrow in fact! Il nous faut ce rapport dès que possible : pour demain, en fait.
I didn't enjoy that film – what did you think of it? Je n'ai pas aimé le film. Et toi, qu'est-ce que tu en as pensé ?

8 Trait d'union - : *hyphen*

• Fréquent (ou obligatoire) dans les composés constitués d'une expression :

mother-in-law (belle-mère), *out-of-date* (dépassé)

• Fréquent (ou obligatoire) dans les composés qui ont une fonction d'adjectif :

double-digit inflation (inflation à deux chiffres), *a ten-year-old child* (un enfant de dix ans)

Le trait d'union est relativement rare dans les composés du type « nom + nom ».

9 Barre oblique / : *slash*.

Sens le plus général : « ou bien »

Each one will make his / her own decision. Chacun prendra sa décision.

10 **Parenthèses** ( ) : *brackets / parentheses* et **crochets** [ ] : *square brackets*

• Les crochets sont employés notamment pour signaler une modification ou un ajout dans un texte cité :

'My recent trip to my hometown [Manchester] was eventful,' he said. « Mon voyage récent dans ma ville natale [Manchester] a été tès animé », a-t-il dit.

• Une suppression est signalée par […] – mais on utilise également (…), ou simplement des points de suspension :

We shall go on to the end, […] we shall never surrender. (W. Churchill) Nous irons jusqu'au bout, […] nous ne nous rendrons jamais.

11 Guillemets ' ' ou " " : *quotation marks / quotes*

En anglais américain, on utilise les guillemets doubles " … ", et en anglais britannique on utilise généralement les guillemets simples ' … '. On n'utilise jamais « … », ni le remplacement des guillemets par un tiret :

'Don't show me,' he said. 'Tell me.' « Ne me montre pas », il a dit. « Dis-moi. »
At last I said, 'Come on, out with it.' À la fin, j'ai dit : « Allez, raconte. »

12 Points d'interrogation (*question mark*) et d'exclamation (*exclamation mark / point*) : utilisation comme en français.

13 Points de suspension (ou trois points). Ils sont employés pour signaler une omission dans une citation (*ellipsis points*, voir plus haut, 10), ou une pause (*three dots*) : *He finally said . . . nothing*. Ne les utilisez pas pour terminer une énumération : préférez *etc.*

14 Point-virgule : *semicolon*. Peu utilisé.

15 Si vous utilisez un traitement de texte.

Si votre traitement de texte gère les espaces automatiquement, faites attention à la langue choisie.

Espaces (= blancs entre mots ou signes) : en anglais (≠ français), pas d'espace devant ?, !, : et ; (les signes « doubles »), mais (comme en français) un espace après.

Coupures de mots en fin de ligne : elles se font très différemment du français. Donc, dans le doute, évitez-les, ou bien vérifiez dans le dictionnaire (*Longman Dictionary of Contemporary English*).

209. Pouvoir (1) : choix entre CAN, MAY et leurs équivalents

1 Assez souvent, « pouvoir » se traduit par le modal CAN :

Je peux vous l'envoyer par mail demain matin. *I **can** email it to you tomorrow morning.*
Comment est-ce que tu peux être aussi bête ! *How **can** you be so stupid!*

2 **Mais dans certains cas l'emploi de CAN est impossible.**

• On utilise ***MAY***, et non pas CAN, pour exprimer une **possibilité logique** (= sens de « il se peut que... ») :

Il peut être chez lui maintenant (= Il se peut qu'il soit chez lui.) *He **may** be at home now.*

• CAN est un **modal** (tout comme MAY). Il est donc soumis à certaines règles d'emploi (▶ **152**), qui obligent parfois à utiliser des **formes de remplacement**, notamment ***be able to*** (= « être capable de », « pouvoir matériellement ») et ***be allowed*** /ə'laud/ ***to*** (= « être autorisé à ») :

J'aimerais pouvoir vous aider. *I'd like **to be able to** help you.*
Il a pu la joindre grâce à son portable. *He was able to get in touch with her thanks to his mobile phone / cell-phone.*
Il aimerait pouvoir se servir de leur téléphone. *He'd like **to be allowed to** use their phone.*

▶ aussi 211 pour l'expression du passé et du futur.

Traduisez en anglais.

1. Paul peut le faire. 2. Mais il ne peut pas le faire maintenant. 3. Est-ce que tu peux lire ce texte ? 4. Elle n'a pas pu nous aider. 5. Il se peut qu'il pleuve demain. 6. Ils aimeraient avoir la permission de sortir.

210. Pouvoir (2) : l'expression de la permission

1 Pour demander, accorder ou refuser une permission, on utilise CAN ou MAY :

- **Demander** une permission (forme interrogative).

Traductions de « Je peux vous emprunter votre stylo ? » :

Can I *borrow your pen?* (très courant, peut paraître familier)
May I *borrow you pen?* (beaucoup moins familier)

May désigne l'interlocuteur comme celui qui a le pouvoir de donner ou de refuser la permission : « Est-ce que *vous* me permettez de... ? ».

- **Accorder** une permission (forme affirmative).

Il s'agira, par exemple, de répondre à *Can I / May I borrow your pen?* La réponse affirmative sera habituellement :

Please do! / Yes, by all means! / Of course you can.

La réponse *Yes, you may* paraîtra très condescendante (= « Je vous permets... »).

- **Refuser** une permission (forme négative).

On emploie habituellement *can't / cannot* :

Je suis désolé, vous ne pouvez pas fumer ici. *I'm sorry, you* ***can't*** *smoke here.*

Avec *you can't ...*, on formule un règlement général. On peut dire également *you may not smoke*, mais dans ce cas on fait preuve d'autorité.

2 L'équivalent courant de « Est-ce que je pourrais... ? » (avec un conditionnel de politesse) est *Could I ...?* :

Je pourrais vous emprunter votre stylo ? ***Could I*** *borrow your pen?* (*Might I ...?* serait très « formel ».)

Ne pas confondre la demande de permission (« Est-ce que je peux... ? ») avec la **« requête »** (« Pouvez-vous... ? »), qui s'exprime avec *can* ou *could* (emploi de MAY impossible) :

Pouvez-vous / Pourriez-vous fermer la fenêtre, s'il vous plaît ? ***Can you*** / ***Could you*** *close the window please?*

3 *Be allowed* /ə'laʊd/ *to* (être autorisé à) s'emploie essentiellement dans les cas où on ne peut pas utiliser CAN ou MAY (▶ ci-après, 211).

Traduisez en français.

1. *'May I read your newspaper?' 'Yes, of course you can!'* 2. *Could I drive the car tonight?* 3. *Nobody under 16 is allowed to order wine on the internet.* 4. *I'm sorry but you can't speak to the Prime Minister now.*

211. Pouvoir (3) : passé et futur (je pouvais..., j'ai pu..., je pourrai...)

1 Futur (« Il pourra... », etc.) : *will be able to* (capacité ou possibilité matérielle), *will be allowed to* (permission).

Je ne pourrai pas venir dimanche. *I **won't be able to** come this Sunday.*
Est-ce qu'ils pourront boire du vin ? ***Will** they **be allowed to** drink wine?*

Il faut faire attention aux restrictions sur l'emploi de WILL à sens futur (▶ **297**) : Je ferai tout ce que je **pourrai** pour vous aider → *I'll do all I **can** to help you.*

2 Passé (« Il a pu... », etc.) pour une action particulière, réalisée effectivement : l'emploi de *could* est impossible. On emploie *was / were able to* ou *managed to* (capacité ou possibilité matérielle), *was / were allowed to* (permission).

Comme j'avais la clé, j'ai pu ouvrir la porte. *As I had the key I **was able to** / I **managed to** open the door.* (*I managed to ...* = « J'ai réussi à... »)
Ce soir-là, exceptionnellement, il a pu se servir de leur téléphone. *That night, exceptionally, he **was allowed to** use their phone.*

Could est en revanche possible dans tous les autres cas :
• Avec une négation : « Je n'ai pas pu ouvrir la porte » → *I couldn't open the door.*
• Quand on ne dit pas si la possibilité a été réalisée : « Je pouvais entrer, si je voulais » → *I could go in if I wanted to.*

3 Passé (« Il a pu... », « Il pouvait... », etc.) pour exprimer une possibilité logique (= il se peut qu'il ait...) : *may have* + participe passé.

Elle a pu manquer le train. *She **may have missed** the train.*
Il pouvait être en vacances. *He **may have been** on holiday.*

Si la possibilité n'a pas été réalisée (en français, « conditionnel irréel » – ▶ **150**), on emploie ***might have* + participe passé** : « Il aurait pu se casser une jambe » → *He might have broken his leg.*

A. Complétez par une expression (autre que *can / may / could / might*).

1. *No dogs ... in the park.* 2. *I'm sorry but I ... play bridge with you tomorrow.* 3. *They ... (not) finish the job yesterday.* 4. *... your children ... use your computer?* 5. *Her bank account was low last summer, so she ... go on holiday.*

B. Traduisez en anglais.

1. Est-ce que les enfants peuvent quitter la table ? 2. Je n'ai pas pu vous écrire plus tôt. 3. Ils ont pu perdre votre adresse. 4. Oui, mais j'ai leur numéro de téléphone. Je pourrai leur téléphoner. 5. Tu aurais pu te faire mal.

212. Pouvoir (4) : conditionnel (« je pourrais... », etc.)

Avec les verbes « pouvoir » et « devoir », le conditionnel français exprime souvent une idée de doute (comme dans « Il pourrait pleuvoir »), ou l'idée d'un fait qui est « contraire à la réalité » (comme dans « Tu pourrais dire merci », qui sous-entend « Tu ne dis pas merci »). En anglais, c'est le **prétérit** qui joue ce rôle. (Sur cette valeur du prétérit ▶ **225**.) Donc, dans la très grande majorité des cas, « pouvoir » au conditionnel se traduira par ***could*** ou par ***might***.

1 Choix entre *could* et *might* : *might* sert essentiellement à exprimer la possibilité logique (= « il se pourrait que... ») :

Il pourrait pleuvoir / Il se pourrait qu'il pleuve. *It **might** rain.*
Faites attention, vous pourriez vous blesser. *Be careful, you **might** get hurt.*

Dans les autres cas, on peut pratiquement toujours employer ***could*** :

Elle pourrait faire beaucoup mieux. *She **could** do much better.* (capacité)
Pourriez-vous ouvrir la fenêtre ? ***Could** you open the window?* (demande)
Tu pourrais le demander à Ted. *You **could** ask Ted.* (suggestion)
Tu pourrais dire merci. *You **could** say thank you.* (reproche ; ici, *might* est également possible.)

2 Expression d'un « conditionnel passé » : *could* / *might have* + participe passé.

Il aurait pu gagner le match. *He **could have won** the match.* (possibilité matérielle non réalisée)
Il n'aurait pas pu gagner le match. *He **couldn't have won** the match.* (même chose)
Si j'avais eu un mobile, j'aurais pu lui téléphoner. *If I'd had a mobile, I **could've phoned** him.* (même chose)
Tu aurais pu t'excuser. *You **could have apologized.*** (reproche)
Il aurait pu se tuer. *He **might have been killed**.* (possibilité logique non réalisée)

Construisez des phrases à l'aide de *could / might / could have / might have.*

1. You / ASK/ Dad / to help me move the television? 2. Why don't you say it again? She / BE / a bit deaf. 3. Someone had rung the bell. It / BE / the postman. 4. They / GO / skiing next weekend, if there's enough snow. 5. You were very rude to Mrs Smith. You / BE / more polite.

213. Pouvoir (5) : la négation (« ne pas pouvoir », « pouvoir ne pas »)

1 Sens d'incapacité, d'impossibilité matérielle ou d'interdiction : *cannot, could not*.

Ils ne peuvent pas ouvrir la porte. *They **can't** open the door.*
Ils n'ont pas pu ouvrir la porte. *They **couldn't** open the door.* (Avec la négation, il n'y a pas de restriction à l'emploi de *could* avec une valeur de passé : ▶ **48** et **49**.)
Vous ne pouvez pas fumer dans le bar. *You **can't** smoke in the bar.*
On ne pouvait pas fumer dans le bar. *You **couldn't** smoke in the bar.*

2 Sens d'impossibilité logique (= « il est impossible que... ne... pas ») : *cannot*.

On n'emploie pas *may* dans ce cas (▶ **49**).

Elle ne peut pas être chez elle à cette heure-ci. *She **can't** be at home at this time of day.*

Si l'impossibilité logique porte sur un fait **passé**, on ajoute ***have* + participe passé** à la suite de ***cannot*** :
Elle ne pouvait pas être chez elle à cette heure-là. *She **can't have been** at home at that time.*

3 Sens de possibilité logique portant sur un fait négatif (= « il se peut que... ne... pas ») : *may not*.

Elle peut ne pas être chez elle à cette heure-ci. *She **may not** be at home at this time of day.*
Il peut ne pas le remarquer. *He **may not** notice it.*

Pour un événement situé dans le **passé**, on ajoute ***have* + participe passé** à la suite de ***may not*** :
Il peut ne pas avoir vu votre message. *He **may not have seen** your message.* (Attention à la place de ***not*** : aussitôt après ***may***.)

214. Prépositions (1) : principales prépositions de lieu

Seul est indiqué ci-dessous le sens fondamental de ces prépositions.

Concernant les emplois particuliers des prépositions à la suite de verbes, d'adjectifs ou de noms, on se reportera aux fiches **286** et **290** (verbes), **215** (adjectifs) et **216** (noms).

Prépositions	**Exemples**
across : mouvement à travers un espace à deux dimensions	*He swam **across** the river.* Il a traversé la rivière à la nage.
at : à (lieu, point où l'on est)	***at** the doctor's*; chez le médecin
down : mouvement vers le bas	*She ran **down** the stairs.* Elle a descendu l'escalier en courant.
from : provenance	*Where do you come **from**?* D'où venez-vous ?
in : dans (lieu où l'on est)	*He's **in** his office.* Il est dans son bureau.
off : éloignement, sortie de	*I'll get **off** the bus at the next stop.* Je vais descendre du bus au prochain arrêt.
on : sur	*The book is **on** the shelf.* Le livre est sur l'étagère. *He got **on** the bus / train / plane.* Il est monté dans le bus / le train / l'avion.
out of : mouvement vers l'extérieur	*I took the shoes **out of** the box.* J'ai sorti les chaussures de la boîte. *He looked **out of** the window.* (US : *out the window*) Il a regardé par la fenêtre.
over : sur / mouvement au-dessus de	*He was wearing a sweater **over** his T-shirt.* Il portait un pull sur son T-shirt. *The dog jumped **over** the fence.* Le chien a sauté par-dessus la clôture.
to : mouvement vers	*She's going **to** Boston.* Elle va à Boston.
through : mouvement à travers un espace à trois dimensions	*The bullet went **through** his arm.* La balle lui a traversé le bras. *He walked **through** the door.* Il a franchi la porte.
up : mouvement vers le haut	*She ran **up** the stairs.* Elle a monté l'escalier en courant.

Plusieurs de ces **prépositions** (***across, down, off, on, out, over, through*** et ***up***) peuvent être également des **particules verbales**, avec un fonctionnement et assez souvent un sens **différents**, qu'il importe de bien distinguer (▶ **290 Verbes composés (2)**). Il faut faire attention, en particulier, aux emplois comme particules verbales de ***in*** (qui dans ce cas exprime fondamentalement l'idée d'entrer) et de ***on*** (qui exprime, entre autres choses, l'idée de continuer).

215. Prépositions (2) : constructions à la suite d'adjectifs

En anglais comme en français, les adjectifs peuvent être suivis de noms ou pronoms compléments introduits par des prépositions, et les constructions sont assez souvent parallèles dans les deux langues :

Il est fier de son travail. *He is **proud of his work**.*

Avec un certain nombre d'adjectifs, cependant, le complément est introduit en anglais par une préposition qui ne correspond pas à celle du français. Voici une liste d'adjectifs courants de ce type, classés en fonction de la préposition utilisée :

- ***About***

  glad about sth content de qqch.
  sorry about / for sth désolé de qqch.
  worried about sb / sth inquiet pour qqn / qqch.

- ***At***

  amazed at sth stupéfait de qqch.
  angry / furious at / about sth en colère contre qqch.
  bad / good / terrible at maths / French / etc. bon / mauvais / très mauvais en math / français / etc.
  clever at sth habile à faire qqch.
  disappointed at / by sth déçu par qqch.
  surprised at sth surpris de qqch.

- ***For***

  responsible for sth responsable de qqch.

- ***From***

  absent from sth absent de qqch.
  different from sb / sth différent de qqn / qqch.

- ***In***

  interested in sth qui s'intéresse à qqch.
  disappointed in / with sb déçu par qqn

- ***On***

  dependent on sb / sth dépendant de qqn / qqch.
  keen on sth (GB) qui aime qqch.

- ***To***

  grateful to sb for sth reconnaissant envers qqn pour qqch.
  kind / nice to sb gentil envers qqn
  polite / rude to sb poli / impoli envers qqn

- *With*

  angry / furious with sb en colère contre qqn
  bored with sth lassé de qqch.
  delighted with sth ravi de qqch.
  disgusted with sb / sth dégoûté / écœuré par qqn / qqch.
  familiar with sth familier de / qui connaît bien qqch.
  fed up with sb / sth qui en a assez / marre de qqn / qqch.
  pleased / satisfied with sb / sth content / satisfait de qqn / qqch.

216. Prépositions (3) : constructions nom + préposition + nom

Dans de nombreux cas, l'anglais utilise des constructions qui sont semblables aux constructions françaises : « le milieu de la route » → *the middle* ***of*** *the road*; « en accord **avec** ces principes » → *in agreement* ***with*** *these principles*. Il faut cependant faire attention aux deux cas suivants.

1 Concurrence entre *of*, le génitif (nom + terminaison *'s* ou *'*) et le nom composé. Exemples :

the importance ***of*** *the question* l'importance de la question
*the President****'s*** *authority* l'autorité du Président
a horse race une course de chevaux

Pour les critères de choix entre ces trois formes ▶ **99 Génitif (2) et 177 Noms composés**.

Un cas particulier : la construction *a mountain of a man* (« un homme bâti comme une montagne »). Cette construction, très utilisée en anglais, n'a pas en français d'équivalent exact. Les constructions françaises les plus ressemblantes – les expressions du type « ce diable d'homme » – sont beaucoup moins utilisées, et elles ont une structure différente : notez, en anglais, l'emploi de ***a / an*** devant le **second nom**.
Le **premier nom** peut être précédé soit d'un article indéfini (*He was* ***a*** *mountain of a man*, « C'était un homme bâti comme une montagne »), soit d'un démonstratif ou d'un déterminant possessif (*that / his junk-heap of a car*, « cette / sa voiture qui est un tas de ferraille »).
Voici deux autres exemples (utilisés respectivement à propos d'une araignée et d'une plage) : *an enormous monster of a spider*; *a boulevard of a beach*.

2 La préposition utilisée en anglais n'est pas l'équivalent de la préposition française. Exemples :

the motive ***for*** *the revolt* le motif de la révolte
a novel ***by*** *Graham Greene* un roman de Graham Greene
the man ***in*** *the street* l'homme de la rue
a knife ***with a*** *steel blade* un couteau à lame d'acier

Complétez par une préposition.

1. *Only history will tell the reason … their defeat.* 2. *A woman … a long dress opened the ceremony.* 3. *It's the second film I have seen … this director.* 4. *They are … war … their neighbours.* 5. *Please send us a copy … your CV.* 6. *He holds a strong position … the company.* 7. *She was the only female flight attendant … the plane.* 8. *They were forced to amend the bill … response … pressure … the opposition.*

217. Prépositions (4) : position dans la phrase

En anglais, il est fréquent de terminer une phrase par une préposition.

Exemple :

What were they looking ***at****?* Qu'est-ce qu'ils regardaient ?

On s'attend à ce qu'il y ait un complément (un nom ou un pronom) à la suite de la préposition *at*, comme par exemple dans *They are looking at the photo* (Ils regardent la photo). On a donc ici l'impression d'un « vide » à la suite de *at*. Mais en fait il n'y a pas de vide : le complément est le mot interrogatif *what*, placé en tête de phrase.

Dans beaucoup de cas, en langue courante, déplacer la préposition pour qu'elle soit devant le nom produirait un effet ridicule :

~~*At what are they looking?*~~

Il y a trois cas où on ne voit pas de nom après la préposition.

1 Les questions

L'interrogatif se place seul en début de phrase, la préposition reste à sa place après le verbe :

Where does she come ***from****?* D'où vient-elle ?
What are you waiting ***for****?* Qu'est-ce que vous attendez ?
Who did they buy their car ***from****?* À qui ont-ils acheté leur voiture ?

Surtout, ne pas oublier la préposition.

Il est plus facile de conserver la préposition devant le nom quand l'interrogatif fonctionne comme un déterminant (autrement dit est suivi d'un nom) :
In what circumstances *did you meet him?* Dans quelles circonstances l'avez-vous rencontré ?

▶ 127 Interrogation (1).

2 Les propositions relatives

Dans de nombreux cas, le pronom relatif qui est introduit par la préposition est le relatif zéro :

The people ***they were waiting for*** *were late.* Les gens qu'ils attendaient étaient en retard.
The dealer ***they bought their car from*** *is quite honest.* Le marchand à qui ils ont acheté leur voiture est tout à fait honnête.
They had nobody ***to talk to****.* Ils n'avaient personne à qui parler.

▶ 232-233 Propositions relatives.

3 Le passif

Les verbes dont le complément est introduit par une préposition peuvent généralement être mis au passif, mais, ici aussi, il faut prendre garde de ne pas oublier la préposition :

The meal ***has been paid for****.* Le repas a été payé.

The problem ***has been dealt with****.* Le problème a été réglé.

▶ 196 Passif (3).

Traduisez en anglais.

1. À quoi t'intéresses-tu ? 2. Je n'avais personne à qui me confier. [*confide in*] 3. La correspondance [*connection*] que nous attendions avait un quart d'heure de retard. 4. Dans quelles conditions accepteriez-vous de signer le contrat ? 5. Le livre que tu cherchais était dans le garage. 6. D'où avez-vous tiré ces renseignements ?

218. Présent français

Bien que le présent français et le présent anglais aient de nombreuses similitudes, il faut se méfier des cas où le passage d'une langue à l'autre n'est pas automatique. Par ailleurs, lorsque l'emploi du présent anglais est possible, il faut tenir compte de la différence entre le présent simple et le présent en *BE + -ING* (▶ **37**).

1 Lorsque le verbe au présent est accompagné de « depuis », on a le present perfect en anglais, accompagné d'un complément introduit par *for* ou *since*.

Les habitants **cultivent** des roses depuis des siècles / depuis le XVIe siècle. *The locals* ***have grown*** *roses* ***for*** *centuries /* ***since*** *the 16th century.*

▶ 221 Present perfect ; 69 Depuis.

2 Le présent français peut être utilisé pour des faits situés dans le futur. Il faut distinguer trois cas :

• **Décision que l'on prend au moment où l'on parle**, en réaction à des paroles ou à la situation : on emploie ***will / 'll*** :

« On a besoin de plus de vin blanc pour la fête. – Ne t'inquiète pas, je **m'en occupe**. » *'We need more white wine for the party.' 'Don't worry,* ***I'll buy*** *some.'*

« Lequel vous voulez ? – Eh bien… je **prends** le rouge. » *'Which one do you want?' 'Well,* ***I'll take*** *the red one.'*

[coup de sonnette] Je **réponds** ! *[a ring at the door]* ***I'll get it****!*

Du même genre, la conséquence d'un ordre, qui peut parfois s'interpréter comme une menace.

Ne bouge pas ou je **tire** ! *Don't move or* ***I'll shoot****.*

• **Intention** (décision déjà prise) : on emploie le **présent en** ***BE + -ING*** :

Demain soir, je **regarde** le match à la télé. *Tomorrow night* ***I'm watching*** *the match on TV.*

• **Programme** déjà fixé (indépendamment de la volonté des participants) : on emploie le **présent simple**. Exemple :

Son train **arrive** à 10 heures demain matin. *His train* ***arrives*** *at 10 tomorrow morning.*

Pour le choix présent simple / présent avec *BE + ING* ▶ 37 ***BE + -ING***.

3 Présent de narration. En anglais (comme en français), on emploie couramment le présent pour raconter un incident dont on a été témoin ou dans lequel on a été impliqué, ou encore pour raconter une « blague » :

> Alors la fille, elle prend son portable et elle appelle les flics. *Then the girl takes her mobile* (US : *cellphone*) *and calls the cops.*

En dehors de ces emplois, il est plus prudent d'utiliser le prétérit (toujours possible pour raconter des événements passés).

4 Équivalent d'un impératif ou d'une demande :

> Allons allons, les enfants ! On **se calme** ! *Come on, children!* ***Calm down****, please!*
> On y **va** ! ***Let's go****!*
> Tu me **passes** le vin ? ***Could you pass*** *(me) the wine, please?*

▶ aussi 104 Habitude

Traduisez en anglais.

1. Le prix des maisons en Europe grimpe depuis plus de dix ans. 2. « Des projets pour les vacances ? – Oui bien sûr, nous allons en Tanzanie. » 3. Le taux de chômage diminue depuis le début de l'année. 4. « Quelqu'un doit payer cette facture. – Pas de problème ! Je le fais tout de suite. » 5. « Tu sais que c'est Leeds qui joue demain soir ? – Ah bon ? Alors je regarde le match à la télé. »

219. Présent simple (1) : formes

Exemples avec le verbe ***work*** (« travailler ») :

> *He / She / It* ***works*** (**base verbale** + terminaison **-s** à la 3ᵉ personne du singulier).
> *I / You / We / They* ***work*** (**base verbale seule** aux autres personnes).

L'**interrogation** et la **négation** se forment avec ***does*** (3ᵉ personne du singulier) ou ***do*** (autres personnes) :

> ***Does*** *Steve* ***work****?* Est-ce que Steve travaille ?
> *We* ***don't*** *work.* Nous ne travaillons pas.

1 Règles orthographiques pour la terminaison de la 3ᵉ personne du singulier

- Terminaison **-s** pour la plupart des verbes (*he work****s****, he see****s***, etc.).
- Terminaison **-es** après **-s, -x, -z, -ch, -sh** et **-o** : *he pass****es****, he mix****es****, it buzz****es****, he watch****es****, he wash****es****, he go****es***.
- Un **-y** final précédé d'une consonne devient ***-ie*** (→ terminaison ***-ies***) : *try → he tr****ies***. (Aucune modification pour *-y* après voyelle : *play → he plays.*)

2 Prononciation de la terminaison -s / -es

- La terminaison **-s** se prononce /s/ après les **consonnes sourdes** /p/, /t/, /k/, /f/ et /θ/ : *look → he look****s*** /lʊks/.

• Elle se prononce /z/ après les **consonnes sonores** /b/, /d/, /g/, /v/, etc., et après les **voyelles** : *dig* → *he dig**s*** /dɪgz/, *lie* → *he lie**s*** /laɪz/, *know* → *he know**s*** /nəʊz/.

• La terminaison **-*es*** se prononce /ɪz/ ou /əz/ (selon la variété d'anglais) lorsqu'elle suit : *pass* → *he pass**es*** /ˈpɑː**s**ɪz/ ou /ˈpɑː**s**əz/, *watch* → *he watch**es*** /ˈwɒ**t**ʃɪz/ ou /ˈwɒ**t**ʃəz/, *judge* → *he judg**es*** /ˈdʒʌ**d**ʒɪz/ ou /ˈdʒʌ**d**ʒəz/. (Après **-o**, c'est tout simplement la règle de la terminaison -*s* après **une voyelle** qui s'applique pour la terminaison **-*es*** : elle se prononce **/z/**. Exemple : *go* → *he goes* /gəʊ**z**/).

> Pour la terminaison -*s*, le choix entre **/s/** et **/z/** est en fait déterminé par la facilité de la prononciation : on ne prononce /s/ que lorsqu'il est difficile de prononcer /z/ (*looks* → /luks/, et non ~~/lukz/~~)

Say et ***do*** sont irréguliers, du point de vue de la prononciation, pour la troisième personne du singulier (*says* et *does*) : /seɪ/ → **/sez/**, /dʊ/ → **/dʌz/**.

220. Présent simple (2) : emplois

Le présent simple est utilisé pour un événement ou une série d'événements qui (a) sont présentés comme réels **au moment présent**, et (b) sont considérés **dans la totalité de leur durée**. Cette seconde caractéristique, qu'on appelle l'aspect **global**, différencie le présent simple du présent en BE + -ING (▶ **37**). Catégories d'emploi :

1 Événements qu'on situe dans une période qui englobe le moment présent, et qu'on considère **dans leur totalité**.

*Leo **smokes**.* Leo fume (= « Leo est fumeur. » Il s'agit d'une caractéristique générale, qui n'est pas liée à l'instant présent, comme le montre l'opposition avec *Leo is smoking* – ▶ **37**.)
*He **knows** the answer.* Il connaît la réponse. (emploi de BE + -ING impossible ▶ **38**)
*The earth **revolves** round the sun.* La terre tourne autour du soleil.
*Two and two **make** four.* Deux et deux font quatre.

2 Événements **habituels** (emploi proche du précédent)

*He **walks** to work every morning.* Il va à pied à son travail tous les matins.

3 Événements qui coïncident à peu près dans le temps avec l'instant présent, et qui sont considérés **dans la totalité de leur durée**. Ce dernier point est important : bien que l'événement soit « en train de se produire », on n'utilise pas BE + -ING (▶ 37). Exemples :

*Now I **crack** the egg, I **mix** it with the flour ...* Maintenant, je casse l'œuf, je le mélange avec la farine... (démonstration de recette de cuisine)
*Jenkins **passes** the ball ...* Jenkins fait une passe... (extrait d'un commentaire de match de football à la radio)
*I **declare** the meeting open.* Je déclare la séance ouverte. (énoncé « performatif » – c'est-à-dire utilisé pour accomplir un acte)

4 Événements passés qu'on raconte au présent :

*Then the man **comes** out of his car, and he **says** to me ...* Alors l'homme sort de sa voiture, et il me dit...

5 Événements futurs qui sont déjà programmés au moment présent (▶ 39, différence avec le présent en BE + -ING) :

*His train **arrives** at 6.35.* Son train arrive à 6 h 35.
*She **is** 20 next month.* Elle a 20 ans le mois prochain.

On a un emploi un peu semblable du présent simple avec les verbes *happen* et *come* dans les énoncés du type *What **happens** / **comes** next?* (« Et ensuite, qu'est-ce qu'il va se passer ? »), ou après *I hope* (*I hope he wins*, « J'espère qu'il va gagner »).

6 Dans les subordonnées qui interdisent l'emploi de *will* à valeur de futur (▶ 297) :

*I'll tell him if / when I **see** him.* Je le lui dirai si je le vois / quand je le verrai.

Complétez au présent simple à l'aide des verbes proposés entre crochets.

1. *The meeting ... at 2 o'clock this afternoon. [START]* 2. *$50 ... approximately £25. [COME to]* 3. *... you ... home? [WALK]* 4. *I ... you ... how important it is. [HOPE / REALIZE]* 5. *... they ... conducted tours every afternoon? [not / ORGANIZE]* 6. *The committee will consider that, when they ... the videos. [HAVE]* 7. *So, guess what! I ... to see the boss, ... into his office and ... a pay rise! [ASK / WALK / DEMAND]* 8. *DNA ... as long chain-like molecules. [EXIST]*

221. Present perfect (1) : forme et types d'emplois

1 Forme

Le parfait est constitué de l'**auxiliaire HAVE** au **présent** (**▶ 108** HAVE) et du **participe passé** (**▶ 191**) :

*He **has gone** to lunch.* Il est allé déjeuner.

Le **present perfect** est toujours conjugué avec l'auxiliaire HAVE à la différence du **passé composé** français (conjugué avec « être » ou avec « avoir »).

2 Present perfect de résultat

Quand on emploie le present perfect, on parle du présent :

The boss has gone out. Le patron est sorti. (c'est-à-dire « le patron n'est pas là » parce qu'il est sorti avant)

Le present perfect est **absolument incompatible avec l'indication d'une date, d'une heure, etc.** (on ne peut pas dire ~~*The boss has gone out at twelve*~~).

Autres exemples :

I have fixed the car. J'ai réparé la voiture (= la voiture fonctionne)
He has lost his watch. Il a perdu sa montre (= il n'a plus de montre)

3 Différences entre le present perfect et le prétérit

• Le **present perfect** s'intéresse au **résultat** de l'action :

The boss has gone out.

La conséquence est forcément valable maintenant : le patron n'est pas là. On ne peut pas mentionner dans cette phrase le moment où l'action de « sortir » s'est produite.

• Le **prétérit** s'intéresse à **l'action elle-même, dans le passé**, ses conséquences n'étant pas prises en compte :

*The boss **went out** ten minutes ago.* Le patron est sorti il y a dix minutes.

On peut très bien continuer en disant *But he came back immediately,* mais aussi bien on peut expliquer ainsi qu'il n'est pas là actuellement. Cependant, du moment qu'on dit *ten minutes ago*, etc., on doit avoir le prétérit.

En effet, dès qu'il y a un complément ou adverbe de temps qui représente le passé, on a obligatoirement le prétérit :

***Last month**, they spent half the money.* Le mois dernier, ils ont dépensé la moitié de l'argent.

*I forgot to buy the paper **this morning**.* J'ai oublié d'acheter le journal ce matin.

• Parce qu'il parle du présent, le present perfect ne peut être accompagné que de **compléments ou adverbes de temps qui représentent le présent**, notamment *now, so far, up to now* (jusqu'à maintenant) :

*They have **now** spent half the money.* Ils ont maintenant dépensé la moitié de l'argent.

*They have met twice **so far**.* Ils se sont rencontrés deux fois à ce jour.

Le passé proche. Grâce au lien qui l'attache au présent, le present perfect est utilisé, accompagné de l'adverbe *just,* pour les événements vus comme récents :
*No thanks, no tea, **I've just had** breakfast.* Merci, pas de thé, je viens de prendre mon petit déjeuner.
L'anglais américain emploie dans ce cas le prétérit : *I just **had** breakfast.*

4 Present perfect d'expérience

Cet emploi (voisin du précédent) est courant pour décrire l'expérience d'une personne vivante :

*No, I'm not really a vegetarian. I **have eaten** meat, actually.* Non, je ne suis pas vraiment végétarien. D'ailleurs il m'est arrivé de manger de la viande.

*She **has been** to China.* Elle est allée en Chine. (Elle a dans son expérience un ou plusieurs voyages en Chine.)

Contrairement au present perfect de résultat, le present perfect d'expérience est compatible avec des adverbes et compléments du type *twice* : *She has been to China twice since August* (Elle est allée en Chine deux fois depuis août). ▶ **43 *Been, gone***.
Appartient également à la valeur d'expérience l'emploi du present perfect dans la construction *This is / It's the first time I* ***have*** **+ participe passé**, dont l'équivalent français utilise le **présent** :
*This is the first time he **has eaten** sushi.* C'est la première fois qu'il **mange** des sushis.

5 Present perfect de durée (« depuis »)

Ce present perfect indique qu'une action ou un état, qui ont commencé dans le passé, **se prolongent jusqu'au moment présent**. Le present perfect est ici **toujours accompagné d'un complément introduit par *since* ou *for***, qui indique la durée de l'action ou de l'état :

The boss ***has been*** *out* ***since*** *twelve.* Le patron est sorti depuis midi. (Remarquez qu'on est passé de *go out* à *be out* ▶ ci-après.)
It's ***been snowing*** *for* ***two*** *hours.* Ça fait deux heures qu'il neige.
The Browns ***have owned*** *this house* ***for*** *more than twenty years.* Les Brown ont cette maison depuis plus de vingt ans.
Brian ***has had*** *the same jacket for three years.* Brian porte la même veste depuis trois ans.

Remarquez qu'on emploie alors le **présent** en français. ▶ **69 Depuis, 244 *Since.***

Avec les verbes du type « partir », « arriver » ou « mourir », qui expriment un **changement de lieu ou d'état**, ne confondez pas **l'action** de partir / arriver / mourir / etc. avec **l'état** qui constitue son **résultat**. Les deux sont souvent exprimés de la même façon en français. En anglais, il faut choisir. Opposez :

Il **est parti** lundi / il y a deux jours. *He* ***left*** *on Monday / two days* ***ago***. (**action** de partir, entièrement située dans le passé, emploi du **prétérit** et éventuellement de *ago*)

Il **est parti** depuis lundi / depuis deux jours. *He* ***has been away since*** *Monday /* ***for*** *two days.* (**état** « être absent » qui résulte de l'action de partir, emploi du **present perfect** et de *since* ou *for*)

C'est seulement l'état qui peut se mesurer.

Vous trouverez ci-après une liste de verbes et expressions d'**action** exprimant un changement de lieu ou d'état, avec, en regard, les **états** qui en résultent.

Action	État qui en résulte
leave	*be away, be out*
arrive	*be here*
disappear	*be away, be lost, be missing*
die	*be dead*
get married	*be married*
get sth	*have sth*
find sth	*have sth*
lose sth	*not have sth*
hear sth	*know sth*
open (sth)	*be open*

▶ 69 Depuis ; 94 *For* et *during* ; 103 *Get.*

A. Complétez en vous servant des éléments entre parenthèses.

1. *Keith has got a new printer. (BUY / it / two days ago)* 2. *I haven't finished this book yet. (I / START / it / only / yesterday)* 3. *They have already eaten all the sandwiches. (I / SERVE / them / ten minutes ago)* 4. *She has had this new job for three weeks. (They / it / GIVE / her / three weeks ago)* 5. *We have been watching this programme since nine o'clock. (It / BEGIN / nine o'clock sharp)* 6. *Has he still got that Japanese camera? (No! / Somebody / STEAL / it / when he / BE / on holiday)*

B. Transformez les phrases en utilisant *for* ou *since* et en vous servant des éléments entre parenthèses.

1. *They built a traffic-calmer* [ralentisseur] *in our road two months ago. (There / BE)* 2. *She started wearing glasses when she was eleven.* 3. *I tried to phone them this morning.* 4. *It started snowing when we got up. (BE snowing)* 5. *We last went to Manchester five years ago. (VISIT / not)*

222. Present perfect (2) : avec ou sans *BE* + *-ING*

Remarque générale : le choix entre l'utilisation et la non-utilisation de *BE* + *-ING* n'a rien à voir avec le fait que l'action se prolonge ou non au moment présent.

1 Present perfect de résultat

• Avec ou sans *BE* + *-ING*, c'est toujours un **present perfect** : on parle des **répercussions sur le présent** de quelque chose qui s'est passé avant. Simplement, il ne s'agit pas du même type de répercussions. Comparez :

*Susie **has eaten** the ice cream.* Susie a mangé la glace.

Résultat : il n'y a plus de glace, conséquence directe (et obligatoire) du fait que Susie l'a mangée.

*Susie **has been eating** ice cream.* Susie a mangé de la glace.

Cette fois, qu'il reste ou non de la glace n'est pas le problème, mais on constate des traces de l'activité de Susie (par exemple, un emballage qui traîne, Susie est barbouillée, etc.). Vous remarquez qu'en français la forme du verbe est la même dans les deux cas.

• Certaines actions **obligent à employer le present perfect simple** (1), certaines le **present perfect avec *BE* + *-ING*** (2), tandis que d'autres **permettent les deux** (3 a et b), mais avec une nette différence de sens.

1. *Ted **has disappeared**.* Ted a disparu. (On considère la conséquence obligatoire de l'action : Ted n'est plus là.)

2. *Jane **has been running**.* Jane a couru. (On considère une ou plusieurs conséquences non obligatoires de l'action ; simplement, on constate que Jane a couru, ce qui a des effets variés : par exemple, elle transpire, etc.)

3 a. *Ken **has washed the car**.* Ken a lavé la voiture. (On tient compte des conséquences obligatoires : la voiture est propre.)

3 b. *Ken **has been washing the car**.* (Même traduction en français, mais sens différent : le lavage de la voiture, qui n'est pas forcément terminé, peut avoir des effets divers : par exemple, Ted a laissé le garage ouvert, etc.)

Les verbes d'état, et notamment *BE*, ne peuvent être employés qu'au present perfect **simple** (ils excluent *BE + -ING*) :

The waiter ***has been*** *very helpful.* Le serveur a été très aimable. (Conséquence : nous sommes très satisfaits, c'est un bon établissement, etc.)

▶ **38 *BE + -ING* (3)**

2 Present perfect de durée

Il s'agit d'actions ou d'états qui ont commencé dans le passé et qui se prolongent jusqu'au moment présent. La présence d'un complément en *since* ou *for* qui mesure la durée est obligatoire.

- Pour des **actions** qui se prolongent jusqu'au moment présent, on emploie le **present perfect en *BE + -ING***.

  He ***has been reading*** Moby Dick *for two weeks.* Il lit *Moby Dick* depuis quinze jours.

  He ***has been running*** *for two hours.* Il court depuis deux heures.

- Pour les **états**, on ne peut employer que le **present perfect simple** (l'emploi de *BE + -ING* est impossible) :

  He ***has known*** *them for ten years.* Il les connaît depuis dix ans. (Notez que l'emploi de *BE + -ING* serait également impossible au présent : *He knows them*, pas ~~*He is knowing them*~~.)

  She ***has been*** *here since 2 o'clock.* Elle est ici depuis deux heures.

- Pour les **actions habituelles**, ou répétées sur une période de temps, on emploie le **present perfect simple**, comme pour les états :

  *I****'ve bought*** *books from this bookshop since it was started / for ten years.* J'achète des livres dans cette librairie depuis qu'elle s'est ouverte / depuis dix ans.

- Il en va de même pour les **actions niées** :

  They ***haven't left*** *the country for years.* Ça fait des années qu'ils n'ont pas quitté le pays.

  Avec certains verbes, comme *feel*, il est cependant courant d'employer le present perfect en *BE + -ING* : *I* ***haven't been feeling*** *well for the past few days* (Je ne me sens pas bien depuis quelques jours).

Traduisez en anglais.

1. Je suis fatigué parce que j'ai regardé la télévision. 2. J'ai maigri et je peux de nouveau mettre ce pantalon. 3. Le château appartient à la même famille depuis le XVIe siècle. 4. Le chien est mouillé. Est-ce qu'il a plu? 5. La neige tombe depuis ce matin. 6. Le journal coûte le même prix depuis des années. 7. Les enfants regardent la télé depuis le début de l'après-midi.

223. Prétérit simple (1) : formes

1 Formes affirmative, interrogative et négative du prétérit

Ces formes sont les mêmes à toutes les personnes.

Pour les **verbes réguliers**, la **forme affirmative** est constituée de la base verbale suivie de la terminaison ***-ed*** (ou simplement ***-d*** s'il y a un ***-e*** final) :

*I / You / He / She / It / We / You / They **worked**.* (verbe ***work***)
*I / You / He / She / It / We / You / They **liked** it.* (verbe ***like***)

▶ ci-après les cas particuliers orthographiques.

Pour les **verbes irréguliers** ▶ 292.

L'**interrogation** et la **négation** se forment avec ***did*** à toutes les personnes, pour tous les verbes (réguliers ou irréguliers) :

***Did** Steve **work**? / Ann **didn't see** us.* Est-ce que Steve a travaillé ? / Ann ne nous a pas vus.

2 Cas particuliers orthographiques pour la terminaison *-ed*

• Si la base verbale se termine par un ***-y* précédé d'une consonne**, ce ***-y*** devient ***-ie*** (→ terminaison ***-ied***) : *try* → *tr**ied***. (Aucune modification pour *-y* après voyelle : *play* → *played*.)

• Si la base verbale se termine par une **seule consonne** (autre que *w*) précédée d'une **seule voyelle**, et **si la dernière syllabe** est **accentuée**, la consonne est **redoublée** : *pre<u>fer</u>* → *pre<u>ferr</u>ed* (mais *<u>of</u>fer* → *<u>of</u>fered*).

• En anglais britannique, la consonne finale des terminaisons ***-al*** et ***-el*** (syllabe inaccentuée) est redoublée, mais ce n'est pas le cas en anglais américain : *signal* → (GB) *signa**ll**ed*, (US) *signa**l**ed*; *travel* → (GB) *trave**ll**ed*, (US) *trave**l**ed*.

Cas particulier du même type (dernière syllabe inaccentuée) pour *worship* et *kidnap* : *worship* → (GB) *worshi**pp**ed*, (US) *worshi**p**ed*; *kidnap* → (GB) *kidna**pp**ed*, (US) *kidna**p(p)**ed*. Notez par ailleurs *handicap* et *program* → (toutes variétés d'anglais) *handica**pp**ed* et *progra**mm**ed*.
Verbes en ***-ic*** (*panic*, *picnic*, etc.) : on rajoute un ***-k*** devant ***-ed*** (*panic* → *panic**k**ed*).

3 Prononciation de la terminaison *-ed*

• /ɪd/ ou /əd/ (selon la variété d'anglais) **après les sons /t/ ou /d/** : *wanted* /ˈwɒn**tɪd**/ ou /ˈwɒn**təd**/, *recommended* /ˌrekəˈmen**dɪd**/ ou /ˌrekəˈmen**dəd**/.
Dans les autres cas :

• /t/ après les consonnes « sourdes » (/f/, etc. – en fait, consonnes après lesquelles il serait difficile de prononcer /d/) : *looked* /lʊ**kt**/, *missed* /mɪ**st**/.

• /d/ après les consonnes « sonores » (/v/, etc.) et après toutes les voyelles : *love* /lʌ**vd**/, *played* /pleɪ**d**/.

Il ne faut pas se laisser influencer par la forme écrite pour la prononciation du prétérit des verbes qui se terminent par un **-r** orthographique (*remember*, etc.). Quelle que soit la variété d'anglais (*-r* final prononcé ou non), la terminaison *-ed* se prononce /d/ avec ces verbes, et il ne faut pas rajouter une voyelle devant ce /d/. Donc, pour *remember* → *remembered*, on a en anglais britannique /rɪ'membə/ → /rɪ'mem**bəd**/ (et non ~~/rɪ'membərəd/~~) et en anglais américain /rɪ'membər/ → *remembered* /rɪ'mem**bərd**/.

224. Prétérit simple (2) : valeur de passé

Ces emplois du prétérit simple sont parallèles à ceux du présent simple, la différence étant qu'on se réfère à des faits qu'on situe entièrement dans le passé. Comme le présent simple, le prétérit simple considère ces faits sous un aspect **global** – ce qui le différencie du prétérit en BE + -ING (▶ **37**). Ses équivalents français sont le passé composé, mais parfois aussi l'imparfait, ou, dans la langue écrite recherchée, le passé simple.

1 Le prétérit ne peut pas, à lui seul, situer un fait dans le passé. Il est toujours associé à un repère passé, qui peut être précis ou imprécis, mais qui est absolument indispensable. Il peut s'agir d'une date, d'une heure, d'un adverbe comme *yesterday*, d'un complément de temps comme *last month*, d'une subordonnée de temps comme *when I met Laura* :

> *I **bought** this bag **on January 3rd / last week / before I went to Paris**.* J'ai acheté ce sac le 3 janvier / la semaine dernière / avant d'aller à Paris.

Le repère peut être implicite : *I bought this bag in Madrid = when I was in Madrid.* (J'ai acheté ce sac à Madrid.)

Il peut également être constitué de ***ago*** précédé d'une indication de durée (▶ **18**) :

> *They **got married two years ago**.* Ils se sont mariés il y a deux ans.

2 Le prétérit simple est utilisé dans les récits pour désigner des événements qui se succèdent (▶ aussi 37 concernant le rôle – différent – du prétérit en BE + -ING) :

> *He **opened** the door, **saw** that the room was empty and **began** to inspect the drawers.* Il a ouvert la porte, a vu que la pièce était vide et s'est mis à inspecter les tiroirs.

3 Le prétérit simple est utilisé pour des faits habituels ou répétés – et dans ce cas son équivalent français est généralement l'imparfait :

> *She **got up** at 6 every morning when she lived in Brighton.* Elle se levait tous les matins à 6 heures quand elle habitait Brighton.

> Les emplois du prétérit sont en règle générale très nettement distincts de ceux du present perfect (▶ **221**), mais dans la langue courante les emplois de « résultat présent » du present perfect peuvent être concurrencés par le prétérit. Exemple : la « fausse excuse » de l'écolier paresseux, devenue proverbiale, *The dog ate my homework* (« Mon devoir, le chien l'a mangé »). Dans cet emploi – qui ne doit être imité qu'avec prudence –, on privilégie le caractère passé de l'événement, plutôt que sa relation avec le moment présent.

4 Style (ou discours) indirect :

On peut rapporter les paroles ou les pensées de quelqu'un soit au **style direct** (*Ann said, 'Bob likes tea.'*), soit au **style indirect** (*Ann said that Bob likes / liked tea*). Il existe pour le discours indirect une règle dite de **concordance des temps** (parfois facultative, exactement comme en français : « Ann a dit que Bob aime / aimait le thé »). Cette règle est pour l'essentiel la suivante : quand le **verbe introducteur** (*say*, *think*, etc.) est au **prétérit**, le présent du style direct devient un **prétérit** au style indirect. Exemple :

*Ann **said**, 'Bob **likes** tea.'* → *Ann **said** that Bob **liked** tea.*

Ceci est également valable pour les **auxiliaires**, et notamment les **modaux** :

*Leo **said**, 'Tina **will** like the book.'* → *Leo **said** that Tina **would** like the book.*

Quand le verbe du style direct est **déjà** au prétérit, ce prétérit sera, au style indirect, remplacé par un **past perfect**, s'il correspond à un « passé par rapport à un autre passé » (▶ **199**) : *Tom said, 'I **arrived** on May 4.'* → *Tom said that he **had arrived** on May 4.* (Tom a dit : « Je suis arrivé le 4 mai. » → Tom a dit qu'il était arrivé le 4 mai.)

Dans les contextes **passés**, on emploie le **prétérit simple** (et non *would*) dans les **subordonnées qui interdisent l'emploi du WILL de sens futur** (▶ **297**), simplement sous l'effet de la règle de concordance des temps. Dans un contexte « présent », on utilise le **présent** dans ces subordonnées, et dans un contexte « passé » on utilise le **prétérit** :

*He **said** he **would** call me as soon as he **arrived** in London.* Il m'a dit qu'il m'appellerait dès qu'il **arriverait** à Londres. (Discours rapporté direct : *He said, 'I'll call you as soon as I **arrive** in London.'*)

Pour plus de détails sur le style (ou discours) indirect ▶ **74**.

Complétez au prétérit simple à l'aide des verbes proposés entre crochets.

1. I ... the match on TV last night. [WATCH] 2. Hil ... to see me last month. [COME] 3. ... they ... your idea? [LIKE] 4. How much ... you ... those jeans? [PAY for] 5. We ... in Vienna for more than three days. [not STAY] 6. Why ... you ... a plumber? [NEED]

225. Prétérit simple (3) : valeur hypothétique

1 On trouve cet emploi notamment (mais pas seulement) dans les subordonnées de condition irréelle ou non probable :

*If I **knew** the answer I'd tell you.* Si je connaissais la réponse, je te le dirais. (condition **irréelle** : on sous-entend « je ne connais pas la réponse »)
*If I **won** the lottery I'd buy myself a mortorbike.* Si je gagnais le gros lot, je m'achèterais une moto. (condition **non probable** : contrairement à *If I **win** the lottery*, la subordonnée sous-entend « il est peu probable que je gagnerai »)

2 Ce type de prétérit (parfois appelé « prétérit modal ») est également employé après le verbe *wish*, ainsi qu'après les expressions *would / 'd rather* et *it's (about / high) time* :

*I wish I **knew** the answer.* J'aimerais connaître la réponse / Je regrette de ne pas connaître la réponse. (À rapprocher de *If only I knew the answer!*, « Si seulement je connaissais la réponse ! ». Sur *wish* ▶ aussi **302**.)
*It's (high) time you **left**.* Il est (grand) temps que vous partiez.
*I'd rather you **left**.* Je préférerais que vous partiez.

3 On le trouve également dans les **subordonnées qui interdisent l'emploi du WILL de sens futur** (▶ 297), lorsque ces subordonnées contiennent une hypothèse irréelle ou non probable :

*Anyone who **said** that would be a liar.* Celui qui dirait ça **serait** un menteur. (Cf. *If anyone **said** that, he would be a liar.* Attention ici au risque de contresens.)

Le prétérit hypothétique concerne non seulement les verbes, mais aussi les **auxiliaires**. Avec les modaux, en particulier, la marque du prétérit a très souvent une valeur hypothétique (irréalité ou doute). (▶ **225**.)

Traduisez en anglais.

1. Il est grand temps que j'achète un appareil photo numérique. 2. Je préférerais que tu ne lui dises rien. 3. Si jamais j'étais promu, j'aurais mon bureau à moi. 4. Si seulement tu ne me mentais pas tout le temps ! 5. Tous ceux qui iraient auraient une invitation.

226. Pronoms personnels et possessifs

1 Caractéristiques générales

Les pronoms personnels varient selon le **nombre** (singulier ou pluriel), selon la **fonction** (sujet, complément, génitif), et (à la 3e personne du singulier seulement) selon le **genre** (masculin, féminin, neutre).

Il y a deux sortes de possessifs : (a) placés devant un nom (déterminants possessifs), (b) employés seuls (pronoms possessifs).

	Sujet	Complément	Déterminants possessifs	Pronoms possessifs
Singulier				
1re personne	***I***	***me*** /miː/, /mi/	***my***	***mine***
2e personne	***you*** /juː/, /ju/, /jə/	***you***	***your*** /jɔː/, /jə/	***yours*** /jɔːz/
3e personne :				
masculin	***he*** /hiː/, /hi/, /i/	***him***	***his*** /hɪz/, /ɪz/	***his***
féminin	***she*** /ʃiː/, /ʃi/	***her*** /hɜː/, /ɜː/, /ə/	***her***	***hers*** //hɜːz/
neutre	***it***	***it***	***its***	*
Pluriel				
1re personne	***we*** /wiː/, /wi/	***us*** /ʌs/, /əs/	***our*** /aʊə/, /ɑːə/	***ours***
2e personne	***you***	***you***	***your***	***yours***
3e personne	***they*** /ðeɪ/	***them*** /ðem/, /ðəm/	***their***	***theirs***

* Pour compenser l'absence d'un pronom possessif correspondant à *its*, on utilise quelquefois *its own* : *Every village has its history, and our village has its own* (Tous les villages ont leur histoire, et notre village a la sienne).
Les formes réduites sont les formes normales de la langue parlée (sauf accentuation emphatique). Pour *he, her, him* et *his*, cependant, il ne faut pas omettre le /h/ en début de phrase ou après une pause.

Exemples d'emploi :

I saw her. Je l'ai vue.
I gave it to him / her. Je le lui ai donné.
They congratulated us. Elles nous ont félicité(e)s.

Pour marquer l'insistance, il n'y a pas de formes spéciales ; on se contente d'accentuer le pronom :

Je le leur ai donné à eux / elles. *I gave it to* THEM.

2 Particularités des possessifs

• Les possessifs (déterminants et pronoms) ont le **genre du nom qu'ils représentent** (le « possesseur »), et ils ne s'accordent absolument pas avec le nom qu'ils précèdent :

J'ai vu Maggie. Son père est furieux. *I have seen **Maggie**. **Her** father is furious.*
Tu connais Priscilla ? Ce vélo, c'est le sien / Ce vélo est à elle. *You know Priscilla? This bike is **hers**.*

• Les possessifs s'emploient avec les **parties du corps** (opposez au français) :

*He broke **his** leg skiing.* Il s'est cassé la jambe au ski.
*She raised **her** head.* Elle a levé la tête.

Quand il y a plusieurs possesseurs et plusieurs objets possédés (chacun a le sien), on emploie le **pluriel** pour les objets possédés :
The two dogs wagged their tails when they heard their master. Les deux chiens ont agité la queue en entendant leur maître.

▶ 149 Masculin, féminin, et neutre ; 206 Pluriel ou singulier : accord.

Complétez à l'aide d'un pronom possessif en vous aidant des éléments entre parenthèses.

1. *Whose tennis shoes are these? They're … (my tennis shoes)* 2. *I've just submitted my paper to that American journal. … will be published next month. (his paper)* 3. *His patients are all on Social Security. … often consult privately. (her patients)* 4. *Our bridge club has over 150 members. … has only 80. (their bridge club)* 5. *Most candidates haven't sent in their CV's yet. … arrived yesterday. (your CV)* 6. *We've seen their holiday photos but they haven't seen … yet (our photos).*

227. Pronoms réfléchis et réciproques

1 Pronoms réfléchis

		Singulier	Pluriel
1re personne		*myself*	*ourselves*
2e personne		*yourself*	*yourselves*
3e personne	masculin féminin neutre	*himself* *herself* *itself*	*themselves* *themselves* *themselves*
indéfini		*oneself*	

Prononciation : c'est toujours *-self / -selves* qui porte l'accent : *my<u>self</u>, our<u>selves</u>*, etc.

Les pronoms réfléchis s'emploient quand le sujet et le complément représentent la même personne ou chose :

He sent himself a birthday card. Il s'est envoyé une carte d'anniversaire.

Cette règle ne s'applique pas après les **prépositions** qui expriment le **lieu** :
She looked about her. Elle a regardé autour d'elle.
He took the money with him. Il a pris l'argent avec lui.

2 Ne pas confondre

Il ne faut pas confondre les pronoms réfléchis avec les **pronoms réciproques** ***each other*** ou ***one another***.

*They were born on the same day and they always **send each other** cards and presents.* Ils sont nés le même jour et ils s'envoient toujours (l'un à l'autre) des cartes et des cadeaux.

Each other et ***one another*** sont équivalents.

3 Non-emploi des pronoms réfléchis ou réciproques avec certains verbes

Dans beaucoup de cas, **s'il est évident qu'une action est réfléchie ou réciproque**, on ne l'indique pas en anglais, alors qu'en français on utilise une construction pronominale (c'est-à-dire en « me », « se », etc.) :

- **Action réfléchie évidente :**

*She **got up** at eight, and after **washing**, she **dressed** carefully.* Elle s'est levée à huit heures, et après s'être lavée, elle s'est habillée avec soin.
*Where **is** he **hiding**?* Où est-ce qu'il se cache ?

- **Action réciproque évidente :**

*Prudence and Priscilla **meet** almost every day, but they have never **quarrelled**.* Prudence et Priscilla se voient presque tous les jours, mais elles ne se sont jamais disputées.

▶ 238 Se (pronom français).

4 Autre emploi des pronoms réfléchis : rôle de mise en relief (= « moi-même », « lui-même », etc.)

*The manager **himself** took the decision / The manager took the decision **himself**.* Le directeur a pris lui-même la décision / Le directeur lui-même a pris la décision.

Attention à la place du pronom réfléchi : remarquez que, contrairement à ce qui se passe parfois en français, le pronom ne peut pas séparer le verbe de son complément.

Traduisez en anglais.

1. On se téléphone au moins deux fois par semaine. 2. À quelle heure tu te lèves ? 3. Elle s'est fait une tasse de thé. 4. Les voisins s'entraident dans ce quartier. 5. On se gare le plus près possible du musée, d'accord ? 6. Avant cet accident, nous ne nous parlions pas. 7. C'est le chef lui-même qui est venu nous demander si nous étions contents du repas. 8. Est-ce que les enfants de trois ans savent s'habiller tout seuls ?

228. Proposer

Pour rendre « proposer de faire qqch. », il est préférable d'éviter d'employer le verbe anglais *propose*.

1 Employez *suggest* pour le sens de « lancer une idée » :

Hilda a proposé d'aller au concert. *Hilda suggested going to the concert.* (forme V-*ing* sans sujet)
Hilda a proposé à Keith d'aller au concert. *Hilda suggested to Keith that they go to the concert.* (verbe à l'indicatif ou au subjonctif, quand il y a un sujet)

2 Employez *offer* pour le sens de « se porter volontaire » :

Hilda a proposé de garder les enfants. *Hilda offered to look after the children.*
Hilda a proposé à Keith de garder ses enfants. *Hilda offered to look after Keith's children.*

Attention au contresens : *propose to do sth* = se proposer de faire qqch. (= avoir l'intention) :

Hilda proposes to go to the concert. Hilda a l'intention d'aller au concert. (style recherché)

229. Quantités petites ou très grandes

En langue courante, il existe un grand nombre de termes pour désigner des petites quantités, et de très grandes.

Sur cette question ▶ aussi 172 Noms (2) concernant les dénombreurs.

1 Petites quantités

a scrap of paper un bout de papier
a dash of colour une touche de couleur
a dab of perfume une touche de parfum
just a drop of whisky une goutte de whisky
a pinch of salt une pincée de sel
a trickle of visitors un « mince filet » de visiteurs
a bit of luck un peu de chance
a hint of sadness une trace de tristesse
not an ounce of truth pas un gramme de vérité
a touch of irritation un rien d'irritation

2 Grandes quantités

a lot of sweets beaucoup de bonbons
bags of room des masses de place
lots of time du temps à revendre
loads of food des tonnes de nourriture
masses of trouble des masses d'ennuis
a load of rubbish un tas de bêtises
tons of work une tonne de travail (toujours au pluriel)
heaps of ideas des masses d'idées
buckets of confidence de l'assurance à revendre
wagonloads of dirt des tombereaux de saleté
piles of money des tonnes d'argent

Grands nombres fantaisistes (il y en a d'autres) :
a squillion problems (une foultitude / une tétrachiée de problèmes), *zillions of kilometres.*

Certains de ces termes (et d'autres) servent à atténuer ou intensifier des adjectifs ou des verbes :

I'm feeling ***a bit / a mite*** *better today.* Je me sens un peu / un brin mieux aujourd'hui.
a tad *too big* un chouia trop grand
I'm feeling ***a lot / lots / loads*** *better today.* Je me sens beaucoup / sacrément mieux aujourd'hui.

Rappelez-vous la construction de *(a) little* : pas de *of* (*a little coffee*, « un peu de café »).

230. Quite, rather, fairly, pretty

L'anglais américain et l'anglais britannique sont différents dans l'emploi de ces intensifieurs, dont le sens varie du moyen au fort, et qui correspondent aux adverbes français « assez » / « plutôt » / « tout à fait ». *Rather* ne s'emploie pas beaucoup en anglais américain.

En anglais britannique, l'emploi de *quite* varie selon la nature de l'adjectif ou adverbe, qui peut indiquer soit (a) un degré absolu qui ne peut pas être affaibli (exemple : *wrong*, « qui a tort »), soit (b) un degré variable (exemple : *good*, « bon »). Dans ce dernier cas, l'accentuation fait varier le sens.

Dans le tableau, les CAPITALES indiquent l'accent.

	US	GB (a) degré absolu (*wrong*)	GB (b) degré variable (*good*)	Français
+	*quite wrong / good*	*quite wrong*	*quite GOOD*	tout à fait / très
↓	*pretty good*		*rather good* *pretty good*	plutôt
–	*fairly good*		*fairly good* *QUITE GOOD*	assez

Quite et *rather* s'emploient aussi avec des verbes :

I ***quite / rather liked*** *it.* J'ai beaucoup aimé.
I ***quite / rather agree*** *with that.* Je suis assez / plutôt d'accord avec ça.

Rather s'emploie devant les comparatifs :

rather better / rather more interesting → plutôt mieux / plutôt plus intéressant

Voici les résultats scolaires de Lisa et les appréciations des professeurs. Reformulez les appréciations en utilisant *quite, pretty* ou *fairly* + un adjectif.

1	*English*	*60%*	*Satisfactory*
2	*Mathematics*	*88%*	*Very good indeed*
3	*Physics / Chemistry*	*75%*	*Good*
4	*Biology*	*53%*	*Disappointing*
5	*Geography*	*49%*	*Average*
6	*French*	*72%*	*Better this year*
7	*Music*	*40%*	*Bad*

231. Rather (would rather / 'd rather : expression d'une préférence)

Cette expression (qui existe également sous la forme ***would / 'd sooner***) peut se construire de deux façons :

1 *Would / 'd rather (+ not)* + base verbale

I'd rather die *than apologize to him.* Je préférerais mourir plutôt que lui faire des excuses.
Would you rather come *with us?* Est-ce que vous préféreriez venir avec nous ?
He'd rather not travel *on a Sunday.* Il préférerait ne pas voyager un dimanche.

Would rather / 'd, formé avec un modal, ne peut pas être suivi d'un nom ou d'un pronom seuls (sans verbe). Ainsi, « Je préférerais le sandwich au jambon » pourra être traduit par *I'd rather* ***have*** *the ham sandwich*, ou par *I'd prefer the ham sandwich*, mais non par ~~*I'd rather the ham sandwich*~~.

2 *Would / 'd rather* + nom ou pronom + prétérit

I'd rather he left *right now.* Je préférerais qu'il parte tout de suite.
She'd rather you didn't tell *anyone about that.* Elle préférerait que vous n'en parliez à personne.
Wouldn't you rather they emailed *you the invoice?* Vous ne préféreriez pas qu'ils vous envoient la facture par email ?

Le subjonctif (▶ **253**) est parfois employé, **dans un style recherché**, à la place du prétérit : *I'd rather he* ***leave*** *right now.*

A. Complétez par la forme verbale qui convient.

B. Traduisez les phrases obtenues.

1. *He'd rather I ... his computer. (not / TOUCH)* 2. *They'd rather ... overnight in a hotel than ... in the dark. (STAY / DRIVE)* 3. *Wouldn't you rather ... playing golf? (BE out)* 4. *I'd rather you ... on your own. (GO)*

232. Relatives (1) : propositions relatives et pronoms relatifs

1 Rôle des propositions relatives et des pronoms relatifs

Une proposition relative a un rôle identique à celui d'un adjectif : elle donne des précisions à propos d'un nom (son antécédent).

La proposition relative est reliée à l'antécédent par un pronom relatif, mais elle peut aussi être simplement placée à sa suite (on parle alors de **relatif zéro : Ø**) :

The books (that) they gave me are very useful. Les livres qu'ils m'ont donnés sont très utiles.

En dehors du relatif zéro, il existe deux séries de pronoms relatifs :

- ***That*** /ðət/
- ***Who*** /hu:/, ***whom*** /hu:/ ou /hʊ/, ***whose*** /hu:/, ***which*** /wɪtʃ/ (Remarquez que *which* est le seul de la série dans lequel le *w* se prononce.)

L'accord se fait avec le nom antécédent pour le choix entre ***who*** (animé humain) et ***which*** (inanimé) :

The girl ***who*** *lives next door is American.* La fille d'à côté est américaine.
The car ***which*** *is in the street is mine.* La voiture qui est dans la rue est la mienne / à moi.

Dans certains cas, il faut aussi choisir le pronom relatif selon la fonction qu'il occupe dans la relative : ***who*** (sujet ou complément animé), ***whose*** (complément de nom animé ou inanimé) :

The girl ***who*** *lives next door is American.*
The girl ***whose*** *dress you liked is American.* La fille dont tu as aimé la robe est américaine.

Whom (complément animé humain) n'est pratiquement plus employé en dehors de la langue écrite d'un niveau recherché.

Prononciation

- Les lettres *WH* se prononcent /h/ : *who* /hu:/ ou /hʊ/, *whose* /hu:z/ (mais /w/ dans *which*).
- *That* est toujours réduit à /ðət/.

2 Exemples de relatifs et relatives

Dans ce tableau, les formes les plus courantes sont en caractères gras. Les formes qu'on emploie plutôt par écrit sont simplement en italique. Les formes trop guindées, à éviter, sont entre barres obliques : //. Les pronoms relatifs sont soulignés. (Pour le relatif zéro, on a donc simplement le soulignement.)

Animé	Inanimé
Sujet (pas de relatif zéro)	
The girl who lives next door is American. *The girl that lives next door is American.*	*The car which is in the street is mine.* ***The car that is in the street is mine.***
Complément direct	
The girl_you met yesterday is American. La fille que vous avez rencontrée hier est américaine. *The girl who / that you met yesterday is American.* */The girl whom you met yesterday is American./*	***The car_you saw yesterday is my brother's.*** La voiture que vous avez vue hier est celle de mon frère. *The car that / which you saw yesterday is my brother's.*
Complément indirect	
The girl_you talked to yesterday is Irish. La fille à qui vous avez parlé hier est irlandaise. *The girl who / that you talked to yesterday is Irish.* */The girl to whom you talked yesterday is Irish./*	***The gold_they were looking for was a dream.*** L'or qu'ils cherchaient était un rêve. *The gold that / which they were looking for was a dream.* */The gold for which they were looking was a dream./*
Complément de nom	
The girl whose dress you liked is American. La fille dont la robe t'a plu est américaine.	***The car whose speed impressed you is my sister's.*** La voiture dont la vitesse t'a impressionné(e) est celle de ma sœur. */The car the speed of which impressed you is my sister's./*

On n'est pas toujours obligé d'employer des propositions relatives, surtout quand on parle. On peut souvent couper la phrase ou l'organiser différemment, et on le fait fréquemment dans la langue parlée :
The girl whose dress you liked is American.
→ *Remember that girl? You liked her dress. She's American.*

3 Les points à remarquer dans le tableau

Quand le relatif est le complément d'un verbe prépositionnel, la préposition reste à sa place après le verbe :

*The girl [(that) you **talked to** yesterday] is Irish.* La fille à qui tu as parlé hier est irlandaise.

C'est seulement dans un style écrit assez strict qu'on retrouve la même construction qu'en français :
The process in which they placed their confidence was a failure. Le système dans lequel ils avaient placé leur confiance a été un échec. (La préposition *in* est placée devant *which* – cf. le français « dans lequel ».)

Attention à ***whose*** :

Whose est un génitif, et c'est pourquoi il n'est pas suivi de *the*. Comme un génitif également, il n'est jamais séparé du nom qu'il détermine (à la différence de « dont » en français) :

That's the actress ***whose voice*** *you like so much.* C'est l'actrice **dont** tu aimes tellement **la voix**.

▶ aussi 25 Dont.

233. Relatives (2) : choix des pronoms relatifs

1 Propositions relatives : virgule ou non ?

Comparez :

The musicians who had played all night took a break. Les musiciens qui avaient joué toute la nuit ont pris un temps de repos. (seulement ceux qui avaient joué toute la nuit)

The musicians, who had played all night, took a break. Les musiciens, qui avaient joué toute la nuit, ont pris un temps de repos. (tous les musiciens)

Dans les relatives encadrées de virgules (ou, en fin de phrase, introduites par une virgule), **on n'emploie ni *that* ni le relatif ø** : on emploie donc obligatoirement un relatif de la série ***who / which***.

Les virgules de la langue écrite correspondent à des pauses dans la langue orale. Les phrases du second type sont donc en théorie possibles dans la langue orale – mais en fait elles y sont très rares.

2 Un pronom relatif plutôt qu'un autre

• Après *only, first, last, all, every* (*body / thing*) et les superlatifs, on emploie ***that*** ou le relatif ***zéro*** :

The first record (that) he bought was by the Beatles. Le premier disque qu'il a acheté était des Beatles.

His sister taught him all he knows about music. C'est sa sœur qui lui a enseigné tout ce qu'il sait en musique. [N'employez surtout pas *what*.]

▶ ci-dessous et 50 Ce qui / ce que / ce dont.

• Après un antécédent qui représente un moment, employez ***when***, ou **zéro** :

The year (when) he finally had a big hit, he had a car accident. L'année où il a enfin eu un grand succès, il a eu un accident de voiture.

Après *the way* (= la manière), on emploie le **relatif zéro** :
I don't like the way he sings. Je n'aime pas la façon dont il chante / sa façon de chanter.
Après *the reason* (= la raison / cause), on emploie ***why*** :
That's the reason why he left Chicago. C'est la raison pour laquelle il a quitté Chicago.

• *Le relatif* **which** peut s'utiliser pour représenter toute une proposition :

Le public a sifflé, ce que les chanteurs n'ont pas apprécié. *The audience hissed, which the singers didn't like.* [Remarquez la virgule.]

• Il ne faut pas confondre cet emploi de *which* avec **what. What** contient son propre antécédent (= *the thing which*) :

What he said was ridiculous. Ce qu'il a dit était ridicule.

What ne peut donc pas avoir d'autre antécédent, ce qui rend impossible ~~all what~~. Avec *all*, on a donc *all (that)* :

All (that) he said was ridiculous. Tout ce qu'il a dit était ridicule.

▶ 50 Ce que, ce qui, ce dont.

En anglais, l'**ordre des mots** ne varie jamais dans les relatives, ce qui n'est pas le cas en français :
Il a cette allure dont raffolent les très jeunes filles / dont les très jeunes filles raffolent. *He has that look (that) young girls adore.*

A. Complétez (si nécessaire) en utilisant le relatif approprié.

1. *The exhibition ... I went to last night was fantastic.* 2. *It can't be the only reason ... he left.* 3. *The factory workers, ... jobs are under threat, have come out on strike.* 4. *They have banned smoking in the office, ... is a good thing.* 5. *They'll shoot the first one ... they see.* 6. *Didn't you see the way ... he hit Carlton in the penalty area?*

B. Complétez en utilisant *what* ou *which*.

1. *Tea or coffee? ... would you prefer?* 2. *Do you know ... kind of animal it is?* 3. *... I really need is a nice hot bath!* 4. *'You could ask on the perfume counter.' '... one's that?'* 5. *She got 85% in her exam, ... isn't too bad!*

234. Remember et remind (« se rappeler » / « rappeler »)

1 « Avoir le souvenir de quelque chose » a pour équivalent *remember* (+ complément direct) :

I just couldn't ***remember*** *her name.* Je n'ai pas pu me rappeler son nom.

Si le souvenir est un événement, on emploie ***remember*** **+ V-ing** :

I ***remember meeting*** *her at some friends'.* Je me rappelle l'avoir rencontrée chez des amis.

Notez : on ne dit pas *I remember ~~having met~~.*

Mais s'il s'agit de « se rappeler de faire quelque chose » (« ne pas oublier de faire quelque chose »), on emploie ***remember*** **+ *to* V** (infinitif avec *to* ▶ **120**) :

I must ***remember to buy*** *her some flowers.* Il faut que je me rappelle de lui acheter des fleurs.

2 « Provoquer un souvenir chez quelqu'un » a pour équivalent *remind sb of sth* :

Elsa ***reminded*** *Jack* ***of*** *their first meeting.* Elsa a rappelé à Jack leur première rencontre.
Her perfume ***reminded*** *him* ***of*** *a garden in spring.* Son parfum lui rappelait un jardin au printemps.

Attention à l'ordre des mots et à la préposition *of.*

S'il s'agit de rappeler à quelqu'un de faire quelque chose, on emploie ***remind sb + to*** **V** (infinitif avec *to*) :

Elsa ***reminded*** *Jack* ***to buy*** *washing-powder.* Elsa a rappelé à Jack d'acheter de la lessive.

Dans un style plus soutenu, on peut employer *recall* et *recollect*, qui sont synonymes de *remember.*

Quelques noms à ne pas confondre :

memory : la mémoire
a memory : un souvenir (mental)
a souvenir : un souvenir (objet)
a souvenir shop : une boutique de souvenirs
a memento : un souvenir (objet personnel et sentimental)
memoirs : des mémoires (autobiographie)
a reminder : un pense-bête, un rappel

Traduisez en anglais.

1. Tiens ! Cette chanson me rappelle ma jeunesse. 2. Je me rappelle avoir visité Venise au printemps. 3. Rappelez-moi votre nom, voulez-vous ? 4. Je devrais me rappeler la date, mais c'est impossible ! 5. Il ne s'est pas rappelé de faire tourner le lave-linge avant de sortir.

235. Repères dans le temps, mesures, fréquences

1 Repère

Un repère sert à **situer un événement dans le temps**.

Les repères du **passé** imposent le **prétérit** :

They published the book yesterday / last week / during the holidays / in June / three days ago / when they needed the money. Ils ont publié le livre hier / la semaine dernière / pendant les vacances / en juin / il y a trois jours / quand ils ont eu besoin de l'argent.

Le mot interrogatif utilisé pour les repères est ***when*** :

When did they publish the book? Quand est-ce qu'ils ont publié le livre ?

2 Complément de mesure

Il y a deux possibilités.

• Le complément mesure la **durée**, mais ne repère pas (ne répond pas à la question *When?* / Quand ?). Il n'impose aucun temps ou forme verbale particulière, mais bien sûr le choix n'est pas indifférent :

*Bill **was** out for three hours.* Bill a été absent pendant trois heures. (Quand? Ceci a sans doute été dit avant.)

*Bill **has been out** for three hours.* Bill est absent depuis trois heures.

• Le complément mesure (de façon indirecte) en indiquant le **point de départ**. Il impose soit le present perfect soit le past perfect :

*Bill **has / had been away** since Tuesday.* = Bill est/était absent depuis mardi.

Les **subordonnées** introduites par *since* contiennent un **prétérit** (c'est dans la **proposition principale** que se trouve le **present perfect**) :

*Bill **has been** very happy **since** he **left** his job.* Bill est très heureux depuis qu'il a quitté son travail.

Le mot interrogatif utilisé pour les mesures est ***how long*** :

***How long** was Bill away?* Pendant combien de temps Bill a-t-il été absent?

***How long** has Bill been away?* Depuis quand est-ce que Bill est absent?

For sert à mesurer, alors que ***during*** sert à repérer. ▶ **94 *For* et *during*.**

En français, il y a deux emplois de « depuis » (▶ **69 Depuis**) :

– depuis dix ans (durée) → *for ten years*;

– depuis mardi (point de départ) → *since Tuesday*.

3 Indicateurs de fréquence

Ils indiquent un nombre de fois, ou une répétition, mais ils ne repèrent pas : ils n'imposent donc aucun temps ou forme verbale particulière. S'il y a des repères de temps, ces repères sont ailleurs dans la phrase, sous la forme *last year, two months ago*, etc.). Exemples :

*I have met the publisher **once** / **twice**.* J'ai rencontré l'éditeur une / deux fois.

*I have **often** met the publisher.* J'ai souvent rencontré l'éditeur.

*I met the publisher **once** / **twice** **last year**.* (repère du passé, *last year*, ajouté ; notez qu'il impose le **prétérit**)

*I **often** met the publisher **last year.*** (même remarque que pour l'exemple précédent)

Quelques indicateurs de fréquence : *once, several times, often, rarely, seldom, always, never.*

Le mot interrogatif utilisé pour les fréquences est ***how often*** :

***How often** have you met the publisher?* Combien de fois avez-vous rencontré l'éditeur?

▶ 57 Combien de temps, combien de fois, tous les combien.

Posez la question sur les repères, mesures ou fréquences soulignés dans ces phrases.

1. The Prime Minister resigned a week ago. 2. She has been training for the Olympic Games for three years (now). 3. Our production manager contacts his providers every Monday. 4. We had to queue up for half an hour. 5. The death penalty was abolished last century.

236. Résultatifs (*kick the door open*)

Il y a en anglais des constructions, parfois difficiles à comprendre, qui expriment de façon compacte à la fois une **action** et le **résultat de cette action**, par exemple :

They ***dug the treasure out of the ground***. (Équivalent français : « Ils ont déterré le trésor [en creusant]. »)
action (*dig*) → **résultat** (*the treasure is out of the ground*)
ils creusent → le trésor est déterré

Autre exemple :

She ***skipped in***. (Équivalent français : « Elle est entrée en sautillant. »)
action : *skip* → résultat : *she is in*
elle sautille → elle est à l'intérieur

On pourrait modifier l'action : *run* (courir), *walk* (marcher), *crawl* (avancer sur les mains et les genoux). On peut aussi modifier le résultat : *into the kitchen, out, down*. L'action exprime la manière dont le résultat est obtenu.

Comment dire cela en français ? Souvent, on commence par exprimer le résultat (« Elle est entrée »), puis on mentionne la manière (« en sautillant »).

Le résultat peut être une autre action, avec la préposition *into* et le verbe au gérondif (**V-*ing***) :

They talked McDougall ***into paying the bill***. Ils ont persuadé McDougall de payer l'addition. (Littéralement : ils ont parlé, avec pour résultat que McDougall a payé l'addition.)

Ce schéma est très courant. Le résultat peut être exprimé par des particules, par des groupes préposition + nom, et aussi par des **adjectifs** :

He kicked the door ***open***. Il a ouvert la porte d'un coup de pied.
Selma has painted her room ***black and gold***. Selma a peint sa chambre en noir et or.

Le schéma permet de comprendre comment fonctionnent beaucoup de **verbes composés** (▶ 289) :

switch the TV on / off allumer / éteindre la télé (à l'aide de l'interrupteur : *switch*)
move in / out emménager / déménager

Dans le cas de préposition + nom, pour avoir le sens résultatif, il faut que la préposition permette le sens de changement de lieu ou d'état. Opposez :

He ran ***into*** *the gym*. (**résultatif** : « Il est entré dans le gymnase en courant. »)
He ran ***in*** *the gym*. (**non résultatif** : « Il a couru à l'intérieur du gymnase » ; la préposition *in* n'indique pas un changement de lieu)

A. Combinez les deux éléments dans une même construction résultative.

1. *They crossed the river; they were swimming.* 2. *Peter will have to cross the main road; he will run.* 3. *The vet had to go into the stable; he was in a hurry.* 4. *I should go up onto the roof; I should climb up there.* 5. *He had just got into bed (he had crawled there), when the phone rang.* 6. *Someone is looking in through the window; they are peering* [regarder attentivement].

B. Construisez des énoncés sur le modèle *He kicked the door* (action) / *the door is open* (résultat) / *He kicked the door open.*

1. *He slammed the door / it is shut.* 2. *I ripped the envelope / it is open.* 3. *He washed the car / it was perfectly clean.* 4. *Pull the blinds* (les stores) *please / I want them up.* 5. *We have painted our shutters* (volets) */ they are red.* 6. *A gale* (tempête) *blew / two trees came down.* 7. *The soldier was shot / he was dead.*

237. *Say* et *tell* (= dire)

1 *Say* et *tell* + nom ou pronom

• ***Say*** peut n'avoir qu'un seul complément, qui représente **des paroles** :

The countess only said ***a few words / hello.*** La comtesse a seulement dit quelques mots / bonjour.

Mais ce complément direct peut être suivi d'un second complément, introduit par ***to***, qui indique le destinataire des paroles :

The countess only said a few words / hello ***to Lord Winchester****.*

• ***Tell*** peut lui aussi n'avoir qu'un complément, qui représente **le contenu** de paroles :

The countess told a lie / the truth / a joke / a story. La comtesse a dit un mensonge / la vérité / a raconté une blague / une histoire.

Avec deux compléments, *tell* peut entrer dans deux constructions :

The countess told ***a lie to Lord Winchester****.*
The countess told ***Lord Winchester a lie****.*

Par ailleurs, ***tell*** (mais non *say*) peut être suivi uniquement d'un complément représentant le **destinataire des paroles** :

I don't know who phoned this morning but I hope you're going to ***tell me****.* Je ne sais pas qui a téléphoné ce matin, mais j'espère que tu vas me le dire.

2 Pour rapporter des paroles avec *SAY et TELL*

• **Au discours direct**, il est plus courant d'utiliser ***say*** :

He said (to us), 'You can spend the night here.' Il (nous) a dit : « Vous pouvez passer la nuit ici. »
He said (to us), 'Don't move.' Il (nous) a dit : « Ne bougez pas. »

• **Au discours indirect** :

– *Tell* permet de rapporter des paroles déclaratives (pour informer) positives ou négatives, ou des ordres. **La mention du destinataire est obligatoire** à la suite de *tell*.

He told us ***that we could spend the night there****.* Il nous a dit que nous pouvions y passer la nuit.

He told <u>*us*</u> ***not to move at all.*** Il nous a dit de ne pas bouger. (*Say* est impossible ici.)

– *Say*, contrairement à *tell*, n'admet pas la construction en *to*. Il admet une construction en *that* :

He said (to us) that we could spend the night there. Il (nous) a dit que nous pouvions y passer la nuit

– Pour rapporter des **questions**, il faut bien sûr employer ***ask*** :

He asked us when we were leaving. Il nous a demandé quand nous partirions.

3 Emploi du passif

Au passif, il ne faut pas confondre les constructions suivantes :

He was told *they had left.* On lui a dit qu'ils étaient partis. (actif : *Someone told him they had left.*)

He was told *to leave.* On lui a dit de partir. (actif : *Someone told him to leave.*)

He was said *to be very rich.* On disait qu'il était très riche. (pas de construction active)

▶ 195 Passif (2).

Mettez au discours indirect.

1. *'You are not allowed to park your car here', the traffic warden said.* 2. *Mary said, 'Don't forget to book the hotel room, Robert.'* 3. *'Will you want a double or a single room?' the receptionist asked.* 4. *'A divorce can take up to two years to come through' said the lawyer.* 5. *[Emma] 'I think we have turned off to the right too soon.' [Emma] 'Have you got a street map?' [David] 'I don't think I have.' [Emma] 'So, we are completely lost!'*

238. Se (construction pronominale française)

La construction pronominale française a plusieurs sens :

a. Réfléchi : Il s'est coupé. (= « Il a coupé lui-même. »)
b. Réciproque : Ils se sont regardés fixement. (= Chacun a regardé l'autre.)
c. Équivalent de passif : Ça se lave à l'eau froide. (= Ça doit être lavé.)
d. Aucun des cas précédents : Ils se sont emparés de l'argent.

Il faut donc bien comprendre l'interprétation à donner à la construction pronominale.

Les traductions évidentes sont parfois possibles :

a. Réfléchi : Il s'est coupé. *He cut himself.*
b. Réciproque : Ils se sont regardés fixement. *They stared at each other.*
c. Équivalent de passif : Ça se lave à l'eau froide. *It should be washed in cold water.*

Mais attention, le passage à l'anglais n'est pas automatique. Dans beaucoup de cas, quand le fait qu'une action est réfléchie ou réciproque va de soi, on ne l'indique pas en anglais :

a. Réfléchi : « Elle se lave » → *She is washing.*

Quelques autres verbes de ce type : *dress* (s'habiller), *get up* (se lever), *hide* (se cacher), *sit down* (s'asseoir), *make up* (se maquiller), *rest* (se reposer), *shave* (se raser), *shower* (se doucher), *wake up* (se réveiller).

On trouve aussi, dans certains cas courants, des expressions introduites par *get* :

get dressed / get shaved / get lost / get married s'habiller/ se raser / se perdre

b. Réciproque : « Ils se battent » → *They are fighting.*

Quelques autres verbes de ce type : *kiss* (s'embrasser), *meet* (se rencontrer), *quarrel* (se disputer).

▶ 277 Pronoms réfléchis et réciproques.

c. Équivalent de passif : « Ça se lave facilement » → *It washes easily.*

Quelques autres verbes de ce type : *burn* (se consumer), *break* (se casser), *change* (se modifier), *improve* (s'améliorer), *mend* (se réparer [facilement / difficilement / etc.]), *sell* (se vendre [bien / mal / etc.], *open* (s'ouvrir), *stop* (s'arrêter).

d. Autres cas. La traduction concerne ici le vocabulaire, et non la grammaire. Voici quelques exemples :

Ils **se sont emparés** de l'argent. *They* ***grabbed*** *the money.*
Je **m'ennuie**. ***I'm bored.***
Nous **nous sommes** vite **aperçus** de l'erreur. *We quickly* ***noticed*** *the mistake.*
Tu ne **te souviens** pas de ça ? *Don't you* ***remember*** *that?*

Dites si nous sommes en présence d'un réfléchi, d'une réciprocité, d'un passif, ou d'aucun de ces cas. Ensuite, traduisez en anglais.

1. Ils se regardaient avec méfiance [*warily*]. 2. Ma mère s'est brûlée en faisant cuire le bifteck. 3. Nous ne nous sommes pas couchés avant minuit hier. 4. On se fait un petit thé ? 5. Je me plais au Portugal. 6. Ces chemises ne se repassent pas.

239. Sembler, avoir l'air, ressembler

1 Sembler, avoir l'air

- ***Seem* + adjectif**

She ***seemed*** *interested.* Elle a paru intéressée.
It ***seemed*** *easy.* Ça semblait facile.

- ***Look* et *sound* + adjectif**

Look s'emploie si l'impression est visuelle, mais aussi dans d'autres cas :

She ***looked*** *gorgeous in her white dress.* Elle avait l'air splendide avec sa robe blanche.
The idea ***looked*** *far-fetched.* L'idée semblait bien compliquée.

Si l'impression est auditive (éventuellement quand il s'agit de quelque chose qui est dit ou raconté), il faut employer ***sound*** :

*He **sounded** ridiculous when he recited poetry.* Il avait l'air ridicule quand il récitait de la poésie.
*That plan **sounds** great.* Ça a l'air d'une excellente idée.

- ***Seem* + verbe (infinitif avec *to*)**

*It **seemed** to be rather a minor problem.* Ça semblait être un problème secondaire.
*The earthquake **seems** to have caused a lot of damage.* Le tremblement de terre semble avoir provoqué des dégâts considérables.

2 Ressembler

*She doesn't **look like** her sister at all.* Elle ne ressemble pas du tout à sa sœur.

Look like s'emploie aussi pour demander une description :

*What does your dog **look like**?* Il est comment votre chien ?

Si la ressemblance est auditive, il faut employer ***sound*** :

*You **sound like** my grandmother.* On croirait entendre ma grand-mère.

3 Sens de « on dirait que... »

*It **looks as if / as though** your mother was / is not pleased.* On dirait que votre mère n'est pas contente. (prétérit hypothétique ou présent)

Dans un style plus familier, on remplace *look as if / as though* par *look like* (+ verbe au présent) :

*He **looks like** he plans to make trouble.* On dirait qu'il a l'intention de faire des problèmes.

Construisez des phrases au présent à l'aide de *look / look like / look as if* ou de *sound*.

1. *He / very much / his father.* 2. *You / you had seen a ghost.* 3. *The music / very old-fashioned.* 4. *The nurse / exhausted. Is she overworked?* 5. *It / we will have a long wait.*

240. *Shall / should* (1) : généralités

Shall et ***should*** sont la forme **présent** et la forme **prétérit** du modal SHALL. Sur les caractéristiques générales des modaux (pas de -*s* à la 3ᵉ personne du singulier du présent, etc.) ▶ **152**.

	Formes écrites	**Formes orales**
Présent	*shall*	/ʃæl/, /ʃ(ə)l/, /ʃ(ə)/
Présent + négation	*shall not* *shan't*	GB /ʃɑːnt/, US /ʃænt/
Prétérit	*should*	/ʃʊd/, /ʃ(ə)d/
Prétérit + négation	*should not* *shouldn't*	/ʃʊd(ə)nt/

SHALL peut avoir des significations en apparence très différentes : expression d'un futur, d'une obligation, etc. Pour comprendre la façon dont elles sont liées les unes aux autres, il n'est pas inutile de savoir que SHALL vient d'un verbe de l'anglais ancien qui signifiait « devoir » : toutes les significations qu'il a aujourd'hui proviennent plus ou moins directement de ce sens.

241. *Shall / should* (2) : *shall* (futur, obligation, demande)

L'emploi de *shall* (SHALL au présent) a considérablement diminué au cours des dernières décennies. En anglais américain, il a pratiquement disparu de la langue courante. Les emplois **1** et **2** ci-après concernent essentiellement **l'anglais britannique** et les variétés d'anglais qu'il influence. L'emploi **3** concerne toutes les variétés, mais il appartient à un **style très recherché**.

1 Futur. Cet emploi n'est possible qu'à la première personne (*I shall* ..., *we shall* ...), et dans un style plutôt recherché. (Pour exprimer le futur, on emploie normalement la forme *will / 'll*, à toutes les personnes – ▶ 297 *Will / would* (2).)

I ***shall*** /ʃəl/ *be away from home until Friday night.* Je serai absent(e) de chez moi jusqu'à vendredi soir.

2 Offre ou interrogation sur ce qu'on doit faire

Shall I *close the door?* Dois-je fermer / Voulez-vous que je ferme la porte ?
What ***shall we*** *do?* Que faire ? / Qu'est-ce qu'il faut que nous fassions ?
Let's have a party, ***shall we****?* On fait la fête, d'accord ?
I'll drive, ***shall I****?* Je conduis, d'accord ?

En anglais américain, à la place de *Shall I close the door?* on dira habituellement *Should I close the door?* ou *Do you want me to close the door?*

3 Engagement solennel, obligation

I ***shall*** *return.* Je reviendrai. (promesse célèbre du général MacArthur lorsque les Japonais l'ont obligé à quitter les Philippines en 1942)
You ***shall not*** *kill.* Tu ne tueras point. (mot à mot : « Tu ne dois pas tuer » – Bible, 6e commandement – beaucoup cité de nos jours, dans des buts divers)
Candidates ***shall bring*** *their identification cards.* Les candidats devront apporter leur carte d'identification. (On trouve cet emploi de *shall* dans des lois ou règlements.)

Traduisez en anglais.

1. Et si nous regardions le match à la télévision ? 2. Tu veux que j'emmène le chien chez le vétérinaire ? 3. Allons voir l'exposition avant qu'elle ne ferme, veux-tu ? 4. Je jure de ne plus faire la même erreur. 5. Nous serons chez nos parents pour Noël.

242. *Shall / should* (3) : *should*, obligation ou probabilité

You ***should*** *ask Ken.* Tu devrais demander à Ken. (conseil)
You ***shouldn't*** *worry so much about that.* Tu ne devrais pas t'inquiéter autant à propos de ça. (conseil)
You ***should have told*** *them.* Tu aurais dû le leur dire. (reproche concernant une action située dans le passé – d'où l'emploi de ***have*** **+ participe passé**)
It ***should*** *be sunny tomorrow.* Il devrait faire beau demain. (probabilité)

L'équivalent français de *should* + base verbale est en général « je devrais / tu devrais / etc. » ou « il faudrait que je / que tu / etc. ». Parfois, cependant, l'équivalent est « je dois / tu dois / etc. ». C'est le cas dans certaines instructions ou certains règlements, qui utilisent *should* parce qu'il paraît moins autoritaire que *must* : *Applications should be sent in before May 3* (« Les demandes doivent être envoyées avant le 3 mai »).
Notez également l'emploi de *should* dans les questions commençant par *Why* : *'Are you angry?' 'Of course not. Why should I be?'* (« Tu es en colère ? – Bien sûr que non. Pourquoi voudrais-tu que je sois en colère ? »).

Traduisez en anglais.

1. L'avion devrait atterrir à 6 heures. 2. Tu devrais lire ce livre. 3. Il ne devrait pas boire autant. 4. Il ne devrait pas y avoir d'embouteillages à cette heure-ci. 5. J'aurais dû vérifier le niveau d'huile. 6. Tu n'aurais jamais dû me quitter, Mike.

243. *Shall / should* (4) : *should*, emplois marginaux

1 Emplois du type « subjonctif ». Ces emplois appartiennent à un niveau de langue recherché, et on les trouve essentiellement en anglais britannique, dans des subordonnées introduites par *that* :

• Après des verbes ou expressions du type *order / require / suggest / decide* ou *It is important / essential / urgent that ...* (Notez que cet emploi de *should* est de plus en plus remplacé par le subjonctif – ▶ 253 –, ou, dans la langue courante, par l'indicatif simple.)

He ordered that the prisoner ***should*** *be set free.* Il ordonna qu'on libère le prisonnier.
It's important that the message ***should*** *be understood properly.* Il est important que le message soit compris comme il convient.

• Après des adjectifs exprimant une opinion ou un sentiment relatifs à un fait connu de l'interlocuteur, dans des constructions telles que *it is surprising / normal / shocking that ...* ou *it is a pity / a shame that ...* :

It is surprising that he ***should*** *know my brother.* C'est surprenant qu'il connaisse mon frère.
It is a pity that he ***should*** *have resigned.* C'est dommage qu'il ait démissionné.

Ici encore, l'emploi de formes sans *should* est beaucoup plus fréquent : *It's surprising that he **knows** my brother / It's a pity that he **has resigned**.* Mais l'emploi du subjonctif est ici impossible – alors qu'il est possible après *order / require / etc.*

2 Dans des subordonnées conditionnelles, on peut utiliser *should* pour indiquer qu'on considère l'hypothèse comme peu vraisemblable. (Cet emploi appartient à un style recherché.)

__Should__ this item not be / If this item __should__ not be to your complete satisfaction we shall / will replace it immediately. Si (par hasard) cet article ne vous donnait pas entière satisfaction, nous le remplacerions immédiatement. (▶ aussi **258 Subordonnées (5)**.)
*Take my telephone number, in case there **should** be a problem.* Prends / Prenez mon numéro de téléphone, pour le cas où il y aurait un problème. (Sur *in case* ▶ **254** et **256**.)

3 Avec des verbes comme *think*, *imagine* ou *hope*, pour exprimer une opinion avec prudence ou au contraire avec conviction :

*I **should** /ʃəd/ **think** he's pleased.* J'ai l'impression qu'il est content.
*'He will apologize.' 'I **should** /ʃəd/ **hope** so!'* « Il va s'excuser. – J'espère bien ! »

244. Since

1 *Since* marque le point de départ d'une durée qui se poursuit jusqu'au moment présent (ou un moment du passé) :

*They have known each other **since last year**.* Ils se connaissent depuis l'année dernière.
*They had known each other **since their schooldays**.* Ils se connaissaient depuis l'école.

Quand ***since*** introduit une **subordonnée de temps**, cet emploi impose une forme de **parfait** dans la **proposition principale** et le **prétérit** dans la **subordonnée** :

*Tom **has known** Elsie since he **started** school.*
Present perfect **Prétérit**
Tom connaît Elsie depuis qu'il a commencé à aller à l'école.

Il est aussi possible que la durée serve de cadre pour repérer un ou plusieurs événements ponctuels :
*They **have met several times** since last spring.* Ils se sont rencontrés plusieurs fois depuis le printemps dernier. (Remarquez qu'il y a cette fois le passé composé en français.)
*Our daughter **has got married** since we moved to Birmingham.* Notre fille s'est mariée depuis que nous nous sommes installés à Birmingham. [Elle n'a pas passé son temps à se marier, mais elle est mariée maintenant.]
Comparez :
*Things **have been changing** since we last met.* Les choses changent depuis notre dernière rencontre. [Elles continuent de changer.]
*Things **have changed** since we last met.* Les choses ont changé depuis notre dernière rencontre. [Entre notre dernière rencontre et maintenant, il y a eu du changement.]

2 Since (adverbe), souvent renforcé par *ever* :

He stepped out of the door shortly after two in the afternoon, and has not been seen ***(ever) since***. Il a passé la porte un peu après deux heures, et on ne l'a pas revu depuis.

L'adverbe *since* ne peut pas se placer en tête de phrase. Il faut employer *since then* si on veut le placer en tête :

Et depuis, on ne l'a pas revu. *And* ***since then*** *he hasn't been seen.*

3 Since (conjonction de cause) introduit une subordonnée :

Since *you won't help me, I'll ask someone else.* Puisque tu refuses de m'aider, je vais demander à quelqu'un d'autre.

Dans ce cas, il n'y a pas de contrainte sur la forme du verbe.

▶ 69 Depuis.

245. So

1 So et such (= tellement / si)

So porte sur un adjectif, alors que ***such*** porte sur ***a / an*** **+ nom**.

The show was ***so good*** *that it ran for years.* Le spectacle était tellement bon qu'il s'est joué pendant des années.
The show was ***such a success*** *that it ran for years.* Le spectacle a été un tel succès qu'il s'est joué pendant des années.

Si on ***a / an*** **+ adjectif + nom** (exemple : *a great success*), on a deux possibilités :

so great a success un succès si grand

(*So* porte sur l'adjectif *great*.)

such a great success un si grand succès

(*Such* porte sur le groupe du nom, *a great success*.)

So impose une condition supplémentaire : il faut que l'article *a* soit là. Donc, on ne peut employer ni le pluriel ni un indénombrable. Avec *such*, il n'y a pas ce problème :

such good songs de si bonnes chansons
such good music de la si bonne musique

How et *what* ont un fonctionnement parallèle à celui de *so* et *such*. ▶ **87 Exclamation (1).**

2 So much / many (= tant / tellement)

Pour les noms, il faut distinguer les noms au pluriel (***so many***) et les indénombrables singuliers (***so much***).

so many difficulties tant de difficultés
so much time tant de temps

Pour les verbes et les comparatifs, on emploie *so much*.

*He **worked so much** he never saw his children.* Il travaillait tellement qu'il ne voyait jamais ses enfants.
*They felt **so much better** after a night's rest.* Ils se sont sentis tellement mieux après une nuit de repos.

3 *So* = reprise positive de ce qui vient d'être dit

*'Will the president be re-elected?' 'I **think so** / I **hope so** / I'**m afraid so**.'*
« Est-ce que le Président sera réélu ? – Je (le) crois / J'espère / Je (le) crains. »

On ne dit *I think / I hope / I'm afraid* sans *so* que si ces termes sont un rajout dans la même phrase :
The president will be re-elected, I think / I hope / I'm afraid. Le president sera réélu, je (le) crois / j'espère / je (le) crains.

So peut aussi reprendre une partie de ce qui a été dit (= « et… aussi ») :

*'The president gave a very good speech.' '**So did** his opponent.'*
« Le Président a prononcé un très bon discours. – Son adversaire aussi. »

▶ 268 Tags et reprises.

4 *So* et *so that* de conséquence (= donc, alors, par conséquent, si bien que)

*It was raining very hard, **so** I stayed at home.* Il pleuvait très fort, alors je suis resté(e) à la maison.
*And **so**, you think it isn't going to work?* Et donc vous pensez que ça ne va pas marcher ?
*The meeting went on until 10 pm, **so that** there were very few people left at the end.* La réunion a duré jusqu'à 10 heures, si bien qu'il ne restait plus grand monde à la fin.

5 *So (that)* de but (= pour que)

So (that) peut exprimer une conséquence **envisagée**, c'est-à-dire un but.

*Don't forget to shut the gate **so (that)** the dog doesn't / won't get out.* N'oublie pas de fermer la barrière pour que le chien ne sorte pas.

▶ 260 Subordonnées de résultat et subordonnées de but.

Traduisez en anglais.

1. Il y a tant de personnes qui n'aiment pas les maths. 2. Le film était tellement mauvais que nous sommes partis au bout d'une demi-heure. 3. Ce sont des enfants tellement bruyants ! 4. Déménager est tellement fatigant. 5. Ils aimaient tellement le vin, qu'ils se sont fait construire une cave.

246. *Some* et *any* (1) : équivalents de « du / de la / des »

1 Différence de base

Some (prononcé /səm/) et ***any*** (/'eni/) ont tous les deux le sens de « un certain nombre de… », « une certaine quantité de… », mais il y a entre eux la différence essentielle suivante :

• *Some* est utilisé pour désigner des objets, personnes, etc. vus comme existants.

• *Any* est utilisé pour désigner des objets, personnes, etc. dont l'existence est soit niée soit mise en doute.

Cela explique que, très souvent (mais pas de façon automatique ▶ **247** ci-après), on trouve *some* dans les contextes affirmatifs et *any* dans les contextes négatifs ou interrogatifs : *some* est complètement exclu des contextes négatifs.

There's ***some*** *wine in the bottle. Is there* ***any*** *wine in the bottle? There isn't* ***any*** *wine in the bottle.*
Il y a du vin dans la bouteille. Y a-t-il du vin dans la bouteille ? Il n'y a pas de vin dans la bouteille.

Dans cet emploi, ***some*** (prononcé /səm/, et non accentué) et *any* sont suivis soit d'un **indénombrable singulier** (*some / any* ***milk***) soit d'un **dénombrable au pluriel** (*some / any* ***tomatoes***).

There's ***some milk*** */ There are* ***some tomatoes*** *in the fridge.* Il y a du lait / des tomates dans le frigo.
Is there ***any milk*** */ Are there* ***any tomatoes*** *in the fridge?* Est-ce qu'il y a du lait / des tomates dans le frigo ?
There isn't ***any milk*** */ There aren't* ***any tomatoes*** *in the fridge.* Il n'y a pas de lait / de tomates dans le frigo.

On trouve *any* dans des contextes négatifs, mais il n'a pas lui-même un sens négatif. Si l'on veut un sens négatif, il faut que *any* soit précédé d'une **négation** (*not / never /* etc. … *any*).

En tête de phrase (avant la négation), il faut donc employer *no*. De même quand il n'y a pas de verbe.

No information *will be given on the phone.* Aucun renseignement ne sera communiqué par téléphone.

*'What's the problem?' '****No money****.'* « Quel est le problème ? – Pas d'argent. »

▶ **168 *No* et *none***.

2 *Some* dans certaines questions

On emploie cependant ***some*** (et non *any*) dans les questions qui expriment soit une offre soit une demande de service, c'est-à-dire quand on voit la chose offerte ou demandée comme existante :

Would you like ***some*** *more strawberries?* Encore quelques fraises ?
Could you lend me ***some*** *money?* Tu pourrais me prêter de l'argent ?

3 *Any* et l'idée de négation ou de doute

On emploie ***any*** (et non *some*) dans les phrases qui contiennent une idée de négation ou de doute. Cette idée peut être exprimée par des mots comme *without* (sans), ou par un adverbe de sens restrictif comme *hardly* (« ne… guère », « presque pas »), ou par un verbe comme *doubt*, ou encore par la conjonction *if* :

He went away ***without*** *asking* ***any*** *questions.* Il est parti sans poser de questions.
He was a big man with ***hardly any*** *teeth.* C'était un homme corpulent presque sans dents.
She has been ***forbidden*** *to drink* ***any*** *alcohol.* On lui a interdit de boire de l'alcool.
I ***doubt*** *that there will be* ***any*** *money left.* Je doute qu'il reste de l'argent.
If there is ***any*** *difficulty, call me immediately.* S'il y a une difficulté (quelconque), appelez-moi immédiatement.

Any est employé comme adverbe devant un comparatif (sens de « à un certain degré ») :

Do you feel ***any*** *better?* Tu te sens un peu mieux ?
I don't feel ***any*** *better.* Je ne me sens pas du tout mieux.

• Avec cette valeur de *any*, les noms **dénombrables** sont employés au **pluriel**, même pour des quantités nulles. L'équivalent du français « Il n'y avait aucune voiture dans la rue » est *There* ***weren't*** *any car****s*** *in the street.* (ou *There were no cars* ▶ **168**).

• Avec un nom dénombrable **au singulier**, on emploie l'article ***a / an***, et non pas *any*, dans les contextes négatifs ou interrogatifs. L'équivalent du français « Il n'a pas de voiture » est *He hasn't got* ***a*** *car* (et surtout pas … ~~*any car*~~).

• De même, on ne peut pas employer *any* comme pronom pour représenter un nom **dénombrable** au **singulier** : employez alors ***one***. Contrastez :

The Joneses have got a dishwasher, but the Browns haven't got ***one***. Les Jones ont un lave-vaisselle, mais les Brown n'en ont pas. (dénombrable singulier)

The Browns have got lots of DVDs, but the Joneses haven't got ***any***. (dénombrable pluriel) Les Brown ont beaucoup de DVD, mais les Jones n'en ont aucun.

4 *Some / any* et l'article ∅

On peut dans certains cas hésiter entre ∅ et ***some / any***, qui peuvent tous les deux équivaloir au français « du / de la / des ». Quand on utilise l'article ∅ (▶ **25**), et non *some* ou *any*, on s'intéresse non pas à une quantité mais à une qualité (on s'intéresse à la « nature » de ce qui est désigné par le nom). Comparez ces deux équivalents de « Il y a du vin dans la bouteille » :

There's ***wine*** *in the bottle.* Il y a du vin [pas de la bière, ou de l'eau, etc.] dans la bouteille.
There's ***some wine*** *in the bottle.* Il y a du vin dans la bouteille [dit, par exemple, à quelqu'un qui vient de demander une boisson alcoolisée].

Complétez à l'aide de *some*, *any*, ou *no*.

1. *There were ... children's shoes in the hall but there weren't ... adults'.* 2. *There's hardly ... olive oil left.* 3. *'Have you got ... idea of the time?' 'It's ... time after five. Shall we have ... tea?'* 4. *... country can solve the problem of global warming alone.* 5. *There's no way you will get me to watch ... talk shows on television.* 6. *Would you like ... tea?*

247. Some et any (2) : autres emplois

Dans ces emplois, l'équivalent français de *some* et de *any* est rarement « du / de la / des ».

1 *Some* prononcé /sʌm/

• *Some* /sʌm/ = « certains » (un groupe / une catégorie qui s'oppose à d'autres) :

> ***Some*** /sʌm/ ***people*** *didn't like the tone of her speech.* Certaines personnes n'ont pas apprécié le ton de son discours.
> ***Some*** /sʌm/ *junk food can be eaten safely.* Une partie de la malbouffe peut être mangée sans risques.

• *Some* /sʌm/ (+ nom dénombrable au singulier) = « un quelconque » (Ce *some* est parfois complété par *or other*.) Exemples :

> *There must be* ***some*** /sʌm/ *reason for his behaviour.* Il doit bien y avoir quelque (espèce de) raison à sa conduite.
> *Four out of five people have trouble with their backs at* ***some time*** *in their lives.* Quatre personnes sur cinq ont des problèmes de dos à un moment ou à un autre de leur vie.

• *Some* /sʌm/ (+ nom dénombrable ou indénombrable au singulier), pour signaler des caractéristiques remarquables, que ce soit en bien ou en mal (éloge ironique) :

> *That was* ***some*** /sʌm/ *meal!* Ça, c'était un repas !
> ***Some*** *friend you are!* Toi, alors, comme ami !

• Mise en valeur de l'idée de quantité :

> *There must be* ***SOME money*** *left.* Il doit bien rester un peu d'argent.
> *It must be* ***SOME time*** *since he visited us.* Ça doit faire pas mal de temps qu'il n'est pas venu nous voir.

Some est par ailleurs prononcé /sʌm/ quand il est utilisé seul comme pronom, et dans les composés du type *somebody*, *sometimes*, etc (▶ **248**, ci après).

Some /sʌm/ est employé avec une valeur d'adverbe devant un nombre (sens de « environ ») :
There were ***some*** *2,000 delegates.* Il y avait quelque / environ 2 000 délégués.

2 *Any* au sens de n'importe quel / quelle…

Any + dénombrable singulier ou pluriel exprime un choix au hasard (**« n'importe quel / quelle… », « tout / toute… »**)

> ***Any*** *answer could be used against you.* Toute réponse que vous feriez pourrait être utilisée contre vous.
> *By* ***any*** *standards, this is book to be recommended.* De tous points de vue, ce livre doit être recommandé.

> On peut renforcer *any* sous la forme de ***just any*** ou (plus familier) ***any old***, en particulier dans les phrases négatives :
> *He didn't want* ***just any bread / any old bread***. Il ne voulait pas n'importe quel pain.

Lorsque *any* est employé par ce sens, on ne peut pas utiliser *any* tout seul comme **pronom** pour remplacer un nom au pluriel, il faut utiliser ***any (one) of them*** :

> *There were three sweaters left. She could have bought* ***any (one) of them***. Il restait trois pulls. Elle aurait pu acheter n'importe lequel.

> Lorsque le groupe dans lequel le choix est effectué ne comprend que **deux éléments**, il faut utiliser ***either***, et non *any* (**▶ 76 Duel**) :
> *There were two sweaters left. She could have bought* ***either (of them)***. Il restait deux pulls. Elle aurait pu acheter l'un ou l'autre.

> Traduisez en anglais.
>
> 1. Ça, c'est une sacrée voiture garée devant la maison ! Elle est à qui ? 2. Certaines banques vous proposent des services en ligne. 3. « Tu veux quel couteau ? – N'importe lequel fera l'affaire. » 4. Il y avait quelque 40 000 spectateurs dans le nouveau stade. 5. Je ne rajeunis pas, tu sais ? Tout effort me fatigue. 6. N'importe quelle librairie vous aidera à trouver le nom de l'éditeur.

248. Somebody, something, somewhere, etc.

1 Pronoms composés

Humain	***someone*** /ˈsʌmwʌn/ ***somebody*** /ˈsʌmbədi/ (quelqu'un)	***anyone*** ***anybody*** /ˈeniˌbɒdi/ (quelqu'un)
Non-humain	***something***/ˈsʌmθɪŋ/ (quelque chose)	***anything*** (quelque chose)
Humain	***no one*** /ˈnəʊwʌn/ ***nobody*** /ˈnəʊbədi/ (personne)	***everyone*** ***everybody*** /ˈevriˌbɒdi/ (tout le monde)
Non-humain	***nothing*** /ˈnʌθɪŋ/ (rien)	***everything*** (tout)

• La différence de sens entre d'une part *someone / anyone*, etc. et d'autre part *somebody / anybody*, etc., est négligeable.

• Le composé *no one* s'écrit en deux mots. Ne le confondez pas avec *none* /nʌn/ (« aucun ») ; ▶ 168 *No* et *none*.

• Ne confondez pas *everyone* (humains seulement) avec *every one of them* (humains ou non-humains) : *I've read all of her novels, and I like every one of them*. J'ai lu tous ses romans, et je les aime absolument tous.

Les pronoms formés à partir de *some*, *any* et *no* suivent les mêmes règles vis-à-vis de l'affirmation, de la négation et de l'interrogation :

There must be ***someone*** *in the office.* Il doit y avoir quelqu'un dans le bureau.
There wasn't ***anybody*** *in the house.* [négation] Il n'y avait personne dans la maison.
Have they stolen ***anything****?* Ont-ils volé quelque chose ? [question « pour savoir »]
Would you like ***something*** *to drink?* [offre de service] Voulez-vous boire quelque chose ?
Nothing *was stolen.* [négation en tête de phrase] Rien n'a été volé.

Accords avec les composés en *-one / -body*. L'accord du **verbe** se fait au **singulier** (*Nobody / Everybody* ***says*** *that*), mais les **reprises par pronom** se font au pluriel : *Nobody came, did* ***they****?* Personne n'est venu, hein ?

Emplois avec un adjectif (*something new*, « quelque chose de neuf ») ▶ **9**.

2 Adverbes composés

• Adverbes de lieu : *somewhere / anywhere / nowhere / everywhere* (quelque part / nulle part / partout).

On utilise également (surtout en anglais américain, dans la langue familière) les adverbes *someplace / anyplace / noplace / everyplace*, qui ont le même sens.

• Adverbe de temps : *sometimes* (quelquefois).

Ne confondez pas *sometimes* (/ˈsʌmtaɪmz/) avec *sometime* (/ˈsʌmtaɪm/), qui signifie « à un moment non précisé » (*I'll go there sometime next year*). Forme voisine : *anytime* (à n'importe quel moment).

• Adverbes de manière : *somehow* (d'une certaine façon), *anyhow / anyway* (de toute façon, en tout cas), *somewhat* (plutôt, un peu).

Traduisez en anglais.

1. Quelqu'un a téléphoné hier ? 2. Il n'y a personne à la réception dans cet hôtel. 3. « Je peux faire quelque chose pour toi ? – Non merci, il n'y a rien d'urgent. » 4. J'ai quelque chose à te dire – quelque chose qui va te surprendre. 5. Eh bien, si tu ne veux rien me dire, je demanderai à quelqu'un d'autre !

249. Sons de l'anglais (1) : voyelles simples

Le système général des sons (ou **phonèmes**) n'est pas exactement le même en anglais britannique et en anglais américain (▶ aussi **21**). L'une des différences les plus importantes est le fait que le **r** dit muet de l'anglais britannique n'existe pas en anglais américain. Ainsi, on peut opposer GB *bar* /ba:/ (le *r* est muet, sauf pour « liaison » devant la voyelle qui suit, par exemple dans *a bar_of chocolate*) et US /ba:r/).
Les autres différences importantes sont indiquées ci-après, et notamment dans les tableaux, à propos des sons concernés.

1. Les adjectifs « ouvert » et « fermé » utilisés dans les commentaires du tableau se rapportent à la position de la langue pour la prononciation des voyelles. En français, par exemple, le « o » de « pomme » est plus ouvert que celui de « stylo » : pour le prononcer, on laisse une plus grande ouverture entre la langue et le palais (on place la langue plus bas).
2. Le signe : utilisé dans la transcription de certaines voyelles est appelé le « signe de longueur ». Ces voyelles sont effectivement, dans la plupart des cas, plus longues que les autres, mais la différence essentielle est toujours une différence de qualité (position de la langue, etc.), et non de longueur.

GB	US	Mot type	Commentaires et comparaisons avec des sons français
iː	iː	***sea***	Relativement proche de la voyelle du français « cil » (mais différence de longueur, entre autres).
ɪ	ɪ	***fish***	Son intermédiaire entre le *i* et le *é* du français.
i	i	***happy***	Prononcé iː ou ɪ, selon la variété d'anglais. Situé généralement en finale de mot.
e	e	***bed***	Son intermédiaire entre le *é* et le *è* du français.
æ	æ	***cat***	Son intermédiaire entre le *a* et le *è* du français.
ɑː	ɑː	***father***	Il s'agit d'un *a* « grave » (tendant vers le *o*), en général assez long.
ɒ	ɑː	***top***	GB : assez différent du *o* français de « tonne » (plus « ouvert », c'est-à-dire plus proche du *a*, et généralement plus bref). US ɑː : identique dans *top*, dans *father* et dans *thought* (ci-après).
ɔː	ɑː	***thought***	GB : son voisin de la voyelle du français « sol », généralement plus long, lèvres plus arrondies.
ʊ	ʊ	***book***	Son intermédiaire entre le *ou* et le *o* des mots français « boule » et « bol », et en général assez bref.
uː	uː	***shoe***	Assez proche de la voyelle *ou* du français « boule ».
ɜː	ɜː	***bird***	La voyelle française la plus proche est le *eu* du français « seul ». Différences : lèvres plus détendues, langue placée un peu plus en arrière, et son généralement plus long.

GB	US	Mot type	Commentaires et comparaisons avec des sons français
ʌ	ʌ	***bus***	En anglais britannique, son relativement proche du *a* français de « patte ». En anglais américain, intermédiaire entre ce son et celui du français « seul ».
ə	ə	***policeman***	N'existe qu'en syllabe inaccentuée. Proche de la voyelle *e* du français « frelon ».

250. Sons de l'anglais (2) : diphtongues

Il s'agit de sons constitués par le passage **graduel** d'une voyelle à une autre. C'est la première des deux voyelles qui est la plus accentuée. Il faut donc « affaiblir » la seconde voyelle, et il ne faut pas la séparer de la première. Il ne faut pas, par exemple, prononcer le mot *mouse*, /maʊs/, comme le français « ma housse ».

GB	US	Mot type	Commentaires et comparaisons avec des sons français
eɪ	eɪ	***plane***	À éviter particulièrement : une prononciation comme celle du *è* français.
aɪ	aɪ	***five***	Se termine sur un son relativement proche du *é* français (et non sur un son *i* très fermé).
aʊ	aʊ	***mouse***	Veiller à ce que la seconde voyelle ne soit pas accentuée.
ɔɪ	ɔɪ	***boy***	Se termine sur un son relativement proche du *é* français (et non sur un son *i* très fermé).
əʊ	oʊ	***boat***	GB : partir d'un son *eu* (et non d'un son *o*), pour aller vers un son *ou*.
ɪə	ɪ(ə)	***beard***	Défaut à éviter : partir de iː (au lieu de ɪ).
eə	e(ə)	***chair***	Pas de difficulté, mais il ne faut pas omettre le ə final (du moins en anglais britannique).
ʊə	ʊ(ə)	***poor***	Partir d'un son *ou* suffisamment ouvert (voir voyelle simple ʊ).

Suite « diphtongue + » ə. (Exemples : aʊa dans *flower*, eɪə dans *player*.) Leur voyelle intermédiaire (ʊ ou ɪ) a tendance à disparaître dans le parler de beaucoup de Britanniques (ce qui donne /'flaə/ et /'pleə/). Défaut à éviter : remplacer cette voyelle par les consonnes w ou par j (prononciations erronées ~~flawe(r)~~ et ~~plejə(r)~~).

Le *r* « parasite ». En anglais britannique, il arrive fréquemment – et de façon tout à fait admise – qu'un *r* « parasite » soit prononcé alors qu'il n'y a pas de *r* dans l'écriture, pour une « fausse liaison ». Exemple : *the* ***idea of*** *the project* prononcé /ðiaɪ'dɪərɒvðə'prɒdʒekt/.

251. Sons de l'anglais (3) : consonnes

1 Le système des consonnes de l'anglais britannique et celui de l'anglais américain diffèrent très peu. La principale différence concerne la prononciation de /t/. En anglais américain, dans certaines positions à l'intérieur du mot, le /t/ est prononcé avec un son qui est voisin de /d/, voire identique à /d/. C'est le cas, par exemple, dans *better* et dans *writer*, si bien que le mot *writer* (prononcé /raɪtə/ en anglais britannique) a souvent en anglais américain une prononciation à peu près identique à celle du mot *rider* (« cavalier », « motard », etc.). Après un *n*, le /t/ peut également être omis, si bien que *winter* (« hiver ») est souvent prononcé comme *winner* (« gagnant »).

2 Le tableau ci-après indique, pour la transcription des consonnes, les signes qui n'existent pas dans l'alphabet normal, ainsi que le signe j, qui a une valeur nettement différente de celle qu'il a dans la graphie.

	Mot type	Commentaires et comparaisons avec des consonnes du français
ð	***th**is*	Ne pas prononcer comme un *z*, un *d* ou un *v*. Pointe de la langue contre le bas des incisives supérieures.
θ	***th**anks*	Ne pas prononcer comme un *s*, un *t* ou un *f*. Même articulation que celle de ð.
ʒ	***plea**s**ure***	Son *j* du français « jour ». Combiné à d dans dʒ (***j**azz*).
ʃ	***s**ure*	Son *ch* du français « chou ». Combiné à t dans tʃ (***ch**air*).
ŋ	***song***	Ne pas se laisser influencer par la prononciation de mots anglais francisés comme « parking » (il ne s'agit pas de la succession d'un son *n* et d'un son *g*).
j	***y**es*	Phonétiquement, c'est une consonne, comme dans le mot français « nièce ».

3 Les consonnes suivantes – dont la transcription est transparente – peuvent poser des problèmes de prononciation aux francophones :

h (***happy***). Il n'est pas difficile à prononcer (il suffit de souffler en ouvrant la bouche), mais beaucoup de francophones ont tendance à l'omettre, car en français le *h* est muet. Il arrive aussi que des francophones, par « hypercorrection », aient tendance à rajouter un *h* « parasite » en tête de mots commençant par une voyelle.

p, t et k. Placées **au début d'une syllabe accentuée** (par exemple dans ***pencil***, dans ***ten*** et dans ***key***), ces consonnes sont suivies d'un léger souffle. (Transcription : [pʰ], [tʰ] et [kʰ].)

l. Lorsqu'il n'est pas suivi d'une voyelle (donc en fin de mot et devant une consonne, par exemple dans ***well*** et dans ***milk***), l a une réalisation dite « sombre » : il est articulé comme s'il était précédé d'un son « ou ». (Transcription : [ɫ].)

En anglais américain, cependant, tous les l sont plus ou moins « sombres », si bien que la différence entre le premier et le dernier l de *level* est moins nette qu'en anglais britannique.

r (**red**). Ce son diffère nettement du « r » français. Par ailleurs, en anglais britannique, il ne faut pas prononcer le *r* « muet » de mots comme *star* ou *bird* (sauf pour « liaison » avec une voyelle qui suit). En anglais américain, par contre, ce *r* est prononcé ; il s'agit d'un *r* « rétroflexe », c'est-à-dire prononcé avec la pointe de la langue relevée.

252. *Still* et *yet*

1 L'opposition *still* / *not yet*

Still indique la continuation (habituellement dans une affirmation ou une question) :

> *He **still** keeps his schoolboy's exercise books.* Il a encore / toujours ses cahiers d'écolier.
> *Do you **still** exercise?* Vous continuez à faire de l'exercice ? / Vous faites toujours de l'exercice ?

Not yet indique qu'on est avant un événement qui peut encore se réaliser :

> *The critics **haven't** seen the film **yet**.* Les critiques n'ont pas encore vu le film.

> ***Still*** peut se trouver dans une phrase négative. Comparez :
> *He still doesn't understand.* Il ne comprend toujours pas. (continuation d'un état négatif)
> *He doesn't understand yet.* Il ne comprend pas encore.

2 *Yet* s'emploie aussi dans certains contextes affirmatifs ou interrogatifs, pour un événement qui peut encore se réaliser :

> [Titre de journal] *San Francisco Earthquake: Real Devastation **is yet to** Come.* La vraie catastrophe est encore à venir.
> *He **has yet to** receive his pay.* Il n'a pas encore reçu son salaire.
> *They plan a second, **as yet** unnamed, theme park.* Ils préparent un second parc d'attractions, qui n'a pas encore de nom.
> *Has he phoned **yet**?* Est-ce qu'il a téléphoné ? (On s'attend à ce qu'il téléphone.)

3 *Still* et *yet* utilisés pour intensifier les comparatifs (ou équivalents), avec le sens de « encore plus » :

> ***Yet more** MPs have joined opposition parties.* D'autres députés encore ont rejoint l'opposition.
> *The war may create **yet another** famine.* La guerre risque de provoquer encore un famine.
> *He was obliged to admit, **yet again**, that he was wrong.* Il a été obligé d'admettre, une fois de plus, qu'il avait tort.
> *A **still more** sophisticated system has been devised.* Un système encore plus subtil a été mis au point.

4 *Still* et *yet* utilisés pour indiquer une opposition (= pourtant, quand même) :

> *The champion must keep his ambitions high, **yet** keep his feet on the ground.* Le champion doit maintenir ses objectifs, et pourtant garder les pieds sur terre.
> *A cartoonist must read the news and **still** be able to laugh.* Un dessinateur humoristique doit lire les journaux et quand même être capable de rire.

Traduisez en anglais.

1. Est-ce que tu as déjeuné ? 2. Est-ce qu'ils habitent toujours Birmingham ? 3. Encore d'autres pauvres qui ont un emploi font la queue aux Restos du Cœur (*soup kitchens*). 4. Tu ne fais pas encore de ski à ton âge, hein ? 5. Elle était plutôt quelconque et cependant elle avait un sens de l'humour mordant. 6. Nous n'avons toujours pas reçu la facture téléphonique du mois dernier. 7. Je viens de rentrer du Japon et je ne suis pas encore remis du décalage horaire (*jetlag*).

253. Subjonctif

Le subjonctif est un mode assez peu utilisé en anglais, et pour l'essentiel réservé au **style soutenu**. Dans la langue courante, on peut pratiquement toujours le remplacer par l'indicatif. Il possède deux temps, le présent et le prétérit, mais ce dernier n'existe que pour *BE* (▶ paragraphe 4 ci-après), si bien que, quand on parle du subjonctif anglais sans autre précision, il s'agit normalement du subjonctif présent.

1 **Formes.** Tous les verbes, ainsi que les auxiliaires *BE* et *HAVE*, possèdent un subjonctif présent, formé, pour toutes les personnes, de la **base verbale**. Exemples :

The doctor recommends that ***she take*** *antimalarial medication.* Le médecin recommande qu'elle suive un traitement antipaludéen.
It is important that ***he be*** *compensated for lost wages.* Il est important qu'une indemnité lui soit versée pour perte de salaire.

Le subjonctif des **verbes** et de ***HAVE*** ne se différencie de l'indicatif présent qu'à la **3e personne du singulier**, mais celui de ***BE*** s'en différencie à toutes les personnes : *I* ***be****, you* ***be****, he* ***be****,* etc.

La **négation** se forme simplement en plaçant *NOT* devant le verbe (sans *DO*) :

He requests that visitors ***not be*** *allowed to use the photocopying machine.* Il demande que les visiteurs ne soient pas autorisés à utiliser la photocopieuse.

2 **Emplois.** On trouve le subjonctif présent dans trois types de contextes :

• Après des verbes ou expressions exprimant un **ordre**, une **volonté** ou un **souhait**, comme *order / require / suggest / decide* ou *It is important / essential / urgent that ...* Exemples : tous ceux du paragraphe précédent.

En anglais britannique, on trouve également *should* dans ces contextes (▶ **243**).
Avec le subjonctif, il n'y a pas de concordance des temps : le verbe de la proposition subordonnée garde toujours la même forme, quel que soit le temps du verbe de la proposition principale (indicatif présent ou prétérit). Exemple : *The doctor* ***recommends*** */* ***recommended*** *that she* ***take*** *antimalarial medication.*

• Dans des **formules figées**, pour exprimer **un souhait** ou formuler une **hypothèse** :

God ***save*** *the Queen /* ***bless*** *America.* Que Dieu sauve la Reine / bénisse l'Amérique.
So ***be*** *it!* Soit ! / Qu'il en soit ainsi !
come *what may* quoi qu'il arrive
if need ***be*** si nécessaire

3 Le subjonctif prétérit de BE (*were*)

La forme de ce subjonctif est ***were*** pour toutes les personnes (négation ***were not***, ***weren't*** /wɜ:nt/). Donc, il ne se différencie du prétérit de l'indicatif qu'à la 1re et à la 3e personne du singulier (*I / he / she / it* **were** au lieu de *I / he / she / it was*). À ces personnes, il peut pratiquement toujours être remplacé par *was*, qui est simplement moins recherché. Il a toujours la valeur d'un prétérit **hypothétique** (irréalité ou doute) :

*If **I were** in Rome at the moment, I would go and visit that exhibition.* Si j'étais à Rome en ce moment, j'irais visiter cette exposition.

En anglais britannique, le subjonctif *were* est très peu employé dans la langue courante en dehors de l'expression ***if I were you*** (si j'étais toi / vous) : on dira *if I was rich …* plutôt que *if I were rich …*

> Complétez, de façon à reformuler la première proposition, et en utilisant un subjonctif.
>
> 1. *The police said that the squat must be evacuated.→ The police ordered that …* 2. *Do not move the patient. → It is essential that …* (+ passif) 3. *The Council wants the firm to set up protection barriers. → The Council requires that …* 4. *It would be a good thing not to answer phone calls after 4 pm. → She suggests that …* (+ passif)

254. Subordonnées (1) : généralités

Il existe deux types de propositions subordonnées :

• Les subordonnées nominales occupent dans la phrase la même place qu'un groupe nominal. Ainsi, dans *He told me that I was wrong* (Il m'a dit que j'avais tort), la proposition subordonnée *that I was wrong* occupe la même place que le groupe nominal *the truth* (la vérité) dans *He told me the truth*.

• Les subordonnées circonstancielles occupent dans la phrase la même place qu'un groupe circonstanciel ou qu'un adverbe. Ainsi, dans *I'll call you when I am in London* (Je t'appellerai quand je serai à Londres), la proposition subordonnée *when I'm in London* occupe la même place que le groupe circonstanciel *after dinner* (après le dîner) ou que l'adverbe *tonight* (ce soir) dans *I'll call you after dinner / tonight*.

Aussi bien les premières que les secondes peuvent être introduites par une **conjonction de subordination** : *that, when*, etc. (▶ **64 Conjonctions**).

255. Subordonnées (2): nominales en *that* ou « zéro » (*I know (that) he's serious*)

1 Une proposition subordonnée nominale est une subordonnée qui remplit dans la phrase la même fonction qu'un groupe nominal. Comparons *I know that he's serious* (Je sais qu'il est sérieux) et *I know the answer* (Je connais la réponse). On constate que la proposition *that he's serious* a exactement la même fonction que le groupe nominal *the answer* : elle est complément d'objet de *I know*.

Une subordonnée nominale peut également être le **sujet** de la proposition principale :

> ***That he's serious*** *is absolutely certain.* Le fait qu'il est sérieux est absolument certain.

Dans ce cas, il est très fréquent que la subordonnée soit intégrée à une construction en ***It's …***, qui la place en fin de phrase :

> ***It's*** *absolutely certain* ***that he's serious***. C'est / Il est absolument certain qu'il est sérieux (▶ **46 C'est**).

Une subordonnée nominale peut également être **complément d'un adjectif** (*I'm* ***sure*** *that he's serious*, « Je suis sûr qu'il est sérieux »), ou **complément d'un nom** (*We rely on* ***the fact*** *that he's serious*, « Nous comptons sur le fait qu'il est sérieux »).

2 La **conjonction *that*** qui introduit les **nominales en *that*** se prononce /ðət/, et se différencie donc du **démonstratif *that***, qui se prononce /ðæt/ (▶ **271 *That***).

3 La **conjonction *that*** est souvent **omise**. On a alors la **conjonction « zéro »** (**symbole** ∅) : *I know he's serious / I think they won't accept.* (Je sais qu'il est sérieux / Je pense qu'ils n'accepteront pas.)

> L'omission de *that* est généralement évitée dans la langue soutenue. Par ailleurs, elle est impossible en début de phrase (par exemple dans *That he's serious is absolutely certain*), à la suite d'un nom (par exemple dans *We rely on* ***the fact*** *that he's serious*, mentionné plus haut), et après des verbes comme *shout* (crier), *imply* (sous-entendre) ou *argue* (argumenter, affirmer), qui, contrairement à *say*, expriment non seulement un « dire », mais aussi une description ou un commentaire concernant ce « dire » : *He* ***shouted*** *that they had arrived / He* ***implied*** *that the document was not authentic* (Il a crié qu'ils étaient arrivés / Il a laissé entendre que le document n'était pas authentique). Dans le doute, il est préférable de ne pas omettre *that*.

4 L'emploi de la **construction en *that* ou « zéro »** est obligatoire dans un certain nombre de cas où le français utilise une construction avec infinitif – **qu'il ne faut pas imiter**. En français, des **verbes d'opinion ou de déclaration** comme « croire », « penser » ou « déclarer » peuvent être immédiatement suivis d'un infinitif : « Il **croit être** le meilleur joueur », « Elle **déclare avoir** fait vacciner son chien ». En anglais, les équivalents de ces verbes (*believe, think, declare*) ne peuvent pas, à la voix active, être suivis d'un infinitif seul (non précédé d'un groupe nominal) : il n'est pas possible de dire, par exemple, ~~*He believes to be the best player*~~. La solution la plus simple est donc d'utiliser une construction en *that* ou « zéro » :

> *He* ***believes (that)*** *he's the best player.*
> *She* ***declares that*** *she's had her dog vaccinated.*

Pour d'autres solutions ▶ **195** Passif (2).

Liste de verbes d'opinion ou de déclaration courants suivis de subordonnées en *that* ou « zéro » :

acknowledge (reconnaître)	*complain* (se plaindre)	*declare*	*say*
admit (avouer, admettre)	*confess* (avouer)	*doubt*	*suppose*
believe (croire)	*consider*	*imagine*	*think* (penser, estimer)

5 Certains verbes de déclaration, comme *announce* ou *confirm*, posent un problème de construction quand ils sont suivis à la fois d'une subordonnée en *that* ou « zéro » et d'un complément de personne qui est un pronom : il ne faut pas imiter la construction française, qui place ce complément directement après le verbe (sans préposition) : la construction anglaise exige l'emploi de la préposition *to*. Exemples :

Il nous a annoncé / confirmé qu'il était favorable au projet.
He announced / confirmed ***to us*** *that he was in favour of the project.*

Les autres verbes concernés (qui sont tous des verbes du type ***explain*** ▶ **288**) sont essentiellement *explain, prove, reveal* et *suggest*.

Sur l'emploi éventuel du subjonctif dans les subordonnées en *that* ou « zéro » ▶ 253 Subjonctif.

Laissez « zéro », ou complétez par *that* si c'est nécessaire.

1. *I didn't know … you had a degree in History.* 2. *Do you think … Mike will ever admit to me … he was wrong?* 3. *You'll never get me to believe … her mother language is English.* 4. *She announced … they would launch the product before Christmas.* 5. *Can we rely on the assumption … this project will go forward?* 6. *Who suggested … we should meet?* 7. *I'll send out a memo to them … we need confirmation.* 8. *Let's consider … the discussion is closed.*

256. Subordonnées (3) : subordonnées circonstancielles

Ces subordonnées (subordonnées de temps, de lieu, de condition, etc.) ont, pour l'essentiel, une grammaire semblable à celle du français. Sur deux points, cependant, il y a une différence importante par rapport au français.

1 Certaines subordonnées interdisent l'emploi du modal WILL à sens futur (▶ 297). En français, seules les subordonnées de condition ont une règle semblable : « Si demain il pleut, je resterai chez moi » (→ *If it rains tomorrow I'll stay at home*). Dans les subordonnées de temps, par contre, il y a une différence par rapport au français (▶ 257) :

I'll believe it when I ***see*** *it.* Je le croirai quand je le **verrai**.

D'autres types de subordonnées sont également concernées – par exemple les subordonnées de lieu et de manière :

I'll go where they ***tell*** *me to go.* J'irai où ils me **diront** d'aller.
He'll do as he ***likes***. Il fera ce qui lui **plaira**.

2 En français, il n'est pas rare, dans les subordonnées circonstancielles, qu'on place le verbe avant le sujet : « Dès que surgit une difficulté nouvelle, … » / « Comme vous l'a expliqué Claire, … ». En anglais, il ne faut pas faire cette inversion :

As soon as a new difficulty crops up, …
As Claire explained to you, …

257. Subordonnées (4) : subordonnées de temps

Concernant les conjonctions de temps ▶ 64 Conjonctions (généralités).

Dans ces subordonnées, il faut faire attention au choix de la **forme verbale** (présent, prétérit, present perfect, etc.). Exemples :

*When I **was** a child, this was only a village.* Quand j'étais enfant, ceci n'était qu'un village.
*I'll let you know as soon as I **get** the answer.* Je vous préviendrai dès que j'aurai la réponse. (emploi de *will* impossible – ▶ **297**)
*We'll discuss this question when the children **have gone** to bed.* Nous discuterons de cette question quand les enfants seront allés se coucher.

Ici aussi, l'emploi de *will* est impossible dans la subordonnée. L'emploi du present perfect est obligatoire : ... *when the children go to bed* équivaudrait à « ... quand les enfants iront se coucher ».

*When he **had checked** that everybody had left, he locked the door.* Quand il a eu vérifié que tout le monde était parti, il a fermé la porte à clé.

Emploi du past perfect dans la subordonnée : bilan par rapport à un moment passé.
*He said he would begin when everybody **had arrived**.* Il a dit qu'il commencerait quand tout le monde serait arrivé.

Les prétérits *would* et *had* résultent d'une concordance des temps : le discours direct correspondant est *'I will begin when everybody has arrived.'* L'emploi de *will / would* est impossible dans la subordonnée.

*When I entered her office, she **phoned** the boss.* Quand je suis entré dans son bureau, elle a téléphoné au patron. (**prétérit simple** : action vue dans sa totalité et succession de deux actions)
*When I entered her office, she **was phoning** the boss.* Quand je suis entré dans son bureau, elle téléphonait au patron. (**prétérit en** BE + -ING : action vue en cours de déroulement, et il n'y a pas de succession d'actions)

Traduisez en anglais.

1. Je t'appellerai dès que j'arriverai. 2. Je t'appellerai dès que nous serons arrivés. 3. Quand nous sommes arrivés, le film avait déjà commencé. 4. Quand tu viendras, apporte-nous du pain, s'il te plaît. 5. Allons nous promener avant qu'il pleuve. 6. Je n'aime pas me promener pendant qu'il pleut. 7. Il y aura un second contrôle de passeports avant que nous embarquions. 8. Nous discuterons de la politique future, dès qu'ils nous auront donné les chiffres. 9. Il nous a ouvert la porte avant que nous ayons eu le temps de sonner. 10. J'ai déjà fait remarquer (*point out*) que cette campagne nous coûterait très cher.

258. Subordonnées (5) : subordonnées de condition

Concernant les conjonctions de condition autres que *if* ▶ 64 Conjonctions (généralités).

1 La plupart des subordonnées de condition sont introduites par *if*. On distingue d'une part les conditions dites ouvertes, caractérisées par l'emploi du présent dans la principale et la subordonnée, et les conditions dites fermées, caractérisées par l'emploi du prétérit dans les deux propositions. (Les conditions fermées se subdivisent en conditions irréelles et non probables.)

> *If it**'s** sunny, we**'ll** go out.* S'il fait beau, nous sortirons. (condition **ouverte**)
> *If it **was** sunny [now], we**'d** go out.* S'il faisait beau [maintenant], nous sortirions. (condition **irréelle** – sous-entendu : il ne fait pas beau)
> *If it **was** sunny [tomorrow], we**'d** go out.* S'il faisait beau [demain], nous sortirions. (condition **non probable** – sous-entendu : il ne fera probablement pas beau)

Sur l'emploi de *should* ou de *was / were to* dans certaines subordonnées de condition ▶ **243** et **40**.

2 L'expression *(just) in case* est l'équivalent de « pour le cas où ». La construction n'est cependant pas parallèle à celle du français : à la suite de *(just) in case*, on utilise le présent simple quand on se réfère à une situation présente ou future (et non *will* ou *would*) :

> *Take your umbrella **in case** it **rains**.* Prends ton parapluie pour le cas où il pleuvrait.

On peut également utiliser ***should*** (▶ **243**), si l'on veut présenter l'hypothèse comme peu vraisemblable :

> *I'll give you a key in case the door **should** be locked.* Je vais te donner une clé, on ne sait jamais, la porte pourrait être fermée à clé.

Complétez à l'aide des verbes proposés entre parenthèses, en choisissant la forme verbale qui convient.

1. *If everyone ... to the seminar next month, there ... ninety-five participants. (COME / BE)* 2. *They ... riding every day last month if the weather ... fine. (GO OUT / BE)* 3. *She said she ... me, if she ... time. (HELP / HAVE)* 4. *Make a photocopy of your car insurance, (just) in case it ... lost. (GET)* 5. *Be careful if anyone ... for your PIN number (Personal Identity Number). (ASK)* 6. *If only Fonsi ... to see me more often! But he's not always free. (COME)*

259. Subordonnées (6) : subordonnées de contraste et de concession

1 Le contraste peut être exprimé à l'aide de la conjonction *while* (« alors que », « tandis que »), ou, dans un style recherché, de la conjonction *whereas* /weər'æz/ (même sens) :

He's very fond of folk music, ***while*** */* ***whereas*** *his wife prefers jazz.* Il est très amateur de musique folk, alors que sa femme préfère le jazz.

2 La concession (sens de « bien que », « quoique ») peut être exprimée notamment par les conjonctions *though* (style neutre ou familier) ou *although* (style plus recherché) :

Although / Though *it's cold this morning, he'll cycle to work.* Bien qu'il fasse froid ce matin, il va prendre son vélo pour aller au travail.

L'adverbe *even* peut être placé devant *though* pour souligner l'idée de contradiction contenue dans la concession :

Even though *he knows there's a risk of fire, he won't insure the barn.* Il a beau savoir qu'il y a un risque d'incendie, il refuse d'assurer la grange.

Le sens de ***even*** *if* est proche de celui de ***even though***, mais les deux formes ne sont pas synonymes. Opposez :

Even *if it's too late, I'll send in my application.* Même s'il est trop tard, je vais envoyer ma demande. (Je ne sais pas s'il est trop tard.)

Even though *it's too late, I'll send in my application.* Bien qu'il soit trop tard, je vais envoyer ma demande. (Je sais qu'il est trop tard.)

• Dans la langue courante, ***though*** est souvent employé en fin de phrase (sens de « pourtant », « quand même ») : *It was a very tiring journey – quite enjoyable, though* (Ça a été un voyage très fatigant, mais quand même très agréable).
• Si la concession porte sur un adjectif, on peut utiliser des constructions formées avec ***though*** ou ***as*** : ***Cold though*** *it is /* ***Cold as*** *it is /* ***As cold as*** *it is, he won't turn the heating on* (Bien qu'il fasse froid, il ne veut pas allumer le chauffage).
• La conjonction ***while*** peut être employée dans le sens de « bien que » : *While I agree with most of what he says, I'm not going to vote for him* (Bien que je sois d'accord avec l'essentiel de ce qu'il dit, je ne vais pas voter pour lui).
• ***Whether ... or ...*** et les mots en ***-ever*** peuvent avoir une valeur de contraste ou concession :
I'll do it, ***whether*** *you like it* ***or*** *not.* Je le ferai, que ça vous plaise ou non.
You'll never convince him, ***however much*** *you try.* Vous aurez beau essayer, vous ne le convaincrez jamais.
However *you proceed, it will take long.* Quelle que soit la façon dont vous procéderez, ça prendra du temps.

Traduisez en anglais.

1. Au nord de la Scandinavie, les journées sont courtes, alors que les nuits sont longues. 2. Hélène était professeur, alors que son mari était chercheur en médecine. 3. J'irai le voir à l'hôpital, même s'il ne veut voir personne. 4. J'ai vu ce film en VO, bien que je ne comprenne pas le vietnamien. 5. Bien que tu ne veuilles pas l'admettre, tu es très carriériste (*career-minded*).

260. Subordonnées (7) : subordonnées de résultat et de but

1 Les notions de résultat et de but sont voisines : le but est simplement un résultat que l'on cherche à obtenir. Le résultat et le but peuvent tous deux être exprimés par les conjonctions *so that* ou (dans un style plus familier) *so* :

There were no buses, ***so (that)*** *they had to take a cab.* Il n'y avait pas de bus, si bien qu'ils ont dû prendre un taxi. (résultat)
I'll speak louder ***so (that)*** *everyone can hear.* Je vais parler plus fort pour que tout le monde entende. (but)

Les **subordonnées de but** contiennent souvent un modal : ***can*** ou ***will*** dans les contextes au présent, ***could*** ou ***would*** dans les contextes au passé. (*Can* et *could* sont utilisés quand la subordonnée contient l'idée de « pouvoir » : « pour que tout le monde puisse entendre », etc.)

He spoke louder so (that) everyone ***could*** *hear.* Il a parlé plus fort pour que tout le monde entende.
*I've done the shopping so (that) we****'ll*** *have enough food for the weekend.* J'ai fait les courses pour que nous ayons assez de nourriture pour le week-end.
She made him drink a lot of coffee so (that) he ***wouldn't*** *fall asleep.* Elle lui a fait boire beaucoup de café pour qu'il ne s'endorme pas.

2 Les subordonnées de but peuvent être introduites par *to*, par *in order to* ou par *so as to*. (*In order to* et *so as to* sont utilisés de préférence à *to* dans un registre soutenu, ou lorsqu'on veut exprimer le but de façon non ambiguë.) Exemples :

He did that just ***to*** *spite her.* Il a fait ça simplement pour la contrarier.
He asked her to repeat ***in order to / so as to*** *be sure that he had understood correctly.* Il lui a demandé de répéter afin d'être / de façon à être sûr d'avoir bien compris.

Les subordonnées de but introduites par *to* ou par *in order to* peuvent avoir un sujet, qui est introduit par ***for***. Si ce sujet est un pronom personnel, il est à la **forme complément** :

I made a diagram ***for him to understand*** *more easily.* J'ai fait un schéma pour qu'il comprenne plus facilement.

Lorsque le complément du verbe à l'infinitif a déjà été mentionné dans la proposition précédente, **on ne le répète pas sous la forme *it*** :

I've brought the contract ***for you to sign***. J'ai apporté le contrat pour que vous le signiez. (Pas : … ~~*for you to sign it*~~.)

3 Le but négatif (« pour ne pas… ») peut être exprimé par *in order not to* ou par *so as not to* :

He opened the door silently ***in order not to / so as not to*** *wake anybody.* Il a ouvert la porte sans bruit pour ne réveiller / de façon à ne réveiller personne.

Il peut également être exprimé par ***in case*** :

> *I keep him indoors,* ***in case*** *he catches / he should catch a cold.* Je le garde dedans, pour qu'il n'attrape pas un rhume / de peur qu'il attrape un rhume.
>
> Dans un style recherché, le but négatif peut être exprimé par ***for fear that*** ou par ***lest*** : *The President withdrew his project* ***for fear that*** *it would divide /* ***lest*** *it divide / might divide / should divide the majority.* (Le Président a retiré son projet de peur qu'il ne divise la majorité.)

A. Exprimez un résultat à l'aide de *so (that)* et des éléments proposés entre parenthèses.

1. *The plane was delayed … (we / an hour in the departure lounge / spend)* 2. *Mike never checks his bank statement, … (he / know / never) how much money is available.* 3. *He worked at nights … (his wife / him / practically never see)* 4. *His back was hurting him … (he / pain killers / have to take)*

B. Exprimez un but à l'aide de *so that / (so as) to / in case* et des éléments proposés entre parenthèses.

1. *I'll put the champagne in the fridge … (it / by eight o'clock / be chilled)* 2. *She went to the chemist's … (they / her prescription / make out)* 3. *He set his alarm clock for 7 am … (at the station on time / be)* 4. *I'll give them my phone number … (they / it / not know)* 5. *I lent them a map … (they / our village / find)*

261. Suffixes et terminaisons (1) : principaux suffixes

Un grand nombre de suffixes – qui sont d'origine française, latine ou grecque – ressemblent à des suffixes français, et sont utilisés de la même façon. Exemples : *discuss* → *discuss**ion***, *republic* → *republic**an***, *dense* → *dens**ity***. Les problèmes principaux qu'ils posent sont des problèmes de prononciation (▶ ci-après **262-265**).

Il y a également un certain nombre de suffixes d'origine germanique, dont le sens est moins évident pour les francophones. Il s'agit, en particulier, des suffixes suivants :

Suffixes	Types de mots formés	Sens général	Exemples
-dom /-dəm/	noms	condition, état, domaine	*freedom* (liberté), *kingdom* (royaume)
-en /-ən/	verbe	faire devenir	*harden* (durcir)
-ful /-fəl/	adjectifs	= plein de, caractérisé par	*beautiful* (beau), *peaceful* (pacifique, paisible)
-hood /-hʊd/	noms	qualité ou état	*childhood* (enfance)
-ish /-ɪʃ/	adjectifs	possédant une qualité (comme / approximativement)	*childish* (enfantin), *yellowish* (jaunâtre)
-less /-ləs/	adjectifs	= sans, dépourvu de	*meaningless* (dépourvu de sens)

Suffixes	Types de mots formés	Sens général	Exemples
-like /-laɪk/	adjectifs	= comme	*jelly-like* (ressemblant à de la gelée)
-ly /-li/	adjectifs, adverbes	possédant une qualité	*friendly* (amical), *slowly* (lentement)
-ness /-nəs/	noms	qualité	*kindness* (gentillesse)
-proof /-pruːf/	adjectif	protégé contre	*waterproof* (imperméable, étanche)
-ship /-ʃɪp/	nom	qualité, état	*friendship* (amitié)
-ward(s) /-wə(r)d(z)/	adjectif, adverbe	dans la direction de	*downward* (dirigé vers le bas)
-y /-i/	adjectif	possédant une qualité	*healthy* (en bonne santé)

Prononciation des mots à suffixe : les deux types de suffixes

Le problème essentiel est la place de l'accent. Il y a de ce point de vue deux sortes de suffixes.

Suffixes neutres : ces suffixes ne modifient pas l'accentuation du mot auquel ils s'ajoutent. Ainsi, le suffixe *-less* (« sans ») ajouté à *meaning* (« sens ») donne *meaningless* (« dépourvu de sens »).

Suffixes contraignants : ces suffixes imposent une place particulière pour l'accent du mot auxquels ils s'ajoutent ; par conséquent, ils peuvent imposer un déplacement d'accent par rapport au mot originel. Ainsi, le suffixe *-ity* ajouté à *personal* donne *personality*.

262. Suffixes et terminaisons (2) : prononciation des mots à suffixe « neutre »

1 Les suffixes neutres (= suffixes qui ne modifient pas l'accentuation du mot auquel ils s'ajoutent) incluent d'abord les terminaisons grammaticales :

• Pour les noms, terminaisons *-s* ou *-es* du pluriel, *'s* du génitif. Exemple : *actress* → *actresses* ;

• Pour les verbes, terminaisons *-s* ou *-es* (3e pers. du sing. au présent), *-ed* (prétérit et participe passé réguliers), *-en* (participe passé de certains verbes irréguliers), *-ing*. Exemples : *to interest* → *it interests me, I'm interested* ; *to process* → *processing* ;

• Pour les adjectifs et les adverbes, terminaisons *-er* et *-est* du comparatif et du superlatif. Exemple : *narrow* → *narrower, narrowest.*

2 Par ailleurs, il existe un certain nombre de suffixes lexicaux (= servant à la formation d'autres mots) qui sont neutres. Il faut faire particulièrement attention aux suffixes suivants :

-dom /dəm/	***king*** → ***kingdom***	royaume
-er /ə(r)/	***program*** → ***programmer***	programmeur
-ful /fəl/	***fancy*** → ***fanciful***	plein de fantaisie
-less /ləs/ ou /lɪs/ (choix libre)	***mother*** → ***motherless***	orphelin de mère
-ness /nəs/ ou /nɪs/ (choix libre)	***faithful*** → ***faithfulness***	fidélité
-ship /ʃɪp/	***author*** → ***authorship***	qualité d'auteur
-hood /hʊd/	***likely*** → ***likelihood***	vraisemblance
-ish /ɪʃ/ (terminaison adjectivale)	***yellow*** → ***yellowish***	jaunâtre
-ways /weɪz/	***side*** → ***sideways***	de côté
-ward(s) /wə(r)d(z)/	***east*** → ***eastward(s)***	vers l'est
-let /lət/ ou /lɪt/ (choix libre)	***book*** → ***booklet***	livret

On pourra retenir le principe suivant : puisque les mots auxquels ils s'ajoutent gardent leur accentuation originelle, **ces suffixes ne sont** jamais accentués. Et, pour cette raison, plusieurs d'entre eux sont prononcés sous une forme « faible » : ***-dom*** est prononcé /dəm/ (et non pas « dom »), ***-less*** est prononcé /ləs/ ou /lɪs/ (et non comme le français « laisse »), ***-let*** est prononcé /lət/ ou /lɪt/ (ne pas prononcer *booklet* comme le français « bouclette »), etc.

Dans les mots grammaticaux *unless* et *nevertheless*, la dernière syllabe, *less*, n'est pas un suffixe. Elle est accentuée et se prononce /les/.

A. Ajoutez les suffixes neutres *-ful* (avec) / *-less* (sans) aux noms abstraits ci-après pour obtenir un adjectif. Soulignez la syllabe qui porte l'accent principal dans l'adjectif que vous aurez obtenu.

hope ; power ; care ; harm

B. À partir d'un adjectif formé d'un nom abstrait + *-ful* / *-less*, vous pouvez ajouter un second suffixe neutre, *-ly*, pour obtenir un adverbe : *successful* → *successfully*. Faites cela avec les mots qui précèdent et soulignez la syllabe qui porte l'accent principal dans le mot que vous aurez obtenu.

hopeful / hopeless ; powerful / powerless ; careful / careless

C. Ajoutez le suffixe neutre *-less* (sans) aux noms communs ci-après (dénombrables), afin d'obtenir un adjectif. Soulignez la syllabe qui porte l'accent principal dans l'adjectif que vous aurez obtenu.

home ; time ; child ; wind ; end

D. Ajoutez le suffixe neutre *-ness* aux adjectifs ci-après, afin d'obtenir un nom. Soulignez la syllabe qui porte l'accent principal dans le nom que vous aurez obtenu.

kind ; dark ; cheap ; friendly ; hopeless ; careless ; wary

263. Suffixes et terminaisons (3) : prononciation des mots à suffixe « contraignant »

1 Suffixes autoaccentués

Avec ces suffixes, le problème de l'accentuation est simple : ils portent **l'accent principal** du mot. Il s'agit essentiellement des suffixes suivants :

*-**eer***, ***-et*** (ne pas confondre avec *-let*, suffixe neutre), ***-ette***, ***-ese***, ***-teen***, ***-esque***, ***-aire***, ***-itis***.

Exemples : *ˌmountaineer*, *quartet* (/qwɔ:'tet/), *ˌlaunderette* (/ˌlɔ:n'dret/), *Chinese* (/tʃaɪ'ni:z/), *thirteen*, *ˌpicturesque*, *ˌmillionaire* (orthographe : un seul *n*), *appendicitis* (/əˌpendə'saɪtɪs/).

Les mots en ***-ee*** sont en général accentués sur cette finale, qu'il s'agisse ou non d'un suffixe (*address**ee***, *chimpan**zee***), mais il y a quelques exceptions, comme *em**ploy**ee* et ***cof**fee*.

2 Suffixes qui imposent l'accent sur la syllabe précédente

-ic, ics (exceptions : ▶ ci-après)		***electric, robotics*** /rəʊ'bɒtɪks/
-ical		***electrical***
-ity, -ety	(***electric*** →)	***electricity, anxiety*** /æŋ'zaɪəti/
-ify, -efy	(***person*** →)	***personify, stupefy***
-ion (sauf ***television*** et ***dandelion***)	(***irritate*** →)	***irritation***
-ian, -iom, -iot, -ial, -ious	(***industry, mystery*** →)	***pedestrian, idiom, idiot, industrial, mysterious***
-eous	(***courage*** /'kʌrɪdʒ/ →)	***courageous*** /kə'reɪdʒəs/
-uous	(***tumult*** →)	***tumultuous***
-ish (verbes se terminant en *-ish*)	exception : ***impoverish***	***accomplish*** /ə'kʌmplɪʃ/
-ible, -igible		***comprehensible, intelligible***
-itis, -osis		***bronchitis*** /brɒŋ'kaɪtɪs/, ***neurosis*** /njʊə'rəʊsɪs/

Lorsque plusieurs suffixes contraignants s'ajoutent l'un à l'autre, **c'est le dernier qui l'emporte**, et qui impose son schéma accentuel. Exemples : *music*, *musician* ; *electric*, *electricity* (= radical *electr-* + *-ic* + *-ity*)

Conseil : ne pas apprendre par cœur la liste des suffixes ; apprendre plutôt un ou deux exemples par suffixe, ce qui conduira tout naturellement à un apprentissage intuitif et à une pratique automatique.

Mots en *-ic* non accentués sur la syllabe précédente

Arabic, arsenic, Catholic / catholic, heretic, lunatic, politic(s), rhetoric, ainsi que le nom *arithmetic* (= « l'arithmétique » – mais l'adjectif est régulier : *an arithmetic progression*).

Si on ajoute à l'un de ces mots un **suffixe contraignant**, c'est ce dernier qui impose son schéma accentuel, et il n'y a donc plus d'exception : *Catholic → Catholicism ; rhetoric → rhetorical*.

A. Soulignez la syllabe qui porte l'accent principal dans ces mots à suffixes contraignants.

pessimistic ; logical ; nationality ; suspicious ; mathematics ; politician ; tuberculosis ; seventeen ; glorify ; trainee ; infection ; confidential ; Japanese ; abolish ; advantageous ; racketeer

B. L'accent principal va changer de place dans les suites de mots ci-après selon qu'ils contiennent un suffixe neutre ou contraignant. Soulignez l'accent principal.

(a) *politics ; political ; politician* (b) *music ; musical ; musicality ; musician* (c) *govern ; government* (d) *democrat ; democratic ; democratically ; democracy* (e) *accept ; acceptability ; acceptation*

C. Ajoutez le suffixe contraignant *-ity* aux adjectifs ci-après, afin d'obtenir un nom. Soulignez la syllabe qui porte l'accent principal dans le nom que vous aurez obtenu.

total ; acid ; practical ; real ; stupid ; mental ; partial ; frigid ; fatal

264. Suffixes et terminaisons (4) : mots en *-ate*

1 Prononciation du suffixe *-ate*

La prononciation dépend de la catégorie syntaxique du mot.

- Verbes : /–eɪt/. Exemple : *to separate* /ˈsepəreɪt/

- Adjectifs : /–ət/ (ou, facultativement, /–ɪt/). Exemples : *They're separate* /ˈsepərət/.

  Font exception quelques adjectifs d'usage peu courant : *innate* /ɪˈneɪt/ (inné), *irate* /aɪˈreɪt/ (courroucé), *ornate* /ɔːˈneɪt/ (orné [de façon excessive]), *sedate* /sɪˈdeɪt/ (calme, pondéré).

- Noms : souvent /–ət/ (*chocolate* /ˈtʃɒklət/, *climate* /ˈklaɪmət/, etc.), avec, dans de nombreux cas, deux possibilités (*candidate* : /ˈkændɪdət/ ou /ˈkændɪdeɪt/). Deux noms, toutefois, ont uniquement la prononciation /–eɪt/ : *debate* (/dɪˈbeɪt/) et *estate* (/ɪˈsteɪt/).

Dans les phrases ci-après, dites si le mot qui se termine en *-ate* est un nom, un adjectif ou un verbe. Le prononcez-vous donc /eɪt / ou / ət / ?

1. *Helen and I always had separate rooms.* 2. *They separate the men from the women.* 3. *You really should congratulate her.* 4. *We bought a bar of chocolate.* 5. *I will be presenting my doctorate in April.* 6. *The police will have to investigate the murder.* 7. *Is that country still a protectorate?* 8. *Please vacate your rooms by twelve.* 9. *Have you ever watched the series called* Desperate Housewives?

2 Accentuation des mots en *-ate* de deux syllabes

• Les verbes sont accentués sur la dernière syllabe (et prononciation /–eɪt/ de la terminaison). Exemple : *to translate* /trænz'leɪt/.

• Les adjectifs sont accentués sur la première syllabe (et prononciation /–ət/ ou /–ɪt/ de la terminaison). Exemple : *private* /'praɪvət/ ou /'praɪvɪt/.

3 Accentuation des mots en *-ate* de plus de deux syllabes

En général, ces mots sont accentués sur l'**avant-avant-dernière (antépénultième) syllabe**. Exemples : *to advocate* /'ædvəkeɪt/, *degenerate* (adjectif ou nom : /dɪ'dʒenərət/ ; verbe : /dɪ'dʒenəreɪt/).

265. Suffixes et terminaisons (5) : mots en *-age* et en *-ace*

• Dans les mots d'une seule syllabe, la terminaison *-age* / *-ace* se prononce /–eɪdʒ/, /–eɪs/ (comme dans *age* et dans *ace*). Exemples : *page, rage*; *pace, race, lace*.

• Dans les mots de plus d'une syllabe, la terminaison *-age* / *-ace* est inaccentuée, et se prononce /–ədʒ/, /–əs/ (ou /–ɪdʒ/, /–ɪs/). Donc, attention à ne pas accentuer et diphtonguer la voyelle finale de mots comme *village* (/'vɪlɪdʒ/), *marriage* (/'mærɪdʒ/), *advantage* (GB /əd'vɑːntɪdʒ/, US /əd'væntɪdʒ/) ou comme *terrace* (/'terəs/).

Il y a, pour les mots en *-age*, quelques exceptions :
– prononciation /–ɑːʒ/ : mots en *-age* empruntés au français à une époque relativement récente (***bar**rage*, ***es**pionage*, ***mas**sage*, etc.).
– prononciation /–eɪdʒ/ dans quelques mots d'usage peu courant, tels que ***out**rage* /'aʊtreɪdʒ/, (outrage / atrocité) et ***ram**page* /'ræmpeɪdʒ/ (déchaînement [de violence, etc.]).

Voici quelques mots usuels qui se terminent en *-age* ou *-ace*. La prononciation de ces terminaisons vous est donnée en signes phonétiques. Écrivez les mots en toutes lettres et soulignez l'accent principal.

mess... /–ɪdʒ/ ou /–ədʒ/, *men...* /–əs/ ou /–ɪs/, *lugg...* /–ɪdʒ/, *surf...* /–əs/ ou /–ɪs/, *furn...* /–əs/ ou /–ɪs/, *garb...* /–ɪdʒ/

266. *Suggest*

Le verbe *suggest* admet à sa suite trois types de constructions.

1 *Suggest* + deux compléments

The film ***suggested an idea to Linda*** / ***to her***. Le film a suggéré une idée à Linda / lui a suggéré une idée.

Avec ***suggest***, le complément qui désigne le « bénéficiaire » de la suggestion vient toujours en **deuxième position**, et il est **obligatoirement introduit par *to***.

Le complément désignant le « bénéficiaire » peut être omis, et on ne garde que le complément direct, qui désigne ce qui est suggéré :
*He **suggested a walk** after lunch.* Il a suggéré une promenade après le déjeuner.

2 *Suggest* (+ complément indirect) + subordonnée en *that*

*The committee **suggested (to the minister) that taxes be / should be** raised.* La commission a suggéré au ministre d'augmenter les impôts.

Ici, le complément introduit par ***to*** vient en première position : il se place avant la subordonnée.

Sur l'emploi du subjonctif, de l'indicatif ou de *should* ▶ 253 Subjonctif.

La construction *suggest that* peut signifier « indiquer que », « laisser penser que » : *The evidence gathered suggests that he is innocent* (Les preuves rassemblées laissent penser qu'il est innocent).

3 *Suggest* + V-*ing*

*The committee **suggested raising** taxes.* La commission a suggéré d'augmenter les impôts.

Cette construction ne peut être utilisée que **lorsqu'il n'y a pas de complément désignant le bénéficiaire**. En présence de ce complément, il faut utiliser la construction *suggest that* (▶ ci-dessus).
Notez surtout qu'**on ne peut jamais utiliser l'infinitif** après *suggest*.

▶ 288 Verbes à deux compléments (2).

Traduisez en anglais.

1. Peux-tu me suggérer un bon livre ? 2. Je suggère que nous allions au restaurant ce soir. 3. Le gouvernement a suggéré de retirer (*withdraw*) ses troupes de ce pays. 4. Personne n'a encore suggéré de faire appel à (*call in*) un expert ?

267. *Supposed* (*be supposed to*)

1 L'expression *be supposed to* /sə'pəʊstə/ peut exprimer une supposition (qui est peut-être erronée) :

*He's generally **supposed to** be very rich.* Les gens pensent généralement qu'il est très riche. (▶ **195** sur cette construction passive.)

2 Elle peut aussi exprimer une obligation, ou (à la forme négative) une interdiction :

*What time **am I supposed to be** there?* À quelle heure faut-il que je sois là-bas ? / À quelle heure suis-je censé être là-bas ?

You ***aren't supposed to*** *smoke* ***while filling up your car****.* Il est interdit de fumer quand vous faites le plein.

3 *Was / were supposed to* peut être utilisé à propos d'un événement qui était prévu dans le passé :

The meeting ***was supposed to take place*** *yesterday, but it was cancelled.* La réunion devait avoir lieu hier, mais elle a été annulée.

Traduisez en anglais.

1. J'étais censé être à Hambourg le matin et à Bruxelles le soir. 2. Pourquoi sommes-nous censés tout savoir ? 3. On dit qu'il est d'extrême droite. 4. Il est interdit d'ouvrir les lettres marquées « personnel ». 5. On dit qu'elle habite l'Australie.

268. Tags et reprises

L'anglais utilise beaucoup les auxiliaires (associés éventuellement à la négation et à d'autres termes), et notamment dans les cas suivants.

1 Pour reprendre les paroles de quelqu'un, en approuvant ou en contredisant.

'It's a beautiful film.' 'No, ***it isn't*** *– it's boring.'* « C'est un beau film. – Non, il est ennuyeux. »
'Can you be here at five?' 'Of course I ***can****.'* « Tu peux être là à cinq heures ? – Bien sûr que oui. »
'Do you think he will lend me ten pounds?' 'I'm sure ***he won't****.'* « Tu crois qu'il me prêtera dix livres ? – Je suis sûr(e) que non. »
'I'm afraid he won't lend me any money.' I'm sure ***he will****' / 'Yes,* ***he will****'.* « J'ai bien peur qu'il ne me prête pas d'argent. – Moi, je suis sûr(e) que si / Mais si. »

S'il n'y a pas d'auxiliaire déjà mentionné, on utilise ***do / does / did*** :

'I think Ken likes spinach.' ***'He*** *certainly* ***does****.'* « Je crois que Ken aime les épinards. – Oui, certainement. »
'I think Barbara likes spinach.' 'No, ***she doesn't****.'* « Je crois que Barbara aime les épinards. – Non (pas du tout). »

Il n'y a pas de terme anglais qui corresponde au français « si » (réaffirmation après une négation) : *yes* et/ou un auxiliaire affirmatif jouent ce rôle.

2 Dans une réponse, en utilisant un auxiliaire à la forme interrogative. Selon l'intonation choisie, on peut marquer de l'intérêt, du doute, de l'hostilité, etc.

'I've bought some stamps.' ***'Have you?*** *Fine.'* « J'ai acheté des timbres. – Ah, bon ? C'est bien. »
'Meet Miss Johnson. She's my secretary.' ***'Is she?'*** (intonation descendante) « Je vous présente Miss Johnson, ma secrétaire. – Tiens donc ! »
'Bob works a lot.' ***'Does he?'*** « Bob travaille beaucoup. – Tu trouves ? »

3 Pour continuer en introduisant un terme nouveau :

Dans le même sens, positif :

Ken loves horror films, and ***so does Maggie****.* Ken aime les films d'horreur, et Maggie aussi.

Dans le même sens, négatif :

Ken does not like horror films, and ***neither does Maggie****.* Ken n'aime pas les films d'horreur, et Maggie non plus.

En contradiction, du positif au négatif :

Ken loves horror films, but ***Maggie doesn't****.* [*Maggie* porte l'accent principal.]... mais Maggie ne les aime pas / Maggie non.

En contradiction, du négatif au positif :

Ken does not like horror films, but ***Maggie does****.* ... mais Maggie, si.

Pour tous ces exemples, regardez bien les formules françaises employées (et il y en a d'autres).

4 Tags (français : n'est-ce pas ? / hein ? / pas vrai ? / etc.)

On emploie des tags, formés à l'aide d'auxiliaires à la forme interrogative, en fin de phrase, pour s'assurer de l'attention de l'interlocuteur ou pour lui demander une confirmation.

They haven't always been such good friends, ***have they?*** Il n'ont pas toujours été si bons amis, hein ? / n'est-ce pas ?
You liked that film, ***didn't you?*** Il t'a plu le film, non ?

Le principe est simple :

phrase affirmative + tag négatif
phrase négative + tag positif

Quand il ne s'agit pas de vraies questions, les tags ont une intonation descendante.

Le tag après un impératif constitue un cas spécial :

Pass me that dictionary, ***will you? / would you? / won't you?*** Passe-moi ce dictionnaire, s'il te plaît. / tu veux bien ?

L'intonation de ces tags est normalement montante. (Si elle est descendante, le ton sera très autoritaire et désagréable.)

A. Ajoutez le tag approprié.

1. *She's a physicist* ... 2. *Philip plays the piano* ... 3. *Your parents live on a farm* ... 4. *Nobody knew the answer* ... 5. *That's what they said* ... 6. *You'd rather work out of London* ... 7. *Have a look at this file for me* ...

B. Traduisez en anglais, en utilisant des auxiliaires.

1. « Il neige. – Tiens donc ! » 2. Je joue au golf et ma femme aussi. 3. « Nous n'arriverons jamais à l'heure. – Bien sûr que si ! » 4. « Je n'ai pas voté pour elle. – Ah bon ? » 5. « Ils viennent de me licencier. – Non, mais dis-moi que ce n'est pas vrai ! »

269. Tendance (avoir tendance à…, être susceptible de…)

Les équivalents anglais de « avoir tendance à » / « être susceptible de » sont essentiellement ***have a tendency to***, ***be liable to***, ***be prone to*** et ***be apt to*** suivis d'une **base verbale**. (Il y a peu de différences de sens entre ces expressions, qui sont pratiquement toujours utilisées pour exprimer un jugement **défavorable**.)

She ***has a tendency to*** *use technical jargon.* Elle a tendance à utiliser du jargon technique.
He ***is liable to*** */* ***prone to*** *get angry when you contradict him.* Il a tendance à se mettre en colère quand on le contredit.
This engine ***is apt to*** *overheat.* Ce moteur a tendance à chauffer. (Comme on le voit, *be apt to* est un « faux ami ».)

Dans des constructions différentes, les adjectifs *liable* et *apt* peuvent avoir des sens différents :
You are liable to a fine. Vous êtes passible d'une amende.
He is apt at solving this type of problem. Il est doué pour résoudre ce genre de problèmes.

270. *That*

Le mot ***that*** peut remplir quatre rôles. Il n'a pas la même prononciation dans tous les cas.

1 *That* démonstratif (pluriel *those*), prononcé /ðæt/ :

I don't like ***that*** *man.* Cet homme me déplaît.

▶ 272 This / these et that / those (démonstratifs).

2 *That* adverbe intensif, placé devant un adjectif. Cet emploi est dérivé du précédent, et la prononciation est /ðæt/ (fortement accentué) :

He can't be ***that*** *tired.* Il ne peut pas être fatigué à ce point / si fatigué que ça.

3 *That* pronom relatif, représentant des personnes ou des choses, prononcé /ðət/ :

The people ***that*** *she met weren't interesting.* Les gens qu'elle a rencontrés / rencontrait n'étaient pas intéressants.

Ce *that* peut être remplacé par *who* (personnes), *which* (choses), ou le relatif zéro (Ø) lorsqu'il n'est pas en fonction de sujet (▶ **233 Relatives (2)**).

4 *That* conjonction (introduisant une proposition), prononcé /ðət/ :

I knew that he was tired. Je savais qu'il était fatigué.

Ce *that* peut généralement être remplacé par Ø (▶ **255 Subordonnées nominales en *that* ou « zéro »**).

Il peut y avoir deux *that* de suite :
I knew that that man was dangerous. Je savais que cet homme était dangereux (conjonction + démonstratif, /ðət ðæt/).

271. There is ..., there are ..., etc.

Cette construction n'est pas toujours l'équivalent du français « il y a ». En particulier, on ne peut pas l'employer pour exprimer une mesure de temps (▶ **133**) ou de distance (▶ **35**).

Le *there* de cette construction ne doit pas être confondu avec le *there* ayant une fonction d'adverbe : *There's a taxi over* ***there*** (« Il y a un taxi là-bas »). Contrairement à ce dernier, qui est toujours prononcé sous sa forme pleine (/ðeə/), il possède une forme réduite (/ðə/). Donc, *There's a taxi over there* se prononcera /ðəzə'tæksi'əuvə'ðeə/.

1 Dans cette construction, le sujet réel se trouve placé après l'auxiliaire BE :

There is ***a car*** *in the street.* Il y a une voiture dans la rue.

L'accord singulier / pluriel se fait avec ce sujet réel :

There ***is*** *a car in the street. / There* ***are*** *two cars in the street.*

La langue familière utilise parfois des formes du type *There****'s*** *two cars in the street* – qui sont généralement considérées comme incorrectes.

2 Cependant, c'est *there* qui, à la forme interrogative, joue le rôle du sujet pour l'inversion sujet-auxiliaire : *Is there a car in the street?*

3 *BE* peut être construit avec d'autres auxiliaires :

There have been *a few problems.* Il y a eu quelques problèmes. (En anglais, attention à l'accord singulier ou pluriel avec le sujet réel.)
There must have been *difficulties.* Il a dû y avoir des difficultés. (Attention : ne pas utiliser *it* à la place de *there*.)

Notez également cet emploi de *There is ... / There are ...* / etc. qui ne correspond pas à « Il y a » en français : ***There were fourteen of us*** *at the family dinner table* (**Nous étions quatorze** à table pour ce dîner familial).

Traduisez en anglais.

1. Il y a une date de péremption (*best before / use before date*) sur le paquet? 2. Il y aura une réception après les inscriptions (*registration*). 3. Il n'y avait pas de pantalon à ma taille. 4. Il devrait y avoir des timbres dans mon sac. 5. Il y a pu y avoir un accident.

272. This / these et that / those (démonstratifs)

1 *This / these* et *that / those* : formes

Les démonstratifs s'accordent avec le nom :

this /ðɪs/ *book*, ***these*** /ði:z/ *books* ce livre, ces livres.
that /ðæt/ *book*, ***those*** /ðəʊz/ *books* (même traduction, mais sens différent ▶ ci-dessous, **2**)

Le démonstratif ***that*** (contrairement au pronom relatif et à la conjonction *that* ▶ **232** et **255**) est toujours prononcé /ðæt/.

2 Différence entre *this / these* et *that / those*

Le principe général est qu'on emploie ***this / these*** lorsque ce qui est désigné est proche du locuteur dans l'espace, dans le temps ou par l'esprit. À l'inverse, on emploie ***that / those*** quand il y a éloignement. Exemples :

This / these	***That / those***
[Vous tenez un livre à la main.] *This book is very interesting.* Ce livre est très intéressant.	[Vous montrez un livre.] *Pass me that book (on the shelf).* Passe-moi ce livre.
[Vous présentez un objet que vous tenez à la main.] *Look at this.* Regarde ça / ceci.	[Vous attirez l'attention sur un objet, par ex. dans la rue.] *Look at that.* Regarde ça.
[À propos de la pièce où on se trouve.] *This room is charming.* Cette pièce est adorable.	[À propos d'une maison qu'on a visitée la veille.] *That house was very comfortable.* Cette maison était très confortable.
[Vous présentez quelqu'un.] *This is Jo, a very good friend of mine.* Voici Jo, une excellente amie à moi.	[Vous identifiez quelqu'un, à l'intention de votre interlocuteur.] *That is Jo, a very good friend of mine.* C'est Jo, une excellente amie à moi.
[Pour faire référence au présent.] *these days* de nos jours, ces temps-ci *this week* cette semaine (en cours)	[Pour faire référence à un autre moment.] *in those days, at that time* en ce temps-là
[Pour annoncer ce qui va être dit.] *Listen to this.* Écoute ça.	[Pour rappeler ce qui vient d'être dit.] *Did you hear that?* Tu as entendu ça ?

This / these peut donc être utilisé pour quelque chose à quoi on s'intéresse (par exemple quand on raconte une histoire), et ***that / those*** pour quelque chose qu'on rejette :
You see, there was ***this*** *guy talking to the barman, and ...* Tu vois, il y avait un mec qui parlait au barman, et...
I hope you're not going to wear ***that*** *hat!* J'espère que tu ne vas pas porter ce chapeau !

3 Emplois comme pronoms

This* / *these et ***that* / *those*** peuvent s'employer seuls, comme pronoms, mais en règle générale seulement pour des « inanimés » :

> *Read **this**. / Have you seen **these**?* Lis ça. / Tu as vu ça [plusieurs objets]?
> *I don't like **that** / **those**.* Je n'aime pas ça / ceux-là [objets].

On ne peut pas les employer comme équivalents de « celui-ci », « ceux-ci », etc. pour désigner des personnes. Il faut donc les faire suivre d'un nom :

> Ceux-là, ils m'énervent. ***Those people** are getting on my nerves.*

> On peut cependant utiliser ***this*** ou ***that*** pour présenter ou identifier quelqu'un :
> ***This** is June and her husband.* Voici / Je vous présente June et son mari.
> ***That's** my sister at the back of the photo.* C'est ma sœur au fond, sur la photo.
> Au téléphone, on utilise *this* pour s'identifier soi-même (*Hello, this is Pat*), et, pour demander qui est l'interlocuteur, on utilise soit *that* (surtout en anglais britannique) soit *this* (surtout en anglais américain) : *Who is that / this?*).

4 Emplois devant *one* : *this / that one* (= celui-ci / celle-ci / celui-là / celle-là)

On peut associer *this / that* au pronom *one* pour représenter des objets, mais normalement pas des personnes :

> *I like **this one**, but I prefer **that one**.* Celui-ci me plaît, mais je préfère celui-là.

Au pluriel, même si *these / those ones* existent, on préfère utiliser *these / those* seuls (comme pronoms) :

> *I don't like **these**. Please give me **those**.* Je n'aime pas ceux-ci. Donnez-moi ceux-là, s'il vous plaît.

Pour l'emploi de ***those*** et de ***the one(s)*** devant les propositions relatives (*those you gave me / the ones you gave me*, « ceux / celles que vous m'avez donnés / données ») ▶ 233.

5 Emplois comme adverbes

This et ***that*** peuvent être employés devant un adjectif ou un adverbe pour indiquer le degré :

> *The wall is about **this high**.* [accompagné d'un geste] Le mur fait à peu près cette hauteur.
> *Did he really drive **that fast**?* Est-ce qu'il a vraiment conduit aussi vite que ça?

> Traduisez en anglais.
>
> 1. Dis donc, cette tarte est vraiment délicieuse! 2. Cet hôtel où nous sommes descendus à Paris était cher, non? Mais pas aussi cher que ceux de Londres! 3. T'as regardé ce film à la télé hier soir? Ces scènes de guerre m'ont horrifié. 4. « Je vous présente le Dr Luckas. – Bonsoir, docteur! » 5. Tu ne vas pas me croire... mais je viens de gagner à la loterie! 6. Le prix des maisons ne cesse de grimper ces temps-ci.

273. Time

1 *Time* = le concept de temps

the passing of time le passage du temps

2 *Time* utilisé pour le repérage

• *Time* = époque (nom dénombrable)

at the present time à présent
at the / that time en ce temps-là, à l'époque
at the time of our grandparents au temps de nos grands-parents
at the same time ... as en même temps... que
by the time we get paid ... d'ici à ce qu'on soit payé...
for the time being pour l'instant
ancient times l'Antiquité
Times are hard. Les temps sont durs.

• *Time* = heure (généralement indénombrable)

What's the time? Quelle heure est-il ?
at that time à cette heure-là
in time (for sth) à temps (pour qqch.)
on time à l'heure
It's time we started Il est temps de commencer

3 *Time* utilisé pour la fréquence (= occasion, fois – nom dénombrable)

once, twice, three times une fois, deux fois, trois fois
one at a time une à la fois
next time we meet la prochaine fois que nous nous rencontrerons
sometimes quelquefois
some time un de ces jours / un jour
from time to time de temps en temps
every time toutes les fois (que)

4 *Time* utilisé pour la durée (= temps)

• Nom indénombrable

They spend too much time watching television Ils passent trop de temps à regarder la télévision
most of the time la plupart du temps
some time un certain temps (*We could spend some time in the South.*)
some time ago il y a quelque temps
in no time en un rien de temps
in the meantime entre-temps
in two years' time dans deux ans
free time temps libre

• Nom dénombrable

a long time ago / long ago il y a longtemps
in a short time dans peu de temps
for a time (pendant) quelque temps (*He lived in Egypt for a time.*)

▶ 295 While.

274. Too

Ne confondez pas deux emplois très différents.

1 *Too* = trop

*That bag is **too** big.* Cette valise est trop grande.
*Don't work **too** much.* Ne travaille pas trop.

▶ 280 Trop.

2 *Too* = aussi

Il se place généralement à la fin de la proposition :

*Is Mary Ann going to the party, **too**?* Est-ce que Mary Ann aussi va à la fête ?
*Mary Ann left early, and Matthew did **too**.* Mary Ann est partie tôt, et Matthew aussi.

275. Totalité (1) : *all, every, whole*

1 *All, whole, every*

• *All* représente directement la totalité, et peut s'appliquer à une masse indénombrable comme à un groupe :

*The dog has eaten **all the meat**.* (indénombrable) Le chien a mangé toute la viande.
*They have inherited **all the furniture** in this house.* (indénombrable) Ils ont hérité de tous les meubles de cette maison.
*The dog has eaten **all the biscuits**.* (dénombrable) Le chien a mangé tous les gâteaux.
*They have inherited **all the armchairs** in the living room.* (dénombrable) Ils ont hérité de tous les fauteuils de la salle de séjour.

• *Every* fait le total des éléments (dénombrables) d'un groupe, qu'il passe individuellement en revue. C'est pourquoi l'accord du verbe se fait au singulier :

***Every passenger** has to go through the security check.* (dénombrable) Tous les passagers doivent se soumettre au contrôle de sécurité.

Les pronoms composés ***everyone / everybody / everything*** (▶ **248**) suivent les mêmes règles que *every* pour l'accord du verbe au singulier.

Vous ne pouvez pas employer *all* ou *every* s'il n'y a que deux éléments. Employez alors ***both***. ▶ **76 Duel** et **46 *Both***.

▶ aussi 276 Totalité (2) : every et each.

• *Whole,* prononcé /həʊl/, est un adjectif (il peut être précédé d'un déterminant). Il représente la totalité d'un élément forcément dénombrable :

The hurricane has destroyed ***the whole village***. L'ouragan a détruit tout le village / le village tout entier.

The hurricane has destroyed ***a whole village***. L'ouragan a détruit tout un village / un village entier.

The hurricane has destroyed ***whole villages***. L'ouragan a détruit des villages entiers.

En anglais actuel, *all* n'est normalement pas employé de cette manière, sauf pour les collectifs (*all the team*) ou les noms géographiques (*all (of) London*).

2 *All* ou *all the*

La présence de ***the*** – ou son absence – a sa signification habituelle : *the* indique qu'il existe une quantité déjà délimitée. Exemple :

The dog has eaten ***all the meat*** / ***all the biscuits***. Le chien a mangé toute la viande / tous les gâteaux [qu'il y avait].

L'article Ø fait par contre référence à l'ensemble de la catégorie (emploi générique).

All biscuits *contain fattening stuff*. Tous les biscuits [en général] contiennent des choses qui font grossir.

Pourtant, avec les noms d'unités de temps (*morning, day, year*), on n'emploie pas *the* :

They spent ***all morning*** *trying to fix the car*. Ils ont passé toute la matinée à réparer la voiture.

• ***All*** ou ***all of***
Les deux constructions sont généralement équivalentes :
We haven't met ***all (of)*** *your friends*. Nous n'avons pas rencontré tous vos amis.
• L'expression ***at all*** est employée le plus souvent dans des phrases négatives, et dans ce cas elle équivaut au français « du tout » :
They didn't like the show ***at all***. Ils n'ont pas du tout aimé le spectacle.
Mais il s'emploie également dans des phrases interrogatives :
Did you like it ***at all***? Vous n'avez pas aimé du tout ?

3 *Every* peut exprimer la fréquence :

every year tous les ans
every ten years tous les dix ans
every other day tous les deux jours

4 Les pronoms everyone, *everybody, everything*

***Everybody** thinks she is the best.* Tout le monde pense que c'est elle la meilleure.

*He thinks he knows **everything**.* Il croit qu'il sait tout.

▶ 248 Somebody, something, somewhere, etc.

Complétez en utilisant *all (the), all (of) (the), each, every* ou *(the) whole (of)* selon le contexte que vous donnerez à l'énoncé. Attention ! Il peut y avoir plusieurs possibilités.

1. *In that war napalm destroyed ... villages.* 2. *... my money is invested in property.* 3. *You won't spend ... month in Italy, will you?* 4. *... document must be dated and signed.* 5. *You can't spend ... day doing nothing.*

276. Totalité (2) : *every* et *each*

1 Différence entre *every* et *each*

Every et *each* contiennent tous les deux à la fois l'idée d'individualisation (= chaque) et celle de totalisation (= tous).

Every met au premier plan la totalisation (= tous).

Each met en avant l'individualisation (= chaque).

*I've read **every** book on the subject, and **each** book has a different point of view.* J'ai lu tous les livres sur le sujet, et chaque livre a un point de vue différent.

Pour marquer plus fortement la totalité, on utilise **every single** :
***Every single** seat has been booked.* Absolument toutes les places ont été achetées.
On peut également exprimer à la fois la totalité et l'individualisation :
*The authors stress the uniqueness of **each and every** different culture.* Les auteurs mettent l'accent sur le caractère unique d'absolument toutes les cultures.

Autre différence : ***each***, contrairement à *every*, peut être utilisé comme **pronom**. Exemple :

*I examined the photos. **Each** was different.* J'ai examiné les photos. Chacune était différente.

Every* ne peut pas être utilisé** si l'ensemble dont il est question comprend seulement **deux** éléments. Il faut alors utiliser soit ***each (+ singulier), soit ***either*** (+ singulier), soit ***both*** (+ pluriel) :

*There are shops on **each side** of the street / on either side of the street / on **both sides** of the street.* Il y a des magasins de chaque côté / des deux côtés de la rue. (**▶ 76 Duel**.)

2 *All, every* et *each* et les pronoms

- *All* soit suit le pronom (*they all*), soit le précède (*all of them*) :

  *I've read **them all** / **all of them**.* Je les ai tous lus.
  *I know **it all**.* Je sais tout ça.
  ***They all** know / **All of them** know the truth.* Ils savent tous la vérité.
  *The winner smiled at **all of them**.* Le gagnant leur a souri à tous.
  *They knew **all of us**.* Ils nous connaissaient tous.

- *Every* ne possède qu'une construction avec pronom : *every one of* + pronom pluriel (*every one of us, every one of them*) :

  *There are two hundred books. I've read **every one of them**.* [notez : *every one* en deux mots] Il y a deux cents livres. Je les ai lus absolument tous.

- *Each* suit le pronom (*they each*) ou le précède (*each of them*) :

  ***They each** own several shops.* Ils possèdent chacun plusieurs magasins.
  ***Each of them** owns several shops.* Chacun d'eux possède plusieurs magasins.

3 *All, every* et la négation

Dans la phrase française « Tout le monde n'aime pas les épinards », la négation porte en apparence sur le verbe, mais en fait elle porte sur « tout le monde ». (Le sens est « Ce n'est pas tout le monde qui aime les épinards ».) Dans les cas de ce type, il faut en anglais faire porter la négation non pas sur le verbe mais sur ***all*** ou sur ***every / everybody*** / etc., et ***not*** doit précéder ces pronoms :

***Not everybody** likes spinach.* Tout le monde n'aime pas les épinards.
***Not all Americans** are connected to the internet.* Tous les Américains ne sont pas connectés à l'internet.

> Traduisez en anglais.
>
> 1. Des éclairs au chocolat? Des babas au rhum? Prenons deux de chaque! 2. Tous ceux que j'ai rencontrés étaient fonctionnaires. 3. Il y a plusieurs sections [*platoon*] dans une compagnie et chaque section est commandée par un lieutenant. 4. Ils organisent un congrès tous les deux ans.

277. Toujours

1 Répétition constante → *always* :

Elle se lève toujours très tôt. *She **always** gets up very early.*

2 Continuation (= encore) → *still* :

Il a toujours la vieille voiture de son père. *He **still** has his father's old car.*

▶ aussi 76 Still et yet.

278. Tout

1 Tout = la totalité (de)

J'ai tout vu. *I saw* ***everything***.
Il a bu tout le verre. *He drank* ***the whole*** *glass.*
Il l'a tout bu. *He drank* ***it all***.
C'est tout? *Is that* ***all***?

Pour plus de détails ▶ 275-276 Totalité (1) et (2).

2 Tout(e) = n'importe quel(le) → *any*

Toute personne raisonnable refuserait ce projet. ***Any*** *sensible person would reject that plan.* [c'est-à-dire toute personne quelle qu'elle soit]

▶ 247 Some et any (2).

3 Tout = tout à fait

Il était tout content de ce qu'il avait fait. *He was* ***quite / very / extremely*** *pleased with what he had done.*

Pour les équivalents de tous / toutes ▶ 275-276 Totalité (1) et (2).

279. Très

L'équivalent de « très » est habituellement **very** (« Il est très aimable » → *He is very kind*). Ceci s'applique aux participes passés utilisés comme adjectifs :

Elle est très fatiguée / très déçue. *She's* ***very tired / very disappointed***.

Avec les participes passés qui ont une valeur **verbale**, cependant, il faut utiliser non pas *very* mais ***(very) much***, car ils obéissent à la même règle que les verbes. Comparez :

I appreciate your help ***very much***. J'apprécie beaucoup votre aide.
Your help was ***very much*** *appreciated.* Votre aide a été **très** appréciée.

La forme *very appreciated* est parfois utilisée, mais elle est généralement considérée comme incorrecte, et elle doit absolument être évitée dans les constructions dont le caractère passif ne fait aucun doute (par exemple s'il y a un complément introduit par *by*) :

Votre aide sera très appréciée de tout le monde. *Your help will be* ***very much appreciated*** *by everyone.*

Autre exemple :

Le projet a été très critiqué par l'opposition. *The project was* ***very much criticized*** *by the opposition.*

- Dans un style soutenu, on peut utiliser ***greatly*** (*greatly appreciated*)
- Certains participes passés, comme *damaged* ou *needed*, sont employés avec *badly* : *The car was* ***badly damaged*** *in the accident* (La voiture a été très endommagée dans l'accident).

280. Trop

1 « Trop » porte sur un nom

- Nom dénombrable au pluriel → *too many* :

  *There were **too many** people at that party.* Il y avait trop de gens à cette fête.

- Nom indénombrable singulier → *too much* :

  There is too much furniture in this room. Il y a trop de meubles dans cette pièce.

- Si le nom est précédé d'un adjectif, en style soutenu :

  *That's **too good an opportunity** – you mustn't miss it.* C'est une trop bonne occasion, il ne faut pas la manquer.

  En langue courante, on cherche une autre formulation, par exemple :
  That opportunity is too good to miss. Cette occasion est trop bonne pour qu'on la manque.

- « De trop » :

  Il y a une chaise de trop. *There is **one** chair **too many**.*

2 « Trop » porte sur un verbe

L'équivalent est ***too much*** :

You work too much. Tu travailles trop.
They spoil their children too much. Ils gâtent trop leurs enfants.

Les participes passés s'opposent aux adjectifs (▶ ci-après) : ils imposent l'emploi de *too much* :
*The matter had been **too much politicized** by the media.* L'affaire avait été trop politisée par les médias. (La construction passive montre clairement qu'on a affaire à un participe passé.)

3 « Trop » porte sur un adjectif ou un adverbe

L'équivalent est ***too*** :

*This bed is **too hard**.* Ce lit est trop dur.
*That's **too complicated** for me.* C'est trop compliqué pour moi.
*She drives **too fast**.* Elle conduit trop vite.

4 Dans certains cas, on utilise le préfixe *over*

over-optimistic trop optimiste
overconfident trop sûr de soi
to overeat trop manger
She overdid it. Elle en a trop fait.
He's overweight. Il est trop gros / en surpoids.

Complétez les énoncés à l'aide de *too* (+ *a / an*), *too many* ou *too much*.

1. *There's ... traffic on the road at this time of day.* 2. *Relax! You worry ...* 3. *The airport was in chaos. Thick fog had caused ... delays.* 4. *They're a bit ... expensive. I didn't want to pay ... for a pair of walking boots.* 5. *... of the houses we visited needed ... repairs to them.* 6. *They expressed their opinions a little ... eagerly for my liking.*

281. Unités de mesure et monnaies

1 Unités de mesure non métriques

Bien que les Britanniques aient adopté le système métrique, il n'est pas encore d'un usage général. Les Américains (sauf les scientifiques) conservent les mesures anciennes.

Longueur

		1 inch	= *2.54 cm*
12 inches	=	***1 foot (1 ft)***	= *0.3048 m*
3 feet	=	***1 yard***	= *0.9144 m*
		1 mile	= *1.609 km*

Surface

		1 square foot	= *923 cm²*
9 square feet	=	***1 square yard***	= *0.836 m²*
4840 square yards	=	***1 acre***	= *0.405 hectare*

Poids

		1 ounce (1 oz)	= *28.35 g*
16 ounces	=	***1 pound (1 lb)***	= *0.4536 kg*
14 pounds	=	***1 stone****	= *6.350 kg*

* *Stone* est employé uniquement en GB, pour le poids des personnes, en concurrence avec les kilogrammes (*kilogram(me)s*).

Contenance

		1 pint	= *0.568 l* (GB) ; *0.473 l* (US)
2 pints	=	***1 quart***	= *1.137 l* (GB) ; *0.946 l* (US)
4 quarts	=	***1 gallon***	= *4.54 l* (GB) ; *3.78 l* (US)

Température

degrees Fahrenheit → degrees Celsius (°F – 32) x 5/9 = °C

0°F = –17°C

32°F = 0°C

2 Monnaies (Royaume-Uni et États-Unis d'Amérique)

• **Monnaie britannique (Royaume-Uni)**. L'unité est la livre (***pound***), dont le symbole est **£**. Il y a 100 ***pence*** (pluriel de ***penny***) dans une livre. Le symbole ***p*** et sa prononciation /piː/ sont couramment utilisés à la place de *penny* et de *pence* : *a 10p coin / piece* (une pièce de 10 pence).

Comme les autres symboles d'unités de monnaie (***$***, **€**, etc.), le symbole **£** se place **avant** le nombre auquel il s'applique :

> ***£86.25***, lu *eighty-six pounds twenty-five*, ou *eighty-six pounds and twenty-five pence.*

> En langue familière, on utilise *quid* (mot invariable) à la place de *pound* : *It only costs ten quid* (Ça ne coûte que dix livres).

• **Monnaie américaine**. L'unité est le ***dollar*** (***$***), qui se subdivise en cent ***cents*** (***c***). Les noms suivants sont utilisés pour les pièces et les billets :

1c	*a penny*
5c	*a nickel*
10c	*a dime*
25c	*a quarter*
$1.00	*a dollar bill*

> Le terme familier pour *dollar* est *buck* : *It costs fifty bucks* (Ça coûte cinquante dollars).

Billets (GB *note*, US *bill*) :

> un billet de dix livres *a ten-pound note*
> un billet de dix dollars *a ten-dollar bill*

> Pour une unité de mille (dollars ou livres), le terme familier est *grand* /grænd/ (mot invariable) :
> *It costs ten grand.* Ça coûte dix mille dollars / livres.

282. *Used to* (1) : *used to* + base verbale

1 L'expression *used to* n'existe qu'au prétérit (elle n'a pas de présent, pas d'infinitif, etc.). Son interrogation et sa négation – qui sont relativement rares – se forment avec *did* : *Did he use(d) to live in London? / He didn't use(d) to live in London.*

> **Prononciation :** le **s** de ***used to*** se prononce /s/ – et non /z/, comme dans le verbe *use* signifiant « utiliser ». Donc, distinguez *He **used to** /'juːstə/ live in London* et *That's the dishtowel I **used** /'juːzd/ to dry the cups* (« C'est le torchon que j'ai utilisé pour essuyer les tasses »).

2 L'expression *used to* sert simplement à indiquer qu'un événement ou une série d'événements ont eu lieu dans le passé, et elle contient en elle-même l'indication « autrefois ». Elle se distingue sur ce dernier point du prétérit simple, qui ne peut pas se passer d'un repère dans le temps. Elle est rarement accompagnée d'un complément de temps du type *yesterday* ou *last year.*

*He **used to live** in London.* Il habitait / a habité Londres autrefois.
*There **used to be** a pub there.* Autrefois il y avait un pub à cet endroit-là.

L'expression *used to* n'exprime pas en elle-même une habitude. Cependant, elle peut – tout comme le prétérit simple – être utilisée pour un fait habituel situé dans le passé, et c'est alors le contexte qui indique l'idée d'habitude :

*He used to drink a glass of milk **every morning**.* Il buvait un verre de lait tous les matins.

Construisez des affirmations, des négations ou des questions en vous servant des éléments proposés, et, lorsque c'est possible, en utilisant *used to* + infinitif, puis traduisez en français.

1. I / BE afraid of / the dark. 2. She / not LIKE / fish. 3. You / WORK / in Geneva? 4. Forty years ago / my grandparents / WALK to work / every day. 5. Where / you / WORK?

283. Used to (2) : be used to + V-ing et be used to + nom ou pronom

1 Il ne faut pas confondre *be used to something*, qui signifie « être habitué à quelque chose », avec *used to* (▶ 282), qui n'a pas le même sens, et qui a une forme très différente. Le seul point commun entre les deux expressions est l'utilisation de *used to*, prononcé /'juːstə/ dans les deux cas.

2 *Be used to* est suivi soit d'un verbe en *-ing* soit d'un nom ou pronom :

*She **is used to getting** up early.* Elle a l'habitude de se lever de bonne heure.
*He **is used to the cold / to it**.* Il est habitué au froid / Il y est habitué.

3 L'élément BE avec lequel *be used to* est formé peut être au présent (exemples ci-dessus), au prétérit, précédé d'un modal, etc. :

*They **were used to being** criticised.* Ils étaient habitués à ce qu'on les critique.
*He **must be used to living** in such dreadful conditions.* Il doit être habitué à vivre dans des conditions aussi épouvantables.

4 Même lorsque *be used to* peut se traduire en français par « avoir l'habitude de », il exprime une habitude qui est plus ou moins subie (sens de « être habitué à »).

Pour exprimer une habitude de façon neutre, on peut utiliser tout simplement le présent ou le prétérit simples associés à des adverbes ou compléments de temps tels que *usually* ou *every day* : *He takes the bus every morning*, « Il prend le bus tous les matins ». (Sur les différentes façons d'exprimer une habitude ▶ **104 Habitude**)

5 L'expression *get used to*, elle aussi suivie d'un verbe en *-ing* ou d'un nom / pronom, signifie « s'habituer à » :

*I'll never **get used to** getting up at five o'clock every morning.* Je ne m'habituerai jamais à ma lever à cinq heures tous les matins.
*After some time he **got used to the noise**.* Après quelque temps il s'est habitué au bruit.

Traduisez en anglais.

1. Avez-vous l'habitude d'être critiqué? 2. Elle a l'habitude de travailler avec des Américains. 3. Nous nous habituons au climat. 4. Je ne m'habituerai jamais à vivre à la campagne. 5. Je n'avais pas l'habitude de tant de circulation. 6. Il ne s'est jamais habitué à son nouveau patron.

284. Verbe + *and* + verbe

Les verbes et expressions concernés sont essentiellement ***try***, ***wait***, ***be sure***, ***come***, ***go*** et ***stay*** :

Try and behave *yourself!* Essaie de te conduire convenablement !
Wait and see *what happens.* Attends de voir ce qui se passe.
Be sure and call *them tomorrow.* N'oublie pas de les appeler demain.
Come and look *at this!* Viens voir ça !
You should ***go and ask*** *them.* Tu devrais aller le leur demander.
Perhaps I could ***stay and help*** *you.* Je pourrais peut-être rester vous aider.

• *Try*, *wait* et *be sure* n'admettent cette construction que lorsqu'ils sont sous leur forme de base (c'est-à-dire notamment à l'impératif et à l'infinitif avec ou sans *to*).
• En anglais américain, on omet habituellement *and* après *come* et *go* : *Come look at this! / You should go ask them.*

285. Verbes à complément direct (= sans préposition)

Certains verbes ont un complément direct en anglais (sans préposition), alors que leurs équivalents français ont un complément indirect (avec préposition) :

Le sergent **a obéi <u>à</u> son colonel.** complément indirect	*The sergeant* ***obeyed his colonel.*** complément direct

Liste de verbes courants de ce type :

answer	répondre à
approach	s'approcher de
ask sb	demander à qqn
play	jouer de/à (instrument, sport)
attend	assister à qqch.
remember	se souvenir de
enter	entrer dans
renounce	renoncer à
expect	s'attendre à
resist	résister à
fit	aller à qqn (vêtement)
lack	manquer de

suit	bien aller à qqn (vêtement)
need	avoir besoin de
survive	survivre à
obey	obéir à
trust	faire confiance à
oppose	s'opposer à
use	se servir de

Le complément d'objet direct se place au contact du verbe, et n'en est séparé ni par des adverbes ni par d'autres compléments, à la différence de ce qui se produit souvent en français :

She speaks English ***well****.* Elle parle **bien** anglais.

The engineer explained the workings of the engine ***to the children****.* L'ingénieur a expliqué **aux enfants** le fonctionnement du moteur.

Dans quelques cas, l'ordre des termes est inverse entre l'anglais et le français :
Ça lui plaît. *He enjoys it.*
Elle lui manque. *He misses her.*

Presque tous les verbes français peuvent s'employer sans complément, mais ce n'est pas le cas en anglais :

Tu as aimé ? *Did you like* ***it****?*

Je ne supporte pas. *I can't stand* ***it****.*

En anglais, il faut :

– soit fournir un complément comme *it* ou *that* : Je prends → *I'll take* ***it*** / Je déteste → *I hate* ***that****.*

– soit utiliser BE + un adjectif : Ça surprend → *It's surprising.*

D'autres solutions sont possibles : Vous permettez ? → *May I?*
Seuls quelques verbes anglais permettent l'omission du complément quand ce que désigne l'objet est évident :
Peggy can drive (a car). Peggy sait conduire.
Quelques autres verbes de ce type : *write, smoke, sing, read, play, pay, paint, leave, drive, drink, approach*

Pour d'autres cas où il n'y a pas de complément ▶ 227 Pronoms réfléchis et réciproques.

▶ 29 Ask ; 15 Adverbes (2) : position.

Traduisez en anglais.

1. Emma n'obéit jamais à sa grand-mère. 2. Tu te souviens de son nom ? 3. Demande à un agent. 4. Ken ne résiste jamais à la tentation. 5. Seulement trois cent personnes ont survécu au tremblement de terre. 6. Ken joue très bien au tennis.

286. Verbes à complément indirect (= avec préposition)

Certains verbes anglais ont un complément indirect (avec préposition), alors que le verbe français de sens correspondant a un complément direct (sans préposition).

Il cherchait ses clés.	*He **was looking for his keys**.*
complément direct	complément indirect

Liste de verbes courants de ce type :

account for sth	expliquer
admit to sth	avouer
aim at sth	viser
look at sth	regarder
ask for sth	demander qqch
look for sth	chercher
deal with sth	traiter
pay for sth	payer qqch
hope for sth	espérer
stare at sth	regarder fixement
listen to sth	écouter
wait for sth	attendre

Parfois, la préposition est inattendue par rapport à la préposition du français :

*They live **on** milk and bread.* Ils vivent **de** lait et de pain.

Quelques autres verbes de ce type : *look after sth* (s'occuper de), *complain about sth* (se plaindre de), *part with sth* (se séparer de), *feed on sth* (se nourrir de qqch), *rely on sb* (faire confiance à).

En anglais, le complément d'objet **indirect** peut devenir le sujet d'une construction au passif :

They paid for the meal. / The meal was paid for. On / Quelqu'un a payé le repas.

▶ aussi 196 Passif (3).

Traduisez en anglais.

1. Je ne regarde jamais les pages sportives. 2. L'homme s'est approché de moi dans la rue et s'est plaint de mon chien. 3. Comment expliques-tu cette énorme éraflure sur la voiture ? 4. Pourriez-vous traiter ce dossier avant midi ? 5. À l'époque, ils se nourrissaient presque uniquement de pâtes mais espéraient des jours meilleurs.

287. Verbes à deux compléments (1) : type *give* et type *order*

Il s'agit de verbes qui admettent **deux constructions différentes** pour leurs compléments.

1 Type *give* (*Ken* ***gave*** ***the photo*** ***to*** ***Lyn*** et *Ken* ***gave*** ***Lyn*** ***the photo***)

La première construction (*Ken* ***gave the photo to Lyn***, « Ken a donné la photo à Lyn ») ressemble à la construction française. Elle place le « bénéficiaire » à la fin, et utilise une préposition (***to***).

La seconde construction (*Ken* ***gave Lyn the photo***), qui a le même sens, est plus utilisée que la première. Elle n'a pas d'équivalent en français. Elle met les deux compléments l'un à la suite de l'autre (le « bénéficiaire » en premier), sans préposition.

> Il ne faut pas mélanger les deux constructions : ~~*He gave to Lyn the photo*~~ n'est pas possible.

Constructions avec des pronoms :

He gave ***her the photo***. Il lui a donné la photo.
He ***gave it to Lyn***. Il l'a donnée à Lyn.
He ***gave it to her***. Il la lui a donnée.

Quand le complément qui représente l'objet donné / apporté / prêté / etc. est un **pronom**, **seule la construction avec *to* est possible**.

Verbes courants du type *give*

bring	apporter
lend	prêter
pass	faire passer
promise	promettre
send	envoyer
show	montrer
teach	enseigner

Cas particulier du verbe *tell* : ▶ 237 ***Say*** et ***tell***.

Concernant les constructions passives des verbes du type ***give*** ▶ 197 Passif (4).

> Complétez à l'aide des deux compléments proposés.
>
> 1. *Her father promised … (a new watch / her)* 2. *I'm sending … (postcards / all my friends)* 3. *Could you pass … (this message / him)?* 4. *He never lends … unless he has to. (anybody / any money)* 5. *Don't tell …, will you? (our secret / Mary)*

2 Type *order* (*Ken* ***ordered*** ***a beer*** ***for*** ***Lyn*** et *Ken* ***ordered*** ***Lyn*** ***a beer***)

Ken ***ordered a beer for Lyn***. Ken a commandé une bière pour Lyn.

Ken ***ordered Lyn a beer***. (même sens)

Les verbes de ce type se différencient des verbes du type ***give*** sur deux points : (a) ils se construisent avec la préposition ***for***, et (b) ils n'ont qu'une construction passive (▶ **197 Passif (4)**).

Verbes courants du type *order*

buy	acheter
cook	cuisiner
keep	garder
knit	tricoter
play	passer (DVD, etc.)
make	fabriquer
reserve	réserver

> Complétez à l'aide des deux compléments proposés.
>
> *1. Philip made … (supper / his parents) 2. I'll book … through the Internet. (places / us) 3. Will you cook …? (omelette / me) 4. Priscilla's knitting (a pair of socks / the baby) 5. I have bought … (this CD / Martine)*

288. Verbes à deux compléments (2) : type *explain* et type *refuse*

Ces verbes n'admettent qu'**une construction**, différente dans le cas de *explain* et dans celui de *refuse*.

1 Type *explain* (*Ken explained* ***the situation*** ***to*** ***Lyn***)

C'est seulement en apparence que ces verbes ressemblent à ceux du type ***give***. Contrairement à ces derniers, ils n'ont qu'une construction, qui fait obligatoirement intervenir une **préposition**.

Avec ces verbes, il ne faut donc pas imiter la construction française du type « Il lui a expliqué la situation » : on ne peut pas dire ~~*He explained her / He explained Lyn the situation*~~ (et pas davantage ~~*He explained to her / to Lyn the situation*~~). Il faut dire :

He explained ***the situation to her*** / ***to Lyn.***

Ils se construisent soit avec la préposition ***to*** (c'est le cas de ***explain***), soit avec une autre préposition (*He borrowed ten euros* ***from*** *me*, « Il m'a emprunté dix euros »). Il faut donc, pour tous ces verbes, faire attention non seulement à l'ordre des compléments mais aussi au **choix de la préposition**.

Les verbes construits avec ***from*** (▶ la liste ci-dessous), comme *borrow*, comportent un risque d'erreur particulier (mais facilement évitable). Ils ont des équivalents français qui sont trompeurs, car construits avec la préposition « à », qu'il ne faut pas traduire par *to* : on utilise en anglais, de façon tout à fait logique, la préposition ***from***, qui indique **l'origine**.

Verbes courants du type *explain* :

• avec **to** : *announce sth to sb, describe sth to sb* (décrire), *explain sth to sb, say sth to sb, suggest sth to sb, supply sth to sb* (fournir).

• avec **from** : *borrow sth from sb* (emprunter qqch. à qqn), *buy sth from sb* (acheter qqch. à qqn [qui le vend]) , *steal sth from sb* (voler qqch. à qqn), *take sth from sb* (prendre qqch. à qqn).

• avec **for** : *ask sb for sth* (▶ aussi 29), *blame sb for sth* (reprocher qqch. à qqn), *thank sb for sth* (remercier quelqu'un de / pour qqch.) , *provide sth for sb* (fournir).

• avec **of** : *accuse sb of sth, remind sb of sth* (rappeler qqch. à qqn), *rob sb of sth* (voler qqn, en lui prenant qqch.).

• avec **with** : *trust sb with sth* (confier), *provide sb with sth* (fournir), *serve sb with sth* (servir qqch. à qqn) , *supply sb with sth* (fournir).

• avec **on** : *blame sth on sb* (rendre qqn responsable de qqch.), *congratulate sb on sth* (féliciter).

On peut observer que certains verbes (*blame, provide* et *supply*) ont deux constructions, avec des prépositions différentes selon l'ordre adopté.

Complétez à l'aide des deux compléments proposés.

1. You can certainly borrow ... (it/ her) 2. Why didn't she ask ... (John / the catalogue)? 3. They blamed ... (the mistake / the new accountant) 4. Her face reminded ... (a friend of his / Ken) 5. Will you explain (how it works / me)? 6. We can provide ... (immediate service / you) 7. I had to ask ... (an explanation / him) 8. I really must thank ... (her / her help)

2 Type *refuse* (*They refused Ken a work permit*)

Ces verbes n'ont qu'une construction. Leurs deux compléments sont placés l'un à la suite de l'autre, **sans préposition**. Il ne faut donc pas imiter la construction des équivalents français, qui dans certains cas utilisent la préposition « à » :

*They **refused** **Ken** **a work permit***. Ils ont refusé un permis de travail à Ken.

Verbes courants du type *refuse* : *charge sb sth* (faire payer [une somme d'argent] à qqn), *cost sb sth* (coûter [une somme d'argent] à qqn), *envy sb sth* (envier qqch. à qqn), *wish sb sth* (souhaiter qqch. à qqn).

Concernant les constructions passives des verbes du type ***explain*** et du type ***refuse*** ▶ 197 Passif (4).

Traduisez en anglais.

1. Il m'a refusé une augmentation de salaire. 2. Nous te souhaitons un joyeux anniversaire. 3. Ils vont nous faire payer au moins 70 dollars. 4. Nous ne lui envions pas son succès. 5. Ce cadeau m'a coûté les yeux de la tête.

289. Verbes composés (1) : fonctionnement

Pour former des verbes composés, l'anglais utilise soit (1) des **particules** (ou **particules verbales**) soit (2) des **prépositions**.

Le problème de tous ces verbes est que leur sens n'est pas toujours transparent, et que les deux sortes ne se comportent pas de la même manière.

1 Verbes à particule (aussi appelés *phrasal verbs*)

En ajoutant une **particule verbale** à un verbe, on obtient un sens nouveau, souvent difficile à prévoir.

Il y a des **verbes à particule sans complément** :

The car ***broke down***. La voiture est tombée en panne.

Il y a aussi des **verbes à particule avec complément** :

Look up *that word*. Cherche ce mot (dans le dictionnaire).

On peut aussi, avec certains verbes, avoir l'ordre « verbe + complément + particule » :

Look *that word* ***up***. *Cherche ce mot.*

Mais quand le complément est un pronom personnel, l'ordre « verbe + particule + complément » est obligatoire :

Look it up *on the Web*. Cherche-le sur le Web.

2 Verbes prépositionnels

De même, en ajoutant la suite **préposition + nom** à un verbe, on obtient des sens parfois imprévisibles. Par exemple, si on ajoute au verbe *come* (= venir) la préposition *across*, le sens change complètement :

He had never ***come across*** *that word*. Il n'avait jamais rencontré ce mot.

L'ordre est obligatoirement **verbe + préposition + complément**, même s'il y a un pronom :

If you ***come across it****, tell me*. Si vous le rencontrez, prévenez-moi.
The inspector ***looked up the chimney*** / ***looked up it***. L'inspecteur a regardé [vers le haut] dans le conduit de la cheminée / a regardé dedans.

Prononciation : particules et prépositions

- **Verbes à particule** : les formes orales associent la **particule** au **verbe**, et l'**accentuent** toujours. Exemple (le signe ' indique que la syllabe qui suit est accentuée) :

He 'looked 'up the 'word in the 'dictionary. Il a cherché le mot dans le dictionnaire.

- **Verbes prépositionnels** : les formes orales associent la **préposition** au **complément**, et elle n'est généralement **pas accentuée**. Exemple :

He '<u>looked</u> <u>up the</u> '<u>chimney</u>. Il a regardé dans le conduit de la cheminée.

3 Verbes à particule prépositionnels

Particule et **préposition** peuvent être combinées :

They had to ***put up with*** *his disgraceful behaviour.* Il a fallu qu'ils acceptent son comportement indigne.(Ici, c'est l'ensemble indissociable *put up with* qui constitue le sens.)
They have given up (on the idea). Ils ont renoncé (à l'idée). (Ici, la préposition *on* permet d'ajouter un complément.)

290. Verbes composés (2) : verbes à particule et verbes prépositionnels courants

Résumé des types de verbes composés

A. **Verbes à particule**

A1. V + particule : *The car broke down.* La voiture est tombée en panne.

A2. V + particule + complément : *Look up that word.* Cherche ce mot.
V + complément + particule : *Look it up.* Cherche-le.

B. **Verbes prépositionnels**

V + préposition + complément : *He had never come across that word.* Il n'avait jamais rencontré ce mot.

C. **Verbes à particule + groupe prépositionnel**

V + particule + préposition + complément : *They put up with his disgraceful behaviour / with it.* Ils ont accepté sa conduite scandaleuse / l'ont acceptée.

A. Quelques verbes à particule courants

A1. Verbe + particule (sans complément)	
break down (tomber en panne)	***go on*** (continuer)
carry on (continuer)	***look out*** (faire attention)
catch on (comprendre, se répandre)	***make off*** (s'en aller)
come off (réussir)	***run out*** (s'épuiser)
come up (se produire)	***stand out*** (se remarquer)
fall through (échouer)	***turn out*** (venir, être présent)
give in (céder)	***turn up*** (arriver, se produire)

A2. Verbe + complément + particule OU BIEN Verbe + particule + complément		
bring about (provoquer)	***look up*** (chercher [dans dictionnaire, etc.])	***sum up*** (résumer)
bring off (réussir, mener à bien)	***make out*** (comprendre)	***take over*** (s'emparer de)
bring up (évoquer)	***make up*** (inventer)	***take up*** (entreprendre)
call off (annuler)	***put forward*** (avancer)	***turn down*** (refuser)
carry on (continuer)	***put off*** (dégoûter, retarder)	***turn out*** (produire)
carry out (accomplir)	***put up*** (loger)	***write off*** (abandonner, exclure)
find out (découvrir)	***rule out*** (exclure)	***work out*** (calculer)
give up (renoncer à)		

B. Quelques verbes prépositionnels courants : verbe + préposition + complément

come across (trouver par hasard)	***do without*** (se passer de)	***look into*** (examiner)
come to (en venir à)	***look after*** (s'occuper de)	***run into*** (rencontrer)
do with (se débrouiller)	***look for*** (chercher)	

C. Quelques verbes à particule prépositionnels courants : verbe + particule + préposition + complément

catch up with sb (rattraper)	***make up for sth*** (compenser)
come down to sth (se résumer à)	***put up with sth / sb*** (supporter)
get on with sth (continuer)	***run out of sth*** (ne plus avoir)
look forward to sth (attendre avec impatience)	

Traduisez en français.

1. *I've run out of milk and I can't do without it.* 2. *Have you come up with any new ideas?* 3. *I'm looking forward to that day.* 4. *They had turned down our offer of a merger, which turned out to be a good thing for our middle management.* 5. *I hate air-conditioning but I'm going to have to put up with it.*

291. Verbes de perception + infinitif sans *to* ou V-*ing*

1 Opposez les deux phrases suivantes, qui peuvent toutes les deux avoir pour équivalent français « Ken a vu Betty traverser la place » :

Ken saw Betty ***cross*** *the square.*
Ken saw Betty ***crossing*** *the square.*

La première phrase implique que Ken a vu la totalité de l'action consistant à traverser la place. La seconde, par contre, situe l'action de voir pendant le déroulement de l'action de traverser la place, et par conséquent elle ne nous dit pas si Betty a fini ou non de traverser la place. (Elle équivaut à « Ken a vu Betty en train de traverser la place ».)

Les verbes qui permettent ces deux constructions, avec la même différence de sens, sont essentiellement *see, watch* (regarder, observer), *observe, notice* (remarquer), *hear* (entendre), *listen to* (écouter), *feel* (sentir [par le toucher]), *smell* (sentir [par l'odorat]). Autres exemples :

I heard him ***close*** *the door.* Je l'ai entendu fermer la porte.
I heard them ***quarelling***. Je les ai entendus se disputer.

2 Lorsque le verbe de perception est mis au **passif**, cela entraîne un changement pour la première construction : le verbe de la proposition qui suit est obligatoirement à **l'infinitif avec *to***. Exemple :

Betty was seen ***to cross the square***. On a vu Betty traverser la place.

Il n'y a pas de changement, par contre, pour la construction en V-*ing* :

Betty was seen ***crossing the square***. On a vu Betty traverser la place.

292. Verbes irréguliers

Lorsqu'une forme régulière existe aussi, elle est indiquée par la lettre R.

Les verbes composés irréguliers ne sont pas inclus dans cette liste quand leur sens se déduit facilement du sens de chacun des éléments.

Une traduction est donnée pour chaque verbe, mais seulement **à titre indicatif**. Très souvent, cette traduction n'est pas la seule possible.

Présent	Prétérit	Participe passé	
bear /beə/	*bore*	*borne*	porter
beat	*beat*	*beaten*	battre
become	*became*	*become*	devenir
begin /bɪˈgɪn/	*began*	*begun*	commencer
bend	*bent*	*bent*	courber

bet	*bet*, R	*bet*, R	parier
bind	*bound*	*bound*	lier
bite	*bit*	*bitten*	mordre
bleed	*bled*	*bled*	saigner
blow	*blew* /blu:/	*blown*	souffler
break /breɪk/	*broke*	*broken*	casser
breed	*bred*	bred	élever
bring	*brought* /brɔ:t/	*brought*	apporter
build /bɪld/	*built*	*built*	bâtir
burn	*burnt*, R	*burnt*, R	brûler
burst	*burst*	*burst*	éclater
buy	*bought*	*bought*	acheter
cast	*cast*	*cast*	lancer
choose /tʃu:z/	*chose* /tʃu:z/	*chosen* /tʃəʊzn/	choisir
come	*came*	*come*	venir
cost	*cost*	*cost*	coûter
creep	*crept*	*crept*	ramper
cut	*cut*	*cut*	couper
deal /di:l/	*dealt* /delt/	*dealt*	distribuer
dig	*dug*	*dug*	creuser
do	*did*	*done*	faire
draw	*drew*	*drawn*	tirer
dream	dreamt /dremt/, R	dreamt, R	rêver
drink	*drank*	*drunk*	boire
drive	*drove*	*driven*	conduire
eat	*ate* /et/ (GB), /eɪt/	*eaten*	manger
fall	*fell*	*fallen*	tomber
feed	*fed*	*fed*	nourrir
feel	*felt*	*felt*	(res)sentir
fight	*fought*	*fought*	combattre

find	*found*	*found*	trouver
fit	R, US aussi *fit*	R, US aussi *fit*	convenir (dimension)
fling	*flung*	*flung*	lancer avec force
fly	*flew*	*flown*	voler (dans les airs)
forbid	*forbad(e)*	*forbidden*	interdire
forecast	*forecast*	*forecast*	prédire
forget	*forgot*	*forgotten*	oublier
forgive	*forgave*	*forgiven*	pardonner
freeze	*froze*	*frozen*	geler
get	*got*	*got*, (US) *gotten*	obtenir
give	*gave*	*given*	donner
go	*went*	*gone*	aller
grind	*ground*	*ground*	moudre
grow	*grew*	*grown*	pousser, croître
hang	*hung*	*hung*	pendre (R dans le sens de « tuer par pendaison »)
hear	*heard*	*heard*	entendre
hide	*hid*	*hidden, hid*	cacher
hit	*hit*	*hit*	frapper
hold	*held*	*held*	tenir
hurt	*hurt*	*hurt*	blesser
keep	*kept*	*kept*	garder
kneel	*knelt*, R	*knelt*, R	être à genoux
knit	*knit, R*	*knit, R*	tricoter
know	*knew*	*known*	connaître
lay	*laid* /leɪd/	*laid*	poser à plat
lead /li:d/	*led*	*led*	mener
lean /li:n/	*leant* /lent/, R	*leant*, R	incliner
leap /li:p/	*leapt* /lept/, R	*leapt*, R	sauter

learn	*learnt*, R	*learnt*, R	apprendre
leave	*left*	*left*	quitter
lend	*lent*	*lent*	prêter
let	*let*	*let*	laisser
lie	*lay*	*lain*	être couché
light	*lit*, R	*lit*, R	éclairer
lose /luːz/	*lost*	*lost*	perdre
make	*made*	*made*	faire
mean	*meant* /ment/	*meant*	signifier
meet	*met*	*met*	rencontrer
mow /məʊ/	*mowed*	*mown*, R	faucher, tondre
pay	*paid* /peɪd/	*paid*	payer
put	*put*	*put*	mettre
quit	*quit*, R	*quit*, R	arrêter, cesser
read /riːd/	*read* /red/	*read* /red/	lire
rend	*rent*	*rent*	déchirer
ride	*rode*	*ridden*	être à cheval
ring	*rang*	*rung*	sonner
rise	*rose*	*risen*	s'élever
run	*ran*	*run*	courir
say	*said* /sed/	*said* /sed/	dire
see	*saw*	*seen*	voir
seek	*sought*	*sought*	rechercher
sell	*sold*	*sold*	vendre
send	*sent*	*sent*	envoyer
set	*set*	*set*	placer
shake	*shook* /ʃʊk/	*shaken*	secouer
shed	*shed*	*shed*	répandre
shine	*shone* /ʃɒn/	*shone*	briller (R dans le sens de « faire briller »)

shit	*shit, shat,* R	*shit, shat,* R	chier
shoot /ʃuːt/	*shot*	*shot*	faire feu, tirer
show	*showed*	*shown,* R	montrer
shrink	*shrank, shrunk*	*shrunk*	rétrécir
shut	*shut*	*shut*	fermer
sing	*sang*	*sung*	chanter
sink	*sank*	*sunk*	couler (embarcation)
sit	*sat*	*sat*	être assis
sleep	*slept*	*slept*	dormir
slide	*slid*	*slid*	glisser
sling	*slung*	*slung*	lancer avec force
slink	*slunk*	*slunk*	se déplacer furtivement
slit	*slit*	*slit*	fendre, inciser
smell	*smelt,* R	*smelt,* R	sentir
speak	*spoke*	*spoken*	parler
spell	*spelt,* R	*spelt,* R	épeler
spend	*spent*	*spent*	dépenser
spill	*spilt,* R	*spilt,* R	répandre (par mégarde)
spin	*span, spun*	*spun*	(faire) tourner vite
spit	*spat, spit*	*spat, spit*	cracher
split	*split*	*split*	fendre
spoil	*spoilt,* R	*spoilt,* R	gâter
spread /spred/	*spread*	*spread*	répandre, étaler
spring	*sprang, sprung*	*sprung*	bondir
stand	*stood* /stʊd/	*stood*	être debout
steal	*stole*	*stolen*	voler (qqch.)
stick	*stuck*	*stuck*	coller
sting	*stung*	*stung*	piquer

stink	*stank, stunk*	*stunk*	sentir mauvais
strike	*struck*	*struck*	frapper
swear	*swore*	*sworn*	jurer
sweep	*swept*	*swept*	balayer
swell	*swelled*	*swollen* /'swəʊlən/, R	enfler
swim	*swam* /swæm/	*swum*	nager
take	*took*	*taken*	prendre
teach	*taught*	*taught*	enseigner
tear /teə/	*tore*	*torn*	déchirer
tell	*told* /təʊld/	*told*	dire
think	*thought*	*thought*	penser
throw	*threw*	*thrown*	lancer
tread /tred/	*trod*	*trodden, trod*	fouler
understand	*understood*	*understood*	comprendre
upset	*upset*	*upset*	renverser, bouleverser
wake	*woke* /wəʊk/, R	*woken*, R	réveiller
wear /weə/	*wore* /wɔ:/	*worn*	porter (un vêtement)
win	*won* /wʌn/	*won* /wʌn/	gagner
write	*wrote*	*written*	écrire

293. Voler

Il faut distinguer entre « voler quelque chose » et « voler quelqu'un ».

1 « Voler quelque chose (à quelqu'un) » → ***steal sth (from sb)***

Les Dalton ont volé 50 000 dollars au fermier MacIntosh / à la banque. *The Dalton brothers have stolen 50,000 dollars from farmer MacIntosh / from the bank.*

2 « Voler quelqu'un » → ***rob sb***

Les Dalton ont volé le fermier MacIntosh / la banque. *The Dalton brothers have robbed farmer MacIntosh / the bank.*

On peut ajouter un complément en *of* :

Les Dalton ont volé au fermier MacIntosh la plupart de ses chevaux. *The Dalton brothers have robbed farmer MacIntosh of most of his horses.*

3 « Se faire voler (qqch) »

Il s'est fait voler. *He's been robbed.*
Il s'est fait voler son vélo. *He's had his bicycle stolen.*

▶ 197 Passif (4) et 92 Faire faire.

Complétez à l'aide de *rob (of)* ou *steal* à la forme ou au temps adéquat.

1. He ... some money out of his mother's purse yesterday. 2. Someone ... just ... our neighbours. 3. Call the police! Our silver .... 4. Do you know who your neighbours ... by? 5. They ... our neighbours of all their paintings last week. 6. Don't worry! Nothing .... 7. Our neighbours may have their paintings ..., if they don't put in a burglar alarm.

294. Way

Way s'emploie comme adverbe pour intensifier, **en langue familière**.

The film is ***way*** *too long.* Le film est cent fois trop long.
Going by train is ***way*** *cheaper.* Le train, c'est infiniment moins cher.
He was a real star ***way*** *back in the sixties.* C'était une vraie star, en ce temps-là, les sixties.
She finished the race ***way*** *behind the leaders.* Elle a fini la course très loin du groupe de tête.

295. While

1 *While* (nom dénombrable) = une période de temps

for a while pendant un certain temps
after a while au bout d'un certain temps
in a short while dans peu de temps, dans un moment, tout à l'heure
a while ago il y a quelque temps, tout à l'heure
once in a while de temps en temps
They spent a while at the museum. Ils ont passé quelque temps au musée

2 While (conjonction)

• = « Pendant que » :

The explosion occurred ***while*** *Mrs Kowalski fuelled her stove.* L'explosion s'est produite alors que Mme Kowalski garnissait son poêle.
She met a young Italian last year ***while*** *studying in Florence.* Elle a rencontré un jeune Italien pendant ses études à Florence.

While, qui introduit une proposition (donc un verbe), a un rôle parallèle à celui de *during* suivi d'un nom (*during her stay in Florence*).

• = « Tandis que » (marquant une opposition) :

While Herbert is hopeless at science, his sister Maggie is absolutely brilliant. Alors que Herbert ne vaut rien en sciences, sa sœur Maggie est géniale.

3 L'adverbe *meanwhile* = pendant ce temps

*Dinner won't be ready until 8 o'clock. **Meanwhile**, let's have a drink.* Le dîner ne sera pas prêt avant huit heures. En attendant, prenons l'apéritif.

▶ 273 Time.

296. Will / would (1) : généralités

Will et ***would*** sont la forme **présent** et la forme **prétérit** du modal WILL. Sur les caractéristiques générales des modaux (pas de -s à la 3e personne du singulier du présent, etc.) ▶ **152**.

	Formes écrites	Formes orales
Présent	*will, 'll*	/wɪl/, /w(ə)l/, /əl/, /l/
Présent + négation	*will not* *won't*	 GB /wəʊnt/, US /woʊnt/
Prétérit	*would, 'd*	/wʊd/, /wəd/, /əd/, /d/
Prétérit + négation	*would not* *wouldn't*	 /'wʊdənt/

WILL peut avoir des significations en apparence très différentes : expression d'un futur, d'une volonté, d'une habitude, etc. Il y a toutefois un lien entre toutes ces significations, et il est parfois difficile de les différencier les unes des autres. Ainsi, si l'on dit à quelqu'un *I'll explain that to you tomorrow* (« Je t'expliquerai ça demain »), on exprime à la fois un futur et une volonté. Pour comprendre la façon dont les divers sens de WILL sont liés les uns aux autres, il n'est pas inutile de savoir qu'il vient d'un verbe de l'anglais ancien qui signifiait « vouloir » : toutes les significations qu'il a aujourd'hui proviennent plus ou moins directement de ce sens.

297. Will / would (2) : futur

1 WILL exprime un futur qui peut consister en une prédiction, ou qui peut être fondé sur une volonté (acceptation, décision, etc.) de la part du sujet grammatical :

*I think it'**ll** rain tomorrow.* Je pense que demain il pleuvra. (prédiction)
*Give me that box, I'**ll** open it for you.* Donne-moi cette boîte, je vais te l'ouvrir. (volonté)

Ken ***will*** *stay here, I think.* Ken va rester ici, je pense. (prédiction, ou volonté de Ken)

I ***won't*** *stay one minute longer!* Je ne resterai pas une minute de plus ! (volonté encore, mais négative)

[dans un magasin] *Yes, they're nice.* ***I'll*** *take the blue one.* Oui, ils sont bien. Je prends le bleu. (décision)

On le voit, l'équivalent français de ce *will* n'est pas toujours le futur simple : souvent, il vaut mieux traduire par « aller + infinitif », et parfois par le présent simple (▶ aussi **218 Présent français**).

On emploie le **présent**, et non *will*, dans les **subordonnées de temps**, et plus généralement dans les subordonnées qui sous-entendent une forme ou autre de **condition suffisante** par rapport à leur principale :

I'll call you as soon as I ***get*** *there.* Je vous appellerai dès que j'**arriverai**. (j'arrive → je vous appelle)

I'll do what I ***like***. Je ferai ce qui me **plaira**. (ceci me plaît → je fais ceci)

The louder you ***shout*** *the less they'll understand.* Plus vous **crierez** fort, moins ils comprendront (vous criez plus fort → ils comprennent moins)

2 Dans certains cas, on ajoute BE + -ING à WILL (forme ***will be … -ing***). L'emploi ou le non-emploi de BE + -ING permet de faire la distinction entre le sens de prédiction et le sens de décision ou d'acceptation. Comparez :

Will you call him tonight? Tu lui téléphones / Tu veux bien lui téléphoner ce soir ?

Will you be calling him tonight? Est-ce que tu lui téléphones (= Est-ce que tu as prévu de lui téléphoner) ce soir ?

D'une façon plus générale, on emploie souvent *will be … -ing* avec les verbes exprimant une action qui est « volontaire » de la part du sujet, si l'on veut exprimer simplement un futur du type prédiction : *That's the kind of question your guests will be asking you* (« C'est le genre de questions que vos invités vous poseront »).

3 Dans le cas d'un **discours indirect** situé dans le **passé**, *will* est remplacé par ***would***, et son équivalent français est généralement un « conditionnel temps » (ou « futur dans le passé »). Ainsi, *I* ***think*** *he* ***will*** *stay* (« Je pense qu'il restera ») devient *I* ***thought*** *he* ***would*** *stay* (« Je pensais qu'il resterait »).

Traduisez en anglais.

1. Je serai de retour dans quelques minutes. 2. Demande à Emma, elle saura, elle ! 3. Excuse-moi, j'ai oublié : tu prendras tes congés en août, cette année ? 4. Donnez-moi les lettres. Je vais vous les poster. 5. Si j'ai le choix, j'irai en Suisse. 6. Plus vous réserverez à l'avance, moins cela vous coûtera. 7. Nous dînerons dès que papa arrivera. 8. Ils ont promis que la France enverrait des tentes et des couvertures.

298. *Will / would* (3) : volonté

1 Volonté portant sur un événement futur. Cet emploi est très proche du « futur de volonté » (▶ 297) : il s'en différencie seulement par le fait qu'il privilégie nettement l'idée de volonté par rapport à l'idée de futur. Son équivalent français est en général le verbe « vouloir » :

Will you pass me the remote? Tu veux me passer la télécommande ?
'Can someone help me with the dishes?' 'OK, I will.' « Est-ce que quelqu'un peut m'aider à faire la vaisselle ? – Moi, je veux bien. »

Dans les demandes, l'emploi du prétérit (***would***) est plus poli : ***Would*** *you pass me the remote, please?* (« Tu voudrais me passer la télécommande s'il te plaît ? »).

2 Volonté portant sur un événement présent ou passé. Cet emploi, qui se différencie nettement de l'emploi de futur, n'est possible que dans des contextes négatifs :

I'll have to take the bus. The car ***won't*** *start.* Il va falloir que je prenne le bus. La voiture ne veut pas démarrer.

Dans un récit au passé, *will not / won't* devient ***would not / wouldn't*** (c'est un des rares cas où le prétérit d'un modal exprime un passé de récit) :

As the car ***wouldn't*** *start I had to take the bus.* Comme la voiture n'a pas voulu démarrer, il a fallu que je prenne le bus.

Ce WILL peut également être utilisé dans les subordonnées introduites par *if*, qui interdisent l'emploi d'un WILL de sens futur (▶ 297) : *If you'****ll*** *listen to me I'll explain everything* (« Si vous voulez bien m'écouter je vais tout vous expliquer »).

Traduisez en anglais.

1. Personne ne veut m'écouter. 2. « Qui va amener le chien chez le véto (*vet*) ? – Moi, je veux bien. » 3. Voudriez-vous signer et dater en bas de la page ? 4. Je veux bien installer (*set up*) le matériel (*equipment*) si tu veux. 5. Pourquoi tu ne voulais pas répondre au téléphone hier soir ? 6. Si tu veux bien aider à préparer les légumes, nous pourrons manger à l'heure.

299. *Will / would* (4) : conditionnel (*would*)

Sur l'emploi de *would* pour exprimer un « conditionnel temps » (« futur dans le passé », comme dans « Je pensais qu'il **resterait** ») ▶ **297**, paragraphe 3. Le conditionnel dont il s'agit ici est ce qu'on appelle le **« conditionnel mode »** (celui du français « Si je connaissais la réponse, je vous la donnerais »).

1 Ce *would* est utilisé dans la subordonnée principale des phrases de condition irréelle ou de condition non probable :

*If I knew the answer, I'****d*** *give it to you.* Si je connaissais la réponse, je vous la donnerais. (condition **irréelle** : je ne connais pas la réponse)
*If I won the lottery, I'****d*** *buy myself a new computer.* Si je gagnais le gros lot, je m'achèterais un nouvel ordinateur. (condition **non probable** : il est peu probable que je gagne)

On peut observer que, dans ces phrases, les deux groupes verbaux – celui de la subordonnée et celui de la principale – sont au **prétérit** (***knew*** et ***would / 'd** give* dans la première phrase, ***won*** et ***would / 'd** buy* dans la seconde). À l'inverse, les phrases de condition « neutre » – comme *If I **win** the lottery I'**ll buy** myself a new computer* – sont entièrement au **présent**. Elles expriment une condition sans prendre parti concernant son caractère « vrai » ou « faux ».

2 Le conditionnel passé s'exprime avec *would have* + participe passé :

*If I had known the answer I'**d have given** it to you.* Si j'avais connu la réponse, je vous l'aurais donnée.

Dans la **subordonnée** de condition (introduite par *if*), le passage du conditionnel présent au conditionnel passé entraîne le passage du **prétérit** (*knew*) au **past perfect** (*had known*)

Traduisez en anglais.

1. Si j'avais assez d'argent, je m'achèterais une nouvelle voiture. 2. Si tu faisais un peu plus d'exercice, tu te sentirais bien mieux. 3. Si la voiture n'était pas tombée en panne (*break down*), nous serions arrivés à l'heure (*on time*). 4. Si vous prenez l'Eurostar, vous arriverez en plein centre de Londres. 5. Si je ne m'étais pas garé(e) (*park*) là, je n'aurais pas eu d'amende (*fine*). 6. Tu serais allé te baigner (*go for a swim*), si l'eau avait été plus chaude (*warm*) ?

300. *Will / would* (5) : caractéristique / habitude

1 *Will / 'll*

*When the cat's away the mice **will** play.* Quand le chat n'est pas là les souris dansent. (mot à mot : jouent)

*This engine **will** run on a great variety of fuel.* Ce moteur fonctionne / peut fonctionner avec une grande variété de carburants.

*He'**ll** spend hours playing video games.* Il passe / passera / va passer des heures à jouer à des jeux vidéo.

Dans tous ces emplois, *will* + base verbale pourrait être remplacé par le présent simple, qui peut lui aussi exprimer une habitude. Les deux formes ne sont cependant pas synonymes : *will* exprime une habitude qui est présentée comme caractéristique de la personne / de l'animal / etc. désigné par le sujet.

2 *Would / 'd*

*When she lived in London, she'**d** take the bus every morning.* Quand elle habitait à Londres, elle prenait le bus tous les matins.

*He **would** always ask permission before taking somebody's photograph.* Avant de prendre la photo de quelqu'un, il lui en demandait toujours la permission.

Ce *would / 'd* est fréquemment utilisé, dans les récits de faits passés, pour exprimer une habitude qui est caractéristique de quelqu'un ou d'une période de sa vie.

Remplacez le présent ou le prétérit par le modal WILL ou *would* + base verbale.

1. *He is bad-tempered – as usual!* 2. *Our dog doesn't bite.* 3. *Why do you always criticise me!* 4. *It took us weeks for each new experiment.* 5. *We walked for miles and miles every weekend.*

3 *Will / would* accentués

Dans la langue orale, on peut accentuer *will / would* pour exprimer un sentiment d'agacement ou de désapprobation concernant un comportement habituel :

He ***WILL*** *forget to close the door!* Il faut toujours qu'il oublie de fermer la porte !

She ***WOULD*** *have her own way!* Il fallait qu'elle en fasse à sa tête !

La forme accentuée de *would* peut également être utilisée pour commenter une action passée, en signifiant qu'elle était prévisible et (en général) qu'on la désapprouve :

You ***WOULD*** *go and tell the boss about it, wouldn't you!* Il a fallu que tu ailles raconter ça au patron, hein !

'Ann says it's useless.' 'She ***WOULD****!'* « Ann dit que ça ne sert à rien. – C'est bien elle ! / Ça ne m'étonne pas ! / C'était à prévoir ! »

Dans la langue écrite, l'accentuation de *will* ou de *would* est quelquefois marquée par des italiques ou des majuscules, mais c'est loin d'être toujours le cas, car en général le contexte suffit à indiquer qu'il s'agit de cette forme et de cet emploi particulier.

301. *Will / would* (6) : certitude concernant un fait présent ou passé

*There's a knock at the door. That'****ll*** *be Liz.* On frappe à la porte. C'est certainement Liz.

They're late. They ***will*** *have missed their train once again.* Ils sont en retard. Ils auront encore manqué leur train.

Le prétérit (*would*) peut être utilisé pour exprimer une certitude un peu hésitante :

'Is that your brother in the photo?' 'Yes, that ***would*** *be him.'* « C'est pas ton frère sur la photo ? – Si, c'est certainement lui. »

Traduisez en anglais.

1. C'est certainement une facture d'électricité. 2. Ce n'est certainement pas la première fois qu'il vous ment. 3. Cette jeune femme là-bas… elle n'est pas mannequin par hasard ? 4. Et tes clés ? Tu ne les aurais pas encore perdues, si ?

302. *Wish* : constructions à la suite du verbe *wish*

1 Les trois exemples suivants illustrent les trois constructions qui peuvent suivre le verbe *wish* :

I wish you a happy birthday. Je vous souhaite un joyeux anniversaire.
I wish to speak to the manager. Je souhaite parler au directeur. (style soutenu)
I wish I lived in the country. Je regrette de ne pas habiter à la campagne.

2 Dans la construction illustrée par le 3e exemple, le groupe verbal est obligatoirement au **prétérit**. Ce prétérit a une valeur d'**irréel**, et son emploi s'explique si on fait le rapprochement avec l'expression *If only* ... :

If only I ***lived*** *in the country!* Si seulement j'habitais à la campagne !

Wish a fondamentalement le sens de « souhaiter ». S'il est souvent traduit en français par « regretter + négation » (exemple ci-dessus), c'est parce que le regret est tout simplement un souhait contrarié par la réalité. Quand on utilise « regretter » pour traduire *wish* (ou inversement), il ne faut pas oublier d'inverser le système négation / affirmation : « Je regrette qu'ils n'habitent pas ici » = *I wish they lived here.*

3 Dans l'exemple ci-dessus, la marque du prétérit est portée par un verbe (*lived*). Elle peut également être portée par un auxiliaire :

I wish I ***was*** *wrong!* J'aimerais me tromper ! (La forme *I wish I* ***were*** *wrong* est également possible, dans un style recherché – ▶ **253 Subjonctif**.)
I wish you ***had told*** *me.* Je regrette que vous ne me l'ayez pas dit. (*Had* est ici l'auxiliaire d'un past perfect ayant une valeur d'irréel.)
I wish I ***could*** *telephone her.* Je regrette de ne pas pouvoir lui téléphoner.
I wish he ***would*** *listen!* J'aimerais qu'il écoute ! (Mot à mot : ... qu'il veuille écouter [maintenant ou dans l'avenir].)

303. « Zéro » (quand rien signifie quelque chose)

L'absence (« zéro », représenté ici par Ø) est souvent utilisée pour reprendre quelque chose qui a déjà été mentionné.

1 Reprise d'un nom : pronom zéro

- **Après un génitif :**

Your cooking is excellent, but I prefer my mother's ***Ø****.* Ta cuisine est excellente, mais je préfère celle de ma mère.

S'il y a un adjectif, il faut le pronom ***one*** (uniquement pour du dénombrable) :

This new car looks fine, but my mother's old one still runs very nicely. Cette nouvelle voiture a l'air bien, mais la vieille de ma mère marche encore très bien.

▶ 183 One.

- **Après un déterminant indiquant une quantité ou un nombre :**

  Those oranges were very good, so I bought ***a few / four Ø***. Ces oranges étaient très bonnes, alors j'en ai acheté quelques-unes / quatre.

2 Reprise d'un verbe

On peut reprendre par zéro un verbe et ses compléments éventuels dans les deux cas suivants :

- **À la suite d'un auxiliaire :**

  Most people can't ***read a 600-page book in one day****, but Abigail* ***can Ø***. La plupart des gens ne peuvent pas lire un livre de 600 pages en un seul jour, mais Abigail oui/si.

  On peut changer d'auxiliaire :
  'So you've bought a new car?' 'I haven't Ø yet, but I ***might*** *very soon Ø.'* « Alors tu as acheté une nouvelle voiture ? – Pas encore, mais je pourrais le faire très bientôt. »

- **À la suite d'un *to* de l'infinitif :**

  I asked him to stay, but he didn't want ***to***. (= *to stay*) Je lui ai demandé de rester, mais il n'a pas voulu. (Il ne faut pas omettre le *to* : … ~~but he didn't want~~.)

On trouve ce type d'omission notamment à la suite de *want to, like to, choose to* (choisir de), *intend to, have to, be going to* :

I asked him to stay, but he chose not to ***Ø***. … mais il a choisi de ne pas rester.

Dans certaines subordonnées (notamment les subordonnées de condition, de temps, de manière et les subordonnées introduites par *what*), on omet *to* à la suite des verbes *want, like* et *choose* :

You can pay by credit card ***if you choose***. Vous pouvez payer par carte si vous voulez.
He'll do ***as / what he likes***. Il fera comme il voudra / ce qu'il voudra.

A. Complétez par une reprise à l'aide des éléments entre parenthèses.

B. Traduisez les énoncés obtenus en veillant à y inclure un pronom en français.

1. *My children are too young to go to school but … (not / my sister)* 2. *Nobody has been promoted in this company for years but … (I / next June)* 3. *I don't eat fish every day but … (I / on Fridays)* 4. *My printer wasn't working so … (I / use / have to / Jane's)* 5. *'So, will you lend me that book?' 'Not now, but … ' (I / when I have finished it)*

Corrigés des exercices

1. About, about to

1. She's about to have her baby / give birth to her baby. 2. What I like about Fonsi is his sense of humour. 3. I'll tell you all about it tomorrow. 4. What about opening a bottle of champagne? 5. What are you worrying / worried about? 6. We were just about to call a taxi when you arrived. 7. My parents have retired. How / What about yours?

5. Accentuation (3)

1. *Ask your doctor for a sick note.* 2. *What colour have you bought?* 3. *I'm going to the library.* 4. *The suitcase you're carrying is very heavy.* 5. *We were wondering if you knew his e-mail address.* 6. *She tries to avoid travelling in the tube in the rush hours.*

9. Adjectifs (1) : position

A.
1. *Indian women wear very colourful saris.* 2. *It's an impossible sentence to translate.* 3. *They're the most difficult questions.* 4. *Was it a nice town to visit?* 5. *There's a nearly full bottle in the cupboard.* 6. *London buses are red.*
B.
1. *People simple in their habits live a quiet life.* 2. *David, tired after his work / Tired after this work, David is going straight to bed.* 3. *Some MP's, suspicious of the Government's social policy, voted against.* 4. *My boss, enthusiastic about my idea, has just congratulated me.*

10. Adjectifs (2) : ordre

1. *That cosy new Italian restaurant.* 2. *His old-fashioned aging aunt.* 3. *A dynamic, long-established electrical firm.* 4. *Several cheap deep-frozen tomato pizzas.* 5. *Those poor little black kittens!*

11. Adjectifs (3) : comment ils deviennent des noms

A.
1. *a daily* 2. *one more of the homeless* 3. *the Japanese / the Americans* 4. *among the over-gifted* 5. *to under-eighteens*
B.
1. *He went to a special school for the deaf.* 2. *He met a young English girl and fell in love with her.* 3. *Don't buy the purple one: it's a ghastly / an awful / ugly thing!* 4. *Several of the accused didn't have / hadn't got lawyers.* 5. *She has twenty-eight six-year-olds in her class.*

12. Adjectifs (4) : composés

1. un paquet de sucre de deux livres 2. un livre (qui est) beaucoup lu 3. un professeur formé à l'université 4. une promenade / marche de cinq miles 5. ces assiettes qui passent au lave-vaisselle 6. un Irlandais coléreux 7. des plantes hâtives 8. du lait longue conservation

13. Adjectifs (5) : constructions adjectif + verbe

1. *The boss is liable to refuse.* 2. *We are resigned to living in the suburbs.* 3. *I'm quite willing to drive you to the airport.* 4. *Aren't you impatient to see them?* 5. *They were curious to know why I had a five-year gap in my CV* (US : résumé).

15. Adverbes : position

1. *He often buys his shoes in the sales.* 2. *I don't watch television very much.* 3. *It's a long drive. We could stay somewhere overnight though.* 4. *We've rarely seen him wearing a tie.* 5. *Why do you sometimes have to work late?* 6. *Maybe I'll look for a larger flat.* 7. *I'd like you to look at these statistics carefully.*

16. *Again* et *back*

1. *He's coming back from New York next week.* 2. *I'm going back to Italy as soon as possible.* 3. *It's a promise! / I promise I won't do that (ever) again.* 4. *I'd like to see Paris again before I die.* 5. *Hello Emma! Could you phone / call me back this evening?* 6. *Give it back to me when you have read it.*

17. Âge et autres dimensions

1. *Charlotte will be fourteen in February.* 2. *'This skirting board is five metres long.' 'And how wide is it?'* 3. *At what age do they / people retire in Germany?* 4. *How old were you when you presented your thesis?* 5. *Most of them are twenty-five-year-olds.* 6. *He must be in his sixties at least.* 7. *The lake is six metres deep.*

19. Aller + infinitif (« je vais manger », etc.)

1. *Is it Kevin you want to see? He has gone (out) cycling.* 2. *There's no knowing / It's impossible to know what they meant!* 3. *The plumber has gone (out) to see a customer.* 4. *That was just what I was going to ask you.* 5. *If we don't hurry (up), we'll miss the plane.*

20. Alphabet

1. /ˌpiːtiːˈəʊ/ *Please Turn Over* (tournez SVP) 2. *the* /ˌiːˈjuː/ *European Union* 3. /ˌbiːˈtiː/ *British Telecom* 4. *Washington* /ˌdiːˈsiː/ *District of Columbia* (à distinguer de l'État de Washington) 5. /ˌiːtiːˈeɪ/ *Expected Time of Arrival* (arrivée prévue) 6. *the* /ˌtiːjuːˈsiː/ *Trade Unions Congress* (syndicat ouvrier) 7. /ˌbiːˈeɪ/ *Bachelor of Arts* (licencié ès lettres) 8. /ˌemˈdiː/ *Doctor of Medicine* 9. *an* /ˌiːenˈtiː/ *Ear, Nose and Throat specialist* (ORL) 10. *the* /ˌjuːˈkeɪ/ *United Kingdom* (Royaume-Uni) 11. /ˌaɪˈdiː/ *Identity* 12. *an* /ˌemˈpiː/ *Member of Parliament* (député) 13. /ˌaɪˈiː/ *id est* (c'est-à-dire) 14. /ˌdiːˈdʒeɪ/

23. Après

1. *I parked my car in a back street; then I forgot where I had left it.* 2. *After parking my car in a back street, I went for a walk.* 3. *I parked my car in a back street; two hours later it had disappeared.*

24. Arriver

1. *It's only half past! So we made it to the top / managed to get to the top of the Eiffel Tower in twenty minutes!* 2. *We've got plenty of time. Our visitors won't arrive / won't be arriving until eight o'clock.* 3. *You're late! I arrived / got here a quarter of an hour ago.* 4. *How long have you been / How long ago did you arrive in France?* 5. *Hey! You look worried. What's happened?*

25. Articles (1) *a* / *the* / *Ø* : général ou particulier

1. *Babies often cry at night.* 2. *Do you want tea or coffee?* 3. *The roses in our garden flower very early.* 4. *Health is only one of the problems in this country.* 5. *I collect stamps.* 6. *He doesn't like pop music very much.* 7. *The cigarettes are on the table. Throw them to me.* 8. *Traditional cooking is progressively disappearing in favour of fast food restaurants.*

26. Articles (2) : détails d'emploi de Ø

1. *Which is the best day of the week for you? Is it Saturday?* 2. *Professor Jameson was taken into (US : the) hospital yesterday.* 3. *Now, children, wash your hands before lunch.* 4. *When did man first set foot on the Moon?* 5. *Do you watch soaps on television?* 6. *The house is on the corner. It's number 23.*

27. Articles (3) : détails d'emploi de *a* / *an*

1. *What foolishness / What a silly thing to go out without a coat!* 2. *We mustn't go over 110 kilometres an hour.* 3. *I will never lend such a sum (of money).* 4. *What a fool!* 5. *My best friend is a judge who makes decisions on family affairs.*

28. *As*

1. (temporel) En sortant du métro, elle a glissé et s'est fait mal à la cheville. 2. (comparatif) Je ne cuisine pas aussi bien que ma sœur. 3. (comparaison imaginaire) Ils m'ont accueilli(e) comme si j'étais un membre de la famille royale. 4. (concession) Son discours avait beau être bien préparé, il était plus qu'ennuyeux. 5. (cause) Comme ils / Puisqu'ils refusent de me promouvoir, il est grand temps que je cherche un emploi dans une autre société. 6. (comparaison) Louons une voiture comme nous l'avons fait l'été dernier !

30. Aussi

1. *There was broccoli, spinach and also carrots / and carrots as well / and carrots too.* 2. *The book I've just read is imaginative but also rather sad / but rather sad as well / but rather sad too.* 3. *They confiscated our knives and also our belts / and our belts as well / and our belts too.* 4. *Will you take the duvets to the cleaners and also go to the bank / and go to the bank as well / and go to the bank too?*

32. Avant

1. Avant, j'aimais vivre à la campagne. Maintenant, je préfère la vie citadine / en ville. 2. Ils regardent souvent la télévision le soir, mais avant, ils écoutaient les nouvelles à la radio. 3. Il faut que tu te laves les mains avant de t'asseoir à table. 4. Ils ont revérifié les bagages avant le décollage de l'avion. 5. Les effets de la décision ne se feront pas sentir avant quatre ans.

33. Avoir

1. *Charlotte will soon be 14 (years old).* 2. *I hope you aren't / you're not too hungry?* 3. *I'm very sorry! I was wrong.* 4. *He may be married but he attracts me all the same.* 5. *You really looked exhausted.* 6. *You can trust me.* 7. *'Where does it hurt?' 'I've got toothache.'* 8. *I didn't need an overhead projector.*

34. *Be* (1) : conjugaison

1. *She's very pretty / attractive.* 2. *Your dress is very pretty!* 3. *'Were they American?' 'No (they weren't), they were Canadian.'* 4. *Aren't you tired?* 5. *Be on time!* 6. *Weren't you at the meeting?* 7. *Aren't I a citizen like the others?* 8. *Don't be so obstinate!*

35. *Be* (2)

1. *How old is your daughter? 2. How old can she be? 3. My father was a mechanical engineer. 4. He has already left / gone. 5. You're right! She must be in the boss's office.*

37. *Be + -ing*, ou forme progressive (2)

A.

1. *Only 28% of the population goes to church regularly. 2. Be quiet! I am trying to concentrate. 3. Children watch too much television; consequently they don't get enough exercise. 4. Why aren't you going to the match today? You must be feeling ill.*

B.

1. *I walked into the hotel lobby, called the lift and waited: nothing happened. 2. She turned on the radio; they were playing one of Haydn's symphonies. 3. When we reached 2,000 m above sea level, a heavy mist came down / was coming down and the mountain tops disappeared / were disappearing.* (sens différent selon la forme employée)

38. *Be + -ing*, ou forme progressive (3) : impossibilité

1. *I think you remember Professor Jenkins. 2. We have a very small garden. 3. Do you understand what I mean? 4. Who does this book belong to? 5. She said she didn't like broccoli but she loved all kinds of fruit.*

39. *Be + -ing*, ou forme progressive (4) : autres emplois

1. *I'm never setting foot in his house again! 2. She's being very brave. 3. You are always forgetting to shut the garage door. 4. The Personnel Manager couldn't see me: he was having a meeting with the Unions.*

40. *Be + to* (*am / is / are to ... et was / were to ...*)

1. *All (the) cheques are to be endorsed. 2. We are to launch this product in November. 3. They said we were to re-cycle all our old papers. 4. If you are to win the tournament, you must train six hours a day. 5. And what are we to conclude?*

41. *Be going to*

A.

1. *Are you going to playing bridge this afternoon? 2. They said the war wasn't going to last long. 3. We were going to / had been going to drive there, but the brakes were giving us trouble.*

B.

1. Tu vas jouer au bridge cet après-midi ? 2. Ils ont dit que la guerre n'allait pas durer longtemps. 3. Nous avions l'intention d'y aller en voiture, mais les freins nous causaient des soucis.

42. Beaucoup

1. *He speaks a lot, but he doesn't do much. 2. We have a lot of friends / lots of friends who have a lot of / lots of money. 3. They need much more time. 4. Everybody liked the film a lot / very much. 5. They (have) invited many more people than last time. 6. Do they sell much fruit / a lot / lots of fruit?*

45. *Both*

1. *I take both milk and sugar in my tea.* 2. *He's got two sisters and both of them are at (US : the) university.* 3. *Both points of view are acceptable as far as I'm concerned.* 4. *I want you both / both of you to apologise.* 5. *The play both fascinated and disconcerted me.*

46. C'est…

1. *It was obvious (that) they wouldn't accept / weren't going to accept.* 2. *She's the best-paid actress these days.* 3. *'Who gave you this / that book?' '(It was) my cousins / My cousins did.'* 4. *Who did you see yesterday?* 5. *It was my partner who drew up the contract.* 6. *It's easy for you to speak Spanish, isn't it?* 7. *Stay at home alone? It's the worst thing that could happen to me!*

48. *Can / could* (2) : aptitude / possibilité physique

1. *Can you read without glasses?* 2. *When I first met her, she couldn't speak a word of Arabic.* 3. *I'm afraid I won't be able to do it before Thursday.* 4. *When we were first married we couldn't afford to buy a flat.* 5. *You could at least have apologised yesterday.* 6. *Finally, I was able to / managed to get their telephone number yesterday.*

49. *Can / could* (3) : autres emplois (§ 1)

1. *Can / could I use your computer?* 2. *Let's ask them if we can sit at their table.* 3. *She asked if she could bring her husband.* 4. *You can't / are not allowed to go for a swim if the red flag is up.* 5. *I only started last month so I won't be allowed to take any holidays this summer.*

Can / could (3) : autres emplois (§ 4)

1. *Can he be English?* 2. *You can't be that short of money, can you?* 3. *Could you pass me the salt, please?* 4. *He can be very lazy.* 5. *Can / Could somebody have made a mistake?* 6. *'Where are my gloves?' 'You could have left them in the restaurant last night.'*

50. Ce qui / ce que / ce dont

1. *I love what he paints.* 2. *What is worrying is global warming.* 3. *She doesn't want to cook for herself any more, which worries me.* 4. *We wondered / were wondering what had happened to you.* 5. *All I want is to spend my retirement in the country with my wife.* 6. *How lazy you are! Going by taxi when you could easily go on foot!*

51. Celui de / celle de / ceux de / celles de

1. *When you need a computer, you can ask to borrow the one in my office.* 2. *Put the yoghurts in the fridge behind those / the ones I bought on Wednesday.* 3. *All these plates are dirty. Shall I use the ones in the kitchen?* 4. *Dan's tennis shoes are in his sports bag. So where are John's?* 5. *East European cars are not as technically advanced as Japan's / those from Japan.*

52. Celui dont / celle dont / ceux dont / celles dont

1. *Have you seen / Did you see his latest film? The one everyone is talking about?* 2. *The house is very modern. It's the one we have always dreamt about.* 3. *Are the best employees the ones / those the boss never complains about?* 4. *She's a woman whose life has been rich.* 5. *He's an author whose books everybody has read.*

53. Celui qui / celle qui / ceux qui / celles qui

1. *He's the one who / the one that has just received the Nobel Prize, isn't he?* 2. *Those / The ones who / that play away from home are often at a disadvantage.* 3. *Take an umbrella, the one that is in the hall for example.* 4. *These new armchairs are not half as good as the ones (that) we had before.*

54. *Certain, sure, likely, bound*

1. Il va forcément arriver encore en retard. 2. Tous les employés vont certainement recevoir une prime de fin d'année. 3. Il a peu de chances d'être élu. 4. Il y aura forcément des licenciements si la société se délocalise en Extrême-Orient. 5. Le PDG n'était pas sûr / certain que le conseil d'administration le suivrait.

55. Chez

1. *Emma is sleeping / staying at Philippe's (place / house / flat) tonight.* 2. *We'll have / be having dinner at the Dawsons's tomorrow.* 3. *Are you going home?* 4. *I stayed at home / stayed in all day yesterday.* 5. *He's gone to the chemist's.* 6. *What I like about Albert is his sense of humour.* 7. *You ought to go to the doctor's / go and see a doctor.* 8. *This same fighting spirit can be found in / among the Irish.* 9. *Have you recognised / Did you recognise the recurrent themes in Picasso's paintings / works?* 10. *Make youself at home!*

56. Combien

1. *How many candidates will be standing for the presidential election?* 2. *How much sugar do you take in your tea?* 3. *How much research on bioethics did they do?* 4. *How many people work in this firm?* 5. *How much money did you spend at the supermarket?*

57. Combien de temps, combien de fois, tous les combien

1. *How often does he go to the supermarket?* 2. *How long did you spend on this report?* 3. *How many times have you seen this play?* 4. *How long have you been living in Brussels?*

58. Comme

1. *Don't speak to me as if I was / were a two-year-old!* 2. *How big / tall you are growing!* 3. *As he has always wanted to be a diplomat, he is studying political science.* 4. *These landscapes are not exactly like those in California.* 5. *It looks rather like a giant lizard.* 6. *As he was telling his story, he was smiling at the same time – so I didn't believe him!*

59. Comment

1. *What's that tree like?* 2. *How will you get to Glasgow?* 3. *What did you say her name was / she was called?* 4. *'I don't like wine'. 'What?'* 5. *What was Venice like?* 6. *'And how are your children?' 'They're fine, thanks!'* 7. *How do people vote in the UK?* 8. *How could you have made such a mistake?*

61. Comparatif et superlatif (2) : sens et constructions

1. *It's cheaper by tube than (it is) by taxi.* 2. *This French restaurant is the best in California.* 3. *Irish people have the reputation for being more hot-tempered than the English.* 4. *I can't play tennis as well as Sophie / I can't play tennis better than Sophie.* 5. *Poland's agriculture is not as competitive as ours yet.* 6. *He works the hardest of us all / He works as hard as us all / He works harder than us all.*

62. Comparatif et superlatif (3) : autres constructions

1. *It's raining harder and harder.* 2. *The horses were getting more and more nervous.* 3. *The more you explain, the less I understand.* 4. *Election day is getting nearer and nearer.* 5. *The more lessons you take, the better you will play.* 6. *There are twice as many products on the supermarket shelves than (there were) five years ago.*

63. Conditionnel (équivalents du conditionnel français)

1. Tu n'aurais pas, par hasard, emprunté mon dictionnaire ? 2. Si les compagnies aériennes nationales baissaient leurs tarifs, je ne voyagerais pas avec les compagnies à bas prix. 3. Si tu envoyais une enveloppe timbrée, tu aurais peut-être une réponse. 4. Il faudrait que vous lui en parliez / Tu devrais lui en parler. 5. Les soldats de la guérilla se cacheraient dans les montagnes. 6. J'ai promis de traduire son article, dès que j'aurais fini. 7. Plusieurs villages auraient été détruits. 8. Tu ne serais pas un peu paresseux ?

64. Conjonctions (généralités)

1. *Take your mobile with you, so that you can call if you get lost.* 2. *I missed my connection because / as there was an accident on the rails.* 3. *Helen looks as if / as though she has just won on the lottery.* 4. *We'll get a loan, provided that / (as long as) we give the bank some kind of guarantee.* 5. *I met Martine when we both joined the club.* 6. *Supposing / If he wins the elections, will he reduce taxes?* 7. *Although / Though it's very warm in this room, she hasn't taken her jumper off.* 8. *Why don't you read the paper while I get ready?* 9. *As / Since they don't appreciate my work, I'm going to look for another job.* 10. *Don't switch your computer off now. There's no need to switch it off before / until you leave.*

66. *Dare*

1. *I don't dare (to) ask.* 2. *I didn't dare (to) answer him / her (back).* 3. *How dare you leave the children on their own?* 4. *Did he dare / Has he dared leave / quit his job?* 5. *'You wouldn't dare.' 'Yes I would!'*

68. Déjà

1. *He has suffered from this allergy before.* 2. *When I got home, the children were already in bed.* 3. *The prisons are already overcrowded, so what are the judges supposed to do?* 4. *You're good! You must have played this game before.* 5. *What's your phone number again?* 6. *Have you ever drunk tequila?*

69. Depuis, depuis que

A. (a)

1. *Dr. Durand has been my doctor for 15 years.* 2. *She has been unemployed for 6 months now.* 3. *In 2004, when we bought this house, the garden had been neglected for a long time.* 4. *The children have been much happier since the Browns moved to the country.*

(b)

1. Le Dr Durand est mon médecin traitant depuis 15 ans. 2. Elle est au chômage depuis six mois. 3. En 2004, quand nous avons acheté cette maison, le jardin était à l'abandon depuis longtemps. 4. Les enfants sont beaucoup plus heureux depuis que les Brown sont partis habiter à la campagne.

B.

1. *We have had a home computer for nearly two years.* 2. *I have been playing tennis (ever) since I was eight.* 3. *They haven't gone on holiday (ever) since their baby was born.* 4. *In the year 2006, the textile industry had been gradually relocating for nearly half a century.*

70. Depuis quand, depuis combien de temps

1. *How long has he been depressed?* 2. *How long has he had this bank account?* 3. *'How long has this restaurant been closed on Mondays?' 'Since the new regulations were introduced?'* 4. *Since when do children give orders to their parents?*

71. Devenir, changer d'état

1. *I'd better go to bed now. I'm getting tired.* 2. *Shall I put the heating on? It's getting cold in this room.* 3. *We got very brown during our holiday in Spain last summer.* 4. *After his third operation, he got to hate hospitals.* 5. *The story was on television. Did you get to hear about it?*

72. Devoir

1. Je lui dois un service. 2. Tu ne me dois rien. 3. Mary doit être sortie ; son répondeur est branché. 4. Les vaccins doivent être gardés au réfrigérateur / au froid. 5. J'aurais dû m'excuser.

74. Discours rapporté direct ou indirect

1. *He asked me if my / our colleagues were American.* 2. *She told me she worked in finance.* 3. *Hil said she didn't work in the City.* 4. *My boss asked me why I always asked the same questions.* 5. *I said I would see to it.* 6. *He said they had bought this / that house five years previously / before.*

75. Dont

1. *I would like to stay in the hotel you spoke / have spoken to me about.* 2. *Three of our workers, one of whom is still in hospital, have had industrial accidents.* 3. *Of course, I voted / have voted for the candidate whose ideas I like best.* 4. *I love the way you smile at me!* 5. *It's the car I had always dreamed of.*

76. Duel

1. *I don't like either of / I like neither of these / those dresses.* 2. *He has no preference. He'll make do with either.* 3. *I've typed (out) these two letters but you need to / have to sign both of them.* 4. *Both world wars were disasters.* 5. *The two colleagues shook hands.*

77. *Either / neither*

1. *The bakers don't open on Mondays. Neither do the butchers / The butchers don't either.* 2. *The meat hasn't got enough salt on it. Neither have the vegetables / The vegetables haven't either.* 3. *I wouldn't be seen dead in a hat like that!* (= Pour rien au monde...) *Neither would I / I wouldn't either!* 4. *Nobody I know enjoyed the party. Neither did the girl across the road / The girl across the road didn't either.* 5. *There's no toll on motorways in England. Neither is there in Germany / There isn't in Germany either.*

78. En (pronom français)

1. *'Do you want any tart?' 'No thank you. I've already had some.'* 2. *'How many do you want?' 'I'd like six (of them).'* 3. *Tuberculosis is a serious illness. You / People can die of it.* 4. *'Does he know Pakistan?' 'Yes, he comes from there.'* 5. *'How much money have you got on you?' 'I haven't got much.'* 6. *Early retirement? The unions don't want it / approve of it.*

79. En + verbe terminé par -ant

1. *You will find the answer by searching on the Internet.* 2. *I have never been able to listen to the radio while reading.* 3. *When he came in, he looked around (him).* 4. *They ran off / away.* 5. *On checking in / When you check in your hand-luggage, make sure that you haven't got any sharp instruments.*

80. Encore

A.

1. *There were still bargains to be had at the end of the sales.* 2. *Jenny hasn't finished her university course yet.* 3. *Will the number of road accidents be on the increase again? / still be on the increase?*

B.

1. Il y avait encore des affaires à faire à la fin des soldes. 2. Jenny n'a pas encore terminé son cursus universitaire. 3. Est-ce que le nombre d'accidents de la route sera encore en hausse ? (= de nouveau / continuera, ce qui ici n'est pas très différent)

81. *Enough*

1. *Have you got enough room back there in the back?* 2. *And if they are stupid / silly enough to ask me why, I'll tell them the truth.* 3. *I haven't got enough change for the parking metre.* 4. *You are big / old enough to know that it's just not done!* 5. *Funnily / Curiously enough ... I met her for the first time the day before yesterday.*

83. Être + participe passé

1. *They left at eight o'clock.* 2. *They have been gone since eight o'clock.* 3. *Charlotte arrived at midday / at twelve (o'clock).* 4. *My grand-daughter has been here since midday / at twelve (o'clock).* 5. *Their friend has been dead for ten years (now).* 6. *My father died at the age of ninety.* 7. *All our products are made / manufactured in France.*

86. *Ever / never*

1. *He has never learnt / learned how to use this software.* 2. *Never ever will I have confidence in him / her.* (▶ 131) 3. *The wait was longer than ever.* 4. *Do you think true friendship can be for ever?* 5. *I moved to Florida five years ago and have lived / have been living there ever since.*

88. Exclamation (2)

1. *What fantastic weather it was / It was such fantastic weather / How fantastic the weather was / The weather was so fantastic in Italy!* 2. *How boring his speeches were! / His speeches were so boring!* 3. *You must have been so worried! / How worried you must have been!* 4. *What an interesting idea it was! / It was such an interesting idea! / How interesting an idea it was!* (style recherché) 5. *What a tremendous amount of work I've got to do! / I've got such a tremendous amount of work to do!* 6. *It's so kind of you! / How kind of you!*

89. Faire (1) : *make* ou *do*

1. *I'll have to make a note of that.* 2. *We've already made good progress on this research.* 3. *The sink's all clean. Who has done the washing-up?* 4. *I promise I will do my best.* 5. *Do we need coins or a card to make a call from here?* 6. *The consultant we called in last month made / has made an analysis of our production costs.* 7. *Knowing that the CEO was in favour of her project did / has done her good.* 8. *He admitted they had never done business with any eastern European country.*

92. Faire faire

1. *I got them to do their homework.* 2. *Hey! Have you had your hair cut?* 3. *Don't touch it! You may / might drop it.* 4. *He always gets his brother to help him.* 5. *That film made me have nightmares.* 6. *I had to have the battery changed.*

94. *For* et *during*

1. *He studied in Canada for two years.* Il a étudié au Canada pendant deux ans. 2. *She has been working for this law firm for six months now.* Elle travaille pour / dans ce cabinet d'avocats depuis six mois. 3. *David was a parachutist during the war.* David était parachutiste pendant la guerre. 4. *I won't stay in this place for another day!* Je ne resterai pas ici un jour de plus. 5. *I intend to read all of his novels during my convalescence.* J'ai l'intention de lire tous ses romans pendant ma convalescence.

96. Futur (équivalents du futur français)

1. *Our dog won't bite you.* 2. *We'll phone as soon as we arrive / get there.* 3. *Kennedy was elected President in 1961 and was assassinated in 1963.* 4. *You won't see him tomorrow – he won't be attending the conference.* 5. *Do you think they'll accept?*

98. Génitif (1)

1. *my daughter's high-powered* (de haute responsabilité) *job* 2. *our friends' new house* 3. *those children's teacher* 4. *Richard's and John's wives* 5. *the Dawsons' holiday home* 6. *Charlotte's sister's books* 7. *the CEO's parking space* 8. *the boy from Ireland's mother* 9. *the heiress's fortune*

99. Génitif (2)

1. *our company.'s marketing policy* 2. *New York's night life* 3. *next Wednesday's meeting* 4. *Barcelona's football team/* 5. *the supermarket's opening hours*

100. Génitif (3)

1. *This / That suggestion was Alain's.* 2. *(Good)Bye, everyone / everybody! I'm going / I'm off to the hairdresser's.* 3. *The photo was taken by one of my sister's colleagues / a colleague of my sister's.* 4. *'Whose car were you driving?' 'My father's.'* 5. *She used to be Tony's secretary – not Margaret's.*

101. Génitif (4)

1. *It's a baby's bed.* 2. *I'm living in a students' hostel.* 3. *Where's the women's department, please?* 4. *Perhaps we need a builder's ladder.* 5. *Children's shoes can be expensive.* 6. *This must be a Freemason's / Freemasons' symbol.*

102. Génitif (5)

1. *You will have half an hour's wait.* 2. *The nearest village is five mile's drive from their house.* 3. *Let's take twenty dollars' worth of gas(oline).* 4. *You'll get fifty euro's worth of goods with this voucher.*

104. Habitude

1. *I am used to living alone / on my own.* 2. *(Little by little) I'm getting used to this automatic gear box.* 3. *We (usually / regularly) spend our holidays in the mountains.* 4. *I'll never get used to the climate.* 5. *We've got (US : gotten) used to working in this region.* 6. *I can't go wrong, I'm used to this software.* 7. *He called / would call a meeting with his team every morning at nine o'clock.*

105. *Had better / 'd better* (expression d'un conseil)

1. *He'd better hire a car.* 2. *You'd better not smoke.* 3. *You'd better see a doctor.* 4. *Hadn't we better put the snow chains on?* 5. *You would have done better to open a savings account than (to) play on the stock exchange.*

106. *Half, part*

1. *Do you want half (of) my sandwich?* 2. *I've already written (out) the first part of my presentation.* 3. *Dilute a spoonful and a half in half a glass of milk.* 4. *Part of our savings is set aside to finance our children's education.* 5. *Half / One half of the planet lacks water.* 6. *Hurry up! Their plane arrives in half an hour.*

107. *Hardly / hard*

1 *We hardly ever drive at night these days.* Nous ne conduisons presque plus la nuit. 2. *There's hardly anything in the fridge.* Il n'y a presque rien dans le frigo. 3. *I can scarcely remember her.* J'ai du mal à me souvenir d'elle. 4. *I can hardly believe what you are telling me.* J'ai du mal à croire ce que tu me racontes. 5. *They hardly ever go out together.* Ils ne sortent presque jamais ensemble.

109. *Have* (2) : *have* ou *have got*

1. *She's got two children.* 2. *Have you got / Do you have your bank card on you?* 3. *I've often had problems with my Internet connection.* 4. *Didn't you have a Jaguar when you were younger?* 5. *She often has a bad cough in winter.*

110. *Have* (3) : verbe d'activité

1. *Did you have a good time in Spain?* 2. *Have / Take a look! You're going to have a good laugh …* 3. *I feel / am feeling dirty. I'm going to have / take a bath.* 4. *When I got home, my wife was having a chat with our neighbour.* 5. *We never take / have / Nobody ever takes / has a break in this department.* 6. *'Do you know how to / Can you work this machine?' 'I haven't had a try yet.'*

111. *Have to*

1. *I have to be / I've got to be in the office by nine o'clock.* 2. *You don't have to / haven't got to go into a retirement home, you know?* 3. *She will have to have a blood test.* 4. *You have to be / You've got to be well-off / rich to buy a car like that!* 5. *In France people don't have to vote but in some countries they do / they have to.*

113. Il y a, il y a… que (durée ou repérage dans le temps)

1. *I bought the train tickets two months ago.* 2. *David invited us to dinner three days ago.* 3. *We saw this / that film a long time ago.* 4. *Judy's uncle died years ago / has been dead for years.* 5. *We haven't eaten oysters for years.*

116. Impératif (2)

1. *Always wipe your feet, please!* 2. *Let's go (and) ask them.* 3. *Don't lie to me ever again, OK?* 4. *Turn left after the first traffic lights.* 5. *Let's not worry – he'll find a solution.*

117. *In* ou *into*?

1. *Sophie and Peter got married in Paris in October.* 2. *When she walked into the room, everyone turned to look at her.* 3. *We're going to Spain in the Easter holidays.* 4. *I hope you haven't put it in the micro-wave (oven)!* 5. *I have to go to a meeting this morning.* 6. *Will we be able to pay in euros?* 7. *We need to change our euros into dollars.* 8. *Aren't you going to bed yet? You ought to be in bed by now.*

118. *In, at, on*

1. *You'll find this equation right at the beginning in paragraph 2 on page 5.* 2. *You can go on two conditions: first you come back in a taxi and second you are in bed at eleven, right?* 3. *I was born in England, in the suburbs of Liverpool, on the banks of the Mersey.* 4. *There was a woman in a nurse's uniform getting on the train.* 5. *Let's stop at that garage and ask if they can direct us to the station.*

119. Infinitif avec *to* (= *to* + V) : *I want <u>to go</u>*

1. *Do you want to eat at 8 (o'clock)?* 2. *I want you to listen carefully.* 3. *Did you want us to eat out(side) tonight?* 4. *She didn't expect me to go with her.* 5. *I'm longing for Fonsi to call me.* 6. *The calculations seemed to be right.* 7. *He had promised to take me to Tunisia.* 8. *For them to get married seems really incredible to me!* 9. *She is said to be ambitious.*

120. Infinitif avec *to* ou *V-ing* (1) : verbes suivis de *to* + V ou de *V-ing*

1. *I'd like to book a double room with a bathroom.* 2. *Do you like playing cards?* 3. *You'll remember to write down my business address, won't you?* 4. *When will he begin to give / giving his speech?* 5. *I don't like to drink / drinking too many different wines.* 6. *You can't set it up like that! Try to follow / following* (ironique) *the instructions!* 7. *Do you remember meeting Professor Faber?* 8. *We won't need to have a duplicate of your birth certificate.*

121. Infinitif avec *to* ou *V-ing* (2) : placés en début de phrase

1. *It won't take me much time to do the shopping.* 2. *It has always been our aim to satisfy our customers.* 3. *It was a good idea to launch your product just before Easter.* 4. *It was a real surprise to find her there.*

122. Infinitif sans *to* (*I saw her <u>open</u> the door*)

1. *Come (and) sit (down) beside me / by my side.* 2. *Will you let me pay the bill?* 3. *Mike has often made me cry.* 4. *Let's go (and) ask him to chair the session.* 5. *We watched them parade down / along the street.* 6. *It's / It was my father who helped me (to) build these / those shelves.* 7. *I'll never dare (to) ask him / her his / her age.* 8. *You'll see them stand up when he comes in.*

123. *-ing* (1) : valeurs de *V-ing*

1. *I've got two pairs of glasses: one for reading and the other for driving.* 2. *These results are very disappointing.* 3. *Finding a place to park can be frustrating.* 4. *We have all planned to be there for Helen's birthday without her knowing.* 5. *The singing and dancing in that show were excellent.* 6. *This campaign aims at encouraging young people to vote.*

124. *-ing* (2) : verbes suivis de *V-ing* (*He dislikes living in York*)

1. *We don't like people smoking in our house.* 2. *Can you carry on filling in / out these forms for me?* 3. *I'm sure he will avoid answering that question.* 4. *I hate them playing video games.* 5. *Speed cameras are in operation to prevent motorists from driving too fast.* 6. *I wouldn't mind being the next manager!*

125. *-ing* (4) : verbe + préposition + *V-ing* (*I object to going*), § 1

1. *We're looking forward to seeing you again.* 2. *Why did she refuse to attend?* 3. *I don't object to getting up early.* 4. *I'm afraid you'll have to resort to using an overhead projector.* 5. *She hopes to spend six months abroad.* 6. *You'll soon get used to working in this department.* 7. *Have you remembered to post the letters?* 8. *They confessed to planting the bomb.*

-ing (4) : verbe + préposition + *V-ing* (*I object to going*), § 2

1. *I hope you will forgive me for arriving late.* 2. *I resign / have resigned myself to paying more and more taxes.* 3. *He insisted on driving me to the station.* 4. *She persists in thinking that her solution is the best.* 5. *Nothing I can / may say will deter them from leaving.*

126. Insistance et formes emphatiques

1. *You have got / do have a wonderful / fantastic / superb collection!* 2. *They're watching the match on television but I won't.* 3. *So you are getting married?* 4. *He has lived in Los Angeles but she hasn't.* 5. *'He says you haven't taken the message.' 'Of course I have!'* 6. *She thinks I won't finish that work, but I will finish it!* 7. *'Since you don't like cherries, I didn't buy you any / I didn't buy any for you.' 'But I do like cherries!'* 8. *Sandra wants to have her ears pierced, but I won't!*

127. Interrogation (1) : constructions interrogatives

1. *Do all her friends work in the City?* 2. *Does his mother live alone?* 3. *Didn't she go by plane?* 4. *Have they invited Martine?* 5. *Did they go to California for their holidays?* 6. *Will Max and Dave be coming too?*

128. Interrogation (2) : mots interrogatifs

A.

1. *How many eggs have you bought?* 2. *What time does their plane leave from Roissy?* 3. *Who should ask for details?* 4. *Whose crash helmet did he borrow?* 5. *Where did they go on a week-end break?* 6. *What are they talking about?* 7. *Why had we / you better hurry?* 8. *How often did she have to go there on business?*

B.

1. *What are you looking at?* 2. *Which / What year did you buy your house?* 3. *Whose tennis shoes are these?* 4. *What were you thinking of / about?* 5. *How much bread do you want me to cut?* 6. *Why aren't there any places / seats left?* 7. *Still water or sparkling (water)? Which do you prefer?* 8. *How far is it from the hotel to the town centre?*

129. Interrogation (3) : les questions indirectes

1. *He asked me where's my laptop was.* 2. *He asked me where the snow tyres for this car were.* 3. *He asked me which brand of cornflakes I / we bought.* 4. *He asked me what time I / we would arrive.* 5. *He asked me how much that software had cost me / us.* 6. *He asked me if I / we thought they would agree.* 7. *He asked me why I / we hadn't contacted my / our insurance agent.* 8. *He asked me if he could leave this until the next / following day.*

131. Inversion en anglais (1)

1. *Never will she accept.* 2. *Hardly ever do I watch television.* 3. *Should your train be delayed, call me on your mobile.* 4. *Had you told me she was in hospital, I would have paid her a visit.*

132. Inversion en anglais (2)

1. Voici tes / vos tennis. 2. Voici qu'arrive sur mon écran un message de Philip ! 3. Voici l'homme dont tu parlais / vous parliez. 4. L'avion s'approchait / était en approche et décrivait des cercles. 5. Tu y cours ! Vas-y en courant ! 6. Nous regardions le coucher du soleil / le soleil se coucher sur la mer.

133. Inversion en français

1. *I don't know where the post office is.* 2. *Who are you having lunch with today?* 3. *We didn't know what all those people were talking about.* 4. *We ought to / should ask what time the next train leaves.* 5. *It will depend on how the customers react.* 6. *'Do you know what floor their offices are on?' she asked.* 7. *As soon as spring comes, people rush to the country.* 8. *It's a house where many famous people have lived.*

134. *It's ...* (*It's surprising ...*) exercice (A)

1. *It's not surprising that / ∅ the beaches are deserted.* 2. *It's surprising that / ∅ he didn't phone / call you on Sunday.* 3. *It was a good idea inviting your cousin Christine.* 4. *It's easy to be generous when you have the means.* 5. *How nice it is to spend the evening together!* 6. *Being a teacher these days is a formidable task!*

It's ... (*It's surprising ...*) exercice (B)

(a) V-*ing* : vous possédez une voiture et vous trouvez que les frais sont excessifs.
(b) *To* + base verbale : vous ne possédez pas de voiture, car cela vous coûterait trop cher.

It's ... (It's surprising ...)

1. *It's amazing (that) you don't get on / along with them.* 2. *It's surprising (that) there isn't a petrol GB / gas US station here.* 3. *It's a pity (that) you couldn't come.* 4. *She found it tiring travelling by bus.* 5. *I consider it unnecessary to do the calculations again / re-do the calculations.* 6. *It wasn't funny / much fun working in that building.* 7. *I found it strange / bizarre (that) she hadn't warned / didn't warn us.* 8. *A good diagram will make it easier to convince them.*

137. Jusqu'à

1. *We stood on the pavement until the taxi arrived.* 2. *They serve dinner here up until / up to 10 pm.* 3. *You'll have to wait until nine o'clock* 4. *Her long blond hair reached down to her shoulders.* 5. *I'm up to my ears in work.*

141. *Lay / lie*

1. *You lied to me yesterday!* 2. *She put sun cream on and lay in the sun.* 3. *His wife has been lying ill in bed for weeks now.* 4. *I have just laid the antique porcelain carefully on the shelf.* 5. *A secret agent will always lie about his true profession.* 6. *The snow lay thick on the motorways yesterday.* 7. *The children were lying on the floor.*

142. Le / la / les

Dr. Justin opened the letter from South Africa. The signature at the bottom of the page was difficult to read. Was the author a man or a woman? Women don't often send letters like this (one). Would an educated person use green ink? He had already met with situations where stupidity / foolishness had been obvious.

143. *Let* ou *leave* (laisser)

1. Leave your ski boots in the locker room please. 2. Let me help you, will you? 3. You shouldn't leave your PIN number with your bank card. 4. The kids never let me sleep late on Sundays. 5. Will they let you take liquids through customs?

145. *Like*

1. Who does he look like? (Like) his grand-father? 2. Nobody likes going to the dentist's. 3. What was your interview like? 4. I'm going (out) for a walk with Paul. Would you like to come with us? 5. But these / those trousers are like the ones you bought last year!

146. *Little, a little, few, a few*

1. It's a lot better when there are few heavy lorries on the motorway. 2. All I want is a little bit of love, Michael! 3. Do you think you could lend me a little money? 4. There were only a few people in the queue. 5. If you want to lose weight, choose foods that contain little salt and little sugar.

148. *Marry / divorce*

1. How long have you been married? 2. How long ago did you get married? 3. I got divorced from Brian two years ago. 4. My cousin has been divorced three times now. 5. We have been married since September.

149. Masculin, féminin et neutre

1. 'Oh, what a tiny baby! How old is it?' 2. 'I've just met the nurse next door.' 'Really? What's his / her name?' 3. 'She's got a really good position in the company.' 'Wow! Is she the chairperson?' 4. 'Who's that person talking to your mother? Is it your uncle?'

150. *May / might*

1. I think we may have a problem. 2. We may have to wait a long time. 3. 'So you're moving?' 'I may.' 4. May I make a few suggestions? 5. You may not earn much but at least you enjoy your work / job. 6. I may have sent it to the wrong address. 7. She may / might not like it. 8. He may / might not have heard the alarm.

151. Même

1. You haven't even kissed / didn't even kiss me. 2. It's always the same thing: the boss wants the results (for) the same day. 3. Let's go / Suppose we go / What about going to the same place as last year. 4. I'll follow you even to the end of the earth, Albert! 5. I always used to vote the same way.

153. *Most*

1. Most of her friends live nearby. 2. Generally speaking, I get on well with most people. 3. Most of us have strong ideas about religion. 4. Most of the programmes they show on television are just rubbish. 5. They spent most of the weekend in the garden.

161. *Much, many, a lot (of)*

1. *Lots of meat, lots of sweets, you eat too much junk.* 2. *There are lots / There is a lot of useless furniture in their living room.* 3. *Do you really have too much money?* 4. *They are taking too much luggage.* 5. *In Colorado, they met many / a lot of / lots of interesting people.* 6. *How many sausages did you eat?*

162. *Must*

1. Il doit y avoir une erreur quelque part. 2. Est-ce qu'il faut que je prenne un autre rendez-vous ? 3. J'ai tapé sur une mauvaise touche et il a fallu que je récupère tout le dossier. 4. Tu as dû / Vous avez dû être déçu(e)(s). 5. Tous les bagages doivent être contrôlés. 6. Il est interdit de boire de l'alcool avec ces comprimés. 7. Il va falloir demander un traducteur / une traductrice. 8. Sophie doit être encore en train de travailler à cette heure-ci.

164. *Need* (1) : modal

1. (modal) Est-il nécessaire que nous demandions un visa / fassions une demande de visa ? 2. (modal) Tu n'es pas forcé(e) / Vous n'êtes pas forcé(e)(s) de croire tout ce qu'il dit. 3. (verbe) Tu n'as pas besoin de mettre une cravate dans ta valise. 4. (verbe) Nous aurons besoin de crème fraîche pour cette recette. 5. (modal) Il n'était pas nécessaire que tu m'apportes / que vous m'apportiez un cadeau. 6. (modal) Tu n'avais pas / Vous n'aviez pas besoin de crier.

165. *Need* (2) : verbe

1. *I need (some) help.* 2. *Everyone / Everybody needs to work, don't they?* 3. *Did Jack really need to explain why he wasn't free?* 4. *The machine needs changing.*

166. Négation (1) : règles générales

1. *Nobody knows where he lives.* 2. *I have never taken a single driving lesson / any driving lessons.* 3. *Hasn't anybody / Has nobody seen my glasses anywhere?* 4. *Greta Garbo refused to see any journalists.* 5. *Money doesn't make anyone / anybody happy – but it helps!*

168. *No* et *none*

1. *I met no one really interesting there.* 2. *We wanted to visit several museums but there were none open on Tuesdays.* 3. *There was no one at the information desk.* 4. *You must repeat this to no one!* 5. *No one could help me.*

169. Nombres (1) : comment les écrire et les dire

1. *The first fifty pages were exciting / fascinating.* 2. *There were at least twenty thousand demonstrators.* 3. *The rent costs me one thousand five hundred euros a / per month.* 4. *Thousands of birds were affected by the oil spill.* 5. *There will be eight of us all day (long).* 6. *Will the party be on the 22nd / twenty-second or on the 26th / twenty-sixth of April / on April the ...?*

171. Noms (1) : dénombrable et indénombrable

1. *They have got cows, sheep, pigs and horses on the farm.* 2. *The police do a good job in this area.* 3. *Too many women don't find jobs / employment.* 4. *I fell down the stairs.* 5. *How about buying some furniture for our bedroom?* 6. *There was a whole series of articles in the newspapers on this / that subject.*

172. Noms (2) : indénombrables singuliers

three glasses / two cartons / two half pints / two cups / a drop of milk [Notez qu'en anglais on ne dit pas « un nuage de lait », mais *'(just) a drop of milk'*.]
two pieces of advice
two pieces of luggage
two pieces / bags of rubbish
two bags / two cups / a drop of tea
two pieces of furniture
two pieces of nonsense
two pieces of news
several clouds of smoke
two pieces of evidence
two pieces / two bags of fruit
two forms of leisure
two pieces of information
two pieces / sheets of paper

173. Noms (3) : indénombrables pluriels

1. *Put your scissors, your compasses and your tweezers in your luggage before going / you go through the customs.* 2. *Are you going to put (your) shorts on or are you staying in (your) jeans?* 3. *Can you see clearly enough with your glasses (on) or do you want my binoculars?* 4. *What are we going to do with all these leftovers?* 5. *All these / those goods have been weighed on the scales.* 6. *My monthly wages are just enough to pay for my food.* 7. *These tights are very uncomfortable to wear.*

174. Noms (4) : Collectifs

1. *L'Orianelle is present in many shops abroad and they also advertise on television.* 2. *The staff has its / have their own car park at the back of the building.* 3. *Is your luggage carefully labelled and has it been checked?* 4. *The audience usually files (file* plus rare) *out at the interval and they go for refreshments.* 5. *The whole flock is being destroyed because of bird flu.*

176. Noms (6) : nationalités et langues

1. *He's an Englishman. He's a famous English footballer.* 2. *Beethoven? He was a German but Mozart was an Austrian composer.* 3. *Can you name two famous Irishmen?* 4. *The Hungarians imported the Tokay grape from France.* 5. *My neighbours speak delightful southern French.* 6. *The South-Africans have an excellent rugby team, don't they?* 7. *Not all Swedes speak Swedish.*

177. Noms (7) : composés

A.
1. *orange juice* 2. *a vegetable soup* 3. *jazz musicians* 4. *a bank account* 5. *a wedding announcement* 6. *a micro-wave oven* 7. *two fish forks* 8. *a two-euro coin* 9. *a shoe-brush* 10. *the land-downs.*

B.
1. *a teacup / a cup of tea* 2. *a cheese plate / a plate of cheese* 3. *a cardboard box / a box of papers* 4. *leather shoes / the leather industry* 5. *a dryer / a hair dryer.*

179. Obligation de ne pas..., non-obligation de...

1. Vous devez prendre ces comprimés pendant le repas. 2. Il ne faut pas que j'oublie d'envoyer une carte d'anniversaire à Helen. 3. Je ne suis pas obligé(e) de payer en espèces, c'est exact ? 4. Je suis désolé(e), mais il est interdit de vous garer ici. 5. Nous ne sommes pas tenu(e)s / obligé(e)s de garder tous ces vieux documents, pas vrai ?

180. Obliger

1. *I don't have to come, do I?* 2. *She made me pick up all the papers.* 3. *Speed cameras on the roads force / compel drivers to slow down.* 4. *After the match the trainer made them have a shower.* 5. *I may have to work late this evening.*

181. « On » français

1. *This street was repaired not long ago.* 2. *Convicts were sent to penal colonies at the time.* 3. *I see! Nobody will / is going to answer (me).* 4. *(At) What age can you / one get married?* 5. *We don't smoke in our family / You don't smoke in our house. OK?* (sens différents)

183. *One*

1. *We've got two clocks in the lounge. The first one is late and the second one is slow.* 2. *Let me throw away the ones you don't want.* 3. *I liked his / her pictures less than Reginald's.* 4. *We'll take a taxi. OK? / Let's take a taxi, shall we?* 5. *He introduced himself to my uncle.* 6. *This / That photo of Michael is much better than the one you took (of him) in August.*

186. Orthographe et prononciation (1) : voyelles

A. Vous avez certainement constaté que chaque premier mot de la paire avait la prononciation « brève », et le second la prononciation « longue ».
B. Cette fois, le choix était un peu plus difficile :
thin [bref] / *thinner* [bref] ; *dine* [long] / *dinner* [bref] ; *write* [long] / *written* [bref] ; *vale* [long] / *valley* [bref] ; *late* [long] / *latter* [bref] ; *bit* [bref] / *bitten* [bref] ; *hide* [bref] / *hidden* [bref] ; *fit* [bref] / *fitter* [bref] ; *flat* [bref] / *flatter* [bref] ; *mad* [bref] / *maddest* [bref] ; *sad* [bref] / *saddest* [bref] ; *slip* [bref] / *slipper* [bref] ; *hop* [bref] / *hopping* [bref] ; *bed* [bref] / *bedding* [bref] ; *bite* [long] / *biting* [long] ; *man* [bref] / *manned* [bref] ; *cute* [long] / *cuter* [long] ; *skip* [bref] / *skipping* [bref] ; *tip* [bref] / *tipper* [bref] ; *dot* [bref] / *dotted* [bref]; *late* [long] / *later* [long]

188. *Other*

1. *Are there any more other bills to pay?* 2. *Couldn't they find another way of transporting the goods?* 3. *Try that pair on and the other (one).* 4. *Some of us went down into town and the others stayed quietly at home.* 5. *I have physiotherapy sessions every other day.* 6. *Her / His two other colleagues are part-time.*

189. *Ought to*

1. Il faudrait / Il faut vraiment que je me lave les cheveux. 2. Tu devrais / Vous devriez vérifier la pression de tes / vos pneus avant de partir. 3. Quelqu'un devrait s'en occuper / faire quelque chose. 4. Nous aurions dû le leur dire / les informer. 5. La marée devrait être haute maintenant. 6. « Cela ne me gêne pas / ne m'inquiète pas. – Eh bien, ça devrait ! »

192. Participe passé (2) : verbes suivis d'une proposition au participe passé

1. Les enfants se lasseront vite de ce jeu. 2. J'aimerais que cette lettre parte aujourd'hui. 3. Tu t'imagines retraité(e) ? 4. Par qui avez-vous fait faire l'audit? 5. Nous avons besoin de faire faire la révision de la voiture.

193. Passé composé français

1. *They haven't signed the contract yet.* 2. *My bank account was in the red last month.* 3. *When did you lose it?* 4. *How long did you live in Australia?* 5. *Don't worry! Look: I've written down all the messages on a piece of paper.* 6. *When I began studying to be a medic, I only had one idea (in my head): I wanted to be a heart specialist. Then, five years later, I changed my mind. I have become an A and E doctor now. [A and E = Accident and Emergency]*

194. Passif (1) : forme

1. *French products are sold by Dickson's, the grocer.* 2. *I was interviewed by the Personnel Manager.* 3. *The shopping will be done by Fanny today.* 4. *Millions of dollars had been put forward by the film producer.* 5. *The house has been painted by the Dawsons.*

195. Passif (2), exercice 1

1. *Prices are being reduced on most vehicles this month.* 2. *A good number of their factories were being closed down.* 3. *Is the quality being improved?* 4. *Why isn't milk being delivered any more?* 5. *How much money was being invested?*

Passif (2), exercice 2

1. *French isn't spoken in this / that country.* 2. *10,000 bottles of this water are drunk every day.* 3. *Have all the points been reviewed?* 4. *A (bank) statement will be sent every fortnight / two weeks.* 5. *The dish of the day won't be served on Sundays.*

196. Passif (3) : verbes + particule et verbes + préposition

1A. *These books haven't been looked at.* 1B. On n'a pas regardé ces livres. 2A. *This CD has never been listened to.* 2B. On n'a jamais écouté ce CD / Ce CD n'a jamais été écouté. 3A. *Our secret will never be found out.* 3B. On ne découvrira jamais notre secret. 4A. *My luggage hasn't been seen to yet.* 4B. On ne s'est pas encore occupé de mes bagages. 5A. *No new credit cards were being sent out.* 5B. On n'envoyait / ne faisait parvenir / ne distribuait aucune carte de crédit.

197. Passif (4) : verbes à double complément

1. *On the first day, we were shown how it worked.* 2. *The rules will be explained to you later.* 3. *This doctor has been / was recommended to me.* 4. *He won't be charged more than $50.* 5. *He / She was sent these flowers for his / her birthday.*

198. Passif (5) : construction *get* + participe passé (*He got elected*)

1. Il s'est fait incarcérer en Argentine. 2. Je ne me ferai pas expulser du club si je porte une cravate. 3. Je ne sais pas comment le vase a été cassé / s'est cassé. 4. On ne l'invite jamais à des débats télévisés. 5. La clé s'est coincée dans la serrure.

199. Past perfect (ou pluperfect)

A.

1. Imaginaire : sous-entend qu'il n'a pas fait attention. 2. Parfait : action qui a commencé avant et qui se prolonge jusqu'à l'arrivée du secours (moment du passé). 3. Discours rapporté. Parfait : correspond au discours direct à *'You have done a good job.'* 4. Discours rapporté. Antériorité : correspond au discours direct à *'You did a good job last week.'*

B.

1. Si seulement il avait fait plus attention ! 2. La population luttait contre la famine depuis 18 mois quand l'aide internationale est venue à leur secours. 3. Le PDG m'a informé(e) que j'avais fait du bon travail. 4. Le PDG m'a informé(e) que j'avais fait du bon travail la semaine précédente.

201. Pendant, pendant que

1. *For two years.* Depuis deux ans. 2. *During the next session.* Pendant la prochaine session. 3. *Since last January.* Depuis janvier dernier. 4. *While the teacher was speaking.* Pendant que le prof parlait.

205. Pluriel des noms (2) : pluriels irréguliers

1. *There are likely to be subjected to tornadoes on these islands and the roofs of the churches might be blown off.* 2. *As my sisters are botanists, they're interested in mosses and fungi.* 3. *Have the foxes been after the geese again?* 4. *Shall I put tomatoes and potatoes in the pasties?* 5. *Men think it's normal to have wives and mistresses at the same time. So, do women take lovers?* 6. *Jack and Edith like countries without flies or mosquito(e)s.*

206. Pluriel ou singulier : accord

1. *This / That means of transport(ation) is (quite) widespread in Africa.* 2. *Their advice doesn't help me at all.* 3. *The Netherlands is renowned for its production of flowers.* 4. *This five-hundred dollars is really welcome.* 5. *Everybody, raise your right hands.* 6. *That news is interesting, but it doesn't make me change my mind.*

207. Plus, ne... plus

1. *The more you say you love me, the happier I am.* 2. *They didn't have / hadn't got any more petrol* (GB) */ gas* (US) *in the tank / They had no more petrol in the tank / They had no petrol left.* 3. *He didn't have a home any more and had become a homeless person.* 4. *Ten times more refugees than three years ago land / are landing on the coast / shore(s).* 5. *I'm on a diet: no more butter, no more biscuits but even more fruit and vegetables.*

209. Pouvoir (1) : choix entre CAN, MAY et leurs équivalents

1. *Paul can do it.* 2. *But he can't do it now.* 3. *Can you read this text?* 4. *She couldn't help us / She wasn't able to help us.* 5. *It may rain tomorrow.* 6. *They'd like to be allowed to go out.*

210. Pouvoir (2) : l'expression de la permission

1. « Est-ce que je pourrais lire votre journal ? – Mais avec plaisir / Mais bien sûr ! » 2. Est-ce que je pourrais conduire la voiture ce soir ? 3. Personne en dessous de 16 ans n'est autorisé à commander du vin sur l'Internet. 4. Je regrette / Je suis désolé, mais vous ne pouvez pas parler au Premier ministre maintenant.

211. Pouvoir (3) : passé et futur (je pouvais..., j'ai pu..., je pourrai...)

A.

1. No dogs are allowed in the park. 2. I'm sorry but I won't be able to play bridge with you tomorrow. 3. They didn't manage to / weren't able to finish the job yesterday. 4. Are your children allowed to use your computer? 5. Her bank account was low last summer, so she wasn't able to go on holiday.

B.

1. Can the children leave / are the children allowed to leave the table? 2. I couldn't write to you sooner. 3. They may have lost your address. 4. Yes, but I've got their telephone number. I'll be able to phone them. 5. You might have hurt yourself!

212. Pouvoir (4) : conditionnel (« je pourrais... », etc.)

1. Could you ask Dad to help me move the television? 2. Why don't you say it again? She might be a bit deaf. 3. Someone had rung the bell. It might have been the postman. 4. They might go skiing next weekend, if there's enough snow. 5. You were very rude to Mrs Smith. You could have been more polite.

216. Prépositions (3) : constructions

1. Only history will tell the reason for their defeat. 2. A woman in a long dress opened the ceremony. 3. It's the second film I have seen by this director. 4. They are at war with their neighbours. 5. Please send us a copy of your CV. 6. He holds a strong position in the company. 7. She was the only female flight attendant on the plane. 8. They were forced to amend the bill in response to pressure from the opposition.

217. Prépositions (4) : position

1. What are you interested in? 2. I had nobody to confide in. 3. The connection we were waiting for was a quarter of an hour late. 4. Under what conditions would you agree to sign the contract? 5. The book you were looking for was in the garage. 6. Where did you get this information from?

218. Présent français

1. House prices in Europe have been going up for more than ten years. 2. 'Any plans for the holidays?' 'Yes indeed: we're going to Tanzania.' 3. The unemployment rate has been dropping since the beginning of the year. 4. 'Someone must pay this bill.' 'No problem! I'll do it straight away.' 5. Do you know it's Leeds that are playing tomorrow night?' 'Are they? Well, I'll watch the match on TV then.'

220. Présent simple (2) : emplois

1. The meeting starts at 2 o'clock this afternoon. 2. $50 comes to approximately £25. 3. Do you walk home? 4. I hope you realize how important it is. 5. Don't they organize conducted tours every afternoon? 6. The committee will consider that, when they have the videos. 7. So, guess what! I ask to see the boss, walk into his office and demand a pay rise! 8. DNA exists as long chain-like molecules.

221. Present perfect (1) : forme et types d'emplois

A.

1. Keith has got a new printer. He bought it two days ago. 2. I haven't finished this book yet. I only started it yesterday. 3. They have already eaten all the sandwiches. I served them ten minutes ago. 4. She has had this new job for three weeks. They gave it to her three weeks ago. 5. We have been watching this programme since nine o'clock. It began at nine o'clock sharp. 6. Has he still got that Japanese camera? No! Somebody stole it when he was on holiday.

B.

1. There has been a traffic-calmer in our road for two months (now). 2. She has been wearing glasses since she was eleven. 3. I have been trying to phone them since this morning. 4. It has been snowing since we got up. 5. We haven't visited Manchester for five years (now).

222. Present perfect (2) avec ou sans BE + -ING

1. I am tired because I have been watching television. 2. I have lost weight, and I can wear these trousers again. 3. The house has belonged to the same family since the middle of the 16th century. 4. The dog is wet. Has it been raining? 5. The snow has been falling since this morning. 6. The paper has cost the same price for years. 7. The children have been watching television since the beginning of the afternoon.

224. Prétérit simple (2) : valeur de passé

1. I watched the match on TV last night. 2. Hil came to see me last month. 3. Did they like your idea? 4. How much did you pay for those jeans? 5. We didn't stay in Vienna for more than three days. 6. Why did you need a plumber?

225. Prétérit simple (3)

1. It's high time I bought a digital camera. 2. I'd rather you didn't tell him anything / say anything to him. 3. If ever I was promoted, I'd have my own office. 4. If only you didn't lie to me all the time! 5. All those who went would have an invitation.

226. Pronoms personnels et possessifs

1. Whose tennis shoes are these? They're mine. 2. I've just submitted my paper to that American journal. His will be published next month. 3. His patients are all on Social Security. Hers often consult privately. 4. Our bridge club has over 150 members. Theirs has only 80. 5. Most candidates haven't sent in their CV's yet. Yours arrived yesterday. 6. We've seen their holiday photos but they haven't seen ours yet.

227. Pronoms réfléchis et réciproques

1. We phone each other / one another at least twice a week. 2. What time do you get up? 3. She made herself a cup of tea. 4. The neighbours help each other / one another in this area / district. 5. Let's park as near the museum as possible, shall we? 6. Before that accident, we didn't speak to each other / one another. 7. It was the chef himself who came and asked us if we were pleased with the meal. 8. Can children of three / three-year-olds dress themselves?

230. *Quite, rather, fairly, pretty*

1. Lisa's English is quite / pretty satisfactory. 2. Her mathematics are QUITE GOOD! 3. Her physics and chemistry are rather / pretty good. 4. Her biology is rather / pretty disappointing. 5. Her geography is fairly / pretty average. 6. She has worked rather better in French this year. 7. Her music results are quite bad.

231. *Rather (would rather / 'd rather* : expression d'une préférence)

A.

1. He'd rather I didn't touch his computer. 2. They'd rather stay overnight in a hotel than drive in the dark. 3. Wouldn't you rather be out playing golf? 4. I'd rather you went on your own.

B.
1. Il préférerait que je ne touche pas à son ordinateur. 2. Ils préféreraient passer la nuit à l'hôtel que (de) conduire la nuit / dans le noir. 3. Tu ne préférerais pas être dehors à jouer au golf? 4. Je préférerais que tu y ailles tout(e) seul(e).

233. Relatives (2) : choix des pronoms relatifs

A.
1. *The exhibition that / Ø I went to last night was fantastic.* 2. *It can't be the only reason why he left.* 3. *The factory workers, whose jobs are under threat, have come out on strike.* 4. *They have banned smoking in the office, which is a good thing.* 5. *They'll shoot the first one that / Ø they see.* 6. *Didn't you see the way Ø he hit Carlton in the penalty area?*
B.
1. *Tea or coffee? Which would you prefer?* 2. *Do you know what kind of animal it is?* 3. *What I really need is a nice hot bath!* 4. *'You could ask on the perfume counter* (au rayon parfumerie)*.' 'Which one's that?'* 5. *She got 85% in her exam, which isn't too bad!*

234. *Remember / remind*

1. *Hey! This / That song reminds me of my youth / of when I was young.* 2. *I remember visiting Venice in (the) spring.* 3. *Remind me of your name, will you?* 4. *I ought to / should remember the date but I can't / it's impossible!* 5. *He didn't remember to put the washing machine on before going out / he went out.*

235. Repères, mesures, fréquences

1. *When / How long ago did the Prime Minister resign?* 2. *How long has she been training for the Olympic Games?* 3. *How often does our / your production manager contact his providers?* 4. *How long did you have to queue up?* 5. *When / How long ago was the death penalty abolished?*

236. Résultatifs (*kick the door open*)

A.
1. *They swam across the river.* 2. *Peter will have to run across the main road.* 3. *The vet had to hurry into the stable.* 4. *I should climb up onto the roof.* 5. *He had just crawled into bed, when the phone rang.* 6. *Someone is peering in through the window.*
B.
1. *He slammed the door shut.* 2. *I ripped the envelope open.* 3. *He washed the car perfectly clean.* 4. *Pull the blinds up, please.* 5. *We have painted our shutters red.* 6. *A gale blew two trees down.* 7. *The soldier was shot dead.*

237. *Say* et *tell*

1. *The traffic warden told me / us that I wasn't / we weren't allowed to park there.* 2. *Mary told Robert not to forget to book the hotel room.* 3. *The receptionist asked me if I would want a double or a single room.* 4. *The lawyer said that a divorce could take up to two years to come through.* 5. *Emma told David she thought (that) they had turned off to the right too soon and asked him if he had got a street map. David said that he didn't think he had. She said that, consequently, they were completely lost.*

238. Se (construction pronominale française)

1. (réciprocité) *They were watching / looking at each other warily.* 2. (réfléchi) *My mother burnt herself while she was frying the steak.* 3. (réfléchi) *We didn't go to bed before midnight yesterday.* 4. (réfléchi) *Shall we make ourselves a cup of tea?* 5. (aucun) *I like it in Portugal.* 6. (passif) *These shirts shouldn't be ironed / don't need ironing.*

239. Sembler, avoir l'air, ressembler

1. *He looks very much like his father.* 2. *You look as if / as though you had seen a ghost.* 3. *The music sounded very old-fashioned.* 4. *The nurse looks exhausted. Is she overworked?* 5. *It looks as if we will have a long wait.*

241. *Shall / should* (2) : *shall*, futur, obligation, demande

1. *Shall we watch / Why not watch the match on television?* 2. *Shall I / Do you want me to take the dog to the vet's?* 3. *Let's go and see that exhibition before it closes, shall we / OK?* 4. *I promise I shan't make / I promise not to make that mistake again.* 5. *We shall / will be at our parents' for Christmas.*

242. *Shall / should* (3) : *should*, obligation ou probabilité atténuées

1. *The plane should land at 6 o'clock.* 2. *You should read this book.* 3. *He shouldn't drink so much.* 4. *There shouldn't be traffic jams / snarl-ups* (GB, familier) *at this time of day.* 5. *I should have checked the oil level.* 6. *You should never have left me, Mike.*

245. *So*

1. *There are so many people who don't like maths / math* (US). 2. *The film was so bad that we left after half an hour.* 3. *These children are so noisy / They are such noisy children!* 4. *Moving house is so tiring.* 5. *They liked wine so much that they had a cellar built.*

246. *Some* et *any* (1) : équivalents de « du / de la / des »

1. *There were some children's shoes in the hall but there weren't any adults'.* 2. *There's hardly any olive oil left.* 3. *'Have you got any idea of the time?' 'It's some time after five. Shall we have some tea?'* 4. *No country can solve the problem of global warming alone.* 5. *There's no way you will get me to watch any talk shows on television.* 6. *Would you like some tea?*

247. *Some* et *any* (2) : autres emplois

1. *That's some car parked outside the house! Whose is it?* 2. *Some banks offer you online services.* 3. *'Which knife do you want?' 'Any one will do.'* 4. *There were some 40,000 spectators in the new stadium.* 5. *I'm not getting any younger, you know! Any effort tires me.* 6. *Any bookshop / bookstore* (US) *will help you (to) find the publisher's name / the name of the publisher.*

248. *Somebody, something, somewhere*, etc.

1. *Did anyone / anybody phone / call yesterday?* 2. *There's nobody at the reception desk in this hotel.* 3. *'Can I do anything for you?' 'No thank you, there's nothing urgent.'* 4. *I've got something to tell you / to say to you – something that will / is going to surprise you.* 5. *Well, if you won't tell me anything, I'll ask someone / somebody else!*

252. *Still* et *yet*

1. *Have you had your lunch yet? 2. Do they still live in Birmingham? 3. Yet more of the working poor are queueing up at soup kitchens. 4. You don't still go skiing at your age, do you? 5. She was rather plain (to look at) (and) yet she had a keen sense of humour. 6. We still haven't received last month's telephone bill. 7. I've just come / I'm just back from Japan and I haven't got over my jet lag yet.*

253. Subjonctif

1. *The police ordered that the squat be evacuated. 2. It is essential that the patient not be moved. 3. The Council requires that the firm set up protection barriers. 4. She suggests that phone calls not be answered after 4 pm.*

255. Subordonnées nominales en *that* ou « zéro »

1. *I didn't know you had a degree in History. 2. Do you think Mike will ever admit to me that he was wrong? 3. You'll never get me to believe (that) her mother language is English. 4. She announced (that) they would launch the product before Christmas. 5. Can we rely on the assumption that this project will go forward? 6. Who suggested (that) we should meet? 7. I'll send out a memo to them that we need confirmation. 8. Let's consider that the discussion is closed / the discussion closed.*

257. Subordonnées de temps

1. *I'll call / phone you as soon as I arrive. 2. I'll call / phone you as soon as we have arrived. 3. When we arrived, the film had already started. 4. When you come, bring us some bread, please. 5. Let's go for a walk before it rains. 6. I don't like walking / going for a walk when it's raining. 7. There will be a second passport control before we board / go on board. 8. We'll discuss the future policy, as soon as they have given us the figures. 9. He opened the door to us before we had (the) time to ring. 10. I have already pointed out that this / that campaign would be very costly / be very expensive / cost us a lot.*

258. Subordonnées de condition

1. *If everyone comes to the seminar next month, there will be ninety-five participants. 2. They went out riding every day last month if the weather was fine. 3. She said she would help me, if she had time. 4. Make a photocopy of your car insurance, (just) in case it gets lost. 5. Be careful if anyone should ask for your PIN number. 6. If only Fonsi came to see me more often! But he's not always free.*

259. Subordonnées de contraste de concession

1. *In the north of Scandinavia / In northern Scandinavia, the days are short, whereas the nights are long. 2. Helen was a teacher, whereas her husband was a medical researcher. 3. I'll go (and) see / go to see him in (US : the) hospital, even if / even though he doesn't want to see anybody / anyone / even if / (even) though he wants to see no one / nobody. 4. I saw this film in the original / non-dubbed version, even though I didn't understand Vietnamese. 5. Even though / Although you won't admit it, you are very career-minded.*

260. Subordonnées de résultat et de but (A)

1. *The plane was delayed so (that) we spent an hour in the departure lounge. 2. Mike never checks his bank statement, so (that) he never knows how much money is available. 3. He worked at nights, so his wife practically never saw him. 4. His back was hurting him so he had to take pain killers.*

Subordonnées de but et de résultat (B)

1. *I'll put the champagne in the fridge so that it will be chilled by eight o'clock.* 2. *She went to the chemist's so that they could / would make out her prescription.* 3. *He set his alarm clock for 7 am in order to be / so as to be / so that he would be at the station on time.* 4. *I'll give them my phone number in case they don't know it.* 5. *I lent them a map in order for them to find / so that they could / would find our village.*

262. Suffixes et terminaisons (2) : prononciation des mots à suffixe « neutre »

A.
hopeful / hopeless ; powerful / powerless ; careful / careless ; harmful / harmless
B.
hopefully / hopelessly ; powerfully / powerlessly ; carefully / carelessly
C.
homeless ; timeless ; childless ; windless ; endless
D.
kindness ; darkness ; cheapness ; friendliness; hopelessness ; carelessness ; wariness

263. Suffixes et terminaisons (3) : prononciation des mots à suffixe « contraignant »

A. *pessimistic ; logical ; nationality ; suspicious ; mathematics ; politician ; tuberculosis ; seventeen ; glorify ; trainee ; infection ; confidential ; Japanese ; abolish ; advantageous ; racketeer*
B. (a) *politics ; political ; politician* B. (b) *music ; musical ; musicality ;* B. (c) *govern ; government* B. (d) *democrat ; democratic ; democratically ; democracy* B. (e) *accept ; acceptability ; acceptation*
C. *totality ; acidity ; practicality ; reality ; stupidity ; mentality ; partiality ; frigidity ; fatality*

264. Suffixes et terminaisons (4) : mots en *-ate*

1. *... separate rooms.* Adjectif : prononcé /ət / 2. *They separate...* Verbe : prononcé / eɪt / 3. *You really should congratulate her.* Verbe : prononcé / eɪt / 4. *... bar of chocolate.* Nom : prononcé / ət / 5. *... my doctorate in April.* Nom : prononcé / ət / 6. *... will have to investigate ...* Verbe : prononcé / eɪt / 7. *... a protectorate?* Nom : prononcé / ət / 8. *Please vacate your rooms ...* Verbe : prononcé / eɪt / 9. ... Desperate Housewives*?* Adjectif : prononcé / ət /

265. Suffixes et terminaisons (5) : mots en *-age* et en *-ace*

message... /–ɪdʒ/ *ou* /–ədʒ/,
menace... /–əs/ *ou* /–ɪs/
luggage... /–ɪdʒ/,
surface... /–əs/ *ou* /–ɪs/
furnace... /–əs/ *ou* /–ɪs/
garbage... /–ɪdʒ/

266. *Suggest*

1. *Can you suggest a good book (to me)?* 2. *I suggest (that) we go (out) to a restaurant this evening.* 3. *The government has suggested / suggested withdrawing its troops from this / that country.* 4. *Hasn't anyone / anybody suggested calling in an expert yet?*

267. *Supposed (be supposed to)*

1. *I was supposed to be in Hamburg in the morning and in Brussels in the evening.* 2. *Why are we supposed to know everything?* 3. *He's supposed / said to belong to the extreme right.* 4. *You're not supposed to open letters marked 'personal'.* 5. *She's said to / supposed to be living in Australia.*

268. Tags et reprises

A.

1. *She's a physicist, isn't she?* 2. *Philip plays the piano, doesn't he?* 3. *Your parents live on a farm, don't they?* 4. *Nobody knew the answer, did they?* 5. *That's what they said, wasn't it?* 6. *You'd rather work out of London, wouldn't you?* 7. *Have a look at this file for me, will you?*

B.

1. *'It's snowing.' 'Is it?'* 2. *I play golf and so does my wife.* 3. *'We'll never arrive on time.' 'Of course we will!'* 4. *'I haven't voted / didn't vote for her.' 'Haven't you / didn't you?'* 5. *'They've just fired me.' 'They haven't, have they!'*

271. *There is ..., there are ...,* etc.

1. *Is there a best before / use before date on the packet?* 2. *There will be a (welcoming) party after registration.* 3. *There weren't any trousers (in) my size.* 4. *There should be some stamps in my bag.* 5. *There could / might have been an accident.*

272. *This / these* et *that / those*

1. *I say, this tart is really delicious!* 2. *That hotel we stayed in in Paris was expensive, wasn't it? But not as expensive as those in London!* 3. *Did you watch that film on (the) telly last night? Those war scenes horrified me.* 4. *'This is Doctor Luckas.' 'Good evening, Doctor Luckas!'* 5. *You're not going to believe this ... but I've just won on the lottery.* 6. *House prices are constantly going up these days.*

275. Totalité (1) : *all, every, whole*

1. *In that war napalm destroyed whole villages.* 2. *All (of) / the whole of my money is invested in property.* 3. *You won't spend all (of) the / each / every / the whole month in Italy, will you?* 4. *Every / The whole document must be dated and signed.* 5. *You can't spend all day / the whole day doing nothing.*

276. Totalité (2) : *every* et *each*

1. *Chocolate éclairs? Rum babas? Let's buy two of each!* 2. *Everybody / Everyone I met was a civil servant / All those I met were civil servants.* 3. *There are several platoons in a company and each platoon is commanded by a lieutenant.* 4. *They organise a congress every two years.*

280. Trop

1. *There's too much traffic on the road at this time of day.* 2. *Relax! You worry too much.* 3. *The airport was in chaos. Thick fog had caused too many delays.* 4. *They're a bit too expensive. I didn't want to pay too much for a pair of walking boots.* 5. *Too many of the houses we visited needed too many repairs to them.* 6. *They expressed their opinions a little too eagerly for my liking.*

282. *Used to* (1) : *used to* + base verbale

1. *I used to be afraid of the dark.* Avant / Autrefois, j'avais peur du noir. 2. *She didn't use to like fish.* Avant, elle n'aimait pas le poisson. 3. *Did you use to work in Geneva?* Vous travailliez à Genève, avant? 4. *Forty years ago my grandparents walked to work every day.* Il y a quarante ans, mes grands-parents allaient travailler à pied tous les jours. 5. *Where did you use to work?* Où est-ce que tu travaillais, avant?

283. *Used to* (2) : *be used to* + V-*ing* et *be used to* + nom ou pronom

1. *Are you used to criticism / being criticised?* 2. *She's used to working with Americans.* 3. *We're getting used to the climate.* 4. *I'll never get used to living in the country.* 5. *I wasn't used to so much traffic.* 6. *He has never got / never got used to his new boss.*

285. Verbes à complément direct

1. *Emma never obeys her grandmother.* 2. *Do you remember his / her name?* 3. *Ask a policeman.* 4. *Ken never resists temptation.* 5. *Only three hundred people have survived the earthquake.* 6. *Ken plays tennis very well.*

286. Verbes à complément indirect

1. *I never look at the sports pages.* 2. *The man approached me in the street and complained about my dog.* 3. *How do you account for that huge scratch on the car?* 4. *Could you deal with this file before midday / noon?* 5. *They were practically living on pasta at the time but were hoping for better days.*

287. Verbes à deux compléments (1) : *give* et *order*

A.

1. *Her father promised her a new watch.* 2. *I'm sending all my friends postcards / postcards to all my friends.* 3. *Could you pass him this message / this message to him?* 4. *He never lends anybody any money / any money to anybody unless he has to.* 5. *Don't tell Mary our secret / our secret to Mary, will you?*

B.

1. *Philip made supper for his parents / his parents supper.* 2. *I'll book us places / places for us through the Internet.* 3. *Will you cook me an omelette / an omelette for me?* 4. *Priscilla's knitting a pair of socks for the baby / the baby a pair of socks.* 5. *I have bought Martine this CD / this CD for Martine.*

288. Verbes à deux compléments (2) : *explain* et *refuse*

A.

1. *You can certainly borrow it from her.* 2. *Why didn't she ask John for the catalogue?* 3. *They blamed the mistake on the new accountant / the new accountant for the mistake.* 4. *Her face reminded Ken of a friend of his.* 5. *Will you explain how it works to me?* 6. *We can provide you with immediate service / immediate service for you.* 7. *I had to ask him for an explanation.* 8. *I really must thank her for her help.*

B.

1. *He refused / has refused me a salary rise / a rise in / a raise (US) in salary.* 2. *We wish you a happy birthday.* 3. *They are going to / will charge us at least $70.* 4. *We don't envy him / her his / her success.* 5. *This / That present cost me an arm and a leg.*

290. Verbes composés (2) : verbes à particules et prépositionnels courants

1. Je suis à court de lait et je ne peux pas m'en passer. 2. As-tu / Avez-vous trouvé de nouvelles idées ? 3. J'attends ce jour-là avec impatience. 4. Ils avaient refusé notre proposition d'une fusion, ce qui s'est révélé être une bonne chose pour nos cadres moyens. 5. Je déteste l'air conditionné mais il va falloir que je le supporte.

293. Voler

1. *He stole some money out of his mother's purse yesterday.* 2. *Someone has / had just robbed our neighbours.* 3. *Call the police! Our silver has been stolen.* 4. *Do you know who your neighbours have been / were robbed by?* 5. *They robbed our neighbours of all their paintings last week.* 6. *Don't worry! Nothing has been stolen.* 7. *Our neighbours may have their paintings stolen, if they don't put in a burglar alarm.*

297. *Will / would* (2) : futur

1. *I'll be back in a few minutes.* 2. *Ask Emma, SHE will know!* 3. *Excuse me, I forgot* (US) / *I have forgotten. Will you be taking your holidays / vacation in August this year?* 4. *Give me the letters. I'll post them for you.* 5. *If I have the choice, I'll go to Switzerland.* 6. *The earlier you book, the cheaper it will be / the less it will cost.* 7. *We'll have dinner as soon as Dad gets home.* 8. *They promised / have promised that France would send tents and blankets.*

298. *Will / would* (3) : volonté

1. *Nobody will listen to me.* 2. *'Who's going to take the dog to the vet's?' 'I will.'* 3. *Would you sign and date at the bottom of the page, please?* 4. *I'll set up the equipment / set the equipment up if you like.* 5. *Why wouldn't you answer the phone last night?* 6. *If you'll help with the vegetables, we'll be able to eat on time.*

299. *Will / would* (4) : conditionnel (*would*)

1. *If I had enough money, I'd buy myself a new car.* 2. *If you did / got a little more exercise, you'd feel a lot better.* 3. *If the car hadn't broken down, we would have arrived on time.* 4. *If you take the Eurostar, you'll arrive right in the centre* (US : *center*) *of London.* 5. *If I hadn't parked there, I wouldn't have got / had a fine.* 6. *Would you have gone for a swim if the water had been warmer?*

300. *Will / would* (5) : caractéristique / habitude

1. *He will be bad-tempered (as usual)!* 2. *Our dog won't bite.* 3. *Why will you always criticise me!* 4. *It would take us weeks for each new experiment.* 5. *We would walk for miles and miles every weekend.*

301. *Will / would* (6) : certitude concernant un fait présent ou passé

1. *That will be an electricity bill.* 2. *It / That won't / wouldn't be the first time he's lied to you.* 3. *That young woman over there ... she wouldn't be a top model, would she?* 4. *What about your keys? You wouldn't have lost them again, would you?*

303. Zéro (quand rien signifie quelque chose)

1. *My children are too young to go to school but my sister's aren't.* Mes enfants sont trop jeunes pour aller à l'école mais pas ceux de ma sœur. 2. *Nobody has been promoted in this company for years but I will next June.* Personne n'a eu une promotion dans cette société depuis longtemps, mais, moi, j'en aurai une en juin prochain. 3. *I don't eat fish every day but I do on Fridays.* Je ne mange pas de poisson tous les jours mais j'en mange le vendredi. 4. *My printer wasn't working so I had to use Jane's.* Mon imprimante ne fonctionnait pas, alors j'ai dû utiliser celle de Jane. 5. *'So, will you lend me that book?' 'Not now, but I will when I have finished it'.* « Alors, tu me le prêtes, ce livre ? – Pas maintenant, mais je le ferai quand je l'aurai fini. »

Adverbe. Un adverbe est un mot invariable qui modifie un adjectif, un verbe ou un autre adverbe. Exemples : *That film was* ***very*** *good* (Ce film était très bon) / *She played* ***well*** (Elle a bien joué) / *She played* ***remarkably*** *well* (Elle a remarquablement bien joué).

Aspect. Les aspects sont des formes verbales, distinctes des temps, qui expriment un certain point de vue sur un événement. En anglais, les aspects sont ***BE + -ING*** (ou forme progressive) et ***HAVE*** **+ participe passé** (ou parfait). Détails : ▶ **36** et **190**.

Auxiliaire. Les auxiliaires anglais sont ***BE, HAVE, DO*** et les **modaux** (ou auxiliaires de modalité), essentiellement ***CAN, MAY, MUST, SHALL*** et ***WILL***. (Notez que ***BE*** représente toutes les formes possibles de cet auxiliaire : *am, is, are, was, were, be, being* et *been*; de même, ***HAVE*** représente *have, has, had* et *having*; etc.). **Détails : ▶ 65**.

Base verbale. Forme « nue » du verbe. Pour le verbe *work* (travailler), par exemple, il s'agit de ***work***, par rapport à *works / worked / working.*

Complément direct. Complément non précédé d'une préposition (voir plus bas). Exemple : *I saw* ***<u>the cat</u>*** (J'ai vu le chat).

Complément indirect. Complément précédé d'une préposition. Exemple : *He is looking* ***<u>at</u>*** ***<u>the cat</u>*** (Il regarde le chat).

Conjonction. Une conjonction sert à introduire certains types de propositions (voir plus bas). Exemple : *I know* ***where*** *he lives* (Je sais où il habite). Détails : ▶ **64**.

Énoncé. Un énoncé est une suite quelconque de mots utilisés pour parler ou écrire. Une phrase comme *I called the doctor this morning* (« J'ai appelé le médecin ce matin ») devient un énoncé lorsqu'elle est dite par telle personne, en tel lieu, à tel moment : tout cela permet de savoir ce qui est désigné par *I*, par *the doctor* et par *this morning.*

Générique. Emploi d'un nom pour parler de quelque chose « en général ». Exemple : *I like* ***oranges / tea*** (J'aime les oranges / le thé). Notez l'absence d'article (= « article zéro ») en anglais.

Génitif (ou « cas possessif »). Un nom est au génitif quand il porte la marque ***'s*** (réduite à ***'*** dans certains cas). Exemple : ***John's*** *car* (l'auto de John). Détails : ▶ **98**.

Modaux. ▶ ci-dessus, **Auxiliaire**.

Particule verbale. Type d'adverbes anglais qui se placent après un verbe et forment avec lui un verbe différent. Exemple : verbe *take* (prendre) + particule *off* = verbe composé ***take off*** (décoller [en parlant d'un avion]). Détails : ▶ **289**.

Préposition. Une préposition introduit un complément (appelé dans ce cas complément indirect) : *The cat is* ***in*** *the kitchen* (Le chat est dans la cuisine).

Proposition. Les propositions sont des groupes de mots – dans beaucoup de cas : « sujet + verbe + complément(s) » – qui constituent des unités de sens. En gros, on peut dire qu'il y a dans une phrase autant de propositions que de verbes. Exemple : il y a deux propositions dans <u>He **wants**</u> <u>to **go**</u> (Il veut partir).

Temps. Il n'y a en anglais que deux temps grammaticaux : le **présent** et le **prétérit**. Détails : ▶ **65**.

Index

Les numéros renvoient aux fiches.

Les titres de fiches, ainsi que les termes mentionnés dans des titres de fiches, sont en caractères gras.

B

C

D

E

O

P

Q

Notes :

Notes :

Dépôt légal : mai 2007
IMPRIMÉ EN FRANCE

Achevé d'imprimer le 7 mai 2007
sur les presses de l'imprimerie «La Source d'Or»
63200 Marsat
Imprimeur n° 10113